現代民事法の課題

還暦をお祝いして
新美育文先生に捧げます

執筆者一同

■執筆者一覧（掲載順、＊編者）

＊有賀恵美子（ありが　えみこ）　明治大学法学部准教授

古谷英恵（ふるや　はなえ）　武蔵野大学現代社会学部専任講師

＊長坂　純（ながさか　じゅん）　明治大学法学部教授

＊平野裕之（ひらの　ひろゆき）　慶應義塾大学法科大学院教授

古屋壮一（ふるや　そういち）　松山大学法学部准教授

畑中久彌（はたなか　ひさや）　福岡大学法科大学院准教授

中村　肇（なかむら　はじめ）　明治大学法科大学院准教授

中舎寛樹（なかや　ひろき）　名古屋大学法科大学院教授

川地宏行（かわち　ひろゆき）　明治大学法学部教授

田中志津子（たなか　しずこ）　桃山学院大学法学部准教授

円谷　峻（つぶらや　たかし）　明治大学法科大学院教授

手嶋　豊（てじま　ゆたか）　神戸大学大学院法学研究科教授

松村弓彦（まつむら　ゆみひこ）　明治大学法学部教授

新美育文先生　近影

現代民事法の課題

新美育文先生還暦記念

平野裕之・長坂 純・有賀恵美子 編

信 山 社

はしがき

新美先生は、二〇〇八年九月二九日に、還暦を迎えられました。

先生は、名古屋大学法学部を卒業後、同大学大学院に進学し、森島昭夫教授の指導の下に民法とりわけ医事法の研究者としての人生をスタートさせています。その処女論文は、一九七五年の「医師と患者の関係(1)～(3)・説明と同意の法的側面」名古屋大学法政論集六四号～六六号に掲載されています。その後も、医事法関係の研究を続けられ、現在では医事法分野において日本を代表する学者といっても過言ではありません。

先生の研究は、医事法に留まるものではなく、不法行為分野を中心として研究を深められ、筑波大学に赴任された後、椿寿夫教授と同僚になってからは、同教授との共同研究が多くなっています。例えば、一九八三年の「不法行為損害賠償請求権の期間制限(1)(2)」（法律時報五五巻四号・五号）は、近時問題になっている民法改正における消滅時効法改正に際しては必読文献の一つです。また、同年代の民法学者と積極的に交流を深め、民法研究会における報告を掲載した「『安全配慮義務』の存在意義」（ジュリスト八二三号）は、当時の債務不履行責任の拡大を容認する判例・学説の状況に対して、一石を投じる論文です。その他、椿教授との共同研究の成果として、リースや担保関係のご論稿も多くあります。物権法は比較的手薄な研究領域ですが、民法全体にその研究は及んでいるといってよいでしょう。とりわけ、判例研究については、ご自身の研究していないテーマを執筆するよう心がけておられるようで、民法全域に及んでいます。最近では、『民法改正を考える』（法律時報別冊）を共同編集され、民法改正についても強いご感心を持たれています。

先生は、一九七三年名古屋大学法学部助手、一九七六年名城大学専任講師、一九七八年名城大学助教授を経て、一九七九年には筑波大学助教授に赴任され、椿寿夫先生との共同研究によって研究者としての更なる前進を期されました。その後、椿先生が（一九八二年）に明治大学に移られたため、一九八三年に横浜国立大学助教授を経て、一九八六年に明治大学法学部助教授になられました。新美法学は、椿先生を抜きにして語ることができないほど、お二人の研究上の付き合いは深く長いものです。明治大学赴任後、三〇代後半の新入りにもかかわらず、先生の人格通り、会議では全く遠慮なしに発言をされていた記憶があります。明治大学は、比較的母校出身者の多い保守的な体質が残っているため、遠慮なくストレートを投げ込む先生の生きざまからは、気を悪くされる方もいなかったわけではないようです。しかし、新美先生が加わったことで、明治大学には椿教授を受け入れたとき初めて民法の純血を破ったのと同じくらいの、大きな刺激、そして影響が与えられたものと思っています。

法学教育の分野においては、先生は、司法試験委員を経験し、また、学生の人気の書物の一つである『分析と展開——民法⑴——総則 物権』『分析と展開——民法⑵——債権』（いずれも弘文堂）の共著者の一人です。その妥協を許さない教育理念は、マスコミにも取り上げられた大量留年事件を引き起こしており、法学部の門番、法学部のＮＨＫ（Ｎは新美先生。ＨとＫは言わないことにしておこう）といわれる単位の厳しい先生の一人として有名です。これは明治大学の株を下げるどころか、学生の品質管理が徹底していることを社会に知らしめたものであり、評価を上げるものでありました。

最後に研究者養成ですが、椿先生の場合、明治大学に来てからは自分の弟子は育てないという方針であったため、明治大学における民法分野の研究者養成は、伊藤進先生と新美先生に委ねられ、新美先生は数多くの弟子を育てられ、その弟子を中心として本書が成るまでになっています。弟子の研究テーマも多様であり、先生の研究関心が多方面に及んでいることの影響のたまものでありましょう。

先生の学恩を受けた者は、大学院生だけでなく、法学部の同僚などにも及んでおり、研究会においてのみならず、雑談などさまざまな場面においても、その発言からは多くを学ばせられました。本書は、先生より受けた学恩にお応えすべく、先生の還暦をお祝いして、論文集を献呈するものです。テーマは指定することなく、自由に選定してもらっており、民法を中心として医事法および環境法にまで及んでいます。

先生におかれましては、ご健康に留意され、日本の法学会のためにさらにご活躍されますよう、また、われわれに今後ともご指導たまわりますよう、お願い申し上げます。

最後になりましたが、本論文集の刊行が先生の還暦に間に合わなかったことをお詫びいたします。また、この企画にご賛同いただき、力作をお寄せいただいた先生方に厚くお礼を申し上げます。そして、著作目録の作成・整理を進めてくれた助手の柴田龍君にも御礼を申し上げます。末尾になりましたが、本書の刊行を快くお引き受けいただき、このような作業が初めてのわれわれに編集上のご助言をいただいた信山社の袖山貴社長と編集部の稲葉文子、斉藤美代子氏に対し、深く感謝の意を表します。

二〇〇九年七月

編者を代表して　平野裕之

目次

はしがき

1 矛盾行為と信義則――わが国における禁反言則展開のために……〔有賀恵美子〕…3

2 契約自由の原則と錯誤のリスク負担……〔古谷英恵〕…43

3 契約規範による「完全性利益」の保護
――ドイツ法における保護義務論の展開とその評価……〔長坂　純〕…85

4 経営者保証、ホステス保証及び取締役保証
――情義的保証人（個人保証人）保護法理の周辺……〔平野裕之〕…121

5 ドイツ債権譲渡制度における意思主義の生成と変容……〔古屋壮一〕…159

6 利息付き消費貸借における期限前弁済
――海外の法状況との比較から……〔畑中久彌〕…205

目　次

7 借地借家法三二条一項の性質論について
——平成一五年サブリース判決以降の展開を中心に……（中村　肇）……229
8 預金取引における物権と債権の交錯……（中舎寛樹）……253
9 不当利得返還請求権における利息の法定利率……（川地宏行）……285
10 私生活における眺望利益の経済的価値……（田中志津子）……329
11 裁判所による損害賠償額の認定……（円谷　峻）……373
12 ヒトパピローマウィルス（ＨＰＶ）ワクチンをめぐる諸問題
——強制接種の可能性を中心に……（手嶋　豊）……411
13 環境法におけるリスク配慮論序説……（松村弓彦）……433
新美育文先生略歴・主要著作目録

現代民事法の課題

1 矛盾行為と信義則
――わが国における禁反言則展開のために――

有賀恵美子

一　はじめに
二　禁反言則の沿革
三　学説による禁反言則の継受と判例の展開
四　判例の分析と問題点
五　おわりに

一　はじめに

一般論としては、人が心変わりをすることは何ら悪いことではない。しかし、時にそれは社会的に容認されず、法がこれを不可能としたり、ペナルティーを科すことがある。契約違反はその最たる例であろう。そして、契約違反をしたわけではないのに、心変わりが法的に認められない場合として、禁反言則がある(1)。契約による拘束力が認められないにもかかわらず、一度なした言動に拘束されるのと同じ結果が認められるのである。禁反言則は、もともと証拠法上の法理としてイギリスで生まれたものであるが、その後、約束的禁反言として特にアメリカで発展し、現在では契約や不法行為とは区別された独立の責任根拠として確立されつつあることについては、以前に別稿で検証したことがある。(2)筆者は、わが国においても禁反言則が独立の責任根拠となり得るのか、なるとしてその要件効果はいかなるものかを明らかにしたいと考えているが、(3)まずはその前提として、わが国における禁反言則の枠組みを明らかにする必要がある。

ところが、わが国の民法には禁反言則に関する明文規定はなく、判例でも、禁反言則の上位概念とされる信義則違反の問題として、当事者の矛盾する言動についての主張が封じられているに過ぎない。そこで本稿では、わが国の判例がいかなる場合に矛盾行為を信義則違反と評価しているのか、その考慮要素と問題点を明らかにすることから始めたいと思う。これを禁反言則と関連づけて理解するために、まずはイギリスにおける表示による禁反言に至るまでの禁反言則の沿革を概観し、これがわが国でどのように受け入れられたのか見ていくことにする。そして、表示による禁反言の要件論との比較を通じて、わが国の判例が矛盾行為を信義則違反と評価する場合に考慮している要素とその問題点を明らかにしていきたい。なお、本稿では、訴訟法上の禁反言の問題については扱わないこととする。

(1)　E. Cooke, The Modern Law of Estoppel 1 (2000).

(2)　拙稿「契約交渉破棄事例における約束的禁反言の適用―アメリカの判例分析を中心に―（一～三完）」法律論叢七五巻二＝三号一一七頁（二〇〇二年）、同四号四一頁、同五＝六号八三頁（二〇〇三年）。以下、拙稿「約束的禁反言（一～三）」と記す。

(3)　拙稿・前掲注(2)「約束的禁反言（一）」一一八頁以下参照。

二　禁反言則の沿革

1　禁反言の意義と種類

(1)　禁反言について、一般的な定義を挙げることは困難である。(4) 禁反言の法理について初めて詳細な研究を行ったとされる一九世紀の Coke によれば、禁反言とは、「自己の行為もしくは承諾のために訴訟上において爾後自ら真正の事実を主張することを禁止されること」とされ、同時期の判例は、「ある者が自己の行為もしくは証書の記載に反対する発言をなすことを法律上禁止される場合をいい、その発言が真実を主張するものか否かは問題ではない」としている。(5) すなわち、当初禁反言は、自己が以前になした表示について、これが真実に反することを理由に覆すことができなくなるという証拠法上の一原則として論じられていた。

コモン・ロー上の禁反言は、その発展過程に伴い、①記録による禁反言（estoppel by matter of record）、②証書による禁反言（estoppel by matter in writing）、③行為による禁反言（estoppel by matter in pais）の三種類に分類することができる。これは Coke による分類であり、(6) それぞれ①一二、三世紀、②一六世紀、③一八世紀（その萌芽は一五世紀）に発生したと考えられている。(7) コモン・ロー上の禁反言の発展過程については、既に様々な先行業績があるが、本稿に必要な範囲で以下に概観しておきたい。(8)

(2)　まず、①記録による禁反言とは、king's court において正式に記録された事項は証拠として認めなければならず、これに反するいかなる主張も受け入れられないという法則である。このように king's court で記録された事項には終局的な性質があるとされる一方、その他の裁判所において記録された事項に対しては否認が可能であるという考え方は、一二世紀初頭に生じたものとされる。(9) 当時は、king's court において記録され、国王の印章によって認証された事項であれば、判決以外の事項であっても判決と同様に終局的な効果を有するものと考えられていた[10]。このように国王に直属する裁判所の記録に禁反言が認められていた当初の理由は、国王の印章に対する神聖視とこれに基づく記録の厳粛性によるとの指摘がある[11]。

しかし、その後に宗教裁判所をはじめとする King's court 以外の判決にも禁反言の効力が認められるようになり、記録による禁反言を認める理由にも変化が生じた。一五九一年の Hynde's Case では、記録された事項に終局性を持たせるのは、訴訟が際限なく続くことを避けるためとされている[12]。すなわち、裁判の本質に対する考え方が変わるとともに、記録による禁反言の基盤についての考え方も、訴訟記録は単なる証拠方法であるということから、裁判所の判決には終局性が必要であるということへと変化したのである。そして、この新しい考え方は、中世末期に確立された記録による禁反言に関するルールにも影響を与えた。そのルールとは次のとおりである。(a)管轄権を有しない裁判所における陳述には禁反言は認められない。判決が下されない訴答手続中の陳述及び評決についても同様である。(b)当該訴訟における両当事者のみが禁反言の効果を受ける（もっとも、訴訟の種類によっては例外あり）。(c)禁反言が認められるために当該陳述が備えていなければならない性質として、(c)-1その陳述内容が、争点に対して本質的なものであり、当事者双方を拘束する相互的なものでなければならない、(c)-2禁反言を認めることが、不法な行為を助長する場合、及び禁反言者が無能力状態にあり、その者が法的に不可能な行為をなした場合には、禁反言とはならない、(c)-3単独で禁反言となるような陳述が双方に存在する場合には、禁反言の効果は生じない[13]。これらのルールから明らかなように、この種の禁反言は、わが国でいう判決の既判力の問題と対比しうるものといえる[14]。

(3)　次に、②証書による禁反言とは、当事者が作成した捺印証書に表示された陳述は、その証書に記された事実についての終局的な証拠になるという法則であり、これにより当事者は捺印証書の内容に反する事実を主張できなくなるということである。この証書による禁反言は、記録による禁反言から発達したといわれる。すなわち、記録による禁反言は、国王の印章に対する神聖視からその記録の厳粛性を表象するものであったところ、印章が一般の人々にも用いられるようになるや、その印章に対する神聖視が一般人のそれにまで拡張され、遂には捺印証書による禁反言の法理が誕生するに至ったのである。(15) したがって、証書による禁反言については、おおよそ記録による禁反言と同様のルールが妥当すると考えられていたが、それは最初だけであった。証書による禁反言の根拠が、印章自体に対する神聖視ではなく、他人に対して自己を義務者たらしめる文書に捺印した当事者の行為に求められるようになったからである。この結果、証書による禁反言は、記録による禁反言のように、証書の記載が当事者双方を拘束すべき性質を有していることを必要とする理由がなくなったのである。(16)

(4) 最後の③行為による禁反言は、土地法に関連して発達したものであり、これが最初に認められたのは一四四五年の判例においてであったという。そこでは、地代の受領、土地の交換あるいは分割は、禁反言として作用しうるとされていた。(17) また、行為による禁反言という用語の名付け親であるCokeは、その明確な意義を示してはいないが、その例として、土地の占有移転(livery)、立ち入りによる土地の占有回収(entry)、地代の受領(acceptance of rent)、共有地の分割(partition)および不動産物権の伝来取得(acceptance of an estate)を挙げていた。つまり、行為による禁反言は、土地法に関してのみ適用されると考えられていたのである。(18) たとえば、土地の占有移転に関しては、地主と借地人との間の禁反言が挙げられる。借地契約に基づいてその存続期間内に土地を占有している借地人は、地主が所有権者であることを争うことはできず、地主もまた借地人の借地権を否認することはできないとされた。不動産物権の譲渡は、捺印証書により行われることが多かったであろうから、これを証書による禁反言と捉えることは容易であったに違いない。しかし、捺印証書がない場合でも禁反言は認められ、ここでの禁反言は、方式の厳粛性ではなく、当事者の容認行為に基づくと考えられるようになった。先の例で言えば、借地人が自らその土地を占有しながら地主の貸付権限を争うことは、自己の容認行為に矛盾する主張であり、また、地主が自ら占有を移転しておきながら、自己に貸付権限はなく借地人に土地を占有する権限はないと主張することも、自己の貸付行為に矛盾する行為なのである。(19)

このように、行為による禁反言の根拠が当事者の容認行為にあるとすれば、占有移転される物件が不動産であると動産であるとを問わず、さらには土地法の問題に限定することなく、この種の禁反言が適用されてしかるべきである。しかし、硬直的なコモン・ローの下では、行為による禁反言の適用範囲の拡大は実現されず、エクイティーによりその行き詰まりが打開されることになる。(20)

2　表示による禁反言

(1)　これまで概観したように、Coke によって三分類された禁反言のうち、記録による禁反言の根拠が、際限なく訴訟が行われることを回避することにあったのに対し、他の二つの根拠は、当事者の行為にその基礎を置くものであった。Bower はこの違いに着目し、それまで三分類されていた禁反言を「判決による禁反言（estoppel per rem judicatam）」と「表示による禁反言（estoppel by representation）」とに二分類した。(21) 判決による禁反言とは、記録による禁反言に由来するもので、管轄権を有する裁判所の終局判決が訴訟当事者間に言い渡された以上、爾後同一事項に関する同一当事者間の訴訟において当事者双方共にこれを争うことができないという法則である。(22) これに対して、表示による禁反言とは、記録による禁反言を除く他の全ての禁反言を包含するが、その前身は行為による禁反言である。(23) Bower は表示による禁反言をもって、いかなる訴訟当事者も、それにより相手方の不利益変更を目的としたり、実際にそのような不利益変更の結果を生じさせた自らの前言を当該訴訟において否認することはできないという法則であるとする。(24) 当事者の矛盾行為に着目する本稿の目的からすれば、表示による禁反言が重要であるので、ここでは、行為による禁反言がエクイティーにおいてどのように発展し、Bower の言う表示による禁反言として結実したのか簡単に見ておきたい(25)。

(2)　禁反言を認めたエクイティー上の最初の判例として注目されるのは、一六四九年の Hunt v. Carew 判決(26)である。これは、土地所有権を有しないために借地契約を締結する権限のない父親について、その息子が、父親にはその権限があるかのように表示し、この表示を信頼した原告と父親との間に賃貸借契約を締結せしめ、金銭を受領したという事案に関するものである。裁判所は、この息子がその表示を真実ではないと主張することを禁じ、原告の借地権を確認した。この判決が、息子の詐言が原告の出費を招来したという事実に基づいていることからも明らかなように、当初禁反言は、詐言についてのみ適用されていたようであり、一六八二年の Dyer v. Dyer 判決(27)では、善意不実表示には禁反言は適用されないと判断されている。同判決では、善意についての過失の有無により禁反言の適用が左右されるか明らかにされていなかったが、同年の Hobbs v. Norton 判決(28)は、過失による善意不実表示の場合には禁反言が適用されるとし、以後この立場が踏襲されていた。

(3)　これらの判例は、一七六二年の Montefiori v. Montefiori 判決(29)で Mansfield によってコモン・ローに取り入れられた。本件は、婚約者のいる弟が、自分を金持ちに見せるために兄に依頼して巨額の約束手形を振り出してもらったが、結婚後に兄に同手形を返還することを拒絶したという事案である。Mansfield は、「婚姻の申込に際し、第三者が何らかの重要事項に関する表示をしたときは、それが真実とは異なるもので、しかもその夫と共謀していた場合であっても、その第三者は表示どおりに拘束される」として、弟に手形の返還義務はないとした。すなわち、行為による禁反言は、一八世紀の終わりにはコモン・ロー及びエクイティー裁判所の双方により承認されたのである。これはやがて表示による禁反言としてコモン・ローにおいて再構成されることになるのだが、そこで重要な役割を果たしたのが、一八三七年の Pickard v. Sears 判決(30)である。本判決は、「ある人が、その言動によって故意に他人をしてある事実の存在を信じさせ、その他人がこれを信じて行動した結果それまでの地位を変更した場合には、前者は後者に対して、異なる事実がその当時に存在していたと主張することはできない」とした。ここにいう「故意」の意味については、一八四八年の Freeman v. Cooke 判決[31]がこれを明らかにしており、表意者が不真実であることを知っているということではなく、彼の言うことが相手方に信じられ、その信頼によって相手方が行動するであろうことを知ることであるとされた。

(4)　かくして、Bower による表示による禁反言の定義を整理して要件を抽出すると次のようになる。

①　一方当事者が相手方に対して、言語挙動又は（表示者に発言又は作為義務がある場合には）黙示もしくは不作為により表示したこと

②　そのような表示を相手方が信頼してその地位を不利益に変更することを、表示者が実際に意図しているか意図していると推定されうること

③　表示を信頼した相手方が、その地位を不利益に変更したこと

の三つである[32]。

①の表示の内容については、現存する事実か過去の事実に関するものであることを要し、未来の事実に関する予想や意向もしくは希望の表示であってはならないとされた。未来の事実が真実であるか否かは認識ではなく判断の問題であり、しかも原則として何人も正確な判断を下し得ないから、相手方において、未来に関する事実の表示に信頼を置くべきではないと考えられたからである[33]。また、単なる意思の表明はもちろんのこと、現存事実に関する表示であっても、それが意見の表示に過ぎない場合は、原則として禁反言を生じないとされた[34]。主観的意見は、客観的な現存事実とは異なり、表示者がいつこれを変更しようと自由であるはずだからである[35]。

②は表示者の主観的要件を表すものであるが、表示した事実が不真実であることについての善意悪意は問われ

ていない。先に見たように、エクイティーでは、当初善意不実表示には禁反言は適用されないとされていたのが、過失による善意不実表示の場合には禁反言を生じるとされ、コモン・ローでは Pickard v. Sears 判決が故意を必要としていたが、Freeman v. Cooke 判決はこの故意の意味が不真実について知っていることではないことを明らかにしている。Bower は、損害賠償責任の場合と同様に、禁反言についても表示者が善意であるなら責任を負わせるべきではないという議論は、詐欺に基づく訴訟原因と証拠上のルールとを混同していると批判する。禁反言にとって重要なのは、表示者の道徳観ではなく、相手方の意思に対して与える表示の影響なのである。(36)ここに至り、表示した事実の真実性についての善悪も過失の有無も問わず、表示者がその内容を否認することのできない「表示による禁反言」が確立したといえる。

③は、相手方が表示を信頼したことにより、その地位を変更したことを要求する要件である。ここにいう「地位の変更」とは、積極的にその地位を変更する場合のみならず、自己の利益の防御手段を講じなかった場合も含まれる。(37)

(5)　以上のようにエクイティーとコモン・ローの双方を経由して発展した表示による禁反言の基礎は、正義と衡平の観念である。ある人が、他人に対して特定の表示をなし、その表示を信頼させた結果、その他人の地位に変更を生じさせておきながら、その表示が自己に利益なかぎりはこれを真実として維持し、それが不利益と認められるやそれは真実ではないと否認することを許すことはできないという規範がここにはある。(38)

もっとも、衡平の観念に基づいた表示による禁反言が広く認められるようになっても、一部の学説を除き、なおこれは訴訟法上の問題に過ぎず、訴訟原因にはならないと考えられていた。また、表示による禁反言は、単なる意思の表示には適用されないという限界もあった。これには、単純約束に拘束力を認めない約因論の影響があったものと考えられる。(39)

(6)　そこで、新たに主としてアメリカで発達したのが、約束的禁反言である。第一次契約法リステイトメント九〇条では、「約束が、被約束者または第三者の明確で重要な作為または不作為を誘引することを約束者が予見すべきであり、実際にそのような作為または不作為が誘引された場合には、約束の強行によってのみ不正義が避けられる場合に限り、その約束は拘束力を有する。」と定められていたが、これはもともと無償約束に対する信頼を保護すべく、いわば約因の代替物としての機能を期待されたものである。約束に拘束力を認める一つの根拠であるから、表示の内容はもちろん約束であるし、アメリカでは独立の訴訟原因として認められている。約束的禁反言については、約因論との関係も含め、以前にアメリカでの沿革を詳細に検討したことがあるので、詳しくはそちらを参照されたい(40)。

（4）　禁反言とは estoppel の訳語であり、明治二三年頃には既にわが国で用いられていたという。伊澤孝平『表示行為の公信力―商事における禁反言―』一八頁（有斐閣、一九三六年）及び峯岸治三「イギリス証拠法概論（九）」法学研究一四巻三号四八四頁（一九三五年）によると、明治二三年出版の浦部章三訳ブービエー『法律字彙』及び明治二五年出版の山田喜之助訳テーラー『英国証拠法』に禁反言の訳語が用いられていたとされる。E. Coke, Commentary upon Littleton, 352a（1832）によれば、estoppel という語はフランス語の estoupe に由来し、そこから stopped という意味が生まれたのであり、ある者が自己の行為もしくは承認により、真実を主張することができなくなることから estoppel と呼ばれるのだとされる。もっとも、これに対して G. S. Bower, The Law relating to Estoppel by Representation 1（1923）は、同時期の他国の用語にも estop の起源と見られるものが多数あることを指摘する。
（5）　花岡敏夫「禁反言ノ法理ニ関スル概念」法学協会雑誌三二巻一一号一四七頁（一九一四年）。
（6）　E. Coke, *supra* note 4, at 352a.
（7）　伊澤・前掲注（4）三二頁、喜多了祐『外観優越の法理』四三七頁（千倉書房、一九七六年）。
（8）　本稿でまとめた禁反言の歴史については、以下の先行業績に負うところが大きい。E. Coke, Commentary

upon Littleton（1832）；花岡・前掲注（5）一四七頁、同『エストッペルノ法理ヨリ見タル判決ノ既判力』（一九一六年）、G. S. Bower, *supra* note 4；W. Holdsworth, A History of English Law Vol. IX 147-148（1926）；宮本英雄「英法に於ける禁反言法理の発展過程―表示主義発展の一態様―」法学論叢二三巻二号一六九頁（一九三〇年）、峯岸治三「イギリス証拠法概論」法学研究一四巻三号四八一頁（一九三五年）、四号七八三頁（一九三五年）、一五巻一号一頁（一九三六年）、伊澤・前掲注（4）、末延三次「英米法における禁反言」法律時報八巻一一号一六頁（一九三六年）、喜多・前掲注（7）など。

（9）king's court は、地方裁判所（The High Court of Justice）、控訴院（The Court of Appeal）及び帝国議会による裁判所（The High Court of Parliament）の三者を含むほか、区裁判所（County Court）及び臨時管轄裁判所（The Court of Summary Jurisdiction）その他 The Courts of Quarter Sessions, The Court of Arches, The Consistory Court をも包含する。花岡・前掲注（5）一五八頁。

（10）W. Holdsworth, *supra* note 8, at 147-148（1926）.

（11）宮本・前掲注（8）一七八頁。

（12）W. Holdsworth, *supra* note 8, at 149.

（13）*Id.* at 150-153；峯岸・前掲注（4）四九〇頁以下。

（14）花岡・前掲注（8）一八頁以下。

（15）W. Holdsworth, *supra* note 8, at 154-159；宮本・前掲注（8）一八〇頁、峯岸・前掲注（4）四九四頁以下。

（16）宮本・前掲注（8）一八一頁。

（17）W. Holdsworth, *supra* note 8, at 159；峯岸・前掲注（4）四九九頁、伊澤・前掲注（4）三三三頁。

（18）E. Coke, *supra* note 4, at 352a；G. S. Bower, *supra* note 4, at 5；伊澤・前掲注（4）三三二頁以下、喜多・前掲注（7）四四八頁。

（19）伊澤・前掲注（4）三三五頁。

（20）宮本・前掲注（8）一八四頁以下。

(21)　G. S. Bower, *supra* note 4, at 2-7.
(22)　*Id.* at 2；喜多・前掲注(7)四三八頁。
(23)　伊澤・前掲注(4)三三頁、喜多・前掲注(7)四四〇頁。
(24)　G. S. Bower, *supra* note 4, at 2.
(25)　表示による禁反言の成り立ちについては W. Holdsworth, *supra* note 8, at 161-162 による。これに依拠する邦語文献として、宮本・前掲注(8)一八五頁以下、峯岸・前掲注(4)四九九頁以下、伊澤・前掲注(4)三八頁以下、喜多・前掲注(7)四四九頁以下参照。
(26)　Nelson's Chancery R.46；W. Holdsworth, *supra* note 8, at 161.
(27)　2 Ch. Cas. 108；*Id.* at 161.
(28)　1 Vernn's Chancery Rep. 136；*Id.* at 161.
(29)　1 W. Black 363；*Id.* at 161.
(30)　6 Ad. & E. 474；*Id.* at 146, 162.
(31)　18 L. J. Ex. 262；伊澤・前掲注(4)四〇頁以下。
(32)　G. S. Bower, *supra* note 4, at 9-11；伊澤・前掲注(4)五四頁。もっとも、阻却事由として、①相手方が表示が不真実であることを知っていること、②表示が撤回されたこと、③表示が、相手方の詐欺又は強迫に基づくこと、④禁反言の成立により違法又は反公序良俗の結果を生ずること、⑤禁反言の基礎をなす表示が、相手方の既になした表示に基づいて生じたこと（詐欺や強迫のように故意のある場合以外）が認められている。
(33)　伊澤・前掲注(4)六一頁。
(34)　ただし、例外として、①純然たる意見の表示であるにも拘わらず、表示者が強いてこれを現存事実に関するものとして表示した場合、②専門家の意見又は確信の表示については、相手方がこれを信頼しても当然といえるので、禁反言を生じるとされた。G. S. Bower, *supra* note 4, at 45；伊澤・前掲注(4)六三頁。
(35)　*Id.* at 44-46；峯岸・前掲注(4)一七頁以下、伊澤・前掲注(4)六三頁。

(36) *Id.* at 195.

(37) 峯岸・前掲注(4)三一頁以下、伊澤・前掲注(4)七六頁。

(38) 宮本・前掲注(8)一八八頁。人は自己の行為に悖戻して他人に損害を加うべからずとする法律思想は、既にローマ法にも存在していたという。伊澤・前掲注(4)五一頁。

(39) 伊澤・前掲注(4)六一頁、喜多・前掲注(7)四六〇頁。

(40) 拙稿・前掲注(2)「約束的禁反言（一～三完）」法律論叢七五巻二＝三号一一七頁（二〇〇二年）、同四号四一頁、同五＝六号八三頁（二〇〇三年）。イギリスでは、約束的禁反言は訴訟原因とは認められていないが、物権的禁反言は訴訟原因として認められている。イギリスにおける両者の沿革とその統合の動きについては、木村義和「英米における信頼に基づく契約責任と約束的禁反言（一～二・完）」法と政治四九巻二＝三号一四五頁、同四号一〇一頁（一九九八年）、同「イギリスにおける約束的禁反言と物権的禁反言の統合について」法と政治五〇巻三＝四号一九三頁（一九九九年）、同「イギリス法における物権的禁反言について」法と政治五一巻三＝四号一五三頁（二〇〇〇年）参照。

三　学説による禁反言則の継受と判例の展開

1　学説による禁反言則の継受

わが国では、禁反言則は信義則の「一適用例[41]」、「具体化の一類型[42]」、「個別的法命題」・「下位概念[43]」、「下位原則[44]」等と捉えられているところ、信義則がわが国の学説において論じられるようになったのは、大正期のことである。牧野英一『現代の文化と法律』（一九一八年）、『法律における具体的妥当性』（一九二五年）は、自由法論の立場から、その指導原理としての信義則を強調し、鳩山秀夫「債権法に於ける信義誠実の原則」（初出一九二四年）は、信義を基礎として成立する債権法においてこそ、信義則が重要な意義を有することを主張していた。[45]

しかし、禁反言則は、右の信義則に関する議論よりも以前から表見代理の分野で学説で取り上げられていた。まず、中島玉吉「表見代理論」（一九一〇年）[46]が、表見代理を英米法の agency by estoppel ないし agency by holding out に該当すると位置づけ、花岡敏夫「agency by estoppel の法理ト我表見代理ノ観念」（一九一七年）[47]は、さらに詳しく agency by estoppel について考察し、わが民法の表見代理もこれと「殆ント一致セル法理」であるとしている。前者が、表見代理の責任根拠について、「本人ノ表見的行為ニ在リ換言スレハ第三者ヲシテ代理権アリト信セシム可キ外形ノ事実ヲ生セシメタルニ在リ」とし[48]、後者が、表見代理の発生要件として「表見代理ノ発生ニハ必ラスシモ本人ニ過失アリシコトヲ要セスト信ス勿論本人ニ於テ第三者ヲシテ誤信セシムルニ足ルヘキ相当ノ理由アル行為即チ少ナクトモ表見的事実トシテノ放任行為（holding-out）ノ存在ヲ要ス」としていることからも明らかなように、両者は、行為による禁反言の一種である agency by estoppel の考え方をわが国の表見代理論にそのまま当てはめ、これを本人の過失等の主観的要素ではなく、行為に起因する責任と捉えている点で共通している。

その後、宮本英雄「英法に於ける禁反言法理の発展過程―表示主義発展の一態様―」（一九三〇年）[49]、峯岸治三「イギリス証拠法概論（九～一一）」（一九三五～一九三六年）[50]が、イギリスにおける禁反言の歴史的沿革を詳細に検討し、これらの沿革も踏まえつつ、伊澤孝平『表示行為の公信力―商事における禁反言―』（一九三六年）は、主に商事を対象としてではあるが、禁反言則の具体的適用例を検討するに至った。伊澤見解によると、禁反言則は、衡平正義の具現者として、ある人の正当な信頼を保護し、以て取引の安全確保と道義的確信の調和に寄与する制度である。元来人類に普遍的な正義の要求、衡平の理念より生じた制度であるから、他の諸々の文化現象と同じく国境を知らず、わが国においても、その長を採り短を捨てて共同的精神的所有物としてこれを発達せしめ

ることには何等の支障もないとする。(51)

もっとも、信義則については一般原則としての性格ゆえに、その濫用については当初から警戒されており、(52)だからこそ信義則の具体化である禁反言則についても、その適用範囲と限界を明らかにしていく必要があるといえる。(53)

2 判例の展開

かつて判例は、「所謂禁反言ノ法則ハ我邦ニ於テ認メラレタモノニアラス」（大判明治三一年一〇月一一日民録四輯九号二四頁）としていた。しかし、その後、大判昭和五年一〇月三〇日（民集九巻九九九頁）は、民法一〇九条及び旧商法六五条の規定が、「取引ノ安全ヲ保護スル為法律行為ヲ為スニ当リ自己ガ責任ヲ負担スベキ地位ニ在ルガ如キ表示ヲ為シ又ハ責任ヲ負担スルガ如キ行動ヲ為シタル者ハ其ノ意思ノ如何ニ拘ラズ之ヲ知ラザル者ニ対シテハ其ノ責ニ任ゼザル可カラズトノ法律ノ精神ニ基ク」としたうえで、頼母子講の表見管理人もこの法律の精神に従い責任を負うとした。これは、禁反言則を暗に容認したものといえる。この判例の見解は、後の多くの判例に引き継がれ、大判昭和一三年二月一六日（民集一七巻六一三頁）では、第一順位の抵当権が設定されていた旧建物が滅失したにも拘わらず、その登記を新建物の登記に流用して第一順位の抵当権が存在するかのように仮装していた場合には、その第一順位の抵当権者と承継人のために第一順位の抵当権が存在するのと同一の責任を負うとし、このことは、「禁反言ノ法理ニ考フルモ当然」として、明確に禁反言の法理を認めるに至った。

その後、禁反言と明言する判例は見当たらないが、以下では当事者の矛盾する言動を信義則によって封じた最高裁の判例を整理する。判例の分類方法には様々あろうが、ここではとりあえず、封じられた主張の内容により判例を分類する。

(1) 無権代理人による本人の追認拒絶権の行使①—無権代理人の本人相続—

いわゆる無権代理と相続の問題に関し、無権代理人が本人相続により取得した追認権を行使できないとする根拠として、判例では古くから信義則が用いられている。初期の判例は、無権代理人が本人を相続した場合には、当該無権代理行為は当然に有効になるとしており、その根拠として既に信義則的な発想がみられていた。大判昭和二年三月二二日（民集六巻三号一〇六頁）は、相続により無権代理行為が有効になる理由として、①本人と無権代理人との資格の融合、②非権利者の処分に関する追完法理の援用のほか、③無権代理人が本人を相続した場合にも追認を拒絶しうるとするならば、徒に相手方を不利益な地位に陥れる結果を生ずること（信義則的な発想）を挙げている。(54)

その後、【1】大判昭和一七年二月二五日（民集二一巻四号一六四頁）が、相手方に対して損害賠償債務を負担する立場にある無権代理人が、「本人ノ地位ニ就キタル場合ニ於テハ寧ロ相手方ニ対シ無権代理行為ノ追認ヲ為スヘキコソ相当ナレ今更追認ヲ拒絶シテ代理行為ノ効果ノ自己ニ帰属スルコトヲ回避セムトスルカ如キハ信義則上許サルヘキニ非サレハナリ」として初めて信義則を援用し、(55)【2】最判昭和三七年四月二〇日（民集一六巻四号九五五頁）も傍論ではあるが、「無権代理人が本人を相続した場合においては、自らした無権代理行為につき本人の資格において追認を拒絶する余地を認めるのは信義則に反するから、右無権代理行為は相続と共に当然有効となる」とした。(56)以上の理は、無権代理人が他の共同相続人と共に本人を共同相続した事案に関する【3】最判平成五年一月二一日（民集四七巻一号二六五頁）においても、「他の共同相続人全員が無権代理行為の追認をしている場合に無権代理人が追認を拒絶することは信義則上許されない」として踏襲された。このように、無権代理人相続型に関する判例は、無権代理人による追認拒絶を遮断するために、信義則に依拠することが確立しているといえる。

(2)　無権代理人による本人の追認拒絶権の行使②—無権代理人の後見人就任—

無権代理人が本人の追認権を取得する場合としては、相続の他に、本人の法定代理人となる場合が考えられる。

【4】最判昭和四七年二月一八日（民集二六巻一号四六頁）では、未成年者の無権代理人が後見人に選任された場合に、その者が後見人就任前に行っていた無権代理行為の効果がどうなるのかが初めて問題となった。[57] 本判決は、①無権代理人が後見人就任前から事実上後見人の立場で財産管理にあたっており、これに対して何人からも異議がなかったこと、②当該無権代理行為が、未成年者と利益相反の関係にないことの二つの事実を認定した上で、後見人の追認拒絶は信義則に反して許されず、追認の事実がなくても当該無権代理行為は無権代理人が後見人に就任すると共に有効になるとした。本件では、無権代理人がその無権代理行為の一年程後に後見人に就任しており、彼の無権代理行為は、彼が正式に後見人に就任するまでの緊急措置としてなされたようにも見受けられるので、[58] 結論自体は支持しうるとしても、その理論構成を一般化することには問題があろう。なぜなら、先の相続の場合には、無権代理行為から生ずる不利益があったとしてもそれは無権代理人自身に帰属するのに対し、後見人就任の場合には、その無権代理行為の追認によって生ずる不利益は、本人たる被後見人が受けることになるからである。

そこで、その後の【5】最判平成六年九月一三日（民集四八巻六号一二六三頁）では、「禁治産者の後見人が、その就職前に禁治産者の無権代理人によって締結された契約の追認を拒絶することが信義則に反するか否かは、①右契約の締結に至るまでの無権代理人と相手方との交渉経緯及び無権代理人が右契約の締結前に相手方との間でした法律行為の内容と性質、②右契約を追認することによって禁治産者が被る経済的不利益と追認を拒絶することによって相手方が被る経済的不利益、③右契約の締結から後見人が就職するまでの間に右契約の履行等をめぐってされた交渉経緯、④無権代理人と後見人との人的関係及び後見人がその就職前に右契約の締結に関与した行為の程度、⑤本人の意思能力について相手方が認識し又は認識し得た事実、など諸般の事情を勘案」して決しなければならないとされた。

先の【4】判決では、無能力者に極めて不利益な条件での契約であっても、表見的に後見人らしく管理にあたっていて何人からも異議がなく、利益相反の事実がなければ追認拒絶はできないことになるが[59]、【5】判決は、後見人の追認拒絶が信義則に反するか否かの判断要素として、無能力者の経済的不利益の有無を考慮している点が特徴的である。

(3)　無権代理人による無権代理の主張

【6】最判昭和四一年一一月一八日（民集二〇巻九号一八四五頁）は、他人の代理人と称して金銭消費貸借契約を締結するとともに、自らその他人のために連帯保証契約を締結した者の相続人Yに対して、債権者Xがその連帯保証債務の履行を求めたという事案である。最高裁は、他人の代理人と称して金銭消費貸借契約を締結し、かつ、自らその他人のため連帯保証契約を締結した者が、債権者の提起した右連帯保証債務の履行を求める訴訟において、右代理権の不存在を主張し、主たる債務の成立を否定し、ひいては連帯保証債務の成立を否定することは、特別の事情のない限り、信義則上許されないとした[60]。

調査官解説によると、信義則の一態様である表示による禁反言は広くその適用が認められており、本判決は、契約締結の際の表示に禁反言の拘束を認めたものであるという[61]。本件調査官解説が述べている表示による禁反言の成立要件は、Bower のそれを訳出した伊澤見解に依拠しているので、その内容は、本稿二2(4)で述べたところと同一である。

本判決に対しては、無権代理人は一一七条の責任を負うことから、自己の行為を無権代理であると主張することは一般的に許され、信義則に反しないという見解もあるが[62]、訴訟物の選択は原告の自由であり、一一七条の責任を問いうることが禁反言則の適用（信義則違反）を否定する理由にはならないこと[63]、一一七条による場合は相手方の悪意有過失を指摘する免責立証があること等から[64]、一一七条の存在を根拠として信義則に反しないとすることは妥当ではないであろう。

(4)　時効の援用

【7】最判昭和四一年四月二〇日（民集二〇巻四号七〇二頁）は、債務者が、消滅時効完成後に債権者に対して当該債務の承認をした場合には、時効完成の事実を知らなかったときでも、その後その時効の援用をすることは許されないとする。それまでの判例は、時効完成後に債務者がその債務を承認した場合は、時効完成の事実を知ってこれをなしたものと推定し、時効利益の放棄があったものと扱っていたが、かかる推定には無理があるとして学説からの批判が多かった。そこで、本判決は、消滅時効完成後の債務の承認が、時効完成の事実を知ってしたものと推定することはできないとし、「時効の完成後、債務者が債務の承認をすることは、時効による債務消滅の主張と相容れない行為であり、相手方においても債務者はもはや時効の援用をしない趣旨であると考えるであろうから、その後においては債務者に時効の援用を認めないものと解するのが、信義則に照らし、相当である」としたのである。本判決を受けて、**【8】最判昭和四四年三月二〇日**（判時五五七号二三七頁）は、「主債務の消滅時効完成後に、主債務者が当該債務を承認し、保証人が、主債務者の債務承認を知って、保証債務を承認した場合には、保証人がその後主債務の消滅時効を援用することは信義則に照らして許されない」としている。

【9】最判昭和五七年七月一五日（民集三六巻六号一一一三頁）は、約束手形の振出人の手形金支払義務が時効消滅した場合に、本件事情の下で裏書人が自己の償還義務の消滅を主張することは信義則に反するとされた事例である。本判決は、一般論としては、振出人の手形金支払債務が時効消滅した場合には、裏書人の償還義務も消滅すると解したうえで、本件では、裏書人Yが所持人Xに対して、自己の償還義務の時効期間経過後に時効利益の

放棄ないし債務の承認をしたうえ、再三にわたり自己固有の債務として右手形金支払義務があることを認めるような態度を示し、Xに確実にその履行がなされるとの期待を抱かせながら、後に態度を翻して償還義務を履行しようとせず、Xから提起された手形金請求訴訟においても引き延ばしとみられる抗争により時間を費やさせ、その間にXがYを信頼してその義務履行が確実になされるものと期待するあまり振出人に対する手形金請求権についての時効中断の措置を怠ったために振出人の手形金支払義務が消滅したのに乗じ、これに伴い自己の償還義務も当然消滅するに至ったとしてその義務の履行を免れようとする所為に出ることは、著しく信義則に反し許されないとした。調査官解説は、「本判決の挙示する事実関係だけで信義則を適用するに十分な要素があるといいうるのかが問題」とし、本件に表れた事実を列挙したうえで、Xには振出人に対する時効中断の措置を怠ったという非はあるとしても、相当の経験を有する法律家Yに対するXの信用に乗じて時間稼ぎをした抗争のあげく、その信用を裏切ったYの非の方がはるかに大きいとし、他に救済方法のない本件においてはその特殊性に鑑みて信義則を適用したのであろうとしている。[65]

⑸　無効主張

【10】最判昭和四二年四月七日（民集二一巻三号五五一頁）は、Xが、不動産について、共同相続によって持分しか取得しなかったにもかかわらず、自己が単独相続をしたとしてその旨の所有権移転登記を経由したうえYと右不動産について抵当権設定契約を締結し、その旨の登記を経由したという事案である。本判決は、Xが、Yに対し、自己が取得した持分を超える持分についての抵当権が無効であると主張して、その抹消（更正）登記手続を請求することは、信義則に照らして許されないとした。**【11】最判昭和五六年一〇月三〇日**（判時一〇二二号五五頁）もこの判例理論に依拠し、共同相続人の一人が、被相続人名義の土地について他の相続人に無断で自己の単独相続による所有権移転登記を経由したうえこれを他に売り渡し、その旨の登記をした事案で、買受人及び転

得者に対して、自己が取得した持分を超える部分の所有権移転が無効であると主張してその抹消（更正）登記手続を請求することは、信義則に照らして許されないとしている。【10】判決の調査官解説は、本判決を表示による禁反言の適用を肯認するものと評している[66]。結論としてXの抹消登記請求権を否定すること自体については異論は少ないであろうが[67]、順次所有権移転登記がなされた場合に各所有権移転行為が無効であるときは、中間者も抹消登記請求権を有するという最判昭和三六年四月二八日民集一五巻四号一二三〇頁があるために、本判決は、Xの抹消登記請求権の有無については触れ（られ）ず、信義則違反の構成を採らざるを得なかったとの評価もある[68]。

【12】最判昭和四四年七月四日（民集二三巻八号一三四七頁）は、労働金庫から架空の従業員組合名義で貸付を受けたXが自己所有の不動産に抵当権を設定していたところ、これが実行されて第三者Yが競落したので、Xが、員外貸付と抵当権設定契約の無効を主張してYに対して所有権移転登記の抹消を請求した事案である。最高裁は、員外貸付は無効であるとして次のように判示した。「Xは自ら虚無の従業員組合の結成手続をなし、その組合名義をもって訴外労働金庫から本件貸付を受け、この金員を自己の事業の資金として利用していたというのであるから、仮りに右貸付行為が無効であったとしても、同人は右相当の金員を不当利得として訴外労働金庫に返済すべき義務を負っているものというべく、結局債務のあることにおいては変りはないのである。そして、本件抵当権も、その設定の趣旨からして、経済的には、債権者たる労働金庫の有する右債権の担保たる意義を有するものとみられるから、Xとしては、右債務を弁済せずして、右貸付の無効を理由に、本件抵当権ないしその実行手続の無効を主張することは、信義則上許されないというべきである。ことに、本件のように、右抵当権の実行手続が終了し、右担保物件が競落人の所有に帰した場合において、右競落人またはこれから右物件に関して権利を取得した者に対して、競落による所有権またはこれを基礎とした権原の取得を否定しうるとすることは、善意の第

三者の権利を自己の非を理由に否定する結果を容認するに等しく、信義則に反する」。員外貸付が無効であったとしても、これを担保するために設定された抵当権は当然に無効とならず、員外貸付無効による不当利得返還請求権に及ぶとする解釈もあり得るが[69]、最高裁はかかる立場をとらずに、信義則による問題解決を図った。調査官解説は、「本件では、債務者が自ら自己の債務を弁済せず、権利のみを主張する点において、当初から、まさに信義則の適用を受けるにふさわしい事案であったともいえる[70]」とするが、それ以上に信義則適用の要件等についての分析はない。

【13】最判昭和四九年一一月一四日（民集二八巻八号一六〇五頁）は、共同代表の定めがある株式会社Xの物件が、甲・乙・丙三名の代表取締役のうち甲・乙のみでYに売却された事案で、Xは甲の財産の保全、運営のために設立されたものであり、乙・丙はいずれも甲と内縁関係にあって、Xの業務は専ら甲によって運営され、実質的には共同代表が行われておらず、右売却にあたって甲が丙の合意もあるとYを信じさせるような言動をし、かつ、契約締結後五年の間Xにおいて右契約が無効であるとの主張をしなかった等の事情を認め、Xが右売買契約を共同代表の定めに違背し無効であると主張することは、信義則に反し許されないとした。調査官解説は、本判決について、信義則の適用といっても、丙には何ら落ち度はなく、Yは、丙という共同代表取締役があることを知りながら取引通年上必要とされる注意を欠いているから、Yに信義則によって保護されるべき資格があるかは疑わしいとしつつも、本件は、実質的に甲が自らした売買契約を無効と主張して不動産の取り戻しを図るものであり、その意図、行為は社会正義、取引の安全等から到底許容しえないとして、その結論は支持している[71]。

【14】最判昭和五一年四月二三日（民集三〇巻三号三〇六頁）は、病院を経営する財団法人Xが、同病院の敷地及び建物の全てと備品器具等をYに売り渡し、その後七年一〇ヶ月余を経過してから、同売買契約は寄付行為の目的の範囲外で無効であると主張して、Yとその転得者に対して本件不動産の返還等を求めた事案である。本判

決は、Xが本件売買に先立ち、寄付行為の変更の決議を経たにも拘わらず、その認可申請の手続を怠っていたこと、更にXは、本件売買の追認が可能となった段階においてYから買戻しの交渉を受けながらこれを拒絶しており、かかる状況の下にYは本件物件を転売したのだから、Yとその転得者は、Xが後日に本件売買の無効を主張することはないと信じ、かく信じるについて正当事由があったといえること、また、本訴提起当時には建物の原状に著しい変動を生じていたことから、「これら諸般の事情のもとにおいて、Xが本件売買の時から七年一〇ヶ月余を経た後に本訴を提起し、右売買の無効を主張して売買物件の返還又は返還に代わる損害賠償を請求することは、信義則上許されない」と判示した。本件は、権利失効の原則の適用に類似しているが[72]、本件は、法律上無効である行為を無効と主張する場合であり、また、時の経過ではなくXの追認的な行為がYの信頼を惹起させているので、同原則が適用されたとみるべきではないであろう[73]。

【15】最判平成一六年一〇月二六日（判時一八八一号六四頁）は、共同相続人の一人であるYが、複数の金融機関から遺産である預金全額の払戻しを受けたのに対し、もう一人の相続人であるXが、これによりX相続分の預金相当額の損失を被ったとして、Yに対して不当利得返還を求めた事案である。Xの請求に対し、Yは、金融機関の払戻しには過失があり四七八条の弁済として有効にはならないから、Xには不当利得返還請求権の要件である「損失」がないと主張したが、本判決は、かかるYの主張を信義則に反するとして排斥した。その理由は、①Yは、金融機関からX相続分の預金について自ら受領権限があるとして払戻しを受けておきながら、本件訴訟において一転して金融機関に過失があるとして、自らが受けた払戻しが無効であると主張するに至ったものであること、②仮に、Yが、金融機関が行った払戻しの弁済としての有効性を争って、Xの請求の棄却を求めることができるとすると、Xは、金融機関が払戻しをするにあたり善意無過失であったか否かという、自らが関与していない問題についての判断をした上で訴訟の相手方を選択しなければならないことになるが、何ら非のないXがY

との関係でこのような訴訟上の負担を受忍しなければならない理由はないこと、である。

(6)　執行手続における異議

【16】最判昭和四一年二月一日（民集二〇巻二号一七九頁）は、Yが訴外甲を債務者とする仮差押決定に基づいてX会社においてなした有体動産仮差押の執行に対し、Xが右仮差押物件が自己の所有であると主張して第三者異議の訴えを提起した事案である。原審は、およそ強制執行に際し、第三者が自己の所有物を執行債務者から預かった同人所有のものであると表示し、執行債権者に任意提供する等、これに対する執行を誘発する言動に出て、これにより執行債権者をして執行債務者の所有に属するものと誤断してこれに対する執行をなすに至らせ、反面執行債務者の他の物件に対するそれ以上の執行が取りやめとなった事情があるときは、その第三者が右物件に対する執行異議の事由としてその所有権の帰属を主張することは、信義則に照らし許されないとした。そして、他人の真実にあらざる表示を信じた被表示者の保護を図る必要がある場合に、表示者が後にいたって表示に反する主張をすることを認めず、もってその者に表示した不利益の責めを帰せしめるのは、公法私法の別なくあらゆる法の領域における法理たる信義則の当然の要請であり、もとより信義則の適用であるから、両者の利害の較量を忘れてはならぬが、本件事実関係によれば第三者たるXの救済は被表示者Yの保護に遅れるとするに十分であるとした。本判決は、この原審の見解を正当としてXの上告を棄却したものである。調査官解説は、本件を表示行為による禁反言の原則が認められた事案であるとする。なお、Xが所有権を有していたとしてもこれを喪失することになるのか、喪失するとすればその時期はいつかという問題は、信義誠実の原則などの一般条項を適用する際に常につきまとう困難な問題であるが、本件ではそこまで触れる必要がなかったと評している。[74]

(41)　伊澤・前掲注(4)九頁。

(42)　磯村保「矛盾行為禁止の原則について1」法律時報六一巻二号九〇頁は、禁反言ではなく「矛盾行為禁止の原則」と言い、これは、「自己の先行行為に矛盾する行為は許されない」とする原則であると言う。

(43)　菅野耕毅『信義則および権利濫用の研究』一一頁（信山社、一九九四年）。

(44)　谷口知平・石田喜久夫編『新版注釈民法(1)』九二頁〔安永正昭〕（有斐閣、二〇〇二年）。

(45)　最近の論稿として、西内祐介「表見代理と禁反言の法理の関係―イギリス表見代理法理を素材として―」九大法学九四号四一四頁（二〇〇七年）がある。

(46)　中島玉吉「表見代理論」京都法学会雑誌五巻二号一頁（一九一〇年）。

(47)　花岡敏夫「agency by estoppel の法理ト我表見代理ノ観念」『土方寧在職二十五周年記念私法論集』一頁（一九一七年）。

(48)　多田利隆『信頼保護における帰責の理論』二九頁以下（信山社、一九九六年）は、この部分からは、中島が表見代理に関して与因主義的見解を採っていたことが窺われるとし、ここにはドイツの Seeler 権利外観理論の影響があるのではないかとしている。

(49)　宮本・前掲注(8)一六九頁。

(50)　峯岸・「イギリス証拠法概論」法学研究一四巻三号四八一頁、四号七八三頁（一九三五年）、一五巻一号一頁（一九三六年）。

(51)　伊澤・前掲注(4)三頁以下。

(52)　鳩山秀夫「債権法に於ける信義誠実の原則」『債権法に於ける信義誠実の原則』二五七頁以下（有斐閣、一九五五年）は、信義則に対する反感を次のように要約している。①法律と道徳とを混同するということ、②裁判官の法律に対する関係を自由ならしめるということ、③法律生活の安全を害するということ、の三点である。このような論難に対し、鳩山は、①この程度において道徳の要求に応ずることは法律の目的である。道徳善を奨励することは法律の目的に属さないが、道徳悪に対して法律の保護を与えることは法律の目的に適う、②成文法は、抽象的一般的な規範であり、その性質上信義則のような他の原則によって具体化されるべきものである。これは信義則に成文法を補充する効力を認めることであって、補充と無視とが異なることはもちろんである、③信義則は、裁判官の主観的判断ではなく、客観的標準（その事項に関する取引上の慣習又はその他の文化規範があるならばそれに従い、なければその社会における正常な人の合理的判断を標準とする）によって決定すべきものであるから、信義則が法律生活の安全を害するという危惧は机上の空論である、と反論している。

(53) 信義則適用の妥当性については、いわゆる機能論がこれを確保することを目的として論じられている。好美清光「信義則の機能について」一橋論叢四七巻二号七三頁（一九六二年）は、信義則の機能を、①職務的機能（裁判官が既存の法規によって既に予定されている構図、枠を超えることなく、法規自身のより詳細かつ具体的な実現にすぎない場合）、②衡平的機能（法倫理的振る舞いへの要請を裁判官が掲げ、実質的正義を問題とする場合）、③社会的機能（既に法典が予定し規定している対象でありながら、社会の進展に伴って既存の法典の枠組みでは妥当な解決が得られず、これを裁判官が実際上の必要性に基づき、権利の社会的使命、目的をも考慮して、ふみ越え修正していく場合）、④権能授与的機能（時代の問題性に適合させるべく、判例が法規を打破し、法規に反して新しい裁判官法を創造していく場合）に四分類している。この分類によると、禁反言は、②衡平的機能に含まれると考えられる。

(54) もっとも、本判決は、典型的な無権代理人相続型のように、無権代理行為の相手方からの有効主張に対して、無権代理人が追認拒絶する場合とは異なり、利害の対立が、本人の債権者と無権代理行為の相手方との間にある点（追認拒絶権の代位行使）に事案の特殊性がある。

(55) 本判決も、先の大判昭和二年三月二二日と同様に、純粋な無権代理人相続型ではない。本件は、無権代理人の家督相続人が、隠居後に更に他家の家督相続をして本人の地位に就いたという事案であり、双方相続型（無権代理人を相続した者が、更に本人を相続する場合）といえるが、本判決はこの差異を看過して通常の無権代理人相続型と同視して理論構成している。しかし、無権代理人の相続人の隠居者は、無権代理人と同様の法律上の地位を有するものではなく、無権代理人と同様の責任を負っているに止まるのに、信義則を援用して無権代理人の相続人の追認拒絶を否定することは疑問ではある。

(56) ただし、本判決は、本人が無権代理人を相続した場合（本人相続型）には、「相続人たる本人が被相続人の無権代理行為の追認を拒絶しても、何ら信義に反するところはないから、被相続人の無権代理行為は一般に本人の相続により当然有効となるものではない」とする。

(57)　本件は、同一不動産についての無権代理人からの譲受人と本人からの譲受人間の争いであり、両者が対抗関係に立つか否かの前提として信義則の適用が問題になっているにすぎない。また、後見人が自己の無権代理行為について追認拒絶をしているわけでもない。しかし、本判決の要旨が抽象命題として掲げられている以上、これは後見人が実際に追認拒絶した場合にも妥当するということを前提に、以下考察する。鈴木ハツヨ「判批」家族法判例百選（第三版）一四六頁以下、田中豊「判批」ジュリスト一〇六二号八八頁（一九九五年）。

(58)　鈴木・前掲注(57)一四七頁。

(59)　谷口知平「判批」判例評論一六三号二三頁。

(60)　本判決の原審である大阪高判昭和三八年一一月二〇日（民集二〇巻九号一八五七頁）も、Xが、代理権がなかったことを理由として、金銭消費貸借と自らの連帯保証債務が成立しなかったと主張することはできないとしているが、その理由は、「けだし、このことは無権代理行為が故意になされた場合については、相手方に責むべき点がない限り、信義誠実の原則上当然であるのみならず、過失により右代理権ありと信じ又は単に代理権を証明しえない場合についても、連帯保証債務は附従性の有無の点を除いては主債務と同一内容の債務であり、且つ民法第一一七条によれば無権代理人は、同条第二項の特別の場合を除き、相手方の請求により自ら履行の責に任ずる地位にあるのであるから右附従性を理由として自ら負担することを約した債務の成立を否認することをえないと解するのを相当とする」からだという。

(61)　川嵜義徳「判解」最高裁判所判例解説民事編昭和四十一年度五〇一頁以下。

(62)　浜上則雄「判批」民商法雑誌五六巻五号一四五頁（一九六七年）。

(63)　川嵜・前掲注(61)五〇三頁。

(64)　安永・前掲注(44)一〇二頁。

(65)　伊藤瑩子「判解」最高裁判所判例解説民事編昭和五十七年度五九一頁以下。

(66)　豊水道祐「判解」最高裁判所判例解説民事編昭和四十二年度一五一頁以下。
(67)　これに対し、本城武雄「判批」民商法雑誌五七巻四号一二六頁以下は、悪意の越権処分者も権利者のために登記抹消の義務があり、相手方に対して登記抹消を求める訴えの利益を有する（最判昭和三六年四月二八日民集一五巻四号一二三〇頁）として、悪意表示者にも禁反言を認めることはおかしいという。
(68)　星野英一「判批」法学協会雑誌八五巻四号一一五頁以下。
(69)　星野英一「判批」法学協会雑誌八四巻四号五七〇頁は、附従性の原則は、金員の授受がないため被担保債権が成立しない場合についての議論であって、金員が授受されたが、消費貸借が無効である場合には別個に考慮すべきではないかとして、員外貸付が無効でも担保権は有効と解する余地があることを指摘する。
(70)　千種秀夫「判解」最高裁判所判例解説民事編昭和四十四年度（上）四七二頁。なお、本解説は、本判決について、信義則適用の基礎をなす事実関係がその主張自体または原審の確定事実に現れているときは、この点について原審で主張がなく、したがってその判断がなされていなくても、実体法の適用の問題として上告審で判断しうるかという問題について、これを肯定したものとも評している。
(71)　田尾桃二「判解」最高裁判所判例解説民事編昭和四十九年度一七六頁。
(72)　最判昭和三〇年一一月二二日（民集九巻一二号一七八一頁）は、「権利の行使は、信義誠実にこれをなすことを要し、その濫用の許されないことはいうまでもないので、解除権を有する者が久しきに亘りこれを行使せず、相手方においてその権利はもはや行使されないものと信頼すべき正当の事由を有するに至ったため、その後にこれを行使することが信義誠実に反すると認められるような特段の事情がある場合には、もはや右解除は許されないものと解するのを相当とする」として、ドイツで認められている権利失効の原則を承認している。
(73)　斉藤次郎「判解」最高裁判所判例解説民事編昭和五十一年度一七八頁以下、谷口知平・石田喜久夫編『新版注釈民法(1)』一〇四頁〔安永正昭〕（有斐閣、二〇〇二年）。
(74)　森綱郎「判解」最高裁判所判例解説民事編昭和四十一年度四四頁以下。

四　判例の分析と問題点

前述したように、わが国の判例では初期の一部のものを除き、当事者の矛盾する言動を封じる根拠として禁反言と明示するものは見当たらず、禁反言の上位概念とされる信義則違反の問題として扱われている。このことが、わが国における禁反言則の理論枠組みを曖昧にしている一因とも言えるが、ここでは表示による禁反言の要件効果論と対比しつつ、わが国の判例が、ある言動を信義則違反と評価する際の考慮要素について検討していくことにする。

1　矛盾する言動の存在

禁反言が成立するためには、まず何よりも矛盾する言動が存在することが必要である[75]。表示による禁反言では、先行する言動が真実であるか否かは問題とされず、その後の言動との食い違いこそが問題とされるが、この点はわが国でも同様に解されている[76]。

判例では、【1】〜【6】が無権代理人による追認拒絶権の行使ないし代理権不存在の主張を、【7】〜【9】は、時効利益の放棄ないし債務の承認をした者による時効の援用・償還義務の消滅の主張を、【10】【11】は、単独相続をした旨の所有権移転登記をした者が、その後に持分を超える部分の抵当権ないし所有権移転の無効を主張することを、【12】〜【14】は、契約の有効要件が備わっているものとして契約を締結した者が、後に契約の無効を主張することを、【15】は、弁済受領権限があるとして払戻を受けた者が、その払戻の無効を主張することを、【16】は、執行手続の過程で自己所有物を執行債務者から預かった同人所有の物と表示した者が、当該物件に対する執行異議の事由としてその所有権の帰属を主張することが、それぞれ信義則に反して認められないとされている。
矛盾する言動の存在については、わが国の信義則論も表示による禁反言の場合と同様に解することができると思われる。ただ、表示による禁反言が約束的禁反言へと発展し、約束への適用とそれへの拘束力の付与が問題となったように、わが国においても、意思の表明に対する信義則の適用とその効果についての問題は残る（たとえば、契約交渉破棄事例）。

2 表示者の主観的要件

表示による禁反言にとって重要なのは、表示が相手方の意思に対して影響を与えることである。したがって、表示した事実が不真正であることについての善意悪意は、表示者の主観的要件として必要とされていない。表示者がたとえ善意であったとしても、相手方がその表示に影響を受けて自らの地位を不利益に変更した場合には、禁反言として前言を否認することはできないのである。

わが国の判例は、表示者が右の意味での善意であったケースがないためかもしれないが、表示者の悪意が必要であることを明言していない。ところが、【10】判決と【16】判決の調査官解説は、これらの判例が表示による禁反言の適用を認めたものとしたうえで、表示による禁反言の要件には、表示者の悪意（表示者が現実の事実を知っているか、または知り得べきこと）が必要としている。[77] しかし、本稿二の沿革でみたとおり、表示による禁反言において表示者に表示事実が不実であることについての悪意が必要とされていたのは最初だけである。これらの調査官解説が引用している文献にも、表示による禁反言において表示者の悪意が不要となるに至った旨の記載があるので、[78] 調査官解説が何を根拠として表示者の悪意を必要としているのかは不明と言わざるを得ない。

調査官解説がどうであれ、一般的な理解としては、表示による禁反言には表示者の悪意は必要とされていない。

それでは、「そのような表示を相手方が信頼してその地位を不利益に変更することを、表示者が実際に意図しているか意図していると推定されうること」という表示による禁反言の第二の要件は、どのような意味を持つのであろうか。表示による禁反言が成立するためには、この第二の要件と共に、第三の要件である「表示を信頼した相手方が、その地位を不利益に変更したこと」が必要である。もっとも、第二の要件で必要とされている表示者の意思は、直接的にではなく四囲の事情から推定されうる。したがって、第三の要件が実際に充足されるのであれば、第二の要件の存在も事実上認められるのであり、第二の要件のみが欠缺することを以て禁反言が成立しないと判断されることはほとんどない[79]。とはいえ、この要件は、表示者が誰かに強制されたのではなく、「自発的に」表示したことを必要とするものであり[80]、そのような自発的な表示の存在が、相手方の信頼に基づく不利益変更を誘引したことを推定させることもあるのである[81]。

わが国の判例は、この自発性という意味での表示者の主観的要件も特に要求してはいない。表示による禁反言においてもこの要件が独立して強調されることはないのだが、わが国でも、実際にこのような表示者の自発性が争点となるケースが存在しないためか、特に問題にされていない。

3　相手方の信頼と地位の不利益変更

(1)　表示による禁反言における第三の要件は、「表示を信頼した相手方が、その地位を不利益に変更したこと」である。相手方に何ら影響を与えない表示は、単なる大言壮語に過ぎず、表示による禁反言を成立させることは決してない。したがって、相手方には、表示を信頼して自らの地位を不利益に変更したことを主張立証する責任があるとされている[82]。このとき、ある表示が相手方の地位の不利益変更に影響を与えたか否かの判断にあたり考慮される要素としては、表示による誘引（inducement）と重要性（materiality）とがある。相手方が、実際にある表示に誘引されてその地位を不利益に変更したことを証明したとしても、その表示が他の一般の人に対してもそのような影響を与えうる性質を備えていることを明らかにできなければ意味がないし、他方、ある表示が一般的に他人の地位の不利益変更に影響を及ぼしうるものであったとしても、実際に特定の相手方に対してそのような影響を及ぼしていないのであれば、これもまた意味はないのである。(83)

(2)　転じてわが国の判例をみると、総じて相手方の信頼に基づく地位の不利益変更についての配慮は希薄である。たとえば、【1】〜【3】の無権代理人が本人を相続するケースでは、相手方の事情については特に触れられていない。「無権代理人が自ら無権代理行為をした後に本人の資格において追認を拒絶するということ自体を信義則違反の根拠とするごとくである」と評されるところである。(84)このケース以外の【6】【10】【11】判決でも、相手方の信頼に関わる事情については全く触れられていない。これに対して、【7】判決では、債務者による債務承認につき、「相手方においても債務者はもはや時効の援用をしない趣旨であると考えるであろうから」として、相手方の信頼に配慮しているかのようであるが、それに基づいて具体的にどのような不利益的地位の変更があったかは明らかにされておらず、相手方の抽象的信頼が問題とされているに過ぎない。(85)【15】判決に至っては、Yが自己に弁済受領権限があるとして払戻を受けておきながら、後にその払戻の無効を主張している点を仮に矛盾行為と評価できたとしても、XがYの言動を信頼した結果その地位を不利益に変更したという関係には立たないはずである。Yとの関係でXが保護されるべき立場にあることは理解できるが、判例は、Xの要保護性につき、何ら非のないXがYとの関係で訴訟上の負担を受忍しなければならない理由はないとするのみである。これに対し、【9】【12】【13】【14】【16】判決においては、程度の差はあるが、表示による誘引とそれに基づく相手方の信頼及び不利益的地位の変更といった事情を考慮していると評価できる。

(3)　このように、相手方の信頼という事情への配慮は、判例によってかなり濃淡があるが、安永見解はこれを二つのタイプに分けて整理している[86]。一つは「先行行為抵触型」で、先行行為に抵触的行為であるが故に許されないというタイプの判例である。ここでは、相手方が信頼したということは必要ではないとし、【1】【2】【3】【5】【6】【10】【11】判決はこのタイプに該当するという。もう一つは「信頼惹起型」であり、先行行為・態度により相手方にある種の信頼を惹起させたが故に、それを裏切る行為をすることが許されないというタイプである。これには【7】【9】【13】【14】判決があたるという。

安永見解によれば、「先行行為抵触型」と「信頼惹起型」は、理論的には相手方の信頼要件の要否で区別されるのであろうが、「先行行為抵触型」に分類されている【1】【2】【3】【5】【6】判決は無権代理に関するものであり、相手方の信頼保護については、表見代理や無権代理人の責任の規定が特別に設けられている場合であることに注意したい。つまり、代理権がないのにあると誤信させた場合の相手方保護の問題は、これらの規定によることとし、ここでの信義則の問題は、無権代理人の矛盾的態度自体を咎める点に主眼があると解することができる場合である[87]。これに対し、【10】【11】判決は、共同相続人の一人が単独相続をしたかのような登記をして、持分を超える処分行為をなしたケースであり、判例によれば、持分を超える部分の登記は無権利の登記で、これに対する相手方の信頼が保護されない場合である。このように、判例が信義則違反を問題にしたケースには、それぞれ理由は異なるものの、相手方の信頼を問題にする必要がなかったり、問題にできない（しにくい）場合が含まれているため、わが国の判例を整理する際には、「先行行為抵触型」という類型は有用といえる。ただ、相手方の信頼に基づく不利益的な地位の変更が存在しないのに、信義則による主張制限が認められたケースが実際には存在しないこと、及び信頼の程度にも濃淡があることから、相手方の信頼の有無を基準として「先行行為抵触型」と「信頼惹起型」とに分類することは現実には困難な問題である[88]。また、仮に「先行行為抵触型」が相手方の信頼を必要とせず、その不利益的な地位の変更の有無も問わないものならば、それは表示による禁反言とはかなり距離のある法理であり、そのような場合でも表示者が前言を否認することができないことを正当化する根拠を明らかにする必要があるとともに、この場合を禁反言の名の下に位置づけることができるのかについても今後検討する必要があると思われる。

4　その他の付加的な事情の考慮

表示による禁反言では三つの要件論が確立しているが、わが国では先行行為に矛盾する行為が信義則に反するとされる場合の判断基準が確立していないので、信義則違反と評価されるには、矛盾行為の他にどのような付加的事情が必要かという形で問題提起がされている。たとえば、磯村見解は、矛盾行為が信義則違反と評価されるには、「単に権利を行使しようとする者に先行行為との矛盾が存するというだけでは足りず、そのような矛盾行為が信義則に反するといえるための付加的な事情が必要」とし[89]、安永見解も、「先行行為に矛盾する当該行為が信義則に反するかどうかの判断は、かかる行為をめぐる当事者間での事情を総合的に考慮してなされなくてはならない」としている。そして、安永見解は、考慮されるべき主要な事情として、①先行行為の内容がいかなるものであるか、その際の行為者の主観的な態容がどうであったか、②矛盾的行為により不利益を被る者が、先行行為を信頼していること、とりわけ、それを前提にしてその後に自己の地位を変更したなどの事情があること（ただし、相手方の先行行為の内容・性質によりその程度は異なるとする）、を挙げている[90]。①は、表示者の主観的要件を考慮する事情であるが、表示による禁反言の場合には、表示した事実が不真正であることについての善悪は問われず、ただ、表示が表示者によって自発的になされたものであるか否かが問題とされるに過ぎないことは前述した。②は、表示による禁反言の第三の要件と同一である。表示による禁反言で必要とされる三つの要件に関し、わが国の判例がどのような態度を示しているかについては前述したので、ここではそれ以外に判例がどのような付加的事情を考慮しているのか見ておきたい。

まず、無権代理人が後見人に就任したケースである【4】判決では、①無権代理人が後見人就任前から事実上後見人の立場で財産管理にあたっており、これに対して何人からも異議がなかったこと、②当該無権代理行為が、未成年者と利益相反の関係にないこと、という二つの事情が考慮されている。無権代理人が本人を相続したケースである【1】〜【3】判決においては、本人を相続した無権代理人が追認拒絶権を行使すること自体が信義則違反の判断にあたっての決め手となっていたのに対し、【4】判決では、右の二つの付加的事情を考慮することにより、未成年者本人の利益保護を図ろうとするものと評価できる。ただ、これらの事情は、当該契約が本人にとって不利益であるか否かを形式的に判断するにすぎない点で、本人保護にとっては未だ不十分な基準である。そこで、【5】判決は、考慮すべき付加的事情の一つとして、「当該契約を追認することによって禁治産者が被る経済的不利益と追認を拒絶することによって相手方が被る経済的不利益」を挙げ、この両者の間に合理的な均衡があるかを十分に検討しなかった原判決を破棄したのである。無権代理人が本人の後見人に就任したケースでは、無権代理行為の追認によって生ずる不利益は本人が受けることになるので、【5】判決は、相手方の利益もさることながら本人の利益に配慮し、当該無権代理行為時に実質的に後見制度が機能していたかを付加的事情として考慮するものと言える。

【14】判決では、表示者が寄付行為変更の決議を経たにもかかわらず、その認可申請手続を怠っていたという落ち度及び相手方の信頼のほか、表示者が返還を求めた建物が増築されておりその原状に著しい変動を生じていたという事情が考慮されている。これは、表示者と相手方との利益衡量のための考慮要素と考えられ、【16】判決においても両者の衡量が必要であることが明示されている。

結局、判例では、表示者側と相手方との利益衡量が問題とされる場合があり、これは裁判所の裁量判断の問題といえる。この裁量判断に影響を与える事実は、各ケースごとに異なるが、【4】【5】判決のように、主張制限による不利益を受けるのが表示者以外の者である場合には、特に慎重な考慮が必要とされているといえる。

(75)　何をもって「矛盾」と評価するか、その判断が難しいケースもあるが、本稿ではその詳細については扱わない。詳しくは、G. S. Bower, *supra* note 4, at 100-120.

(76)　安永・前掲注(44)九八頁。

(77)　【10】判決の調査官解説（豊水道祐「判解」最高裁判所判例解説民事編昭和四十二年度一五一頁以下）は、表示行為による禁反言の成立要件について、㈠表示内容の要件として、ⓐ一般取引の通念に照らして、相手方が一定事実の存在または不存在を信ぜしめるようなものであること（大言壮語や諧謔の表示は含まれない）、ⓑ現存の事実又は過去の事実であること（未来の事実、希望、予想、意向等は含まれない）、ⓒ表示の内容が意見、評価の表示でないこと。㈡表示者の主観的要件としては、ⓐ現実の事実に関する虚偽の表示であること、ⓑ表示者が悪意であること（表示者が現実の事実を知っているか、または知り得べきこと）。㈢相手方の主観的要件としては、ⓐ相手方が善意であること（相手方が現実の事実を知らず、かつ、知らないことについて宥恕すべき事情があること）、ⓑ相手方が表示者の虚偽の表示に誘われたこと。㈣表示者と相手方との利害を客観的に較量して、表示者よりも、相手方をより保護するに値すると考えられること、が必要であるとしている。【16】判決の調査官解説（森綱郎「判解」最高裁判所判例解説民事編昭和四十一年度四四頁以下）も、右の㈣を除いて、同様の要件を必要としている。

(78)　本城武雄「不開示による禁反言則（一）—英米法上の権利失効の理論—」民商法雑誌四三巻五号三八頁以下（一九六一年）や伊澤・前掲注(4)六五頁以下。もっとも、【10】判決を批評した本城・前掲注(67)一二六頁以下は、【10】判決の調査官解説を引用しながら、同判決が作為表示による禁反言の適用であるなら、当事者の善意悪意は要件とすべきであるとしている。

(79)　G. S. Bower, *supra* note 4, at 127-128.

(80)　*Id.* at 129.

(81) E. Cooke, *supra* note 1, at 82-83.
(82) G. S. Bower, *supra* note 4, at 121.
(83) *Id.* at 125 ; E. Cooke, *supra* note 1, at 80-83.
(84) 磯村・前掲注(42) 九〇頁。
(85) 磯村・前掲注(42) 九一頁。
(86) 安永・前掲注(44) 九八頁以下。本稿でも取り上げた【1】【2】【3】【5】【6】【7】【9】【10】【11】【13】【14】判決について検討している。
(87) 安永正昭「『無権代理と相続』における理論上の諸問題」法曹時報四二巻四号七八七頁以下。
(88) たとえば、安永見解は【6】判決を先行行為抵触型に分類するが、廣峰正子＝宮本幸裕「信義則による主張制限と禁反言の原則」神戸学院法学三七巻二号一四五頁（二〇〇七年）はこれを表示者の行為に対する制裁ではなく、一種の外観法理であるとしているように、事後的に判例を評価する場面においてすら、その分類は論者により異なる。
(89) 磯村・前掲注(42) 九〇頁。
(90) 安永・前掲注(44) 九八頁。

五　おわりに

本稿では、表示による禁反言の場合と対比させながら、わが国の判例が信義則に基づく主張制限をする場合の要件論を中心に検討した。まず、矛盾行為が必要であることは、わが国の判例でも表示による禁反言の場合と変わりないと考えられるが、表示者の主観的要件は特に必要とされていないと考えられる。表示者の主観的要件としては、表示した事実が不真正であることについての悪意という意味と、表示による禁反言で要求されているような相手方の不利益的な地位の変更を意図するという意味とが考えられるところ、前者の意味での悪意は、表示による禁反言でも要求されておらず、わが国の判例でこれと別異に解すべき正当化根拠も見当たらない。後者の意味での主観的要件は、結局は相手方の信頼に基づく不利益的な地位の変更という要件と表裏の問題であり、これ自体を独立の要件とする必要性に乏しいと考えられる。

それでは、相手方の信頼に基づく不利益的な地位の変更という要件が、わが国の判例で必要とされているかであるが、判例を形式的に見るかぎりは、必要とされている場合と必要とされていない場合があるといえる。ただ、相手方の信頼に基づく不利益的な地位の変更が存在しない場合にも信義則に基づく主張制限を認めることの正当性と、この場合も禁反言の問題として位置づけることができるかについては、英米における禁反言論の現状もふまえた上で、さらに検討を続けていきたいと考える。[91]

なお、わが国の判例では、表示者側と相手方との実質的な利益衡量が信義則違反評価にあたっての付加的な事情として考慮されることがある。他の形式的な要件論が確立され、当事者に対する不意打ち防止が図られるのであれば、柔軟な救済を可能とするために、このような裁量判断の余地を残しておくことも必要であろう。[92]

本稿では、矛盾行為が信義則違反と評価される場合の要件論を中心に検討したが、その大枠と問題点を示したのみであるから、今後はその問題点を解決した上でさらに精緻な要件論を確立していく必要がある。また、効果論については触れることができなかった。これらは今後の課題として検討していきたいと思う。

(91) 筆者は以前に、無権代理と相続に関する論稿において、無権代理人による追認拒絶権の行使を信義則違反と評価するにあたり、相手方の主観的態様（悪意）を基本的には問題とすべきではないとした（拙稿「無権代理と相続」法律時報七九巻八号一二六頁（二〇〇七年））。これは、禁反言自体の問題として論じたものではないが、この点についても再考が必要か今後検討していきたいと考える。

なお、わが国では禁反言則と権利外観法理との異同について、前者が表示者の帰責性に重点を置いた理論であるのに対し、後者は外観を信頼した相手方の事情に重点を置いた理論であると解するのが一般的な理解と思われる（たとえば、四宮和夫＝能見善久『民法総則〔第七版〕』三〇一頁以下（弘文堂、二〇〇五年））。

(92) 約束的禁反言についてではあるが、これには裁判所の裁量判断を認める要件が含まれている。詳細は、拙稿・前掲注(2)「約束的禁反言（二）」四八頁以下。

五　おわりに

2　契約自由の原則と錯誤のリスク負担

古谷英恵

はじめに
一　契約自由の原則
二　契約とその解放としての錯誤
三　錯誤のリスク負担
四　考察――契約自由の原則と錯誤のリスク負担
おわりに

はじめに

1　問題提起

契約自由の原則は、多くの制限を受けながらも現代社会において依然として契約法の大原則とされている。契約自由の原則が認められることにより、個人は自らの意思で契約を自由に締結できるが（自己決定）、その結果に対して自ら責任を負わなければならない（自己責任）。したがって、契約から解放されるのは、自らの決断の結果に対する責任を免れる場合であり、例えば錯誤要件に該当する場合等が挙げられる。

さらに、自己決定する前提として、契約当事者は自らの責任で契約の目的物や契約内容に関する重要な情報を収集しなければならない。しかしながら、特に消費者契約等においては、情報の偏在や当事者間で情報収集能力に差があることなどが指摘されている。そこで近時、一方当事者に情報提供義務を課す等の手段を講じて当事者間における情報収集の不均衡を解消することで、自己決定の前提を整え、その結果、当事者の意思を自己責任の根拠として維持する道が模索されている(1)。

ところで自己責任を厳格に求めるアメリカ契約法では、錯誤を理由に契約から解放されるかどうかを判断する前提として、錯誤取消を主張する当事者が錯誤のリスクを負担しているか否かを検討する。それによると、その者が錯誤のリスクを負担していたならば、たとえ錯誤要件を充足していたとしても、その契約や有効なものとして、その者は契約に拘束されるのである。それでは、錯誤のリスク負担の有無を判断するに際して、自己決定の根拠となる当事者の意思と自己決定をする判断材料となる情報の関係は、どのように捉えられているのだろうか。この点を明らかにすることで、わが国において、自己責任を免れる根拠として錯誤を認定する前提として、契約当事者は情報収集に対してどの程度の責任を求められるべきなのかについて、一定の示唆を得ることができるのではないだろうか。

2　分析方法と研究対象

(1)　分　析　方　法

以上のような観点から、本稿では、自己決定・自己責任の根拠となる「意思」とそれらの前提となる「情報」という二つの視点に立ち、アメリカ契約法において、契約責任からの解放の原因である錯誤を論じる前提として、契約当事者は契約に関する重要な情報の収集についてどの程度の責任を負うべきだと考えられているのか、を論じていくこととする。

そこで、まず、契約自由の原則と自己決定・自己責任との関係を論じたうえで、アメリカの契約法リステイトメントを比較法の対象として契約の成立と錯誤法準則につき一瞥し、次に錯誤のリスク負担とは何かを論じた後、錯誤のリスク負担を「意思」と「情報」との関連で考察することとする。

⑵　アメリカ法研究の意義

本稿ではアメリカ契約法を比較法の対象として、参照していくこととする。

英米法は周知の通り、わが国の法が属する大陸法とは異なり、判例の集積によって法が形成される、判例法である。それは、裁判をする資力の有る者、すなわち主として商人らを当事者として形成された法であり、契約法は、当事者が他者に依存せず自律していることを当然の前提としている。(2) このため、英米契約法は元来、自律した対等な個人間に適用される、いわば自己責任が厳格に求められた法なのである。ところが近年、裁判の当事者として消費者が登場し、消費者保護立法と相俟って、司法の場も変化してきている。したがって、消費者契約を民法に盛り込む改正へと着手したわが国において、(3) 当事者が意思決定をするに際して、その前提となる情報収集とその責任を法的にどのように評価されるべきなのかを考慮するうえで、英米法を研究することは一定の価値があるものと考えられる。

さらに、英米法の中でもアメリカ契約法は、とりわけ国際取引を通じてわが国の実務において大きな影響を及ぼしてきたにもかかわらず、研究対象とされることは少なかった。そこで、アメリカ契約法を研究対象とすることで、従来比較研究の対象とされてきたドイツ法やフランス法とは違った視点からわが国の錯誤法に示唆を得ることができるものと考える。

(3)　第二次契約法リステイトメント

アメリカ法を研究する上で非常に有用であるのが、リステイトメントである。[4]リステイトメントとは、大量の判例法を、容易にアクセス可能な形に体系化するため、条文の形で再述（リステイト）し、それにコメントと例証を付した書物である。これは、アメリカ法律協会によって作成されている。アメリカ法律協会は、一九二三年に設立され、実務家、裁判官および法学部教授らの中から精選された優秀な構成員によって成り立っており、現在、数千名の構成員がいるといわれている。契約は同協会がリステイトメント作成に当たり最初に着手したテーマであり、（第一次）契約法リステイトメントは一九三二年に完成した。[5]その後、一九六二年に改訂作業が始められ、一九八一年に公表されたのが第二次契約法リステイトメントである。

リステイトメントは、法源としての効力はなく、判例で引用されることによって初めて判例法となる。また、必ずしも判例法を正確に反映するものではないとの批判もある。[6]しかしながら、リステイトメントは訴訟当事者や判例中にもしばしば引用され、実際上の権威は高いものである。さらに、州ごとにばらばらのアメリカ法の統一にも一定の役割を果たしていると言われている。錯誤法に関して言えば、その指導的判例とされたシャーウッド対ウォーカー事件[7]は、その判決が下された約一〇〇年後の一九八二年、すなわち第二次契約法リステイトメントが公表された翌年にレナウィー郡対衛生局対メッセリー事件[8]によって覆されたのだが、このレナウィー事件では、第二次契約法リステイトメントの錯誤法準則が引用されている。このほか、数多くの州においてリステイトメントを引用した判例が出されている。[9]したがって、アメリカ錯誤法を研究する上で、第二次契約法リステイトメントは議論を行う共通の土台となりうるものである。

（1）　情報提供義務については多くの論稿がある。例えば、中田裕康ほか編「説明義務・情報提供義務をめぐる判例と理論」判タ一一七八号、宮下修一「契約関係における情報提供義務（1）～（12・完）」名古屋大学法政論集一八五号六一頁～二〇五号二〇一頁、馬場圭太「フランス法における情報提供義務理論の生成と展開（1）（2・完）」早稲田法学七三巻二号五五頁、同七四巻一号四三頁、潮見佳男「ドイツにおける情報提供義務論の展開（1）～（3・完）」法学論叢一四五巻二号一頁～同四号一頁など。

（2）Atiyah, *Introduction to the Law of Contract* (6th ed.) (Oxford, 2005), p. 21-22.

（3）日本経済新聞二〇〇九年四月一九日朝刊一頁。

（4）リステイトメントにつき、Farnsworth, *Contracts* (4th ed.) (2004), p. 27-28 ; Farnsworth, Ingredients in the Redaction of the Restatement (Second) of Contracts, 81 Colum L. Rev. 1 ; 樋口範雄『アメリカ契約法』（弘文堂、一九九四年）一五頁、松浦以津子「リステイトメントとは何か」加藤一郎先生古稀記念『現代社会と民法学の動向(下)』（有斐閣、一九九二年）四九五頁。

（5）（第一次）契約法リステイトメントに対する評価につき、拙稿「アメリカ錯誤法の足跡(一)」法学研究論集（明治大学）二三号六三頁以下参照。

（6）たとえば九〇条に規定された「約束的禁反言」は、既存の判例法から逸脱して規定された準則である。

（7）Sherwood v. Walker, 33 N. W. 919 (Mich. 1887).

（8）Lenawee County v. Bd. of Health v. Messerly, 331 N. W. 2d 203 (Mich. 1982).

（9）相互的錯誤（一五二条）に関しては、一九七八年一月から一九八四年六月にかけて九件、一九八四年七月から一九八九年六月にかけて三八件、二〇〇一年七月から二〇〇六年六月にかけて四四件、二〇〇六年七月から二〇〇七年六月にかけて一二件、計一〇三件において同リステイトメントに示された基準が採用された。一方的錯誤（一五三条）に関しては、一九七八年一月から一九八四年六月にかけて九件、一九八四年七月から一九八九年六月にかけて三二件、二〇〇一年七月から二〇〇六年六月にかけて三七件、二〇〇六年七月から二〇〇七年六月にかけて八件、計八六件が同リステイトメントを採用している。また、錯誤のリスクに関する基準（一五四条）は、一九七八年一月から一九八四年六月にかけて九件、一九八四年七月から一九八九年六月にかけて三三件、二〇〇一年七月から二〇〇六年六月にかけて三九件、二〇〇六年七月から二〇〇七年六月にかけて一〇件、計九一件において同リステイトメントに示された基準が採用された（Restatement, Contracts, Second, Appendix, Court Citations Through Dec. 1977 ; Jan. 1978 Through Jun. 1984 ; Jul. 1984 Through Jun. 1989 ; Jul 2001 through Jun. 2006 ; なお、一九八九年七月から二〇〇一年六月までの資料については参照できなかった）。

一　契約自由の原則

1　序

では、アメリカ錯誤法を論ずる前提として、契約法の基底をなす契約自由の原則とはいかなるものなのだろうか。また、それはどのような社会的背景から生じ、さらにそれはどのような理念を持つのだろうか。

2　意義

契約自由の原則とはどのようなものであろうか。契約自由の原則を宣言したものとして、ジェッセル判事の有名な言葉がある。「公序（public policy）が何よりも求めるものがあるとすれば、それは成年に達し十分な理解力を持った人間は最大限の契約の自由を享けるべきであり、彼の契約が自由に且つ自己の意思によって締結されたならば、それは神聖なものと扱われるべきで司法裁判所が強制すべきものであることである。それゆえ、これを最高の公序と考え、この契約自由の原則に軽率に干渉してはならない。」(10)

上記の言葉から、この原則は、二つの側面を持つということができる。(11)

第一の側面として、個人は他人の自由を侵害しない限り、国家による制約を受けることなく、自由に契約することができる。契約当事者は、具体的に以下の四点の自由が認められている。①締約の自由、②相手方選択の自由、③内容決定の自由、④方式の自由である。このうち①・②は契約の成立に関する自由であり、③（および④を含める場合もある）は契約の内容に関する自由である。

それに対して第二の側面は、国は当事者が自由に締結した契約の内容をできるだけその通りに、裁判所を通じて実現しなければならない。英米法ではこれを特に契約の神聖性（sanctity of contract）という。

3 背景

英米契約法は中世にまでその根源が遡るが、現在の契約法の基本的な枠組みは一八世紀後半から一九世紀に形成された。これを古典的契約法といい、契約自由の原則はその基本的原則である。これは、自然法とレッセ・フェールを思想的背景として誕生した[12]。

一八世紀後半から一九世紀前半は、イギリスで始まった産業革命がヨーロッパ全土に広がり、各国が封建制の崩壊と近代資本主義の確立という大規模な社会の変革に直面していた時期と重なる。市場の出現に伴い、契約は富と幸福を獲得する手段とみなされ、「契約とは何か」という問いが広く哲学者、政治学者、経済学者、社会学者の間で議論されることとなる。イギリスでは、この新しい社会に適合する新しい契約法は判例を通じて裁判官らによって創造された。そして、裁判官らは、当時全盛期を迎えていた自然法とレッセ・フェールという思想に大きな影響を受けていたのである。

自然法ないし神法とは、キリスト教における神の意思や人間の本性に基礎を置く法であり、その具体的内容については、時代とともに変遷している。当時の自然法思想によると、個人は自らの財産に対して何人も奪うことのできない権利を有しているため、それらの財産を扱う取り決めをする権利を有し、したがって、人は契約を自ら締結するという不可侵の権利を有すると考えられた。

他方、レッセ・フェール（laisser faire）とは、国民の経済活動に対する国家の介入を抑制し（夜警国家）、経済活動を市場における自由競争に委ねることによって自生的な秩序が形成され、経済が発展する（「神の見えざる手」が働く）という経済思想である。したがって国家は、国民に可能な限り最小限の干渉をすべきであると考えられたのである。

さらにイギリスでは一八世紀に大陸法から意思理論が導入された。その結果、当事者の合意と意思が強調され、たとえ一方当事者が大きな損失を被るような、ずさんな契約内容であったとしても、当事者が合意した契約を厳格に強制することこそが正義であり、公的利益に適うものと考えられた。そこで、契約法の主要な目的は、契約当事者に自由な選択を認めると同時に、可能な限り当事者の意思を探求し、これに法的な効果を与えるものとされた。そして、契約を締結する当事者は、自由かつ理性的な意思決定によって法律関係を形成していく自律的で強い個人であることが前提とされるのである。

このように契約自由の原則は、個人が自らの意思に基づき、自由な商品交換関係を通じて利潤追求することを社会の正義とする価値観のもとで、これを原理的に維持するための基本的な原則として機能するのである。そして、この原則は、イギリス法の継受によってアメリカ法においても息づくこととなる[13]。

4　契約自由の原則の限界

契約自由の原則は、自由かつ自発的な交換が経済的繁栄をもたらすという信念の下で導入された基本的原理である。しかしながら、一九世紀のイギリスでは、より自由でより満足する社会の実現とは程遠い状態となり、この原則の限界が認識されることとなる。

例えば、鉄道や水道・ガスの供給契約のような公益的事業については、消費者には選択の余地はほとんどない。

これと関連して、産業化と大規模な商業市場活動により、標準書式契約（附合契約）が出現し、消費者にはますます選択肢が欠如していくこととなる。したがって、消費者は日常生活を送る上で、①締結の自由、②相手方選択の自由、③内容決定の自由、④方式の自由は存在しないに等しい状態に置かれることとなる。

以上のような状況の中で、契約自由の原則は消費者保護立法その他を通じて、多くの制約を受けることとなる。ただし、ここで注意を要するのは、契約自由の原則がその役割を大きく縮減されているとはいえ、消費者保護立法等はあくまで例外として位置づけられ、契約自由の原則は依然として契約法の基本的枠組みないし基調をなすものである、という点である。

そこで以下では、契約自由の原則の根底をなす理念とはいかなるものであるのか、そしてその理念の下では、契約締結に際して判断材料となる情報の収集についてどのように考えられるのか、について考察していくこととする。

5　契約自由の原則と自己決定・自己責任

(1)　契約自由の原則と自己決定・自己責任

契約自由の原則により、契約当事者は自らの意思で契約を自由に締結することができる反面、その結果である契約に拘束されることとなる。これを抽象化するならば、個人は自己決定の実現が認められ、その自己決定に対する責任が求められると言うことができる。すなわち、自由な経済活動を認める社会では、その理念として社会の構成員である個人には自己決定と自己責任が認められるのである。それは、以下のような理由による。

契約自由の原則は「自由な市場に於ける交換の結果に対する信頼を前提とする。さらにこのような信頼は、交換の当事者は自己の利益につき最善の判断者であることを前提とする。むしろそのようになることを要求する。

当事者は市場においてまったく自己の責任で交換を行うと云う考えが徹底するのである。当事者は専ら自己の技術と判断に信頼して交渉し合意を結ぶ。従って限定された場合を除き相手方の技術や判断に信頼する権利を有しない。同時に、やはり限定された場合を除き相手方に情報を提供する義務を負わない。このように他から切り離された自己の意思で合意が成立すれば法はその内容に干渉出来ない。正義、公正等を根拠にする法の干渉は排斥される。取引条項や価格の不公正、当事者の交渉力の差による支配等は市場が自由であれば競争により排除、または修正されると解かれるのである。[14]」

(2)　情報に関する自己責任

契約を締結するか否か、どのような契約内容とするか、という自己決定を行う前提として、契約当事者には、契約の重要な情報を自らの責任で収集し、分析することが求められる。[15] そこで以下では、この情報に関する自己責任について検討することとする。

まず、なぜ情報に関する自己責任が求められるのだろうか。前述のように自由な経済活動を認める社会では、その前提として個人に自己決定と自己責任が求められる。契約に関していえば、契約当事者は自らの意思で自由に契約を締結することができる。そこでは、契約の根拠となるのは封建的な身分ではなく、当事者の合意、ひいては当事者の意思となる。意思決定をするためには、その対象に関する情報を収集し、分析をすることが必要となる。前述のような社会の構成員は、他者に依存しない自律した個人であることが前提とされているため、自ら意思決定をするために必要な判断材料である情報の収集・分析に関しても、自らの責任で行うことが求められるのである。

では、情報に関する自己責任は具体的にどのようなものなのだろうか。それは、二つの側面に分けて考えられよう。第一に、当事者は契約に関する重要な情報を自ら収集しなければならない。情報の収集に関しては、情報を量的に十分に収集することができるかという点と、質的に確実な情報を収集することができるかという点の両者に対して、自己責任が求められる。そして、量的に不十分な情報や質的に不確実な情報を基にした判断に対する責任、さらにそこから生ずる不利益については、その情報収集に責任を負う者が負担しなければならない。第二に、当事者は自らの責任で情報を分析しなければならない。契約当事者は、たとえ十分かつ確実な情報を収集したとしても、その情報を的確に分析する能力を備えていない場合もある。そのような場合であっても、契約当事者は情報の分析に失敗したことによって生ずる不利益に対しても責任を負わなければならない。

(10) Printing and Numerical Registering Co. v. Sampson (1875), L. R. 19 Eq. 462, at 465（特許権の譲渡契約において、当該特許から将来生じるあらゆる権利を譲受人が取得することは公序に反しないとされた事件）。日本語訳につき、佐藤正滋「英米と契約自由の原則―予備的考察のための一素描」金沢法学三三巻一・二号一二頁参照。

(11) 契約自由の原則の意義につき、野澤正充「契約の意義・契約自由の原則」法セミ五一巻一号七二頁、千葉和則「契約自由の原則と近時の消費者保護立法」民事法情報一七八巻一一〇頁、滝沢昌彦「契約当事者の『かかわりあい』―『契約自由』による人間関係の形成」法セミ四一巻九号六四頁、田山輝明「契約自由の原則」受験新報四四巻七号一二頁、長谷川貞之「私的自治の原則と契約自由の原則」法セミ三九巻一号五六頁、大村敦志「【1】契約は当事者を拘束する【2】契約は当事者が自由に行える（契約の拘束力・契約の自由）」法学教室一五二号三三頁、中田裕康「契約自由の原則」法学教室一七一号二九頁、星野英一「現代における契約」『民法論集第三巻（オンデマンド版）』（有斐閣、二〇〇三年（一九七二年））、同「契約思想・契約法の歴史と比較法」『民法論集第六巻』（有斐閣、一九八六年）二〇一頁、同「意思自治の原則、私的自治の原則」『民法論集第七巻（オンデマンド版）』（有斐閣、二〇〇一年（一九八九年））一一七頁、広中俊雄『民法綱要第一巻総論上』（一九八九年）、大村須賀男「契約自由の原則の再構成について（1）〜（4完）」民商八八巻二号一頁、同三号一頁、同四号一頁、同五号二六頁、同「動態論的な競争と契約の自由（1）〜（2完）」修道法学一六巻一号一頁、二号六七頁、山本敬三「現代社会におけるリベラリズムと私的自治」法学論叢一三三巻四号一頁、五号一頁、小野秀誠「契約の自由と当事者の地位」一橋法学七巻一号一頁参照。

(12) Atiyah, *supra* note 2 at 9-20 ; MulCahy, *Contract in Perspective*, 5th ed. (London, 2008), 25-36 ; 佐藤正滋「英米と契約自由の原則」金沢法学三三巻一・二号九頁、望月礼二郎『英米法〔新版〕』(青林書院、一九九七年)三二〇—三二一頁。契約自由の原則については、Atiyah, *The Rise and Fall of Freedom of Contract* (Oxford, 1979)(書評として Guest, 98 L. Q. R. 470 ; Mensch, 33 Stanford L. Rev. 753 ; McGovern, Jr. 66 Minnesota L. Rev. 550 ; Black, 79 Michigan L. Rev. 929 ; Oldham, 26 American J. of Legal His. 80) 参照。

(13) アメリカにおけるイギリス法の継受につき、田中英夫『アメリカ法の歴史(上)』(東京大学出版会、一九六八年)三九頁以下参照。

(14) 佐藤・前掲注(10)一二頁。このほか、「市場経済が適切に機能するためには、経済活動が成功すればその利益は自己に帰属するが失敗すればその損害を自ら被るという自己責任の観念が、共有されていなければならない。」ことも指摘されている(山田八千子「市場における自律性　契約理論の再構成」井上達夫ほか編『法の臨界Ⅲ法実践への提言』(東京大学出版会、一九九九年)四〇頁)。

(15) 情報の収集と自己責任に関して、野澤正充「情報提供義務(説明義務)違反」法学教室二七三号三四頁(二〇〇三年)山田誠一「情報提供義務」ジュリスト一一二六号一八一頁(一九九八年)、横山美夏「消費者契約法における情報提供モデル」民商一二三巻四・五号八五頁(二〇〇一年)、潮見佳男『契約法理の現代化』(有斐閣、二〇〇四年)一七九頁など。

二　契約とその解放としての錯誤

1　序

契約自由の原則の下では、当事者は自らの意思で契約を自由に締結することができるが、その結果に対して自ら責任を負わなければならない。したがって、契約から解放されるということは、自らの判断の結果に対する責任を免れ、あるいは相手方に転嫁することができる場合である。英米法では、非常に限定した場合にのみ真の同意の欠如を理由として契約からの解放を認めていた。そのうちの一つが錯誤である。

では、アメリカ契約法では、どのような場合に当事者の意思決定の結果として契約が成立したと考えられ、また、どのような場合に契約が効力を有するのだろうか。さらに、どのような場合に錯誤を理由として、自らの意思決定の結果に対する責任を免れ、あるいは相手方に転嫁することが認められるのだろうか。

本章ではまず、契約の成立とその有効性に言及した上で、錯誤法準則を論じることとする。

2　契約の成立と有効性

英米法では、私法上の法律関係を論ずる際に、法律行為・意思表示という法制度を採用しておらず、本稿の対象である錯誤は、契約法の領域で取り扱われている。

契約とは、「一個または一組の約束であって、その違反に対して法が救済方法（remedy）を与え、またはその履行（performance）を法が何らかの方法で義務として認めるもの(16)」のことである。

契約が成立するためには、①合意（申込と承諾の合致、又は相互的同意（mutual assent）ともいう）、②その契約が捺印証書によってなされるか、またはその契約の内容をなす約束に約因があること(17)、③契約当事者が法律関係を創設する意思を有すること、という要件が満たされる必要がある（成立要件）。わが国の契約とは異なり、アメリカ法の下では、契約は当事者の意思のみならず、約因にもその成立の根拠を置く点に注意を要する。

このように成立した契約が拘束力を有するためには、次の要件が課せられる（効力要件）。すなわち、④契約を締結する能力（契約能力）、⑤同意の真正(18)、⑥目的の適法性、である。

さらに、⑦詐欺防止法により書面が要求される場合には、書面を作成しない限り、たとえ契約が有効に成立しているとしても、強行することはできない（強行性に必要な要件）。そして錯誤は、⑤同意の真正を害する原因の一つとして、契約の効力に関する問題と考えられている。[19]

3　錯　誤

(1)　意　義

同リステイトメントによると、錯誤は「事実と合致しない所信（belief）[20]」と定義されている。所信（belief）とは、ある観念や事実の妥当性についての本質的に主観的な知覚（意見（認識 knowledge にまで至らないもの）、feeling）であり、経験上の証拠や他者から得た確信に基づくものである。[21] これは、契約の成立及びその内容に関する当事者の意図に限定されず、広く契約締結時の諸事情に対する契約当事者の考えをも含むものである。

したがって、同リステイトメントに定義された錯誤は、契約当事者の契約に対する意思及び諸事情に対する考え方と、現実に存在する事実の不一致のことを意味し、日本法でいうところの動機の錯誤をも含めるものである。この点で、表意者の意思表示における意思と表示の不一致を錯誤と定義するわが国とは異なる。

(2)　分　類

同リステイトメントは錯誤を二種類に分けて論じている。第一は相互的錯誤であり、第二は一方的錯誤である。相互的錯誤（mutual mistake）とは、契約の両当事者が事実について同一の錯誤に陥っている状態のことをいう。[22] それに対して、一方的錯誤（unilateral mistake）とは、契約の一方当事者が事実に関して錯誤に陥っている場合を指す。[23] なお、両当事者とも錯誤に陥っているが、その錯誤の内容が異なっている場合には、両当事者がそれぞれ

一方的錯誤に陥っていると考えられている。(24)

(3)　要件と効果

英米法では伝統的に、一方的錯誤については、相手方の契約に対する信頼を保護するために、契約の効力を否定する根拠として認めてこなかった。しかしアメリカ法は近時、相互的錯誤の要件に加重することで、一定の範囲に限って一方的錯誤の場合にも、錯誤者を救済するに至っている。

相互的錯誤については、①錯誤が契約締結に当たって基本的前提となったことがらに関するものであり、②それが合意された履行の交換（agreed exchange of performances）に重大な影響を及ぼすものであり、③錯誤を理由に契約の効力否定を求める契約当事者が、錯誤のリスクを負担していないこと、さらに④契約締結前に事実を知らず又は気づかなかったことについての過失が錯誤者にあった場合、その過失が信義に従い誠実に、かつ公正取引の合理的基準に従って行為していないのに等しいほどのものではないこと（錯誤者に重過失がないこと）(25)、という四点が要件となる。以上の要件を満たした場合、この錯誤によって不利益を被る契約当事者は、錯誤を理由に契約を取消すことができる。(26)なお、両当事者による口頭での合意と異なった内容を書面に記載していることが明らかとなった場合、当事者の一方は文書訂正命令を裁判所に請求することができる。そしてこれが認められると、善意有償取得者（good faith purchaser for value）のような第三者の権利に不当な影響が及ぶ場合を除き、合意どおりの内容に沿って書面の記載を訂正するよう裁判所に命じられることとなる。(27)

一方的錯誤については、相互的錯誤で課せられた要件に加えて、⑤契約を強行することが非良心的（unconscionable）となるほどの錯誤の影響が生じている場合、または、⑥相手方が当該錯誤について知りうべきであったか、または相手方の過失によって錯誤が引き起こされた場合、という要件が課せられることになる。そして、これらの要件を満たした場合、錯誤者は錯誤を理由に契約を取消すことができる。(28)

契約が錯誤を根拠に取消されることにより、契約当事者は原状回復義務を課せられ、さらに信頼利益に対する賠償も認められる(29)。なお、取消権の行使は、錯誤の事実に気づいた時または気づくべきであった時から相当期間内に行使しなければならない(30)。

このように、同リステイトメントにおける錯誤法準則において、「錯誤のリスク負担」という要件が課せられていることは特徴的であるが、これはいったいどのようなものなのだろうか。以下では、「錯誤のリスク負担」の意義とその判断基準について論じていくこととする。

(16) Restatement, Second, Contract § 1. 第二次契約法リステイトメントの翻訳につき、松本恒雄「第二次契約法リステイトメント試訳（一）～(五・完)」民商九四巻四号一一一頁、同五号一一五頁、同六号一一五頁、九五巻一号一三六頁、同二号一三九頁参照。

(17) ただし、第二次契約法リステイトメントによると、約束者の約束が受約者（約束者による意思の表示の名宛人；Restatement, Second, Contracts § 2(3)）の作為または不作為の誘引となることを合理的に期待すべき場合で、実際に作為または不作為が行われ、そのような約束に拘束力を与えなければ正義に反する結果を避けられないときは、約因の存在など、その約束に法的拘束力を与える根拠が他になくても、その約束は拘束力を有し、信頼を基礎とする約束的禁反言（promissory estoppel）または不利益的信頼（detrimental reliance）による契約の成立が認められる（Restatement, Contracts, Second § 90(1)；田中英夫編『英米法辞典』（東京大学出版会、二〇〇六年）promissory estoppel, contract の項、およびG・D・シェーバー他著・内藤加代子訳『アメリカ契約法』（木鐸社、一九九七年）九三～九八頁参照)。

(18) 同意（assent）とは、一般的に相手方の行為や提案を承認することをいう。契約の申込と承諾は、当事者の契約成立についての同意を示し、それが一致すれば相互的同意となる（田中・前掲注(17) assent の項参照)。

(19) 田中和夫『英米契約法（新版)』（有斐閣、一九六五年）五～七頁。

(20) Restatement, Second, Contracts § 151.

（21） West's Encyclopedia of American Law, vol. 2（West Group, 1998).

（22） Farnsworth, *Contracts*（4th ed.）605.

（23） *Id.* at 614.

（24） Alden Auto Parts Warehouse v. Dolphin Equip. Leasing Corp., 682 F. 2d 330（2d Cir. 1982）（各当事者は第三者の詐欺によって欺かれている。「しかし各当事者は異なる事実について錯誤に陥っている」）; Page v. Higgins, 22 N. E. 63（Mass. 1889）（各当事者は「二つの異なっており、かつ、分離した錯誤」に陥っている）。See, *Id.* at § 9. 3.

（25） 錯誤者の過失の程度につき、従来は「重」過失という基準を用いていたが、その範囲が十分に限定されないという批判を受け、第二次不法行為法リステイトメントと第二次契約法リステイトメントにおいては、信義誠実および公正取引という判断基準が導入された（Restatement, Second, Contracts, § 157 comment a)。

（26） 第二次契約法リステイトメント第一五二条（いかなる場合に当事者双方の錯誤によって契約が取消しうるものとなるか）「①契約締結時における当事者双方の錯誤が、契約締結にあたって基本的前提（basic assumption）となったことがらに関するものであり、かつ合意された履行の交換（agreed exchange of performances）に重大な影響を及ぼすものである場合、不利な影響を受ける当事者は契約を取消すことができる。ただし、その者が第一五四条に定める準則に基づき錯誤のリスクを負担するときは、この限りでない。②合意された履行の交換に当該錯誤が重大な影響を及ぼすものであるか否かの決定にあたっては、訂正（reformation）、原状回復もしくはその他のあらゆる救済方法が考慮に入れられる。」なお、assumption of risk を「危険引受け」と翻訳することにより日民第五三四〜五三六条の危険負担と混同することを避けるため、本稿では、risk を「リスク」と表記する。第二次契約法リステイトメント第一五七条（救済（relief）を求める当事者の過失（fault）の効果）「契約を締結する前に事実を知らずまたは気づかなかったことについての過失が錯誤に陥った当事者にあったとしても、その者が本章に定められた諸準則に基づき契約の取消または訂正を求めることの妨げとはならない。ただし、その者の過失が、信義に従い誠実に（in good faith）かつ公正取引（fair dealing）の合理的基準に従って行為していないに等しいほどのものである場合は、この限りでない。」

(27)　第二次契約法リステイトメント第一五五条（いかなる場合に書面の表現に関する当事者双方の錯誤を理由とする訂正が正当とされるか）「合意の全部または一部を証明または具現する書面が、書面の内容または効果に関する当事者双方の錯誤のために当該合意を表現していない場合、裁判所は、当事者の一方の求めに応じて、当該錯誤を表現するように書面を訂正することができる。ただし、善意有償取得者（good faith purchase for value）のような第三者の権利に不当な影響が及ぶ場合は、この限りでない。」。文書訂正命令につき、坂本真樹「エクイティと文書訂正命令」大学院研究年報（中央大学）第三三号参照。

(28)　第二次契約法リステイトメント第一五三条（いかなる場合に当事者の一方の錯誤によって契約が取り消しうるものとなるか）「契約締結時における当事者の一方の錯誤が、その者が契約を締結するにあたって基本的前提となったことがらに関するものであり、かつその者にとって不利益となる重大な影響を合意された履行の交換に及ぼす場合において、その者が第一五四条に定める準則に基づき錯誤のリスクを負担せず、かつ次のいずれかにあたるときは、その者は契約を取消すことができる。(a)契約を強行することが非良心的（unconscionable）となるほどの錯誤の影響が生じている場合、または(b)相手方が当該錯誤について知りうべきであったか、または相手方の過失によって錯誤がひきおこされた場合」。

(29)　第二次契約法リステイトメント一五八条（原状回復を含む救済（relief））「①本章に定める諸準則の適用を受けるすべての場合において、いずれの当事者も第二四〇条および第三七六条に定める準則に基づき、原状回復を含む救済を請求することができる。②本章に定める諸準則の適用を受けるすべての場合において、本章に定める諸準則と第一六章に定める諸準則とをともに適用しても不衡平が避けられないときは、裁判所は、公平の観点から必要とされる条項に基づいて、両当事者の信頼利益の保護を含む救済を与えることができる。」

(30)　Farnsworth, *supra* note 22 at 613.

三　錯誤のリスク負担

1　意　義

(1)　錯誤のリスクとは何か

「錯誤のリスク」とは以下のような二義的な意味に理解される[31]。第一は、錯誤自体と、錯誤の結果として生じるであろう何らかの不利益の発生可能性およびその範囲であり、第二は、契約当事者の一方又は双方が錯誤に陥った場合、それに対する責任のことである。

(2)　「錯誤のリスク負担・配分」とは何か

(a)　以上を前提とすると、錯誤のリスクを負担すること、又は配分することとは、契約当事者の一方又は双方が錯誤に陥った場合に、錯誤から生じる不利益をいずれの当事者が負担するのか、またはいずれの当事者に配分するのか、ということを意味することとなる。

(b)　では、「錯誤から生じる不利益」とは何か、さらにそれを負担、配分するとは、具体的にどのようなことなのであろうか。信頼利益の賠償を度外視して、契約の拘束力の問題のみに焦点を当てると、以下のように理解される。

まず、一方的錯誤においては、錯誤者がリスクを負担している場合ないし錯誤者にリスクが配分されている場合、錯誤者は錯誤を根拠に契約を取消すことができず、本来意図していたものとは異なる内容を有する契約に拘束されるという不利益を負うこととなる。それに対して相手方が錯誤のリスクを負担している場合、ないしその者にリスクが配分されている場合には、錯誤者が錯誤を根拠に契約を取消すことにより、相手方は本来期待していた契約が拘束力を持たなくなるという不利益、あるいは契約に対する期待が裏切られるという不利益を負うこととなる。

相互的錯誤においては、当事者双方が錯誤に陥っているのであるが、その錯誤によって不利益を被る当事者がリスクを負担している場合、ないしその者にリスクが配分されている場合には、錯誤を根拠に契約を取消すことができず、その不利益を被ることになる。それに対して、その錯誤によって不利益を被ることがない当事者（多くの場合、それによって利益を得る当事者[32]）がリスクを負担している場合、ないしその者にリスクが配分されている場合には、契約が取消されることを甘受する（利益を得る可能性があったときには、その利益が得られなくなることを甘受する）ことになる。例えば、ある老婦人が有する石を、その老婦人と宝石商ともにトパーズだと信じて一ドルで売買をしたが、後にそれが加工されていないダイアモンドで七〇〇ドルもの価値があることが判明したとする。[33]売主である老婦人と買主である宝石商は共に、その石の種類について同一の錯誤に陥っていたのだが、この錯誤によって老婦人は本来の価値よりも相当に低い対価しか得ていないという不利益を被っていることになる。他方で宝石商は、支払った対価の七〇〇倍もの価値を有する石を取得したことになる。この場合、老婦人がリスクを負担しているならば、錯誤を理由に売買契約を取消すことはできず、不利益を被ることになる。それに対して宝石商がリスクを負担しているならば、老婦人によって錯誤を理由に売買契約は取消され、その石を返還することとなる（したがって、対価の七〇〇倍もの価値を有する石を取得するという利益を得られなくなる）。

2　分類——狭義のリスクと広義のリスク

(1)　序

このような「錯誤のリスク」という概念は、非常に多様な場面を想定して用いられている。そこで、そのような状況を整理するために、以下では小林説によって提唱された、広義と狭義の二種類に分類する視点を導入して、錯誤のリスクに対する理解を深めていくこととする。[34]

(2)　広義のリスクと狭義のリスク

広義のリスクとは、当事者のいずれがどのような場合に錯誤に対する責任を負担すべきかという、当事者間における錯誤のリスクの分配に関する問題である。日本民法では、錯誤のリスクは原則として錯誤者自身において負担すべきであるが、「法律行為の要素に錯誤があったとき」、「表意者に重大な過失」がない場合にのみ、錯誤のリスクを相手方に転嫁することができる。[35]日本の論稿で「錯誤のリスク負担」を論じる場合、その多くが広義の意味で用いていることに注意を要する。

それに対して、狭義のリスクは、他の事情がどうであれ、常に錯誤者自身において錯誤のリスクを負担すべき場合に関する問題で、かりに他の錯誤主張要件が備わる場合でも、特に錯誤主張を阻害する事情として考慮されるものである。

(3)　第二次契約法リステイトメントにおける錯誤のリスク負担

小林説に則して同リステイトメントに規定された錯誤に関する準則を理解すると、相互的錯誤における①基本的前提と②重大な影響、④無重過失という四つの要件、および一方的錯誤における⑤非良心性または⑥相手方による錯誤の認識可能性、あるいは錯誤の惹起という加重的要件は、当事者のいずれが錯誤に対する責任を負担するかという広義のリスクを認める際の判断要素となる。それに対して、③「錯誤のリスク負担」とは、上述の①、②、④、⑤、⑥の錯誤要件が備わる場合でも、特に錯誤主張を阻害する事情として考慮される、狭義のリスク負担のことを指す。そして、同リステイトメントの特徴は、この狭義のリスクについて錯誤法準則の中で規定している点にある。[36]

3　狭義のリスク負担と情報の不確実性

(1)　序

同リステイトメントでは第一五四条(a)〜(c)において、狭義のリスク負担の判断基準として、①合意による負担(同条(a)項)、②意識的不知(同条(b)項)、③裁判所による配分(同条(c)項)を挙げている。[37]

以下では、各判断基準の内容について、検討することとする。

(2)　狭義のリスク負担の判断基準

①　合意によるリスク負担

(a)　一五四条(a)項では、当事者の合意によってあらかじめ、契約当事者の一方または双方が錯誤に陥っていることが明らかになったときに、いずれがその錯誤による不利益を負担するのかが決められている場合には、その合意に従う旨が定められている。同リステイトメントは、以下のような説例を挙げている。

(b)　「AとBが土地売買契約を締結したとする。両当事者とも、売主Aが(瑕疵のない)優良な権原を有するものと信じていたが、いずれの当事者も権原調査(title search)を行わなかった。権原調査とは、不動産の権原の有効性や未消滅の抵当権、未納固定資産税、諸種の制限物権、当該不動産に対する諸種の請求権等、当該不動産の権原に対する瑕疵の有無を、不動産取引証書登録簿その他の記録により調査することである。[38] A・B間の売買契約書は、Aが有する権原のみを譲渡すると規定しており、Aは当該土地に対して有する権原について、Bに対して何ら表示していない。そこで、Aの権原に瑕疵があった場合、両当事者の契約により、錯誤のリスクが買主Bに配分されていることを根拠に、Bは契約を取消すことはできない。[39]」

(c)　合意によるリスク配分は、契約当事者が錯誤のリスク配分について意識的に合意する場合に限らず、前述の説例のように明示的にリスク配分には言及していなくとも、契約条項から一方当事者にリスクが課せられていると判断される場合も含まれる。その代表的なものが、売買契約において目的物を「現状有姿（as is）で」引き渡すという条項（'as is' clause）である。[40]

(d)　錯誤者が合意によって錯誤のリスクを課せられるのかどうかは、契約解釈の問題である。契約の解釈は、同リステイトメント第九章（二〇〇～二三〇条）に規定された、契約の一般的な解釈基準および慣習によって判断されることとなる。[41]ただし、それらの基準によって契約内容が確定したとしても、その内容が不公平である場合には、非良心性の法理[42]により、その効力は否定される。[43][44]

②　意識的不知

(a)　一五四条(b)項は、たとえ錯誤者が錯誤のリスクを負担する旨の合意をしていなかったとしても、その者が錯誤に関連する事実について契約締結時に限定された知識しか有していないことを認識していたにもかかわらず、契約を締結した場合には、その者は錯誤のリスクを負担するものと規定している。同リステイトメントは以下のような設例を挙げる。

(b)　「売主Aと買主Bが土地の売買契約を締結したとする。当該契約はAが雇った測量士の報告書に基づいて締結されたが、土地の価格は一エーカー当たりの価格の合計ではなく、一区画の総額とされた。売主Aは契約交渉過程において、『測量士の報告書に重大な誤りがあった場合には、それにより不利な影響を受ける当事者は当該契約を解除できる』とする旨の条項を契約書に含めることを買主Bに提案したが、Bは拒否したという経緯がある。しかし契約締結後に、測量士の計算間違いにより、実際の面積は報告書に記載されていたものよりも一〇％多かったことが判明した。」

以上のような場合、売主Aは錯誤を理由に当該契約の取消を主張できるのか、という点が問題となる。すでに見た通り、Aは測量士の報告書に誤りがある可能性を認識していたにもかかわらず、Bとの契約を締結したことから、一五四条(b)項により錯誤のリスクを負担していたものと認められる。したがって、Aは錯誤を理由に当該契約を取消すことはできず、相当な売買価格よりも安く土地を売却するという不利益を負担することとなる。(45)

(c)　それでは、この「意識的不知」の範囲は、どのように判断されるのだろうか。この点について、同リステイトメントの錯誤に関する規定を起草したファンズワースは教科書の中で、以下のように指摘している。(46)

意識的不知の範囲は、人身損害の賠償に関する和解契約について、被害者である当事者が損害の範囲に関する錯誤を理由として取消を求める場合に問題となる。というのも、そのような和解契約は、そもそも人身損害（の程度や治療に要する期間・費用等）が不明確であることを認識した上で、そのような不明確さを解決するという目的をもって締結されるからである。

意識的不知の範囲を確定するのに、多くの裁判所は和解契約締結時に損害が認識されていたか否か、という点に着目する。例えば膝を怪我した場合に、当初は単なる捻挫だと思われていたものが実は軟骨の損傷であったときのように、怪我の存在は認識されていたがその結果は認識されていなかった場合、被害者は自らの不知に気がついていたものと想定される。したがってこの場合には、被害者は錯誤のリスクを負担しているものとして、和解契約を取消すことはできない。それに対して、例えば赤信号で停車中に後ろから追突された被害者が、当初は怪我をしていないと考え、医師もそのように診断したことから名目的金額のみを受領する和解契約を締結したが、後に脊柱の破裂を診断され、骨の移植手術を受けることとなったときのように、(47)怪我自体が認識されておらず、その結果も認識されていなかった場合には、被害者は自らの不知に気づいていたとは認められない。この場合には、被害者は錯誤のリスクを負担していないため、契約を取消すことができるか否かは基本的前提や重大な影響といった錯誤要件によって判断されることになる。

さらに、和解契約締結時に損害が認定されていたか否かという点を判断するために、和解によって受領した総額と、和解時の請求に対する公平な評価額とを比較することになる。すなわち、受領した総額が公平な評価額を相当に超過していた場合、このことは当事者らが他の損害の可能性を考慮に入れていたことを示すが、受領した総額が公平な評価額と近い場合、これはすべての損害が認識されていたと想定していたことを示唆する。

以上のような判断基準は、認識された損害と認識されていない損害が異なる性質を有する場合、ゆるぎないものである。例えば、認識された損害が物的損害であるが、認識されていない損害が人身損害である場合は、明白である(48)。それに対して、認識されていた損害と認識されていない損害がともに人身損害であるとき、損害が異なる種類のものであるのか否か、したがって自らの不知に気がついているのか否かを決定するのはより困難である(49)。このような事件において、判例の首尾一貫したアプローチを見出すことは難しい。裁判所は被害者に対する同情と、請求を解決する手段としての和解に好意を示す政策の間で判断が分かれ、さらに公平性等のような多くの要素によって左右されているからである。

③　裁判所によるリスク割当

(a)　一五四条(c)項には、たとえ契約当事者が合意や意識的不知によって錯誤のリスクを負担していなかったとしても、裁判所が契約の一方当事者に錯誤のリスクを負担させることが「合理的」であると考えられる場合には、その者は錯誤を理由として契約の取消が認められない旨が規定されている。

では、一方当事者に錯誤のリスクを負担させることが「合理的」な場合とは、どのような場合であるのだろうか。同リステイトメントは四つの設例を挙げているが、本稿ではその一例を取り上げることとする。

(b)　「Aは保険会社Bと年金契約を締結したとする。当該契約の下で、AはBに一〇万ドルを保険料として支払い、Bは、受給者であるCに対して、Cの死亡まで一定額を年四回支払うことに合意した。契約締結時、Cは五〇歳であり、A・BともにCは健康で通常の生活を送ることができるものと信じていたが、実はCは不治の病に侵されており、一年以上の生存は不可能な状態であった。[50]」

以上のような場合、日本法では動機の錯誤が問題とされるであろう。それに対して、アメリカ法においては前述のように、事実と所信の不一致を錯誤と定義しているため、動機の錯誤をも含めて錯誤の問題として扱われている。そこで、上記の設例については、一五四条(c)項を適用することにより、Aに錯誤のリスクを割り当てることが合理的であると判断されるため、Aは錯誤を理由に当該契約を取消すことは認められない。

(c)　一五四条(c)項は、「合理的」であることを根拠として錯誤のリスク配分がなされることを規定しているが、いかにして「合理性」を判断するのだろうか。

同リステイトメントによると、「合理性」を判断するには、当事者らの目的や交換的取引における人間の言動に関する一般的認識を基準にするという。[51]それらは具体的にどのように判断基準として機能しているのであろうか。その点につき、ファンズワースは前記の教科書の中で、以下の二つの事例を挙げて説明している。[52]

第一の事例は、農地の売買契約締結後、当事者らが想定していた以上に価値ある鉱物が当該農地に含まれていることが判明した、というものである。[53]第二の事例は、建物の建築請負契約締結後、当事者らが想定していた以上に土地に岩石が多く含まれていることが判明し、その結果、予算より多くの工事費用がかかってしまう、というものである。[54]

上述の事例はともに、契約締結時の基本的前提に錯誤があり、かつそれは合意された履行の交換に重大な影響を及ぼすものである。しかし、第一の事例については、不動産取引の終局性に重きを置く政策的観点から、鉱物の存在に関するリスクを農地所有者である売主に負担させることが合理的であるという。その結果、売主は、錯誤を理由に売買契約を取消すことはできず、農地を実際有する価値よりも安価で売却するという不利益を負担することとなる。それに対して第二の事例では、建築業者は一般的に下層土の状態を判断するのにより高度な専門技術を有するという観点から、下層土に岩石が含まれているという錯誤のリスクは建築業者に負担させることが合理的であるという。したがって、この事例では、建築業者は錯誤を理由に契約を取消すことはできず、実際の工事費用よりも安い対価で工事を請け負うという不利益を負担することとなる。

⑶　狭義のリスク負担と情報の不確実性

契約を締結するという意思決定において、その判断材料となるのは当該契約に関する「情報」である。それでは、この「情報」という観点から分析すると、この狭義のリスクはどのように理解されるのだろうか。

①　合意によるリスク負担は、契約書に示された当事者の合意を解釈することによっていずれの当事者が錯誤のリスクを負担することとなるのかを判断する。契約当事者の合意の解釈とは契約締結時に有する情報を基に締結した契約内容を確定することであると同時に、契約締結にあたって考慮された情報が不十分ないし不確実であったために、契約締結時に想定していたものとは異なる内容の契約が効力を有する場合に、誰がその責任を負うのか、ということをも確定することであり、同項は後者に着目した規定である。

次に②　意識的不知は、契約書に示された合意のみならず契約交渉過程において契約当事者の言動に現れた一方当事者のみの意思をも含めた契約全体の解釈によって、いずれの当事者が錯誤のリスクを負担することになるかを判断する。これは、契約の前提となった情報が不十分または不確実であり、それによって不利益を被る可能性があるということを認識した上で、なおも契約締結をしたという当事者の言動に着目することで、契約締結時に期待していたものとは異なる内容の契約が効力を有することになったことに対して、その者が責任を負うことを確定することに他ならない。

最後に③　裁判所による配分は、裁判所が諸般の事情を考慮した上で契約当事者間の利益考慮を行い、いずれの当事者が錯誤のリスクを負担すべきか判断する。より具体的には、農地売買に関する事例では鉱物の存在に関するリスクは農地所有者が負担し、建築請負契約に関する事例では下層土の状態に関するリスクはより高度な専門技術を有する建築業者が負担することが示されていた。それを前提とするならば、目的物をはじめ契約内容に関する情報へアクセスするのにどちらの当事者がより容易であるかという点に着目して、裁判官が総合的に判断することとなる。

以上から、一五四条に示された錯誤のリスク負担の問題は、契約締結および契約内容に関する意思決定自体の瑕疵というよりも、むしろ意思決定の基礎となった情報が不確実であったために予想外の事態が生じたときに、誰がその責任を負うべきなのか、を決定すべきものであることが明らかとなる。この狭義のリスク負担はいわば、契約締結時の意思決定の基礎となった情報の不確実性に関する理論と言えるであろう。

(31) 錯誤のリスク負担とその判断基準の詳細につき、拙稿「契約の成立、解釈と錯誤のリスク負担」武蔵野大学政治経済学部紀要一号四五頁。
(32) Restatement, Second, Contracts § 152 comment c.
(33) Wood v. Boynton, 25 N. W. 42 (1885).
(34) 小林一俊『錯誤法の研究〔増補版〕』(酒井書店、一九九七年）四五九頁以下。
(35) 日民九五条。
(36) 同リステイトメントと同様に、ユニドロワ国際商事契約原則およびヨーロッパ契約法原則においても、狭義のリスク負担が錯誤に関する条文に規定されている。ヨーロッパ契約法原則四：一〇三条（事実または法律に関する錯誤）「契約が締結された時に存在する事実または法律に関する錯誤のために、当事者は、(a)(i)当該錯誤が相手方によって提供された情報によって生じた場合、または、(ii)相手方が当該錯誤を知っていたか、または、知るべきであった場合で、思い違いをした当事者を錯誤に陥らせたままにしておくことが信義則および誠実な取引の命令に反する場合(iii)相手方も同じ錯誤に陥った場合であり、かつ、(b)思い違いをした当事者が真実を知っていたならば、契約を締結しなかったことまたは基本的に異なった条件においてのみ契約を締結したことを相手方が知っていたかまたは知るべきであった場合に、契約を取消すことができる。しかし、当事者は、諸事情に従って当事者の錯誤が弁解の余地のないものであった場合、または、当事者が錯誤の危険を引き受けていたか、または、諸事情に従ってそれを負担すべきであった場合には、契約を取消しえない。」国際商事契約原則（ユニドロワ原則）第三・五条（取消原因となる錯誤）「(1)当事者が錯誤により契約を取消すことができるのは、錯誤に陥った当事者と同じ状況に置かれた合理的な者が、真の事情を知っていれば、実質的に異なる条項のもとでのみ契約を締結し、または契約をまったく締結しなかったであろうほどに、錯誤が契約締結時において重要なものであり、かつ次の各号のいずれかに該当するときに限られる。(a)相手方が、同じ錯誤に陥っていた場合、錯誤当事者の錯誤を生じさせた場合またはその錯誤を知りもしくは知るべき場合であって、錯誤当事者を錯誤に陥ったままにすることが公正な取引についての商取引上の合理的な基準に反するとき。(b)相手方が、取消時までに、契約を信頼した行動をしていないとき。(2)前項の規定にかかわらず、次の各号のいずれかに該当するときには当事者は契約を取り消すことができない。(a)錯誤に陥るにつき重大な過失があったとき。(b)錯誤が、錯誤のリスクが錯誤当事者によって引き受けられた事柄にかかわるとき、または、諸事情を考慮すれば、錯誤のリスクが錯誤当事者によって負担されるべきとき。」

（37）　第二次契約法リステイトメント一五四条（如何なる場合に当事者の一方が錯誤のリスクを負担するか）当事者の一方は、以下の場合に錯誤のリスクを負担する。(a)リスクが当事者間の合意によってその者に割り当てられている場合、または(b)その者が、契約締結の時点で、当該錯誤が関連する事実に関して限定された知識しか有していないことに気づいていたにもかかわらず、そのような限定された知識で十分であると考えていた場合、または(c)諸般の事情からそうするのが相当であるとの理由で、裁判所によってリスクがその者に割り当てられている場合。」

（38）　田中・前掲注(17) title search の項参照。

（39）　Restatement, Second, Contracts § 154 Illustration 1, Talman v. Dixon, 253 N. C. 193, 116 S. E. 2d 338（1960）（土地売買において、売主が有する権原を譲渡する契約をしたのであって、優良かつ完全な権原を譲渡する契約はし

ていない、と判決された事例）；see Beecher v. Able, 575 F. 2d 1010（2d Cir. 1978）（クラス・アクションに関する和解契約において、当初想定していたよりも原告のクラスに含まれる人数が少なかったため、契約の訂正が求められたが、被告への和解金の返還を禁ずる契約条項が含まれていることを理由に、契約の訂正が認められなかった事例）；Flippin Materials Co. v. United States, 312 F. 2d 408（Ct. Cl. 1963）（ダム建設に必要な骨材（セメントに混ぜてコンクリートやモルタルを作る補充材料で、砂・砂利・砕石など）を製造する請負契約において、砂・砕石を採集する山の状態が当初想定していたものとは異なったために見積もりを大きく上回ることを理由に契約の訂正を求めたが、山に関する情報は原告建設会社が収集すべき条項が含まれており、契約訂正は約因がないことを理由に、否定された事例）；United States v. Hathaway, 242 F. 2d 897（9th Cir. 1957）（スチール閘門（こうもん。運河で水門にはさまれ水位を上下させることができる部分）の売買契約において、両当事者が認識していた以上に閘門を引き揚げることが困難であったため、契約の訂正と損害賠償を求めたが、現状有姿条項により認められなかった事例）。

(40)　このほか、土地売買契約において土地の面積を表示する際に付記される「およそ（more or less）」という文言や（Bowling v. Poole, 756 N. E. 2d 983（Ind. App. 2001）土地売買契約において、契約書面に土地の面積を「およそ三エーカー」と記載したところ、実際には五・九八七エーカーであったため、相互的錯誤に基づく取消を求めた事例。本件では、当該売買契約は一エーカー当たりの金額による数量指示売買契約ではなく、総体契約（in gross sale）であると認定され、書面で指定された数量より多かった場合には売主はその分取り戻すことができず、少なかった場合には買主は損害賠償を請求することはできない、と判示された。）、人身損害の賠償に関する和解契約において「現在認識されておらず、予見不可能な（unknown and unforeseeable）」人身損害については権利放棄する、という文言（Aronovich v. Levy, 56 N. W. 2d 570（Minn. 1953）勤務地において転倒したことが原因で骨折したため、被用者と雇用者が和解契約を締結したが、後に骨が変形し関節炎が発症していることが明らかとなったため、錯誤に基づく和解契約の取消を求めた事例。）が慣行上の決まり文句として契約書に多用されている（Farnsworth, *supra* note 22 at 609-610）。

(41)　契約の一般的な解釈基準および慣習については、第二次契約法リステイトメント第九章（二〇〇条〜二二三〇条）に規定されている。アメリカ契約法の解釈に関する文献として、太田知行「契約の解釈―アメリカ合衆国における学説の紹介を中心として」上原行雄・長尾龍一編『自由と規範―法哲学の現代的展開』一一五頁（東京大学出版会、一九八五年）、鹿野菜穂子「アメリカ法における契約の解釈と当事者の意思㈠、㈡」九大法学五七号九五頁、同六〇号二二三頁、吉田邦彦「比較法的に見た現在の日本民法―契約の解釈・補充と任意規定の意義（日米を中心とする比較法理論的考察）」広中俊雄・星野英一編『民法典の百年Ⅰ』（有斐閣、一九九八年）五四九頁、上田誠一郎『契約解釈の限界と不明確条項解釈準則』（日本評論社、二〇〇三年）、ファンズワース（鹿野菜穂子訳）「契約法における『意味』」、「契約の欠缺に関する争い」ヒルマン他編『現代アメリカ契約法』（弘文堂、二〇〇〇年）二九五頁以下および三一五頁以下、木原浩之「契約の拘束力の基礎としての『意思』の歴史的解釈とその現代における再評価―第一次契約法リステイトメント・UCC第二編・第二次契約法リステイトメントをマイル・ストーンとして（1）〜（4・完）」明治学院大学法科大学院ローレビュー一巻一号八一頁、同二号五三頁、亜細亜法学四〇巻一号一七三頁、同二号九七頁がある。

(42)　第二次契約法リステイトメント二〇八条（非良心的な（unconscionable）契約または条項）「契約またはその条項が契約締結の時点で非良心的である場合、裁判所は、その契約の強行を拒否し、または非良心的な条項を除いた残りの契約の部分を強行し、または非良心的な結果を避けるために非良心的な条項の適用を制限することができる。」UCC（二〇〇四年改正版）§2-302（非良心的な契約または条文）「⑴法律問題として、裁判所が、契約または契約の条項が契約締結の時点で非良心的なものであったと認めるときは、当該契約を強制することを拒否するか、あるいは、非良心的な条項を除いた当該契約の残りの部分を強制するか、または非良心的な結果を避けるように、非良心的な条項の適用を制限することができる。⑵契約または契約の条項が非良心的であると主張されたとき、または裁判所がそうであると思料するとき、両当事者は、裁判所がその決定を下すのに役立つ、当該契約の取引上の背景、目的および効果に関する証拠を提出する合理的な機会を与えられるものとする。」UCCの日本語訳につき、田島裕『UCC 2001―アメリカ統一商事法典の全訳』（商事法務、二〇〇二年）参照。

(43)　したがって、「現状有姿」条項（'as is' clause）のような決まり文句が契約条項に含まれているからといって、必ずしも錯誤者にリスクが課せられるわけではない。定型的な契約条項の効力を否定したものとして、Shore Builders v. Dogwood, Inc., 616 F. Supp. 1004（D. De. 1985）（「定型的文言（boilerplate）」は真の取引によるものではなく、取引された事柄について適切な通知を欠いていることを理由に効力が否定された事例）、S Dev. Co. v. Pima Capital Mgt. Co., 31 P. 3d 123（Ariz. App. 2001）（売買契約において、「現状有姿」条項があったとしても、目的物の隠れたる瑕疵について売主がそれについて何らかの情報を有している場合には、買主に開示する義務があり、それを怠った場合には不法行為責任を負うとした事例）、C. Lambert & Assocs. v. Horizon Corp., 748 P. 2d 504（N. M. 1988）（土地売買契約において、土地面積が当初想定していたよりも小さかった場合、「現状有姿」条項が含まれていたとしても、買主は目的物に関して売主と同等の知識を有しておらず、売主の知識に依拠していることを根拠に、「現状有姿」条項の効力が否定された事例）、Grube v. Daun, 496 N. W. 2d 106（Wis. App. 1992）（売買契約において、「現状有姿」条項が含まれていたとしても、目的物の様相に関して積極的不実表示があった場合には、当該条項は抗弁となりえないとした事例）がある。また、人身損害の賠償に関する和解契約における権利放棄については、多くの場合にその効力が否定されている。前掲注(40）で言及したアロノビッチ対レヴィー事件では、「権利放棄が明示的に現在認識されていない人身損害を含むとしても、そのような認識されていない人身損害は両当事者の意図の範囲外であったことが立証され得るならば」認識されていなかった人身損害に関する訴えを妨げない、と判示された。

(44)　Restatement, Second, Contracts, § 154 comment b.

(45)　Restatement, Second, Contracts § 154 Illustration 2；Friedman v. Grevnin, 360 Mich. 193, 103 N. W. 2d 336（1960）（居住用土地の売買において、契約交渉過程で、行政による建築許可と下水設備の設置が完了しない限り売買契約は完成しない旨の条項を契約書に挿入することを買主が提案したのに対して売主がこれを拒否したにもかかわらず、売買契約が締結された場合、後に下水設備の設置は土地に負担をかけすぎるために、それを軽減する措置を施すように行政に薦められたため、買主が相互的錯誤を理由として当該契約の取消を求めた事件で、原告である買主はその点に関する「リスクを十分に考慮していた」ことを理由に取消は認められなかった)；Highway Prods. v. United States, 208 Ct. Cl. 926, 530 F. 2d 911（1976）（ミサイル発射台の供給に関する入札において、被告が技術に関する瑕疵ある情報を提供したために原告が異常に安価で入札した事案で、被告は原告の入札が異常に安価であるために錯誤に陥っている可能性を警告したにもかかわらず、原告は入札を撤回せず、変更もしなかったため、「原告は錯誤の結果についてのリスクを引き受けた」ものと判断された).

(46) Farnsworth, Contracts（4th ed.）§ 9.3.

(47) Reede v. Treat, 210 N. E. 2d 833（Ill. App. 1965).

(48) Williams v. Glash, 789 S. W. 2d 261（Tex. 1990）（自動車を運転中に広報から追突された被害者が、事故によって自動車の破損のみが生じたものとして加害者の加入する保険会社と和解をなし、小切手を受け取ったが、その裏面に、当該小切手は物損および人身損害について和解がなされたものと記入されており、後に事故によって怪我をしていたことが判明したので相互的錯誤を理由に被害者が当該契約の取消を求めた事案で、当該契約の取消が認められた)。

(49) Mitzel v. Schatz, 175 N. W. 2d 659.

(50) Restatement, Second, Contracts § 154 Illustration 3 : Aldrich v. Travelers Ins. Co., 317 Mass. 86, 56 N. E. 2d 888（1944）; Woodworth v. Prudential Ins. Co., 258 A. D. 103, 15 N. Y. S. 2d 541（1939）, aff'd mem., 282 N. Y. 704, 26 N. E. 2d 820（1940).

(51) Restatement, Second, Contracts § 154 comment d.

(52) Farnsworth, *supra* note 22 at § 9.3.

(53) Tetenman v. Epstein, 226 P. 966（Cal. App. 1924).

(54) Watkins & Son v. Carrig, 21 A. 2d 591（N. H. 1941).

四　考察――契約自由の原則と錯誤のリスク負担

1　自己決定・自己責任と錯誤のリスク負担

(1)　序

以上において、契約自由の原則は、社会の構成員である個人に自己決定と自己責任を認めるという理念の下で導入される基本的原理であること、そして、自らの決断に対する責任を例外的に免れる場合の一つとして、錯誤を論じてきた。それでは、自己決定・自己責任という基本原則の中で、錯誤のリスク負担はどのように位置づけられるのだろうか。

(2)　広義のリスク負担

すでに繰り返し論じているように、自由な経済活動を認める社会において、その構成員は、自由かつ理性的な意思決定によって法律関係を形成していく、強く自律的な個人であることが前提とされ、そのような個人には、自己決定が認められるのと同時に、自己責任が求められるのである。しかしながら、一定の場合において自分が行った自己決定に対する責任をその者に問うことができない場合があり、そのうちの一つが錯誤である。錯誤は、換言すれば、契約において各当事者の自己決定と自己責任が分離する場合である。そして、どのような場合に自己決定と自己責任が分離することが認められるのか、その結果として生じる不利益を契約当事者のどちらに分配するのかを問題とするのが「広義のリスク」といえよう(55)。

日本法に則していえば、契約の一方当事者が錯誤に陥った場合、原則として契約の無効を主張することはできない。したがって、錯誤者は本来期待していたものとは異なる内容の契約に拘束される、という意味で、錯誤に関する広義のリスクを負担していることとなる。しかしながら、法律行為（契約）の要素に関して錯誤に陥っており、錯誤者に重過失がなかった場合、例外的に錯誤者は契約の無効を主張することができる。これにより、錯誤者の相手方は期待した契約の効力が発生しないという不利益を被るという意味で、錯誤に関する広義のリスクを負担することとなる。したがって、原則としては、たとえ自己決定に瑕疵があっても、それに対する自己責任は錯誤者が負うこととなり、自己決定に対する自己責任が錯誤者に求められる。しかし、要素の錯誤が合った場合、錯誤者に重過失がないならば例外的に自己決定に対する自己責任は問われず、自己決定と自己責任が分離することとなる。

アメリカ法においては、一方的錯誤の場合、原則として錯誤者は契約に拘束されるため、広義のリスクを負担しており、自己決定に対する自己責任が求められるが、一定の場合には例外的に契約の取消が認められることで、相手方が広義のリスクを負担し、錯誤者は自己決定に対する自己責任を問われないこととなる。この点において日本法と同様である。相互的錯誤の場合には、当事者双方が錯誤に陥っているが、原則として契約は有効であるため、両当事者とも自己決定に対する自己責任が求められる。しかし、契約に拘束されることでその錯誤によって不利益を被る当事者は、広義のリスクを負担することとなる。ただし、一定の場合には例外的に契約の取消が認められることで、両当事者とも自己決定に対する自己責任を免れることとなる。そして、その錯誤によって不利益を被ることのない当事者は、多くの場合その錯誤によって利益を得るのだが、契約の取消によって利益を得られないこととなるため、広義のリスクを負担することとなる。

そして、日本法においてもアメリカ法においても、自己決定と自己責任の分離が認められるためには、自己決定の根拠となる意思において、自己責任を問うことができないほど重大ないし本質的な瑕疵があることを求めている。

四　考察——契約自由の原則と錯誤のリスク負担

(3)　狭義のリスク負担

それに対して、アメリカの第二次契約法リステイトメントで規定されている「錯誤のリスク負担」とは「狭義のリスク」のことを指す、これは、社会の構成員である個人が自己決定をする前提として情報は重要な判断材料となるのだが、その情報の収集が量的に不十分であったり、質的に不確実であったりする場合に誰がその責任を負うのか、という点に関する理論である。

(4)　小　括

以上から、自己決定、自己責任と錯誤のリスク負担は次のような関係に立つといえよう。すなわち、契約当事者は契約締結に際して、1)契約の目的物や内容に関する情報を収集、分析し、2)判断をした上で、3)契約を締結するという自己決定を行い、4)それに対する自己責任を負う、というプロセスを経ることとなる。そして、1)情報の収集、分析に関しては原則として自己責任が求められるが、特に情報収集に関してその情報の有無や不確実性について誰が責任を負うのかという点を扱うのが狭義のリスク負担である。それに対して、契約当事者が3)自己決定の結果に対する4)自己責任を問われるのか否かを判断するのが広義のリスク負担となる。

2　意思、情報と狭義のリスク負担

(1)　序

それでは、自己決定の根拠とされる当事者の意思とその前提となる情報、そして狭義のリスク負担という三者の関係は、どのように位置づけられるのだろうか。

この点について以下ではまず、情報という観点から狭義のリスク負担を分析した上で、次に契約当事者の意思と狭義のリスク負担の関係を論じていくこととする。

(2)　狭義のリスク負担と情報に関する自己責任

(a)　前記のように、自由な経済活動を認める社会の構成員は、他者に依存しない自律した個人とされる。そして、その者が何らかの意思決定をするためには、それに関する「情報」が重要な判断材料となるのだが、その情報の収集・分析に対しても、個人は自らの責任を負わなければならないのである。これを前提とすると、第二次契約法リステイトメントで規定されている狭義のリスク負担は、情報に関する自己責任とどのような関係に立っているのだろうか。

(b)　まず①合意による負担という基準を検討してみると、契約締結にあたって考慮された情報が不十分ないし不確実であったために契約締結時に想定していたものとは異なる内容の契約が効力を有する場合に誰がその責任を負うのか、という点を契約当事者間の合意で定めているときは、その合意に従う旨が規定されている。それによると、契約締結の合意は、契約の目的物をはじめとする契約内容に関するものと、契約締結を判断する前提とされた情報が不確実であった場合に誰が責任を負うのかというもの（情報の不確実性に関するもの）の二点についてなされることになる。そして契約内容自体について、たとえ情報に関する自己責任という原則の下では一方当事者が情報の収集・分析について責任を負うべき場合であったとしても、それとは反対に合意によって相手方がその責任を負うべきものと定めることができることになる。これは、契約自由の原則の当然の帰結といえる。それに対して、情報の不確実性に関する合意は、個人が自らの責任で情報を収集、分析した上でなされることとなる。

次に②無意識的不知という基準によると、情報の欠如・不確実性を認識し、それによって自ら不利益を被る可能性を予測した上で、なおも契約を締結した者が、錯誤のリスクを負担することとなる。英米法では、方式要件が広範に課されており、契約を書面化することが多いため、契約の解釈は主に契約締結時に記載された契約書面の解釈とされているが、この規定によると契約書に限定されず、契約当事者の契約締結時の言動によって当事者がリスクを負担しているか否かを解釈することが示されている。したがって、リスク負担の解釈基準を示すという意味でこの条項は一定の意義があるが、情報に関する自己責任との関係においては、この原則に従うことを示しているに過ぎない。

最後に、③裁判所によるリスク配分は、情報に関する自己責任とは別に、裁判官が諸般の事情を考慮した上で、情報へのアクセスがより容易な者に錯誤のリスクを負担させることとなる。

(c)　以上から、情報に関する自己責任と各判断基準は次のような関係に立つことが明らかとなる。まず、①②はともに契約締結に関する情報を自らの責任で収集、分析した上で①については合意によりリスクを負担し、②については情報の不確実性を認識してもなお契約を締結することに非難可能性を求められるため、情報に関する自己責任に則った規定となっている。それに対して、③は情報の所在やアクセスの容易さを考慮したうえで裁判官が裁量により配分することとなるため、情報に関する自己責任に対する例外的な扱いとなっていることが明らかとなる。

(3)　狭義のリスク負担と意思

そこで、狭義のリスク負担に関しては、自己決定・自己責任の根拠となる契約当事者の意思との関係で、以下のような疑問が生じる。第一に、狭義のリスク負担とは、意思とは無関係の基準であって、意思に取って代わるものなのか、あるいは意思の中身をリアリスティクに具体化したものなのか（日本法でいうところの意思解釈の基準となるものなのか）、第二に、狭義のリスクが意思と無関係のものであるとすれば、意思とリスク配分は並存していくのか（多元的）、あるいはリスク配分が支配するのか（リスク配分に一元化）。

まず①は、合意を基準として錯誤のリスクを負担しているか否かが判断されている。そのため当然のことながら、その根拠は当事者の意思とされる。次に②は、情報の欠如・不確実性を認識した上で、なおかつ契約を締結した点を考慮して、その者が錯誤のリスクを負担することとされている。したがって、この場合も書面に現れた当事者の合意に限定されない、広い意味での当事者の意思を基準に判断していることとなる。最後に③は、情報の所在とそれへのアクセスの容易さ等を考慮したうえで、裁判官の裁量によって錯誤のリスクが配分されることとなる。

以上から、第一の疑問点に関しては、①と②は意思の中身を具体化したものであり、日本法でいうところの意思解釈ないし契約解釈の基準となるものである。それに対して③は意思とは無関係の基準であり、意思に取って代わるものと解される。その結果、第二の疑問点に関しては、意思に基づくリスク配分と意思以外の基準によるリスク配分は並存するという答えが導き出される。

(4)　小　括

では、契約当事者は情報収集に対してどの程度の責任が求められているといえるだろうか。

①②はともに情報に関する自己責任が求められ、この原則の下で自ら情報を収集、分析し、それを前提として自らの意思に基づいてリスク負担の合意（①）ないし情報の不確実性を認識した上での契約締結（②）をしたことに対して責任が問われる。したがって、契約当事者は情報収集に対して最大限の責任が求められている。

それに対して③は、自己決定（意思決定）において「情報」が判断要素となる点を重視して、当事者が自らの意思によって錯誤の結果生じる不利益を負担していなかったとしても、「情報」に対してどちらの当事者がより容易にアクセスできるか、という基準に基づいてリスクを配分する。これは、情報に関する自己責任や、当事者の意思とは異なった次元での判断基準である。契約当事者は、自らの責任で契約に関するあらゆる情報収集をし、あるいは自らの意思で情報に関する責任を負うのみならず、情報の所在やそれへのアクセスの容易さといった客観的事情に応じて、責任を負うことが求められることになる。これは、情報へのアクセスが困難な地位に立つ当事者を保護することを目的としたものであり、商人ないし事業者に対する「消費者」のみならず、対等な地位に立つと考えられる商人間においても適用される点で、より一般条項的な機能を果たすこととなる。

(55)　錯誤を自己決定原則と自己責任原則との調整問題と捉えるものとして、児玉寛「法律行為と法秩序」私法五三号二一二頁。

おわりに

自由な経済活動を認める社会では、経済に関する将来の動向を予測し、計画的に経済活動を行うことによって経済的繁栄を享受している。そして、このような経済活動を維持する原理として、英米契約法においては、一方で予測可能性を確保するために契約解釈における客観主義（日本法でいうところの表示主義）が採用され[56]、他方で計画的な経済活動を行うにあたって当事者には自らの責任でリスクを想定し、分析した上でそれを回避ないし転嫁するリスクマネジメントが要請されている。自己決定・自己責任とはこのリスクマネジメントに他ならないのだが、本稿で対象とした「狭義のリスク」は、「情報」という観点から契約締結におけるリスクマネジメントの失敗に対して誰が責任を負うのかを定めたものである。

狭義のリスク負担は、広い意味での当事者の意思と、情報の所在およびそれへのアクセスの容易さといった二つの異なる次元の基準によって判断されている。その結果、契約当事者は、契約締結に当たって必要な判断材料となる「情報」の収集に対して、自らの意思を根拠に最大限の責任が求められるのみならず、情報へのアクセスの容易さを根拠に、それに応じた責任が求められることとなる。これは、当事者の意思のみを根拠としたのでは、合理的ないし衡平な結論に達することができない、すなわち正義を実現することはできないことを考慮したうえでの規定であるといえよう。

では、この狭義のリスク負担を如何に統一的な原理で説明しうるのだろうか。この点について、アメリカでは法と経済学を中心に、多くの議論がなされている。それを踏まえたうえで、わが国では、意思表示を構成要素とする法律行為という基本的枠組みの中で、情報収集に対する責任をどのように考えていくべきであろうか。この点については今後の課題とする。

(56) Restatement, Second, Contracts Ch. 9.

3　契約規範による「完全性利益」の保護

――ドイツ法における保護義務論の展開とその評価――

長坂　純

一　問題の所在
二　ドイツ法における保護義務論の展開
三　保護義務論の評価と日本法への示唆
四　結　び

一　問題の所在

これまで、債務不履行を中心とした契約責任領域の問題を処理するための法理論をめぐり、絶えず議論が交わされてきた。遅滞・不能・不完全履行という三分体系の見直し、帰責事由の再検討、損害賠償の範囲画定、契約解除の要件・効果、履行請求権の位置づけなど、種々の問題が議論の俎上に載せられ、枚挙にいとまがない。このような状況からは、契約責任一般の構成規準が問い直されるに至っているというのが、今日の理論状況だといえるであろう。また、契約法の領域を中心とした国際的な新たな立法の動向を受け、現在、わが国においても債権法の改正へ向けた作業が進められているとともに、改正論議も盛んである。

ところで、契約責任と不法行為責任の関係についても、民法学における重要な課題とされて久しい。両責任の交錯が問題とされるとき、そこでの損害賠償の相手方（債権者）の保護法益は、契約によって本来保護されるべく給付利益（Leistungsinteresse）を超えた完全性利益（Integritätsinteresse）（一般法益＝生命・身体・健康等の人格的利益および所有権等の財産的利益）にまで及び、それに対応する債務者の義務も、当事者の合意に基礎を置く給付義務とは構造上区別された完全性利益保護義務が観念されている。これを受けて、契約責任の再構成が主張され[(1)]、これまで、特にドイツ民法理論（積極的債権侵害論、契約義務論）に依拠した成果が顕著である。さらには、一九七〇年代からの雇用・労働関係上の安全配慮義務をめぐる議論が、契約責任の再構成へ向け理論的深化をもたらしたといえる。こうして、今日、判例・学説理論においては、完全性利益の契約規範による保護が定着しつつある。

このような理論状況にあって、新美教授は、安全配慮義務論において、完全性利益侵害の帰責構造を解明する上で留意されるべき重要な論点を提示され、その一翼を担われた[(2)]。新美教授は、安全配慮義務は契約上の義務としても、不法行為法上の義務としても承認でき、両者のいずれに属すべきかをとりたてて議論する必要はなく、適用規範については、責任の性質決定によるのではなく、この義務が直面する法律問題ないし利害対立状況について最も適応するあるいはそのような問題の解決を予定する規範はどれかを探究することによって解決されるべきであるとの見解（「両性責任説」と称される）を表明された。そこでは、安全配慮義務は、ドイツ民法の保護義務論に誘発されながら形成されてきた新しい契約責任であり、現行民法の契約規範体系の予定したものではないとして、それが既存の規範体系にそのまま包摂できるのか否かを検討すべき必要性を強調される。

完全性利益の侵害は契約責任の拡大領域として捉えられるが、契約当事者間で契約に基づく義務の不履行により生じる損害の賠償が不法行為に基づいて請求されることも少なくなく、いわば不法行為責任の拡大ないし契約責任化ともいえる現象もみられる。このように、両責任規範が各々の領域を拡大してきたことは、一方では、被害者の救済手段の範囲が拡大するものとして評価できるものの、他方で、何故に両規範の競合・重畳・併用が可能なのか、その論拠ないし基礎的理論は明らかではない。したがって、両責任規範は具体的にどのような危険関係をどのように規律しうるのかが明らかにされる必要がある。契約責任の側からは、両責任規範が交錯する領域のどこまでを契約法上の領域として取り込みうるのかという限界づけ、換言すれば、不法行為と境界を接する義務のどこまでを契約法上の義務として捉えるべきなのかという、完全性利益保護義務の性質・射程が検討されるべきであると考える。このような分析視角は、新美教授の主張にも整合するものだと思われる。

そこで、本稿では、ドイツ法における保護義務論の展開と理論的到達点を明らかにした上で、完全性利益侵害の帰責構造の解明へ向けた解決方向性について検討を加えたい。

（1）　北川善太郎『契約責任の研究―構造論―』（有斐閣、一九六三年）三六一頁以下、下森定「契約責任（債務不履行責任）の再構成」『内山＝黒木＝石川還暦・現代民法学の基本問題 中』（第一法規、一九八三年）一六三頁以下など。

（2）　新美育文「『安全配慮義務』の存在意義」ジュリスト八二三号（一九八四年）九九頁以下、同「『安全配慮義務の存在意義』再論」法律論叢六〇巻四＝五合併号（一九八八年）五八三頁以下、同「安全配慮義務」山田卓生編『新・現代損害賠償法講座 第一巻総論』（日本評論社、一九九七年）二二三頁以下。

二　ドイツ法における保護義務論の展開

1　緒　論

(1)　一般給付障害法の変遷

旧（一九〇〇年）ドイツ民法典（旧ＢＧＢ）の一般給付障害（債務不履行）法は、履行不能と履行遅滞に限定されたものであった。債務不履行責任は債務の効力として位置づけられてはおらず、また、債務は、その一内容として主たる義務である給付義務を規定するに留め（旧ＢＧＢ二四一条）、詳細は学説・判例の取扱いに任せた。その後、積極的契約侵害（積極的債権侵害）概念が提唱され、それが不能・遅滞と並ぶ第三の障害類型として定着し、そこでの被違反義務の内容や構造に着目する見解が主張されるとともに、不法行為規範との関係についても議論されてきた。

このような中、債務法の改正へ向けた動きも活発となり、二〇〇二年一月一日より債務法現代化法（Gesetz zur Modernisierung des Schuldrechts）を含むドイツ新民法典が施行された。債務法の改正において重要な地位を占めるのは、給付障害法の抜本的な変更である。不能と遅滞に限定していたこれまでの規範構造を改正し、積極的債権侵害類型も取り込み、「義務違反（Pflichtverletzung）」概念のもとですべての給付障害を統括するシステムが採用された（もっとも、不能・遅滞概念も一定の場面で維持されている）。ドイツ新民法典の発効を契機に契約責任論の新たな展開も期待できる。

(2)　契約義務論

契約義務構造については、積極的債権侵害論の中で展開されてきたが、未だ一致した理解が得られているわけではない。しかし、概して、当該義務の指向する利益から、給付利益ないし給付結果の保持へ向けられるものと、完全性利益（現状利益）の保持へ向けられるものに分けて捉えられている。本来的給付義務（「主たる給付義務（Hauptleistungspflicht）」）の他に契約の属性から導き出される副次的な給付義務（「従たる給付義務（Nebenleistungspflicht）」）、および信義則上の義務として、給付義務に従属する付随的義務（Nebenpflicht）と広く当事者の完全性利益を保持すべく機能する保護義務（Schutzpflicht）の存在が明らかにされてきた(3)。反面、これらの義務は契約債務関係の中でどのように位置づけられるのか、特に、保護義務を契約債務関係の中に取り込むべきか否かが問題となる。これを否定するときには、保護義務は不法行為法上の義務へ放逐されることになるのか、逆に、肯定するときには、その法的論拠および債務関係の機能領域（契約規範）の限界づけが問題とされ、保護義務論が展開されている。

(3)　完全性利益保護義務

完全性利益の契約規範による保護をめぐる理論史的系譜は、シュタウプ（Staub）による「積極的契約侵害」の提唱(4)に遡るが、契約義務論の展開の中で、保護義務の特殊性が浮き彫りにされた(5)。そして、契約締結上の過失、積極的債権侵害、契約終了後の過失責任、第三者の保護効を伴う契約といった、各々の契約責任の拡大領域において個別に構成されてきた保護義務を統一的に捉え、これを本来の契約規範の領域を超えるものとして理解する「統一的法定保護義務関係（ein einheitliches gesetzliches Schutzpflichtverhältnis）」論が提唱され、今日の学説の多くは、このような理論動向に応接した上で展開されている。

以下では、「統一的法定保護義務関係」論およびそれに対する批判説の展開をみる。その上で、新民法典における給付障害規定について検討を加えたい。

2 「統一的法定保護義務関係」論の展開

以下では、「統一的法定保護義務関係」論を提唱したカナーリス、ティーレの見解を明らかにしたうえで、その後の展開をみていきたい。今日では、カナーリス・ティーレ説を承継する見解もあるが、保護義務の性質・機能をめぐる理論的進展が図られる中で、「法定の保護義務」の機能領域を明確化・限定化する見解が表明され、さらに、契約債務関係における給付関係と保護関係の峻別を問題視する見解もあり、「統一的法定保護義務関係」論に対する批判説に通じる動向もみられる。

(1) 「統一的法定保護義務関係」論の提唱

(a) カナーリス（Canaris）の見解

カナーリスは、契約締結上の過失、積極的債権侵害、第三者の保護効を伴う契約の各制度において、それぞれ別個に構成されてきた保護義務を、「統一的保護関係」において根拠づけ、不法行為責任でも契約責任でもない「信頼責任（Vertrauenshaftung）」なるものを提唱した(6)。

すなわち、契約締結上の過失における保護義務の法的基礎は、将来成立するであろう契約にあるのではなく、特別の「契約交渉の法的関係」にあり、それは当事者意思とは無関係に成立するものとして法定的性質を有する（「法定の保護義務」）。このような、特別な法的関係を承認すべく内的正当づけは「要求された信頼の付与（Gewährung in Anspruch genommenen Vertrauens）」にあり、実定法上の根拠は（旧）BGB二四二条（信義則規定）（なお、本条は新民法典においても変更はない）に見出される。そして、このような相手方当事者の法益への特別の影響可能性に基づく特別結合ないし信頼関係は、契約締結後においても妥当するものであり、また、契約の無効・取消により影響を受けない。したがって、積極的債権侵害における保護義務にも等しく妥当する。さらに、第三者の保護効を伴う契約においても、学説は保護義務を問題とするのであるから、同様に信頼関係から構成されるべきである。

このように、カナーリスにあっては、法律行為的接触を受容することにより始まる法定保護関係は、契約の前・中・後を通して存在することになり、給付義務関係が生じると、それとは峻別された形でこのような単一の債務関係が形成されるとみる。そして、保護関係から導き出される保護義務違反に対する責任は、不法行為責任に対しても、また、契約責任に対しても独自性を有するものだとする。

カナーリスによる給付義務と保護義務の構造分析は、被侵害利益に依拠するものであり、この点で、他の学説との相違は見受けられない。しかし、給付義務違反に基づく完全性利益侵害である「給付目的物の瑕疵による拡大損害事例」（例えば、売主が有毒な家畜飼料を引き渡したことにより、買主の家畜に損害が生じた場合）にあっては、峻別されるべき給付義務と保護義務が交錯し、また、完全性利益の保護が給付内容となりうる場合（例えば、複雑・危険な機械の売却に際して使用説明書を交付すべき義務は、（機械の適切な作動という契約目的に向けられた）「従たる給付義務」であると同時に（例えば、爆発といった随伴的損害からの保護を目的とした）「保護義務」でもある）の規準も明らかではない。したがって、これらの場面においては、給付義務と保護義務の峻別は必ずしも徹底されてはおらず、保護義務の機能領域は鮮明ではなくなる。

また、カナーリスは、保護義務は当事者間の事実的結合から生じるとするものの、それは単なる社会的接触関係としてではなく、契約債務関係に連動した法律行為的ないし取引的接触関係として理解する。したがって、保護関係の給付関係からの峻別を強調するものの、信頼責任を契約当事者間の目的的な特別結合において認められる責任であるとする点からは、債務履行過程における両者の分断は必ずしも徹底されないことにもなる。これは、保護義務違反を不法行為規範および契約規範から区別された第三責任として位置づけることからの帰結であるが、ここでも債務履行過程にける保護関係と給付関係の峻別可能性ないし保護義務領域の画定という問題性が浮上することになるのではなかろうか。

(b)　ティーレ（Thiele）の見解

ティーレも、カナーリスの「統一的保護関係」論を支持するが、保護義務と給付義務の峻別および不法行為法上の義務との関係を詳述する点で、カナーリスよりも踏み込んだ分析を加える。(7) また、保護義務の存立基盤である特別結合・信頼関係については、カナーリスとは異なった理解をする。

給付義務と保護義務の関係については、カナーリスよりも両者の峻別をより鮮明にされるようである。例えば、売主が瑕疵のある機械を買主に引き渡したことにより、機械自体に損害が生じるだけでなく、それが原因となって買主の仕事場に火災が発生したような場合には、後者の損害については履行利益と区別されるものとして売買契約が無効な場合に保護義務違反として位置づけるべく意味があるとする。また、給付義務と保護義務が交錯する場合があり、例えば、運送契約における保管義務（Obhutspflicht）は、本来、保護義務であるが、制定法により真正の（従たる）給付義務へと高められており、ここで押し退けられた保護義務は、運送目的物に損害が生じ、かつ運送契約が無効な場合に再び全面に出てくるとする。

また、ティーレは、保護義務は相手方の法益の現状の保護を目的とする点で、不法行為法上の一般的行為義務と類似するが、その内容において不法行為法上の義務よりも高められた配慮が要求されるという。すなわち、保護義務は、特定人間で意図され目的とされた特別結合において、当該影響可能性に従い、一方的または双方的に法益への高められた配慮が要求される義務である。これに対して、不法行為法の領域でいわゆる「社会生活保安義務（Verkehrssicherungspflichten）」が承認されているところでは、意図され目的とされた特定人間の接触が欠けているとする。

さらに、保護義務は、契約交渉または債務の履行を契機として生じる、一方当事者による相手方の法益への特別な影響可能性という事実的接触に基づき設定されるものだとする。しかし、保護義務の存立基盤たる信頼関係とは、単に事実上当事者間に存すれば足りるものではなく、一定の事実上の諸過程において法的義務＝保護義務が生じるとの法的評価による客観的・類型的な信頼であるとする。

このように、ティーレにおいては、他の学説が保護義務の存立根拠としてあげる法律行為的ないし取引的接触という観点は問題とされないことになる。したがって、一方では、保護義務はその内容において不法行為法上の義務よりも高められた配慮が要求されるとしながら、他方で、何らかの事実的結合があれば保護義務が肯定されるとすることは、その主張において矛盾がないともいえない。しかし、ティーレは、損害発生の危険をはらんだ単なる接触ではなく、当事者の目的的接触の中で保護義務を位置づけることにより、不法行為規範と限界づけるようである。

(2)「統一的法定保護義務関係」論のその後の展開

カナーリスが提唱し、ティーレにより分析が進められた「統一的法定保護義務関係」論は、その後、多くの支持を集めるに至っている。今日、さらにその理論的深化が図られているが、一方で、カナーリス・ティーレ説を承継する傾向がみられるが、他方で、カナーリス・ティーレにあっては、保護義務違反の契約責任・不法行為責任に対する相違が必ずしも明確ではなく、また、具体的な侵害態様において給付義務と保護義務の分断も明確ではないことが問題視されるようになり、このような保護関係の曖昧さを回避しようとする見解が同じく「統一的法定保護義務関係」論者の内にみられる。

(a)　カナーリス・ティーレ説の承継

フロスト（Frost）は、契約締結の前後に存する保護義務の同質性を詳細に論じ、契約上の義務でも不法行為法上の義務でもない特別な義務として、法定債務関係の中に集約させて捉えている(8)。すなわち、契約締結の前後に存する保護義務は、いずれも当事者の保護利益（完全性利益）の保護へ向けられ、そのような法益への接触により形成されるものであり、両者は時間的には区別されるものの、内容上限界づけることはできず、また、保護義務はその履行請求を強制できず（場合によっては、侵害予防のための不作為の訴えが考慮される）、その違反に対しては消極的利益の賠償請求権が導かれる点でも一致する。このように、契約締結の前後に存する保護義務の同一性を認めるときには、保護義務は統一的法定債務関係において存立すると理解されることになる。

同様に、ミュラー（Müller）は、保護義務を給付関係とは無関係な特別関係（Sonderverhältnis）に組み入れ、単なる不法行為上の偶発的な接触を超えた侵害可能性を有する場面として理解し、「統一的法定保護義務関係」論の妥当性を論じる(9)。また、ローラック（Rohlack）は、契約債務関係上の保護義務（狭義の保護義務）を給付義務からも不法行為法上の義務（広義の保護義務）からも区別して捉え、その結果、保護義務違反に対する損害賠償責任は、不法行為と給付障害と並ぶ第三責任として、民事責任の拡張をもたらすとする(10)。ローラックの見解も、カナーリス・ティーレ説に連なるものとして位置づけられる。

(b)　保護義務領域を限定化する見解（保護義務領域限定説）

以上のように、カナーリス・ティーレ説を承継する見解が表明される一方で、「法定の保護義務」の機能領域を限定的に捉える見解も有力である。

その第一は、給付関係と保護関係の峻別を徹底させる意味からも、給付義務の不履行が存しない完全性利益侵害場面のみを保護義務違反として根拠づけようとする見解である。すなわち、「給付目的物（または給付行為）の瑕疵による拡大損害」や給付義務履行にかかわる完全性利益侵害は、給付義務違反の因果関係上の問題として捉え、保護義務は給付義務と関連性を有しない場面において存するものとして、そこでの保護義務の機能を分析する。

アイケ・シュミット（Eike Schmidt）は、契約債務関係における保護義務の位置づけおよび機能を分析し、保護義務の妥当する具体的な場面を明らかにする。(11) すなわち、保護義務の違反が問題となる完全性利益侵害場面を①「給付に随伴的な場合」と②「給付と無関係な場合」に分けて整理する。①は、給付の実現過程で瑕疵により生じる損害（瑕疵結果損害）であり（例えば、欠陥のある暖房器具が引き渡されたため買主の住居で火災が発生したような場合）、給付義務違反（または給付利益の保持へ向けられる付随義務違反）の存する場面である。これに対し、②の場面（例えば、債務者が債権者の営業上の秘密を漏洩したような場合）は、債務の履行という局面には直接に関わるものではないが、社会的接触関係にある当事者が負担する「法定の保護義務」が機能するとみる。アイケ・シュミットは、保護義務は不法行為上の要請が債務関係における義務として具体化したものとして捉える限りで、不法行為法上の義務との同質性を認めるようでもある。

エマリッヒ（Emmerich）も、保護義務は、給付義務（給付関係）と何ら関係しない場面（例えば、店主は客のために店の出入口その他を安全な状態にしておかなければならず、スポーツや文化的催しの主催者は参加者や観客を保護し、また、コンサートの主催者は楽団員の身体や所有物の保護のために広範な注意を払うことなど）においてのみ機能するとして、より広範な場面での完全性利益侵害を問題とし、保護義務と不法行為法上の義務との同質性を肯定する。(12)

保護義務領域限定説の第二は、完全性利益の保護が給付に取り込まれ、保護義務が（主・従の）給付義務として認められる契約類型を析出し、これとは別の場面で給付関係から峻別された「法定の保護義務」を観念する見解である。

クラマー（Kramer）は、完全性利益の保護が給付義務に取り込まれ、保護義務が給付義務とされる場合（労務給付権利者の安全配慮義務（（旧）ＢＧＢ六一八条））を認め、これとは別に給付義務から峻別された「法定の保護義務」を観念する。(13)

また、モッツァー（Motzer）は、保護義務は契約外の法定の給付義務であり、契約上の給付義務と同性質であるとし、完全性利益と履行利益も対峙させて捉えるべきではないとする。[14]すなわち、給付義務の本質は財産上の価値の増加をもたらす点に求められるが、現存の法益および財産上の価値の保持へ向けられる義務が存する契約債務関係（例えば、受寄者の義務（(旧)BGB六八八条）、雇用・労働法上の類似の義務）にあっては、完全性利益が履行利益（給付利益）として現れる。そして、特定人間の特別結合において存する義務であるという観点からは、保護義務と契約上の給付義務との相違はなくなるが、保護義務違反に対する責任を契約責任と不法行為責任とは別の第三の責任類型として捉えるときには、不法行為責任とはその存立基盤・構造において相違し、契約責任とは義務の法的根源を異にするだけである、とみる。

(c)　批判説への架橋

このような理論動向の中、「統一的法定保護義務関係」論を支持しつつも、特に債務履行過程においては給付関係と保護関係が不可分にかかわる場面であることを指摘する見解もある。このような視点は、「統一的法定保護義務関係」論に対する批判説に接合するものといえる。

ロート（Roth）は、「統一的法定保護義務関係」論を肯定しながらも、債務の履行過程においては給付関係と保護関係が不可分にかかわる場面であることを指摘する。[15]しかし、契約上の保護義務もその性質・機能については他の場面における保護義務と相違するものではなく、したがって、保護義務の存立根拠としては契約内容のみならずその他の利益状況に対する評価規準も適用される場面であるとして、流動的に捉えている。また、保護義務の適用場面として、契約関係および契約交渉段階においては契約規範が妥当し、その他の場面では主に不法行為規範の規律対象として限界づける。

また、ウルリッヒ・ミュラー（Ulrich Müller）は、カナーリスの見解を踏襲するが、契約締結後においては保護関係が契約債務関係（給付関係）に組み込まれる根拠を論じ難いが故に、両者が併存するものとして処理している。[16] しかし、ウルリッヒ・ミュラー自身、当事者間の信頼を基礎とする保護関係（信頼関係）は契約締結後にはより密な関係となり、契約債務関係に類似したものとして理解しており、給付関係と保護関係の峻別をめぐる問題性を認識しているといえる。

同様の見地から、シュネマン（Schünemann）は、保護義務は契約当事者または「給付に近接する」第三者の完全性に向けられる義務であり、その侵害は不法行為とは異なり、契約の実行に際しての特別な影響可能性から損害が生じる場合（例えば、屋根葺き職人がタバコの火の不始末により家の屋根裏物置を燃やしてしまった）として捉えている。[17] そして、同様の義務は契約交渉段階の当事者間にも存するとして、統一的保護義務関係を肯定する。したがって、シュネマンにあっても、契約債務関係（給付関係）と保護関係の峻別可能性については判然とせず、批判説へつながる見解として位置づけることができるであろう。

3　「統一的法定保護義務関係」論に対する批判説の展開

「統一的法定保護義務関係」論に対しては、種々の批判が存するが、契約規範の構造・射程の解明を目指す問題意図からは、概して、次のような二つの観点からの批判に注目できる。すなわち、第一は、債務履行過程における給付関係と保護関係の峻別に対する批判である。契約締結へ向けた交渉段階や契約が無効・取消された場合などにおいては「法定の保護義務」が妥当するものの、有効な契約が締結された場合には、保護義務の内容およびその違反の効果が給付関係と不可分にかかわる場合のあることが指摘される。第二は、保護義務と不法行為法上の義務との同質性を認め、保護義務違反を不法行為責任として構成する見解である。契約責任の再構成が問題化した要因たる不法行為法の不備は、同規範内で解決されるべきであるとの立場から、完全性利益侵害は、不法行為法において生成・展開されてきた「社会生活上の義務（社会生活保安義務）」の違反が法律行為的接触を契機として侵害されたものだと理解する。そして、このような議論の中で、「統一的法定保護義務関係」論者の主張する保護義務違反に対する責任の性質や保護義務の存立根拠の当否が問われている。

(1)　給付関係と保護関係の不可分

(a)　ラーレンツ（Larenz）の見解

ラーレンツは、契約義務を債務関係に意味内容を付与しその類型を決定すべく機能する「給付義務」と、給付の本来的実現あるいはそれと内的関連を有するすべての行為である「その他の行為義務（weitere Verhaltenspflichten）」から整理し、保護義務を後者の中で位置づける。(18)「給付義務」と「その他の行為義務」との相違は、前者（とりわけ「主たる給付義務」）は、債務関係の類型を決定し、その内容が最初から定まっており給付の訴による訴求が可能であるのに対し、後者は、あらゆる債務関係において生じ、内容は定まっておらず、原則として事前の履行請求ができない点にある。

そして、給付関係と保護関係の不可分という観点から「統一的法定保護義務関係」論に対する批判論を展開する。特に、「有効な契約が締結された場合」においては、契約上の債務関係が、従前の契約交渉の法定債務関係において設定された保護義務を吸収し、さらに広範な保護義務を新たに設定することになる。ここでの契約上の債務関係は、交渉関係上の義務を定めるのと同一の(旧)BGB二四二条の規律に服する。こうして、契約上の債務関係の枠内で交渉関係において設定されたのと同種のあるいはそれを超える保護義務が生じる。そしてまた、本来的給付義務および従たる給付義務と並んで、それらの義務の準備・保全に資する義務、さらには、多くの法律行為において誠実に協力すべき義務、忠実義務・配慮義務が加わるとする。

ラーレンツにあっては、保護義務の存立根拠は契約債務関係に求められており、その限りでは契約義務としての保護義務の性質は鮮明となる。しかし、そこでは、給付義務（給付利益・給付結果）との区別規準は明らかではなく、完全性利益の保護を契約規範の中で図るとしても、なお不法行為規範との関係が問題とされよう。

(b)　メディクス（Medicus）の見解

メディクスは、ラーレンツと同様、契約義務として「給付義務」と「行為義務（保護義務）」に着目する。[19] 主・従の給付義務、行為義務、保護義務は契約債務関係の中で一体となって存するものと考えており、ラーレンツとほぼ同様の理解を示す。したがって、給付関係と保護関係の峻別は顕著なものとはされず、その限りでは保護義務の特質は鮮明にはされない。また、保護義務の訴求可能性、さらには、本来、給付義務に適用される責任軽減規定が契約目的と関連する保護義務にも認められることを指摘するが、そこでも給付義務履行との関連性から捉えられている。

そして、メディクスも、主に契約が有効に締結された場合の給付関係と保護関係の間の影響可能性という観点から、「統一的法定保護義務関係」論を疑問視する。保護義務の内容が給付関係（契約債務関係）と不可分にかかわる場合のあることを指摘しており、この点で、ラーレンツと同様の方向にある。かかる立場からは、保護義務は、契約関係に存立根拠を有するものとして、不法行為法上の義務よりも内容・程度は高められたものであると理解することになる。また、メディクスは、給付義務の不履行の結果として完全性利益が侵害される場合を給付義務違反構成し、給付義務と何ら関係のない場面においてのみ保護義務違反を観念する点で、保護義務領域限定説と同方向にある。

(c)　その他の見解

ゲルンフーバー（Gernhuber）[20] は、債務関係を債権・債務および債権者・債務者間に存する種々の要素からなる「複合的な統一体（komplexe Einheit）」であるとした上で、契約債務関係は、給付義務により決せられ、その他の義務（保護義務を含む）は、その侵害があってはじめて明らかにされるものだとする。そして、「統一的法定保護義務関係」論に対する批判として、保護義務が給付関係と不可分にかかわる場合があること、保護義務違反を第三責任とみた場合、責任法を複雑なものにする懸念を指摘する。前者については、ラーレンツ、メディクスと同様の立場にある。後者は、契約規範の射程にかかわる観点である。この点に関して、ラーレンツ、メディクスは、保護義務の存立根拠を契約債務関係に求め、その契約義務性が明らかとなるが、ゲルンフーバーにあっては、批判説に依拠する傾向は窺えるものの、保護義務の契約規範による処理という視点は必ずしも鮮明なものではなく、これも債務関係の理解から出てくるものだと思われる。

レーヴィッシュ（Löwisch）[21]は、契約交渉段階において当事者間の法律行為的接触から生じる法定保護義務関係は、契約の締結により契約上の債務関係の中に吸収され、また、契約が無効な場合や契約終了後においても「法定の保護義務」が全面に出てくるとみており、この点で、ラーレンツに代表される批判説と同方向にある。なお、契約義務としての保護義務には、損害発生の予防を目的とした履行請求権も認められるが、これは(旧)ＢＧＢ一〇〇四条（所有権侵害の除去停止請求権）による不法行為上の不作為請求権に他ならないものだとする。

ハインリッヒス（Heinrichs）[22]は、保護義務の根拠を「統一的法定保護義務関係」に求める見解については、契約責任と不法行為責任の間の限界が曖昧になり、また、積極的契約侵害には、保護義務違反と並び不完全給付（給付義務違反）事例が存するが、そこでは統一的保護関係に基づく義務違反が問題となるのではなく、あくまで契約違反が問題となることも指摘でき、さらには、積極的契約侵害に対する契約解除権を説明することはできないとする。このように、法定保護義務関係は、契約関係が存する場面（積極的契約侵害）では不必要な構成であるとしており、この点で、他の批判説と同様の立場に立つ。なお、ハインリッヒスにあっては、保護義務と不法行為法上の義務（社会生活保安義務）との同質性を肯定することから出発する点に特徴がある。

これらの見解に対し、フィッケンチャー（Fikentscher）[23]は、包括的な給付概念を主張することから、契約義務構造論においてみられるような、保護義務の析出およびその契約規範による処理という志向はみられない[24]。したがって、積極的債権侵害に関しても、被違反義務に依拠せずに、専ら被侵害利益に着目して整理され、完全性利益侵害（超履行利益の賠償）が導き出されている。そして、完全性利益は、本来、不法行為法上の保護法益であり、契約締結上の過失責任や積極的債権侵害は、「契約規範による不法行為規範の拡張」ないし「契約法における不法行為法（Deliktsrecht im Vertragsrecht）」の問題として捉えられ、両規範が相互浸透性を有する場面であることが鮮明にされる。このような理解からは、保護義務と不法行為法上の義務との同質性を肯定し、完全性利益侵害を不法行為規範により処理する方向へ向かうことも予想できる。

(2)　保護義務と不法行為法上の義務との関係（不法行為責任説）

今日、「統一的法定保護義務関係」論者において、「法定の保護義務」の内容・程度は、不法行為法上の義務と同性質であるとみる見解も有力である。また、保護義務領域を限定的に捉える立場からは、給付義務違反による完全性利益侵害場面（拡大損害事例）および完全性利益の保護が給付対象とされる契約において観念される給付義務たる保護義務違反を契約規範に服せしめるとき、給付関係からの峻別が強調される保護義務は、「法定の保護義務」というよりもむしろ不法行為法において展開されてきた「社会生活上の義務（Verkehrspflichten）（社会生活保安義務（Verkehrssicherungspflichten））」[25]そのものであるとの見解も表明されている。

(a)　ハンス・シュトル（Hans Stoll）の見解

ハンス・シュトルは、給付義務と保護義務を対峙させる二元的構成に対して批判を加え、保護義務とされてきたものを二分して捉える[26]。

第一は、「主たる給付義務」または「従たる給付義務」として認められるものであり（例えば、契約により引き受けられた監視義務（Bewachungspflicht）・監督義務（Aufsichtspflicht）、寄託者の法益保護を目的とする受寄者の給付義務（(旧)ＢＧＢ六八八条以下）、運送品や旅客を運送中害さないように配慮すべき運送人の義務、飲食店の出入りに危険がないように配慮すべき飲食店主の義務など）、そこでは、給付義務の不履行は、完全性利益の侵害を招来するが、その違反は保護義務ではなく給付義務の不履行として処理される。

第二は、契約の準備や契約実行の目的のために成立する社会的接触に由来する場合に存する「保護義務」である。例えば、買主が食料雑貨品店で買い物をして店を出るときに、棚が頭上に落ちてきて負傷したという場合、トレーラートラックの制御装置の修理が不完全であったために事故を引き起こしたという場合である。後者の事例は、請負人の給付義務の履行不完全であるが、注文者が修理のために車を請負人に引き渡したという信頼行為に基づく特別な影響可能性に起因する損害である。このような社会的接触による保護義務は、不法行為法上の「社会生活上の義務」と区別できるものではなく（「社会生活上の義務」も、それを規律する社会的接触が成立するや否や特定人に対して具体化される）、保護義務違反の場合にも、不法行為におけると同様に証明責任は被害者側に置かれ、場合により軽減されることになる。

(b)　ウルリッヒ・フーバー（Ulrich huber）の見解

ウルリッヒ・フーバーも、「法定の保護義務」違反として根拠づけられてきた責任領域を不法行為責任へ放逐すべきことを主張する(27)。

ウルリッヒ・フーバーは、まず、売買目的物の瑕疵により買主が身体または所有物に損害を被った場合の責任の根拠は、「特別の保護義務」違反にあるのではなく、利用者が性状の瑕疵により危険にさらされるような製品を取引に置いてはならないという、一般的な「社会生活上の義務」違反にあるとする。なぜなら、このような義務は、製品の買主に対して特別に存するものではなく、万人に対して存するものであり、契約締結や当事者の社会的接触の開始により生じるものではないからである。

さらに、ウルリッヒ・フーバーは、このような「法定の保護義務」構成に対する批判を、債務法改正鑑定意見の中でも述べている[28]。すなわち、不法行為法における「社会生活上の義務」論の展開を前提にすると、「保護義務」は、債務者が万人に対して負担する不法行為法上の「社会生活上の義務」が当事者間に存する法律行為的接触を契機として侵害されるとみるべきだとする。

もっとも、ウルリッヒ・フーバーは、ハンス・シュトルと同様に、保護義務が、契約あるいは当事者間の特別な人的接触によりはじめて根拠づけられる場合のあることも指摘している（契約当事者が相手方または第三者を監護し、あるいは相手方の物の保管を引き受けるすべての契約（診療契約・入院契約、山案内人と旅行者との間の契約、幼児監護契約、運送取扱契約、運送契約、倉庫契約およびその他の寄託契約、警備契約[29]））。ただし、このような本来的契約義務は、さらに特別な不法行為責任を根拠づける場合もあり、例えば、医者または病院経営者は、患者に対する監護義務に違反する場合は、契約違反によるのみならず不法行為によっても責任を負う。

以上の不法行為責任説は、「統一的法定保護義務関係」論者の主張する「法定の保護義務」は、同じく完全性利益の保護へ向けられ、しかも万人に対して認められる不法行為法上の「社会生活上の義務」に他ならないと批判する。「法定の保護義務」が、不法行為法の弱点を克服するために主張されたものであるとみる限りでは、不法行為法における理論展開に依拠する見解が出てくることは当然の傾向であるともいえる。そして、不法行為責任説は、契約義務構造論に基づく保護義務論自体に対する批判説として位置づけることができる[30]。

4　ドイツ新民法典における給付障害法と保護義務

ドイツでは、二〇〇二年一月一日より債務法現代化法を取り込んだドイツ新民法典が施行された[31]。この改正の最も大きな柱は、一般給付障害（履行障害）法と売買・請負における瑕疵担保法、消滅時効法であるが、一般給付障害法については、履行不能と遅滞に限定していたこれまでの規範構造を改正し、不完全履行・積極的債権侵害類型を法典中に取り込み、「義務違反（Pflichtverletzung）」概念のもとですべての給付障害を統括するシステムが採用されるに至った（もっとも、不能・遅滞概念も一定の場面で維持される）。

(1)　給付障害法の構造

新給付障害法は、すべての給付障害を包括する「義務違反」という統一的概念を採用した。(32) 二八〇条一項は、「債務者が債務関係から生じる義務に違反した場合には、債権者は、これにより生じた損害の賠償を請求しうる。債務者が義務違反につき責を負わない場合は、この限りではない」と規定する。債務関係から生じる義務の違反が、給付障害の基本的構成要件であると同時に、原則的な損害賠償請求権の客観的要件となる。

二八〇条一項一文にいう債務関係とは、広い意味での債務関係を意味する。すなわち、二四一条一項は、「債務関係に基づき債権者は、債務者に対して給付を請求することができる。給付は不作為でもよい」と規定し、同項は旧二四一条と変わるところはない。さらに同条二項で「債務関係は、その内容により、各当事者に相手方の権利、法益及び利益に対する配慮を義務づける」と規定する。このように、債務関係から生じる義務は、給付に関連する義務（二四一条一項）に限定されるものではなく、その他の義務（同条二項）および法律行為に類似した債務関係から生じる義務（とりわけ、契約締結上の過失に基づく義務（三一一条二項・三項））も包含する。したがって、義務違反それ自体にとっては、義務のどのような種類が問題となるのか、すなわち、主たる給付義務が問題となるのか、従たる給付義務や付随義務・保護義務が問題となるのかは重要なことではない。

損害賠償請求権は、債務者に義務違反があり、その義務違反に対し債務者の責に帰すべき事由があるときに認められる（二八〇条一項二文）。帰責事由については、二七六条に規定が置かれ、旧法と同様に過失責任主義を維持するが[33]、他方で、契約上の合意も視野に入れられ、損害担保または調達リスクの引受けという、結果的に過失とは無関係な責任も併存する。

なお、新給付障害法は、給付障害を包括する「義務違反」概念を据えたが、他方において、旧法上存在した障害類型（不能、遅滞、積極的債権侵害）は、給付に代わる損害賠償（旧法上の「不履行による損害賠償」に対応する）ないし給付遅滞による損害賠償、ならびに、双務契約における解除権という法律効果について区別して扱われる。したがって、その限度で将来においても固有の意味を有することになる。

以上のような特徴を有する新給付障害法について、学説は、問題となる障害事象を債務関係から生じる諸義務に対応させて理解する傾向が顕著である。二四一条一項を根拠とする給付義務（主たる給付義務・従たる給付義務）と同条二項の意味する保護義務（行為義務）が区別され[34]、あるいは、「給付に関連する付随義務」と「給付に関連しない義務（保護義務）」に即して給付障害（義務違反）が整理される[35]。

(2) 規定構造に関する議論

新給付障害法は、「義務違反」を給付障害の統一的な責任構成要件としながらも、給付不能・遅滞・積極的債権侵害という旧法上の概念をなお維持している。このような規定構造に対しては批判もある。例えば、新給付障害法の特徴は、給付障害の構成要件の抽象化により規定構造が単純化されたことにあるが、このままでは、結果的にこれまで具体的に定められてきた規定・原則（不能、遅滞、不完全給付、保護義務違反、契約締結上の過失責任を根拠づける説明義務など）の間の隔たりが拡大することになるとの批判[36]や、新法においても不能・遅滞・積極的債権侵害という伝統的な給付障害の三類型が維持される限りで、二八〇条一項の統一的構成要件（義務違反）は既に崩壊しているとの批判[37]もある。また、損害賠償を帰責するに際しては、まず第一段階として、客観的に義務違反（給付障害）が存在するかどうかが判断され（二八〇条一項一文）、次に第二段階において、それが存在する場合に債務者の帰責事由の有無が判断される（同条一項二文）が、このような「義務違反」と「帰責事由（有責性）」を区別することを問題視する見解[38]もある。

以上の議論は、義務違反を帰責根拠および法的救済手段との関連で問題とするが、それは義務違反概念をどのように理解するかにかかわってくる論点である。新法のもとでは、「義務違反」という上位概念の中に給付障害類型が包括されたが、債務関係から生じる義務については、さらに給付に関連する義務とその他の義務に区別される（二四一条）。しかし、これらの義務の種類、内容などは必ずしも明白ではない。したがって、これまで主に積極的債権侵害論において展開されてきた債務・義務構造をめぐる議論は、新法のもとでも継続されることになるものと思われる。

(3)　「義務違反」概念に関する議論

ドイツ新民法典は、一般給付障害法における統一的要件として「義務違反」をその中心に据えたが、この義務違反概念をめぐっては議論がある。まず、義務違反によりすべての給付障害を包括することは困難であるとの批判[39]がある。しかし、これは、客観的な給付障害の存在を「義務違反」というか、あるいは「不履行」・「契約違反」と称すべきかという問題に帰着するようにも思われ、そうすると単なる用語上の相違にすぎないこととなる。もう一つの批判は、義務違反には給付義務の不履行と保護義務（行為義務）の違反という異質な概念が混在するが、義務違反は、本来、保護義務違反に馴染む概念であるとの主張[40]である。前述したように、保護義務の（契約）債務関係における位置づけや不法行為法上の義務との関係については、今日でもなお議論がある。そんな中、新法は、債務者の行為が契約その他の債務関係の本旨に適合しないという事態を義務違反概念に即して判断するというシステムを採用するに至ったのである。したがって、問題は、給付障害を根拠づける被違反義務をどのように捉えるかであり、その帰責事由や法律効果との関連をどのように理解するかである。

学説においては、今日もなお、保護義務と不法行為法上の義務との同質性を認める見解も散見されるが[41]、保護義務は不法行為法上の義務よりも内容・程度は高められたものであると理解し、新法のもとで両者の異同をめぐる問題は解消されたとする見解が有力だといえる[42]。新法においては、債務関係から生じる義務が概念規定され（二四一条）、それが「義務違反」概念（二八〇条一項）に接合するとともに、法律効果とも関連づけられる。また、これまで長らく議論されてきた保護義務と不法行為法上の義務との関係についても、一応の立法的解決が図られている。しかし、他方で、（主・従の）給付義務、給付に関連する付随義務、行為義務・保護義務といった種々の義務を、新法の規定に対応させて再検討すべき課題も残されている。保護義務についても、その存立基盤や給付に関連する義務との関係、不法行為規範との限界づけなど、解明されるべき論点が改めて浮き彫りにされたといえる。その限りでは、義務構造をめぐる議論は今後も継続されることになるであろう。

5　小　括

カナーリス、ティーレに代表される「統一的法定保護義務関係」論者は、給付関係（契約債務関係）から分断された保護関係において「法定の保護義務」が機能すると理解し、保護義務違反に対する責任は、契約責任と不法行為責任の中間的様相を呈する「第三責任（信頼責任）」として位置づける。しかし、保護関係とは、給付関係の存在を前提とする法律行為的ないし取引的接触関係として捉えることから、そこでの保護義務違反は契約責任に類似することになる。また、保護義務違反で問題となる被侵害利益（完全性利益）の側面を強調することにより、不法行為責任にも類似する。したがって、前述したように、このような保護関係の曖昧さを回避しようとの見解（「保護義務領域限定説」）が展開されるとともに、批判説も有力となっている。

このように、「統一的法定保護義務関係」論者の内でも詳細については理解が一致しないことが明らかとなる。

かくして、ドイツにおいては「統一的法定保護義務関係」論を契機として、給付関係と保護関係の峻別をめぐる問題性が表面化し、そこから保護義務領域を限定して捉えようとの見解が有力なものとなり、あわせて保護義務と不法行為法上の義務との関係が改めて問い直されるに至っている、というのが今日の理論状況だといえる。

新民法典においては、保護義務は、契約その他の債務関係から生じる義務であることが法律上明確になった（ＢＧＢ二四一条二項）が、義務内容や成立範囲については未だ明らかではないといえるであろう。新法は、債務関係を特徴づける規定を置かず、契約上の保護義務とその他の債務関係における保護義務が併存するが、保護義務の存立基盤の解明へ向けこれまでの「統一的法定保護義務関係」論を契機とする議論は残される。また、保護義務は必ずしも不法行為法に吸収されないことが明らかになったことから、「統一的法定保護義務関係」論に対して主張された「不法行為法上の義務との同質性」を論拠とする批判は、その活力を失う方向へ向かうものと予想できる。ただし、保護義務領域と不法行為規範との限界づけについては、なお議論の余地がある。

（3）　これらの義務の性質および相互の関係については、拙稿「ドイツ法における契約義務論の現況」法律論叢七八巻四＝五合併号（二〇〇六年）一六九頁以下参照。

（4）　Hermann Staub, Über die positiven Vertragsverletzungen und ihre Rechtsfolgen, Festschrift für den 26. deutschen Juristentag, 1902, S. 31ff.; derselbe, Die positiven Vertragsverletzungen, 1904, (Nachdruck, 1969), S. 93ff.

（5）　保護義務をめぐる理論史的背景については、我妻栄「ナチスの契約理論」『民法研究Ⅰ』（有斐閣、一九六六年、初出一九四二年）四二三頁以下、松坂佐一「積極的債権侵害の本質について」・「信頼関係としての債務関係」同『債権者取消権の研究』（有斐閣、一九六二年、初出一九四四年・一九五三年）二一七頁以下、二七九頁以下、Fritz Westhelle, Nichterfüllung und positive Vertragsverletzung, 1978, S. 110ff. など参照。

（6）　Claus-Wilhelm Canaris, Ansprüche wegen „positiver Vertragsverletzung“ und „Schutzwirkung für Dritte“ bei nichtigen Verträgen-Zugleich ein Beitrag zur Vereinheitlichung der Regeln über die Schutzpflichtverletzung, JZ 1965,

S. 475ff. ; derselbe, Die Produzentenhaftpflicht in dogmatischer und rechtspolitischer Sicht, JZ 1968, S. 494ff. ; derselbe, Die Vertrauenshaftung im deutschen Privatrecht, 1971. ; derselbe, Schutzgesetze-Verkehrspflichten-Schutzpflichten, Festschrift für Karl Larenz, 1983, S. 27ff.

(7) Wolfgang Thiele, Leistungsstörung und Schutzpflichtverletzung-Zur Einordnung der Schutzpflichtverletzungen in das Haftungssystem des Zivilrechts, JZ 1967, S. 649ff.

(8) Marina Frost, „Vorvertragliche" und „vertragliche" Schutzpflichten, 1981, S. 22ff., insb. 136f.

(9) Lothar A. Müller, Schutzpflichten im Bürgerlichen Recht, JuS 1998, S. 894ff.

(10) Tammo Rohlack, Das Verhältnis der positiven Forderungsverletzung und culpa in contrahend zur Sachmängelhaftung beim Kauf-und Werkvertrag, 1997, S. 29ff.

(11) Esser-Eike Schmidt, Schuldrecht Bd. I Teilband 1, 8. Aufl. 1995, S. 89-91, 105ff. ; derselbe, Schuldrech Bd I Teilband 2, 8. Aufl. 2002, S. 153ff.

(12) Volker Emmerich, in : Athenäum-Zivilrecht Bd. I Grundlagen des Vertrags-und Schuldrechts, 1972, S. 304ff. ; derselbe, Das Recht der Leistungsstörungen, 4. Aufl. 1997, S. 37-40, 47f., 244-246, 248f. ; MünchKomm-Emmerich, 4. Aufl. 2001, Rn. 52ff., 261ff. der Vorbem. zu § 275.

(13) MünchKomm-Ernst A. Kramer, 4. Aufl. 2001, Rn. 79ff. zu Einleitung in das Recht der Schuldverhältnisse, Rn. 17ff. zu § 241.

(14) Stefan Motzer, Schutzpflichtverletzung und Leistungsunmöglichkeit, JZ 1983, S. 885ff.

(15) MünchKomm-Günter H. Roth, 4. Aufl. 2001, Rn. 143ff. zu § 242.

(16) Ulrich Müller, Die Haftung des Stellvertreters bei culpa in contrahendo und positiver Forderungsverletzung, NJW 1969, S. 2172ff.

(17) Wolfgang B. Schünemann, Die positive Vertragsverletzung-eine kritische Bestandsaufnahme, JuS 1987, S. 4ff.

(18) Karl Larenz, Lehrbuch des Schuldrechts Bd. I, 14. Aufl. 1987, S. 7ff, 14f, 26ff, 104ff, 117ff, 363ff.

(19)　Dieter Medicus, Bürgerliches Recht, 18. Aufl. 1999, S. 146ff, 218ff. ; derselbe, Schuldrecht I Allgemeiner Teil, 12. Aufl. 2000, S. 2, 198ff.

(20)　Joachim Gernhuber, Handbuch des Schuldrechts Bd. 8, 1989, S. 6ff, 15ff, 26-29, 177.

(21)　Staudinger BGB-Manfred Löwisch, 13. Aufl. 1995, Rn. 22ff, 42f, 50f. der Vorbem. zu §§ 275-283.

(22)　Palandt BGB-Helmut Heinrichs, 60. Aufl. 2001, Rn. 6ff. zu Einleitung vor § 241, Rn. 23ff. zu § 242, Rn. 104ff. zu § 276.

(23)　Wolfgang Fikentscher, Schuldrecht, 9. Aufl. 1997, S. 34-36, 66ff, 216f, 266ff.

(24)　同様に、エルンスト・ヴォルフ（Ernst Wolf）も包括的な給付概念を主張している（Ernst Wolf, Rücktritt, Vertretenmüssen und Verschulden, AcP 153（1954）, S. 111ff.）。

(25)　「社会生活上の義務（社会生活保安義務）」については、Christian v. Bar, Verkehrspflichten-Richterliche Gefahrsteuerungsgebote im deutschen Deliktsrecht-, 1980. ; derselbe, Entwicklungen und Entwicklungstendenzen im Recht der Verkehrs（sicherungs）pflichten, JuS 1988, S. 169ff. 参照。

(26)　Hans Stoll, Die Beweislastverteilung bei positiven Vertragsverletzungen, Festschrift für Fritz von Hippel, 1967, S. 523-528. ; derselbe, Haftungsverlagerung durch beweisrechtliche Mittel, AcP 176（1976）, S. 150f. Fn. 21.

(27)　Ulrich Huber, Zur Haftung des Verkäufers wegen positiver Vertragsverletzung, AcP 177（1977）, S. 316-321.

(28)　Ulrich Huber, Leistungsstörungen, in Gutachten und Vorschläge zur Überarbeitung des Schuldrechts Bd. I, 1981, S. 737f.

(29)　Ulrich Huber, a. a. O.（Fn. 27）, S. 320f.

(30)　以上の学説とは異なり、保護義務違反による責任（完全性利益侵害）を特別責任として構成するのがピッカー（Picker）の見解である。ピッカーは、法律行為における自律的決定から発生する一次的給付義務と、法律行為ではなく法秩序による他律的決定に基づいて発生する損害賠償義務とを明確に区別することから出発する。そして、このような損害賠償義務を統一的に捉え、完全性利益侵害に対する損害賠償責任も、契約上または契約類似の義務から構成されるべきではなく、法秩序による他律的決定を根拠とする責任（特別責任）だとする（Eduard Picker, Positive Forderungsverletzung und culpa in contrahendo-Zur Problematik der Haftungen „zwischen" Vertrag und Delikt, AcP 183（1983), S. 369ff. ; derselbe, Vertragliche und deliktische Schadenshsftung-Überlegungen zu einer Neustrukturierung der Haftungssysteme-, JZ 1987, S. 1045-1047.）。

（31）ドイツ債務法改正作業の全体像の邦語研究として、岡孝編『契約法における現代化の課題』（法政大学出版局、二〇〇二年）、半田吉信『ドイツ債務法現代化法概説』（信山社、二〇〇三年）など参照。

（32）新給付障害法を概観するものとして、Claus-Wilhelm Canaris, Das allgemeine Leistungsstörungsrecht im Schuldrechtsmodernisierungsgesetz, ZRP 2001, S. 329ff. ; derselbe, Die Reform des Rechts der Leistungsstörungen, JZ 2001, S. 499ff. ; Daniel Zimmer, Das neue Recht der Leistungsstörungen, NJW 2002, S. 1ff. など参照。

（33）Claus-Wilhelm Canaris, Die Neuregelung des Leistungsstörungs und des Kaufrechts, in : Egon Lorenz（Hrsg.), Karlsruher Forum 2002 : Schuldrechtsmodernisierung, 2003, S. 29-31. 参照。

（34）Canaris, a. a. O.（Fn. 33), S. 30f. ; Jan Wilhelm, Die Pflichtverletzung nach dem neuen Schuldrecht, JZ 2004, S. 1056ff. ; Palandt-BGB Helmut Heinrichs, 64. Aufl. 2005, Rn. 5-8. zu § 241, Rn. 13-31. zu § 280. ; Dieter Medicus, Bürgerliches Recht, 20. Aufl. 2004, S. 172-174. ; derselbe, Schuldrecht I Allgemeiner Teil, 16. Aufl. 2005, S. 155f.

（35）Zimmer, a. a. O.（Fn. 32), S. 6f, 9f. ; Ingro Koller, Recht der Leistungsstörungen, in : Ingro Koller/Herbert Roth/Reinhard Zimmermann, Schuldrechtsmodernisierungsgesetz 2002, 2002, S. 60f.

（36）Zimmer, a. a. O.（Fn. 32), S. 12.

（37）Wilhelm, a. a. O.（Fn. 34), S. 1056-1058.

（38）Canaris, a. a. O.（Fn. 32), JZ 2001, S. 512. ; Dieter Medicus, Leistungsstörungsrecht, in : Lothar Haas/Dieter Medicus/Walter Rolland/Carsten Schäfer/Holger wendtland, Das Neue Schuldrecht, 2002, S. 84f. ; Jan Schapp, Probleme der Reform des Leistungsstörungsrecht, JZ 1993, S. 638, 640f.

（39）Wolfgang Ernst, Kernfragen der Schuldrechtsreform, JZ 1994, S. 805f. ; derselbe, Zum Kommissionsentwurf für eine Schuldrechtsreform, NJW 1994, S. 2180. ; Ulrich Huber, Die Pflichtverletzung als Grundtatbestand der Leistungsstörung im Diskussionsentwurf eines Schuldrechtsmodernisierungsgesetzes, ZIP 2000, S. 2276-2278. ; derselbe, Das geplante Recht der Leistungsstörungen, in : Wolfgang Ernst/Reinhard Zimmermann, Zivilrechtswissenschaft und Schuldrechtsreform, 2001, S. 98-104.

(40)　Schapp, a. a. O.（Fn. 38）, S. 638-640. ; derselbe, Empfiehlt sich die „Pflichtverletzung" als Generaltatbestand des Leistungsstörungsrecht ?, JZ 2001, S. 583-586. ; Hans Stoll, Notizen zur Neuordnung des Rechts der Leistungsstörungen, JZ 2001, S. 593.

(41)　Palandt-Heinrichs, a. a. O.（Fn. 34）, Rn. 28. zu § 280. ; Heinz Georg Bamberger/Herbert Roth BGB-Christian Grüneberg, 2003, Rn. 92. zu § 241. ; Jauernig BGB-Peter Mansel, 11. Aufl. 2004, Rn. 24. zu § 242.

(42)　Peter Krebs/Manfred Lieb/Arnd Arnold, Kodifizierung von Richterrecht, in : Dauner-Lieb/Thomas Hidel/Manfred Lapa/Gerhard Ring（Hrsg.）, Das Neue Schuldrecht Ein Lehrbuch, 2002, S. 124ff. ; Erman BGB-Harm Peter Westermann, 11. Aufl. 2004, Rn. 8. zu Einl § 241. ; Dirk Looschelders, Schuldrecht Allgemeiner Teil, 3. Aufl. 2005, S. 9. ; Michael Kittner, Schuldrecht, 3. Aufl. 2003, S. 214f.

三　保護義務論の評価と日本法への示唆

1　保護義務論の理論的到達点

ドイツ法の理論状況を踏まえ、完全性利益侵害に対する契約規範の適用可能性および不法行為規範との関係を解明する上で、留意されるべきいくつかの問題点について整理しておく。およそ以下のような点に集約できるであろう。

第一は、給付関係と保護関係の峻別可能性である。ドイツの保護義務論の主たる争点は、保護義務を給付関係と保護関係のいずれにおいて位置づけるべきかにある。「統一的法定保護義務関係」論者のように、保護義務を給付関係から分断された保護関係において位置づけるときには、保護義務と契約義務との相違や保護義務違反の責任性質・不法行為責任との区別規準といった問題が浮き彫りとなる。また、給付関係の枠内において保護義務の契約義務としての性質を認めるときにも（批判説にみられる）、義務構造上保護義務をどのように位置づけるべきか（とりわけ給付利益（給付結果）の保持へ向けられる義務群との関係）、契約債務関係へ取り込むべき論拠が問題となる。そして、保護義務領域の限定化を志向する見解にあっては、給付関係と保護関係の峻別可能性という視点から、さらに保護義務内部における峻別の是非を論ずべき方向へ向かうことになる。これらは、完全性利益侵害に対する契約規範の適用可能性を解明する上で出発点とされるべき論点であり、契約債務関係概念が改めて問われることになる。新民法典においても、契約債務関係における保護義務（ＢＧＢ二四一条二項）のみならず、給付関係が存しない場面における保護義務の存立も認めることから（契約締結上の過失責任の前提となる保護義務）、同様の問題性が残される。

第二は、保護義務領域の画定であり、保護義務違反（完全性利益侵害）を契約責任として捉える立場からは、その不法行為責任との限界づけにかかわる問題でもある。積極的債権侵害の態様に関しては、それが契約義務論と直結し、しかも各論者により義務構造の捉え方は異なることから、理解が一致しているわけではない。しかし、問題となる給付実態（履行不完全）における被違反義務としては、およそ給付義務違反とその他の付随義務違反に類型化する見解（二分説）と、付随義務違反をさらに給付利益の保護へ向けられる義務違反と完全性利益の保護へ向けられる義務（保護義務）違反とに細分する見解（三分説）がみられる[43]。そして、いずれにおいても主として完全性利益が侵害される場合（拡大損害）を中心に論じられている。ここでは、先にみた保護義務領域限定説の動向を踏まえ、完全性利益の具体的な侵害態様とそこでの帰責根拠を探る作業が必要となる。完全性利益侵害に対する契約責任構造の解明は、保護義務の目的方向性（完全性利益保護）に着目するだけでは足りず、その違反が具体的に債務履行過程のいかなる場面において生じ、債権者のいかなる法益がどのように侵害されたのか、また、そこでは給付義務との関連性をどのように評価できるのかを、類型的に確定する作業を通して図られるべきものだといえる。その意味でも、完全性利益の侵害態様に即した分析が不可欠となる。

第三は、保護義務の存立基盤をどのように理解するかである。「統一的法定保護義務関係」論者は、保護義務が存立する保護関係（信頼関係・特別結合関係）を当事者間での法律行為的ないし取引的接触場面として捉える傾向にある。そこでは、このような保護関係の特質を明らかにすることが、契約規範および不法行為規範とも異なる規範の定立を目指す場合には重要な観点となる。また、保護義務を給付関係（契約債務関係）の枠内において位置づける立場にあっても、完全性利益という被侵害利益の面からは不法行為規範との同質性を否定することはできないとしても、契約責任構成の論拠およびその限界づけにかかわる論点となる。保護義務領域限定説からは、とりわけ保護義務違反のみが存する完全性利益侵害場面が問題となる。なお、新債務法は、債務の履行過程に限定されないより広義の債務関係の中で保護義務を位置づけるが、それはあくまで契約規範（給付障害法）の適用場面だとみており、「統一的法定保護義務関係」論者にみられるような「第三責任」の構築には至ってはいない。

第四は、以上の諸観点から導き出される保護義務およびその機能領域と不法行為規範との関係である。学説においては、保護義務は契約当事者たる特定人間において設定されるものであるから、内容・程度において不法行為法上の義務よりも高められる可能性があるとの主張もみられるが、なお両義務の同質性を肯定する見解も有力である。新民法典は、債務関係から生じる保護義務を規定し（BGB二四一条二項）、不法行為規範との峻別は一応明らかにされた。しかし、保護義務と不法行為法上の義務は性質・内容において、どの程度の違いがあるのかについては議論の余地があり、また、両者の限界づけが問題となろう。果たして、契約関係において不法行為法上の義務とは異なる保護義務を概念規定することが可能なのか、また、ある特定の領域において保護義務の特質が認められることになるのか、あるいは最終的には両義務が同一規準により収束されるに至るのか、といった点に留意する必要がある。さらに、このような検討を踏まえ、完全性利益侵害の責任構成が明らかにされるべきである。

2　日本法への示唆

わが国においても、ドイツ民法理論の受容を通して保護義務論が展開されてきた。すなわち、明治末期以後のドイツ法の影響により、ドイツ積極的債権侵害論が不完全履行論という形で学説継受される中で、契約当事者の完全性利益の侵害が契約責任と不法行為責任の交錯場面として問題視され、同時に、ドイツ法的な義務論も受容され、給付義務に対比させた付随義務・保護義務という形での理解がかなりの支持を集め今日に至っている(44)。反面、不完全履行概念を疑問視する見解や、契約義務論に対して否定的な見解もみられる。以下では、学説理論の動向を概略的に整理する。

保護義務論に至る初期の見解においては、完全性利益侵害を専ら給付義務違反により生じる損害賠償の範囲の問題として捉えていた(45)。その後、保護義務論が展開されたが、ドイツ民法理論と同様に、給付義務と保護義務をその目的方向性の相違から理解される。松坂説は(46)、当時のハインリッヒ・シュトル（Hinrich Stoll）の見解に依拠し、奥田説は(47)「統一的法定保護義務関係」論の影響を受け、給付関係と保護関係の峻別を徹底させて捉える（「峻別徹底説」と称しておく）。しかし、保護義務の存立根拠とする信頼関係概念および完全性利益の保護という目的方向性からは、保護義務と不法行為法上の義務との相違は必ずしも明らかではない。これに対し、北川・前田・鈴木の各説[48]は保護義務の特殊性を認めながらも、保護義務も含めて契約義務を一体的に捉えている。そして、契約の前・中・後を通じた統一的保護関係の存在を明らかにはせず、むしろそれぞれの場面において保護義務を生ずべき信頼関係が存しうるとの理解が見受けられる。

そんな中、保護義務をあくまで給付義務との関係から位置づける見解（「峻別不徹底説」と称しておく）がある。まず、於保説[49]に代表されるように、完全性利益侵害を給付義務に付随する注意義務違反として捉える見解がある。しかし、ここでは「付随義務」の契約義務構造における位置づけは明らかではない。これに対し、林・潮見の両説[50]は、保護義務を債務履行過程との関連において捉え、拡大されてきた契約責任の妥当領域の限界を明確にしようとする。林説にあっては、保護義務を履行行為ないし履行過程との関連から捉えることにより、債権者利益という見地からは完全性利益も履行利益も同列に位置づけられるとする。潮見説は、保護義務を履行過程の中で段階的に捉えることにより、不法行為責任との限界を論じ、契約責任の前提となる保護義務を「従たる給付義務」として理解し、その契約義務性をより鮮明にする。

わが国の議論は、ドイツ民法理論を前提とするものであり、ほぼ同様の理論状況にあるといえる。峻別徹底説は、ドイツの「統一的法定保護義務関係」論の動向に依拠し、北川・前田・鈴木説や峻別不徹底説にあっては、「統一的法定保護義務関係」論に対する批判説と同様の視点も見受けられる。また、給付義務たる保護義務が析出され（奥田、前田、潮見説など）、さらに、それ以外の場面での保護義務の問題性も意識されており、ドイツ保護義務領域限定説と同様の傾向もみられる。したがって、ドイツと同様、とりわけ保護義務の明確化ないし契約責任構成の限界づけという問題が出てくる。ただし、わが国にあっては、完全性利益侵害における被違反義務としては、給付義務は問題とされず、専ら保護義務により根拠づけられる傾向にある。また、保護義務違反は、契約責任と不法行為責任のいずれが妥当するのかという見地から直視され、ドイツ「統一的法定保護義務関係」論のように両責任の中間的様相を呈するものと捉えるような、責任性質に関する議論は、保護義務論において正面から論じられることは少ないということも指摘できる。

3　完全性利益侵害の帰責構造

以上の、ドイツ民法理論およびわが国の状況も踏まえ、完全性利益侵害の契約責任構造を理解する上で検討されるべき問題点と解決方向性について整理する。

第一は、完全性利益の契約規範による保護を肯定するときには、給付関係（契約債務関係＝給付義務）と保護関係（信頼関係＝保護義務）の峻別可能性という観点から、保護義務を契約義務構造においてどのように位置づけるべきかが問題となる。保護義務論においては、保護義務を給付義務から分断させた形で観念する見解が有力である反面、両者の峻別をめぐる問題性が浮き彫りにされ、「統一的法定保護義務関係」論に対する批判説も有力となり、また、いわば保護義務内部での峻別を志向する保護義務領域限定説が台頭している。このようにみると、給付関係と保護関係を対峙させることは、義務構造の系列を概略的に把握する上では意味を持つものの、保護義務の位置づけにとっては不十分である。そこで、義務の存立根拠、諸義務の内容、債務不履行の判断規準といった観点から、保護義務の契約債務関係における位置づけについて検討する必要がある。

第二は、契約責任が妥当しうる完全性利益の侵害場面の画定であり、保護義務の機能領域を限定化する理論動向の評価に関わる問題である。保護義務の属性および保護義務違反（契約責任）と不法行為責任の限界を探る上で、保護義務領域限定説は妥当であると考える。前述したように、そこでは、まず、完全性利益が給付利益に取り込まれる場合のあることが肯定され、給付義務としての性質を有する保護義務を観念できる契約類型が析出される。また、別の観点から、不履行形態（侵害態様）に即した分析が加えられる。完全性利益の侵害が問題となる場合としては、およそ①「給付義務の不履行の結果として完全性利益が侵害される場合」、②「給付義務の不履行はないがその履行に際して完全性利益が侵害される場合」、③「給付義務と何ら関係がない場合」を析出でき、各々の場面での帰責根拠が検討されるべきである。

第三は、契約責任が妥当する場面での保護義務の存立基盤に関する理解であり、学説が主張する当事者間の信頼関係・特別結合をどのように概念規定すべきかという問題である。保護義務の存立基盤の理解は、保護義務の機能領域をどのように捉え、不法行為との境界を接する義務のどこまでを契約法の領域に取り込むべきなのかという限界づけに関わる。前述した完全性利益の侵害態様からは、保護義務違反のみが問題となる場面が不法行為との限界領域となる。

第四は、以上の観点から析出される保護義務と不法行為法上の義務との関係である。保護義務論者においては、保護義務と不法行為法上の義務との異同に関し見解は分かれている。保護義務は一般私人間においてではなく契約当事者たる特定人間において設定されるものであり、給付結果・契約目的の実現に向かう信頼関係・特別結合の中で機能していること、したがって、保護義務の内容および程度において不法行為法上の義務よりも高められる可能性がある、といった点をどう評価すべきかである。この点は、安全配慮義務論においても指摘された論点である[(51)]。保護義務に対応させて整理すると、①保護義務違反として問題となる完全性利益侵害は、本来、不法行為規範が予定する利益侵害であること、②保護義務は積極的作為を内容とすることもあるが、このような義務は不法行為法上の義務としても観念でき、したがって、義務の内容・程度についても、当該事実関係の下での社会通念によって設定しうる不法行為法上の義務との相違はないこと、③保護義務は、給付義務とは異なり、必ずしも合意を媒介とすることなく設定されるものであるから、むしろ不法行為法上の義務に馴染むものである、といった点が指摘され、これらは両義務の関係を考える上でも留意されるべき論点である。

(43)　拙稿・前掲注(3)一七二頁以下参照。
(44)　拙稿「『不完全履行』概念の現代的展開とその有用性」帯広畜産大学学術研究報告人文社会科学論集一一巻二号(二〇〇三年)一二頁以下参照。
(45)　なお、我妻榮『新訂　債権総論』(岩波書店、一九六四年)一五〇—一五七頁、舟橋諄一「不完全履行について」『末川還暦・民事法の諸問題』(有斐閣、一九五三年)六九頁以下参照。
(46)　松坂・前掲注(5)など。
(47)　奥田昌道『債権総論〔増補版〕』(悠々社、一九九二年)一五—二〇頁、一五二—一六八頁、二〇二—二〇四頁、六一八—六二六頁など。
(48)　北川・前掲注(1)三〇〇頁以下、同「債務不履行の構造とシステム」法律論叢一一六巻一—六号(一九八五年)二一七頁以下、前田達明『口述 債権総論 第三版』(成文堂、一九九三年)一二〇頁以下、鈴木禄弥『債権法講義三訂版』(創文社、一九九五年)二六二—二六三頁、三〇三—三〇六頁、六五七頁など。
(49)　於保不二雄『債権総論〔新版〕』(有斐閣、一九七二年)一一〇頁、一一二頁。
(50)　林良平＝石田喜久男＝高木多喜男『債権総論〔改訂版〕』(青林書院、一九八二年)九五—九九頁(林執筆)、林「契約責任の構造—その素描—」林＝甲斐編『谷口追悼・第二巻 契約法』(信山社、一九九三年)一頁以下、潮見佳男『契約規範の構造と展開』(有斐閣、一九九一年)一—七〇頁、二八二—三〇五頁など。
(51)　新美・前掲注(2)、平野裕之「安全配慮義務の観念は、これからどの方向に進むべきか」椿編『現代契約と現代債権の展望 第二巻』(日本評論社、一九九一年)三三頁以下、高橋眞「安全配慮義務の性質論について」『奥田還暦・民事法理論の諸問題 下巻』(成文堂、一九九五年)二七五頁以下など。

本稿では、ドイツの保護義務論の展開と今日の理論状況を素材にして、完全性利益侵害に対する契約責任構造の解明へ向けた解決方向性について検討を加えた。今後、わが国の学説理論および裁判例の傾向分析を踏まえ、改めて検討したい。

四　結び

ところで、現在、債権法の改正へ向けた議論が活発化してきており、いくつかの研究会の発足や学会シンポジウムも企画されているようである。債権法改正の目的や範囲、その全体構成など、すべてが明らかにされているわけではないが、契約責任（債務不履行責任）の再構築もその対象とされている。そして、そこでの一部の論者において特徴的なのは、契約責任を「契約の拘束力によって基礎づけられる責任」として、「債権」・「債務」ではなく、あくまで「契約」を中心に据えた捉え方である。このような傾向においては、不法行為規範に対する契約責任の特質・独自性はより鮮明なものとなりうる。

現時点で、債権法改正を急ぐべき積極的理由は見出し難いが、新たな理論動向を踏まえ、さらに契約責任の構造と射程について理論的深化が図られることを期待したい。

4 経営者保証、ホステス保証及び取締役保証
――情義的保証人(個人保証人)保護法理の周辺――

平野裕之

一　はじめに
二　個人会社の経営者による会社債務の保証――情義的保証の特殊性の説明をかねて
三　ホステス保証について
四　取締役保証について
五　おわりに

一　はじめに

筆者は、いわゆる情義的保証(ないし個人保証)、即ち知人、友人、親戚などの個人による保証の特殊性について研究し、担保という観点から債権者保護に傾斜しがちな保証法理において、その特殊性に応じて保証人の保護を考えるべきことを提案した(1)。有償の保証においては、保証人よりも担保として期待する債権者の保護を優先すべきことはいうまでもないが、しかし、無償保証だからといって当然に保証人の厚い保護が必要になるわけではない。無償ではあっても、情義的保証と同様の保護が不要とされるべき場合もあるはずである(2)。

本稿では、①無償かつ②義理人情に基づいて慈善行為として行われる情義的保証ではない、グレーゾーンに属する個人保証人の保護についての法的規律を考えようとするものである。これにより情義的保証人保護の必要性を再検証することも意図している[3]。取り上げる事例類型としては、個人会社の経営者による保証（経営者保証）、判例の蓄積のあるホステスによる保証（ホステス保証）、及び、会社債務についての取締役による保証（取締役保証）の三つに限定したい[4]。

（1）　拙著『保証人保護の判例総合解説〔第二版〕』（信山社、二〇〇五年）。同趣旨の疑問を持つものとして、加賀山茂『契約法講義』（日本評論社、二〇〇七年）三八七頁は、「従来の保証契約は、衡平・正義・公序のすべてに違反する」とまで言い切っている。

（2）　但し、実際の保証人には多様な者があり、保護の要否について簡単に白黒がつけられない灰色の保証人もいるため、中間的な事例については柔軟な解決がされるべきである。

（3）　いわば前掲注（1）の拙著の研究を補充するものである。

（4）　夫婦の一方が、他方が事業を行っていてその債務ないしその経営する会社の債務について根保証人になる場合については、夫婦関係にあるということが行為基礎になっており、夫婦関係の解消（債権者の利益も考えて、正式の離婚に限定すべきか）により、離婚後の債務については保証責任を負わないと考えるべきであろう（従業員や取締役による会社債務の保証と同様に、婚姻関係が続いている間の債務の保証が約束されているにすぎないという契約解釈によってもよい）。

1　情義的保証人が保護されるべき根拠

(1)　「債権者より」のこれまでの価値判断——債権担保ということと契約拘束力の原理の単純な適用

保証法領域の判例は、過酷な内容の身元保証や包括根保証についての信義則による責任制限は認めているものの、保証契約の成立、信義則による責任制限、公序良俗、錯誤、詐欺などの運用において、債権者に有利な——逆にいえば保証人に酷な——運用がされている印象を受ける。(5) それを支えてきた根拠は次の債権担保の理念と契約拘束力の原則の二つであるといってよい。

①保証も担保であり、債権者は担保を取って融資をした勤勉な債権者であり、安易に保証人の責任を制限したのでは、金融機関が安心して融資をすることができなくなる。②保証契約も契約であり、保証人は契約をした以上は守らなければならないということを根拠に、保証人は軽率とはいえても、債務負担意思がないわけではなく、「万が一」は覚悟しているのでありその「万が一」はないだろうと軽信しているに過ぎない。

(2)　近年における消費者概念の変容と保証法

しかし、近時は消費者が「個人」と広く理解され（消費者契約法二条一項）、保証人も消費者として事業者である債権者との契約における保護の対象として認められるようになっている。更には、上記の二つの考慮は、保証契約の実態、またその特殊性を考えると、必ずしも適切なものとはいいがたい。

①まず、担保という点であるが、債務者自身が提供した担保であれば、債権者がその担保から確実に債権回収ができるようにする必要があるのは当然である。しかし、保証の場合には、債務者以外の者が、他人の債務につ

いて責任を負うものであり、債務者自身が提供した担保と同様に考えるのは適切ではない。(6) ②他方で、契約拘束力の原則については、それは有償取引についての原理であり、保証契約では、主たる債務者からも債権者からも保証人は対価を受けないのである。義理や立場上仕方なく行われる保証契約はいわば慈善行為である。

以上のように、情義的な保証人による保証契約は、債務者でない者が無償で義理人情に基づき、「万が一」のことはないだろうと思い断れずに慈善行為として行うものであり、債権者もそのことを周知しつつ自己の利益追求のためにそのような保証人・主債務者間の特別の人間関係を利用するものであり、公序良俗に反するとまでいわないとしても、担保であるとして債権者保護に一方的に偏った法的扱いをするのは適切ではない。

⑶　保証人が保護される根拠のまとめ

情義的な保証人が保護されるべき根拠をまとめると、次のような点を指摘できる。

①［無償性・慈善行為性］保証人は無償で、助け合いの精神に基づいて保証人になっているのである。(7) ②［債務者の支払不能について責任がない］保証人は、「万が一」には責任を負わされると思っていても、その「万が一」はないと軽信してしまって保証人になり、自分が責任を取らされる可能性があるので、本来ならば主たる債務者がどんな経営をしているのか関心を持ち、干渉をしてもよいのであるが、軽信しているがゆえに保証人になるが故に、必然的に忘れがちである。これを責めることはできないし、また、干渉する権限もないので、主たる債務者が支払不能になっても、その経営責任を保証人には帰し得ないのである。③［主たる債務者についての情報を把握していない］更には、保証人は軽信しているがゆえに、主たる債務者の経営に関心を持たず、主たる債務者がどのような状態なのか、保証契約時もその後も知らないことが多い。

2　個人会社における経営者保証

(1)　個人会社の経営者保証の保証法利における異質性

個人による事業を会社形式に変更するが実態は全く変わっていない場合に、取引先や金融機関としては、法人格を利用して個人の財産と法人の財産が分離されてしまうという不利益を受ける。これを是として、トカゲの尻尾切りのように、経営破綻しても個人財産は無傷で何度も事業のやり直しの可能性を保証すべきであるという価値判断も可能である。しかし、金融機関はこれを阻止するために必ず経営者に会社債務について保証人にさせており（以下、経営者保証という）、この経営者保証は情義的保証とは全く異質である。

①まず、経営者保証は確かに無償の保証ではあるが、経済的・実質的には「会社＝経営者」であり自分の利益のために保証をしているのである。他人の利益のために慈善行為を行っているのではない。②また、保証人が主たる債務者である会社を経営しているのであり、会社が破綻し債務の支払ができなくなったのは、とりも治さず保証人自らの経営責任である。③更には、自ら会社を経営しているのであり、会社の情報を周知している。このような事情があるため、保証人からの債権回収を考えて債権者が破綻必至の会社に融資を行おうと、何ら不合理な行為ではなく、保証人に錯誤などの保護を与える必要はなく、更に以下のような法的扱いを考えてよい。

(2)　個人会社の経営者保証の法的扱い(8)

❶　債権者との関係　まず、債権者との関係においては、保証人を実質的に主たる債務者である会社と同視でき、債権者の保護だけを考えればよく、保証人保護を考えなくてよい。法人格が無にされてしまうので、ある程度の保護が必要ではないかといった反論も考えられるが、少なくとも経営者＝会社と同視されるような事例では、民法の用意した保証人の保護さえ考える必要がないといえる。例えば、単純保証（実際にはありえないが）であったとしても、催告や検索の抗弁（民法四五二条、四五三条）を認める必要はないし、また、担保保存義務

違反による免責（民法五〇四条）を与える必要もない。また、貸金等根保証における包括根保証の禁止（民法四六五条の二第二項）も、経営者保証については制限解釈をすべきであり、包括根保証を許容してよいであろう。(9)

更には、判例によって認められている根保証人についての（包括根保証も可能だとして）任意解約権や特別解約権、更には、信義則による根保証人の責任範囲の制限などの判例法理についても、経営者保証においては認めなくて良い。会社の情報は熟知しており、また、会社の経営破たんについて責任を負担しなければならないからである。

❷ 他の保証人や物上保証人との関係　経営者＝会社といった実体から、経営者が会社の債務を保証しても、それは実質的には自己の債務についての履行を約束するのに等しいものであり（あくまでも実質的にはである）、実質的には二つあわせて一つの債務のようなものである。そのため、第三者である保証人や物上保証人と経営者保証人を、同列に扱う必要はない。民法五〇一条後段が公平の観点から導かれるのであれば、経営者保証人は主債務者同様に全額の負担をすべきであり頭割りの負担のみを主張することを認めるべきではない。(10) また、民法四六五条の共同保証人間の求償においても、頭割りではなく、第三者保証人は経営者保証人に全面的に求償が認められてしかるべきである。(11)

⑶　経営者保証に類する事例——親会社による保証

経営者保証が、保証人と会社と実質的に等しいことを根拠に、保証人の保護を否定するものであるが、親会社による子会社の債務の保証にも類似の関係が認められるために、あわせて言及しておこう。(12) 会社がその一部門を独立させて会社を設立することはよく見られることである。その場合に、法人格否認が認められるような濫用的な事例であれば、子会社の負担した債務は親会社も負担することになるので（法人格否認の法理が適用されるような経営者保証も同様）、保証などなくても親会社の責任を追及することができる。

そのような濫用的ではない事例においても、親会社に少なくとも情義的保証人と同様の保護を考える必要はない。子会社の情報は熟知しているはずであるし、また、子会社の倒産の責任の一端は親会社にもあるからである。催告・検索の抗弁権の否定や、担保保存義務の否定などといった点については、微妙であるが場合によっては否定してもよいであろう。民法五〇一条後段の適用や民法四六五条の共同保証人間の求償権の否定についても同様である。いずれにせよ、親会社による子会社の債務の保証は、実質的には自己の債務の保証とはいえないが、子会社の利益はグループ全体の利益になるものであり、結局は自己の利益を考えてのことである。無償とはいえ、巨視的に見れば自己の利益を目的とした行為であるが故に、慈善的な行為ではなく、保証人に対する特別の保護の必要性はない。

(5) 保証関係の訴訟を行ったことのある弁護士達の話では、公刊された判例集に保証人による錯誤、不成立等の主張が認められた判例が掲載されるが、それは珍しいから掲載されるのであり(包括根保証についての信義則上の責任制限の運用も厳しい)、実際には保証をめぐる訴訟では保証人が勝訴するのは非常に難しいということである。

(6) 確かに、物上保証の場合には、担保保存義務などの保護を与えるだけでよく、そもそも論として責任を制限する必要はないであろう。それは、責任限度がその不動産に限定されているためであり、また、抵当権を設定するという行為にはそれなりの覚悟が伴い、そう軽率にはされることはないと思われるからである(但し、無償の慈善行為という点では、取引法原理に完全に服せしめるべきではないであろう)。ところが、保証契約については、物的な有限責任という限界付けがなく、また、契約書に署名押印するだけで、主債務者の「絶対迷惑をかけないから」という懇願を断れずに安易・軽率にされてしまうのである。

(7) 確かに、契約の当事者である債権者との間には、無償ということだけで債権者を助けるために慈善行為として保証人になっているのではない。この関係を債権者が利用して、自己の負担すべき不利益を保証人に転嫁する以上、保証人の利益に対する相応の配慮が尽くされなければならない。

(8)　個人会社か否かの基準は難しい問題であるが、実質的には、会社と経営者はイコールであり、それ故に経営者が負傷した場合に会社が自己の損害を賠償請求できるとした間接被害者ないし企業損害についての判決(最判昭四三・一一・一五民集二二巻一二号二六一四頁)を参考にして考えてよいであろう。ただ、法人格否認の法理が適用される事例では、会社の債務について経営者も当然に債務を負担するので、保証自体が不要であり、この判決の基準よりも広げてよいであろう。確かに後述の取締役保証との中間的なグレーゾーンもあろうが、会社の利益=個人の利益と同視できるような状況か否かによって判断するしかない。

(9)　民法改正前から、包括根保証は信義則により責任制限がされるので額面どおりに役に立つものではなく、「中小企業のオーナー社長であるとか、同族会社等で会社と個人が一心同体の関係にある場合等主宰武者の信用状態を知りうる立場の者にのみ用いる」べきことが、提言されていた(片岡宏一郎「包括根保証人の責任制限」金法一三四八号一二頁)。

(10)　東京高判平一一・一一・二九判時一七一四号六五頁は、「訴外会社の代表取締役として、不明朗な決算処理を行い、債務を膨らませて訴外会社を倒産させたXが、訴外会社の債務を弁済したからといって、訴外会社の事情を説明されないまま物上保証及び連帯保証をした亡太郎ないしその相続人であるYらに対し、求償権を行使することができるとするのは極めて不当であり、Xの請求は信義則に反し、権利の濫用として認められない」として、求償権の行使を否定している。

(11)　雇われ取締役であれば、再スタート可能ということも考慮してもよいが(そのため後述のように取締役保証について解釈による制限をする)、経営者自身については、第三者を犠牲にしてまで再スタートを保護しなければならないのか疑問である。

(12)　なお、夫婦の一方が他方配偶者の行う事業のためないしその経営する会社のために保証人になる事例についても、①慈善行為ではなく、自分の利益も含めた家族共通の利益を考えてのものである。しかし、②経営責任は妥当しないし、また、③必ずしも事業内容に精通しているわけではない。他方で、親の行う事業やその経営する会社のためにそこで働く息子などが保証人になった事例は、②③の点で、より個人会社の経営者責任に近い状態になってくる。

三　ホステス保証について

1　はじめに

判例において、ホステスが店に雇用されるに際して、客に求められてホステスが自分の客がつけで飲食するに際してはその飲食代金債務を連帯保証することを包括的に約束させること（以下、これをホステス保証という）が、公序良俗に違反して無効にならないかが争われている。[13] まず判例を紹介し分析していくが、保証ではなく債務引受をさせる事例もあるので、債務引受の事例も取り上げることにする。[14] 以下のような判決の中で、判例記号にベタで色がついているものは、公序良俗違反を否定しホステス保証を有効と判断した判決である。

判例1　東京地判昭三九・一二・一七下民集一五巻一二号二九五六頁、判時四〇一号五頁、判タ一七二号二〇七頁（無効）

判例2　福岡高判昭四五・五・二五高民集二三巻三号三一一頁、判時六〇六号四七頁、判タ二五三号一七四頁（有効）

判例3　東京地判昭五〇・三・二五判時七九七号一一五頁、判タ三二四号二四一頁（無効）

判例4　東京地判昭五〇・九・二九下民集六巻九～一二号八四七頁、判時八〇七号五三頁、判タ三三三号二五一頁（無効　控訴審判決⇒判例6）

判例5　大阪地判昭五一・三・二五判時八三三号九七頁、判タ三四一号二一八頁、金判五〇〇号四二頁（無効）

判例6　東京高判昭五二・六・二九判時九六二号五一頁、判タ三五九号二三〇頁、東京高裁時報（民事）二八巻六号

一四三頁（無効　第一審判決⇓判例4）
判例7　東京地判昭五二・一二・二一判時九〇〇号八四頁、判タ三六五号二七八頁（無効）
判例8　大阪地判昭五三・五・一九判タ三七〇号一一四頁（無効　控訴審⇓判例10）
判例9　大阪高判昭五四・三・二九判時九三七号四九頁、判タ三八七号七一頁（無効　【判例評釈】後藤巌・八幡大学論集三三巻一号六三頁）
判例10　大阪高判昭五五・一一・一九判タ四四四号一二七頁（無効　第一審判決⇓判例8【判例評釈】菅野佳夫・判四七二号一六頁）
判例11　東京地判昭五九・一・三〇判時一一二九号七三頁、判タ五二三号一七四頁（無効）
判例12　大阪高判昭五九・一二・一三判タ五四九号一九二頁（有効　上告審判決⇓判例13）
判例13　最判昭六一・一一・二〇判時一二二〇号六一頁、判タ六二七号七五頁、金商七六七号四一頁、最高裁判所判例集民事一四九号一五一頁（有効　控訴審判決⇓判例12）
判例14　東京地判平四・七・三〇判タ八三二号一二四頁（有効　【判例評釈】比嘉正・亜細亜法学三二巻一号三九頁
判例15　東京地判平七・一一・七労働経済判例速報一五八五号三頁、労働判例六八九号六一頁（有効）

2　公序良俗違反を理由としてホステス保証を無効とした判決

当初の判決は、判例2を除き、判例11まではホステス保証を公序良俗に違反し無効とする判決が続き、下級審判決レベルでは無効という結論で固まってきていた。ところが、最高裁は判例13で有効という判断を下したのである。判例13は事例判決であり、ホステス保証を一般的に有効としたものではないものの、その後の判決は、一般的基準としても、ホステス保証の公序良俗違反を肯定するそれ以前の判例の根拠を否定して、公序良俗違反を否定しようとしている。これまで、判例が公序良俗違反の理由としてあげてきたものを分析してみよう。

❶　優越的地位を利用し、自己の負担すべきリスクをホステスに転嫁すること　判例1は（Xが店、Yがホステス）、「Xは本件保証契約により自ら客から取立てるべき飲食代金を自己の被用者であるYに支払わせ得るわけであってYの負担において一方的に利益を得る結果となる」ので、「Yと客との間に何らかの特別な関係があって、そのためにYが右のような一方的な不利益を忍んでもなお本件保証契約を結ぶに至ったというような特別な事情があり、従ってYに保証債務を負わせても社会正義に反しないと認められるならば格別、そうでないかぎり右契約はXがYに対する使用者であるという優越的な地位を利用して、経営者の負担すべき危険を回避して労することなく客の代金の回収を図ることを目的とするもので、単に客の接待係として雇用したにすぎない者に対し不当に不利益を強いることとなり、善良な風俗に反し無効である」とする。

ホステス保証は、①使用者という優越的な地位を利用して押し付けるものであること、②経営者の負担すべき債権回収の危険をホステスに転嫁すること、③これによりホステスに「不当な不利益」を強いるものであることから、特別事情がない限り公序良俗に違反して無効となるというわけである。同旨の判決として　判例4　がある。

❷　額が限定されておらず過酷な負担を強い、債権者に過大な利益を与える　判例3は、❶の③の内容の不当性をより明らかにする判決を下すことになる（Xが店、Yがホステス）。①「金額については全く制限が付されていない」、②「主たる債務の発生及びその金額は、Yの意思とはあまり関係がなく、むしろ債権者たるXや主たる債務者となるべき指名客の意思や都合によって決定される」「このように、連帯保証人が実質的に関与する機会がないうちに、債権者及び主たる債務者の意思と都合によって保証額が際限なく高額になりうる連帯保証契約は、債権者及び主たる債務者には過大な利益を与える反面、連帯保証人には不当に過酷な負担を強いることになるものであるから、特別の事情のない限り、それ自体公序良俗に反する」と述べている。

❸　退店の自由を奪う、ホステスには利益がない　更に、判例5は（Xが店、Yがホステス）、「本件約定が

ある限り、現金を即時に支払う能力のないホステスは、退店の自由が奪われることになる。それも、ホステス自身の借金ではなく顧客の借金であり、退店時その金額の予測がつかない高額になりうる」。「経済的には格段の優位に立つ原告が、一方的に自己にのみ有利な本件約定を結んだわけで、経済的弱者であるYが本件約定によってなんらの利益を得ることがないばかりか、却って退店の自由が拘束されかねなかったのである。」「余りにも経済的弱者に不利益を一方的に課すばかりか、ホステスが退店し難くなって人身の自由が拘束される弊害」があるとして、公序良俗違反を認めている。

判例5の後は、優越的地位の利用、苛酷な負担のほかに退店の自由の制限を挙げる判例が続く（判例6また判例7、判例8）。また、判例9は、これらの事情があるために、ホステスが「指名客に対する売上額が増大することによって歩合による収入額が増加するという利益を受けることやクラブ経営が控訴人のいうようにこの歩合制によるホステスにより維持されているのが実情であること等を考慮に入れても」、公序良俗に違反するという。ホステスに利益がないといわないとしても、公序良俗違反は動かないというわけである。なお、その後も、判例10、判例11のように、優越的地位の利用と苛酷性を根拠とし、退店の自由の制限を指摘しない判決もある。

3　公序良俗違反を否定してホステス保証を有効とした判決

まず、古くに、判例2がホステス保証の公序良俗違反を否定しており、その理由は以下のようである。①本件ホステスの収入は、「一定の給料のほかに、客から指名を受けたときの報酬である指名料などもあり、接客業の従業員以外の一般有職女子の給与水準に比して高い」、②ホステス保証は「従来から一般に広く行われていて、Xもあらかじめこれを承知のうえでホステスとして右クラブで働くに至った」、③店側としては、「ホステスのなじみ客の身元や支払能力などについては、その指名を受けて接待にあたったホステスの識別に依存するほかない場合も多く、このような場合にはホステスの保証があるときは客に遊興飲食代金の支払いを猶予するのが一般である」（ホステスの客を維持するためホステスが保証するからつけで飲食を申し出られたら、店は客の信用を調査できず拒絶できない）、④これらの事情があるため結論として、「直ちに経営者に一方的に不当な利益を与え、ホステスに過酷な負担をしいる公正でないものであると断ずることはできない」、と。(15)

このような判決があったにもかかわらず、無効とする判決がほぼ下級審判決では確立しつつあったなか、判例12が有効判決を出す。事実関係の特殊性も大きく影響しているようであり、店は一人の客の未払飲食代金が三、四〇万円を超えると、それ以上の掛売を認めない方針であったが、本件客への掛売額が三〇〇万円近くに達するまでに至った原因として、被告ホステスと本件客との間には客とホステスの関係以上に男女の関係があるとみていたためであり、そのため被告ホステスに対し強く掛売の取立を求めることをためらっていたというのである。そして、上記の①③を指摘し、判例2が例外を認める可能性を示唆した退店の自由の制限について、「その債務の支払のためにホステスの退職自体が極めて困難というものではない」と事実認定をしている。こうして、結論としては、ホステスY「も独自の客Dという無形の財産を維持して自己の収入源を確保する必要があって、自己の判断で本件保証契約を締結した訳であるから、本件保証契約は必ずしも経営者の利益のためだけに締結されたとはいい切れない一面を有し、かつ経営者のYは、ホステスの独自の客につき、その客の住所・名前・職業等を知らなくて売掛代金を請求できない場合があり、また掛売を拒否してホステス独自の客を失わせることもできないので、本件保証契約の締結それ自体が、経営者の一方的利益に偏し極めて不当であるとまではいいえない。」「そしてYとDとの関係、Yの雇用条件等によれば、経営者のXが雇主の地位を不当に利用し、被用者たるYの無思慮、無経験、窮迫に乗じて不当の利益を博するため、Dに関する本件保証契約を締結させたとは解し難いところである」として、民法九〇条違反を否定している。

そして、判例12の上告審判決で、この問題についての初めて最高裁判決が示されることになる。最高裁は、判例13で次のように述べて、原審判決である判例12を正当なものと認めている。即ち、「Yは自己独自の客としてのDとの関係の維持継続を図ることによりXの経営するクラブから支給される報酬以外の特別の利益を得るため、任意にXに対してDに対する掛売を求めるとともに本件保証契約を締結したものであり、その他原判示の事情を総合勘案すれば、本件保証契約がいまだ公序良俗に反するものとはいえないとした原審の判断は、正当として是認することができる」、と。一般論は述べておらず、事例判決である。

その後、判例14も（Y＝ホステス）、Aでは「一日当たり金三万円の固定給与であったが、Yの希望により、売上金の歩合給とされ、その歩合給は、売上金五〇％という高率なものであった上、Yが希望すれば、固定給制にすることも可能であったこと、YのA勤務中の一か月の支給総額は金一〇〇万円を超え、金二〇〇万円にも達することもあったこと、本件の売掛金に係る顧客の大部分は、YがAに勤務する前からのYの顧客であったこと」から、ホステスに、「一部不利なものがあるからといって、Yが高額な収入金をうるために、任意に締結したものであり、未だ公序良俗違反又は不法なものとは認められない」とする。

そして、判例15は（X＝ホステス）、これまでの判例を総合する判断を示しており、まず一般論として、ホステス保証が公序良俗に反するかは、「⑴原告の実質的関与の機会のないうちにYと顧客との意思と都合とによって保証債務額が際限なく高額となり原告に苛酷な負担を強いることとなるか否か。⑵顧客に対する売掛代金の回収は本来Yにおいてなすべきであるにもかかわらず、Yが優越的立場を利用してその負担と危険とを回避してXの負担において一方的に代金回収の利益を得る結果となるか否か。⑶保証債務を負担することが原告の退職の自由を著しく制約することになるか否か。⑷顧客の信用性に関する判断をXに負担させることにそもそも無理があるか否か。⑸売上げに関するノルマがあってXが売掛けを断ることが事実上困難であるか否か」という五つの観点から判断すべきであるという。そして、事案について、顧客に売掛けを認めるか否か、認めるとした場合の額の決定は店ではなくホステスにあった（⑴否定）、顧客に対する売掛金の回収はXの希望するところに従ってXにおいてなしていた（⑵否定）、ホステスが同業他者のクラブで勤務する以外には保証債務の存在はホステスを何ら制約することはなく、勿論退職することは保証債務の存否とは何ら関わりがない（⑶否定）。顧客の信用性に関する判断をも含めた顧客の管理はXがなし得る立場にあってXがなしていた（⑷否定）。YにおいてはXとの間でノルマを定めてはおらず、売上高の増減もXの営業努力次第によっており、保証債務を残存させたまま退職することも自由であった（⑸否定）、として民法九〇違反を否定している。

4　判例の検討

当初、判例はほぼ無効説で確立しつつあったが、最終的には特別事情がない限り有効とすることで判例は確立したといってよい。確かに判例13の事例はホステスと主債務者である客との間に特別の情交関係があった事例であり、一般論を展開しているわけではないが、肯定説を最高裁が支持したことの影響は大きく、その後判例14及び判例15しか公にされた判決はないが、判例15は一般論として特別事情がない限り原則有効と宣言して、原則無効という従前の判例状況を一般論としてひっくりかえしているのである。問題となる事由を検討してみよう。

①雇用契約という従属的関係において、経済的に有利な立場を濫用して店側がホステスに雇用契約とセットで保証を押し付けているということ。これはその通りであり、ホステスは拒絶できないが、根保証ではなく、客に対して付けで飲食をすることを認めるかは、そのつどホステスが自由に決められるのであり、ホステスの知らない間に債務が発生するわけではない。

②ⓐ本来経営者が負担すべき飲食代金債権であり、[16] その回収をホステスに行わせかつその回収不能のリスクをホステスに転嫁して危険を回避するものであり、ⓑ一方的に店に有利な契約であること。ⓐはその通りであるが、ⓑについては、後述のように、ホステスも指名料を得られる、歩合制か固定制を選ぶかホステスの自由に任されているのである。また、客の信用などはホステスが握っており、ホステスの客という無形の財産維持のためを考えて店はホステスの保証でつけで飲食させることを拒み得ないことから、一方的に店（経営者）に有利だとまで言い切れないのである。慈善行為である情義的保証とは異なり、自分の利益獲得を目的とした、いわばギャンブル的要素のある行為なのである。また、ホステスの収入自体がそもそも一般女子の収入に比してきわめて高額であり、ハイリスク・ハイリターンの職業でもある。

③なお、②の補充的議論にすぎないが、指名によりホステスも特別の報酬が入ってくるため、自己の利益にもなるシステムであるが、指名が増えれば、結局は経営者の利益になるといった反論も考えられる。確かに、店の利益にもなるが、①への批判に指摘したように、店だけの利益になるわけではない。

④ホステスには、売り上げのノルマがあるため、客に対してむやみに掛けでの飲食を断れない立場にあること。これは事例により異なり、判例15の⑸の判断要素になっている。有効説でも、ノルマがあれば、例外的に無効と判断される一つの根拠とはなりうる（これだけで当然に特別事情というのは無理）。

⑤いくら保証人として責任を負うものか金額の制限もなく、どの程度の債務について保証がされるかは自分の関与しないところで決定されてしまうこと。これは、判例15の⑴の判断要素であり、通常はホステスの個別の承諾が必要であり（④のノルマがあるとそれは形骸化される）、ホステスが根保証のように自分の意思とは無関係に主たる債務が決められるわけではなく、あてはまらない。

⑥退職する場合には、退職から五日以内に保証した未払の債務を支払うことを義務づけられるため、事実上自

由に退職ができず、退職の自由を実質的に制限すること。判例15の⑶の判断要素であるが、保証債務を残しながら退職は可能なので、この点も判例12以降は認められなくなっている。

結局、公序良俗に違反するか否かはこれらの判断要素を総合考慮して判断されるが、②の評価により無効を原則にするか、有効を原則にするかが異なってくるといわざるをえない。この点、当初の判例は店側が一方的に利益を得てホステスに苛酷な負担を強いるだけの偏った行為であると評価したが、その後の有効判決では、②に述べたようなホステスという職業のハイリスク・ハイリターンというギャンブル的特性を認めるようになるのである（それがいやなら、他の職業につくことができる）。そのため、原則有効で、特別事情があれば九〇条に違反するというように評価が一八〇度変更されたのである。判例15ではそれまでとは事例が異なるというのではなく、法的評価が変更されたものであり、それ以前の判決の事例もこの基準では有効とされる可能性が高い。この有効説の価値判断が支持されてよいであろう。

5　ホステス保証と保証人保護

⑴　ホステス保証の情義的保証（個人保証）との差異

❶　無償でも慈善行為ではなく、自己の利益追求行為である　　無償の保証であっても、主たる債務者のためを思って人助けとして行う慈善行為ではなく、ホステスの保証は、自己の顧客という無形の財産を確保するためのものであり、ホステスの収入増につながるものである[17]。

❷　主債務の発生は自分で決められる　　確かに、ホステスが、つけで飲食させる場合には保証をすることを包括的に[18]、採用時に約束しているので、諾否の自由はない。しかし、このような包括的な保証の合意をしていても、個別的な掛けでの飲食を認めるかどうかはホステスの自由に任されているのである。根保証の保証人保護に

おいて強調される、自分が知らずに主債務か膨らんでいくということはないのであり、自分の意思でハイリスク・ハイリターンを考慮しつつ決められるのである。

いずれにせよ、ホステス保証は、ずいぶんと取引構造が特殊であり、他の保証と安易には比較ができるものではない。主たる債務者の委託によることなく、債権者との包括的合意により、主たる債務者不特定のまま債権者（店側）と保証の基本契約をするのである。そのことを差し引いて考えなければならないが、上記二点は、保証法理を考える上で参考にされてよいであろう。特に保証人が「自己の利益」を目的としており、主たる債務者（顧客）のための慈善行為ではないということは、有償保証ではないものの、保証人保護の否定へと働く要因となっているといえよう。

⑵　ホステス保証について保証人保護

最後に、ホステス保証をめぐる公序良俗以外による保証人の法的保護について検討してみよう。

❶　契約締結に際する保護法理　まず、保証契約の解釈により、保証契約の内容を合理的に制限するということは、ホステス保証の事例では考えられないし、主債務者の信用状態についての錯誤や債権者による不作為による詐欺ないし情報提供義務違反といったことは問題にならない。次に、公序良俗違反についてはすでに述べたので、結論だけ要約しておこう。確かに、ホステスにはそのような包括的保証をすることが採用条件になっており、また、退職の際にはただちに清算することを強制され、しかも、無償である。しかし、包括的な保証合意があっても、具体的に顧客に対して掛けでの飲食を認めるかはホステスの自由意思にまかされており、また、客一人ついての上限があって、ホステスが顧客を維持するために掛けを事実上断れなくても、店が認めないので拒絶できるのであり、膨大な額にホステスの保証人としての責任が膨らむことはない。そして、債権回収もホステスに行わせているという点も、店は客がどういう人物か知らないことが多く、また、ホステスが客の住所などを店

に知らせて債権回収を店に頼めば（ホステスが自ら回収すればマージンが入るが、それが入らなくなる）、店が債権回収をしてくれるというのである。こう見てくれれば、無償の保証ではあるが、顧客という無形の財産を作り、維持するという利益、そして、より具体的には、売り上げが増えればマージンも増え、また、債権回収をすればそのマージンさえ得られるという利益もあり、入り口の包括的な保証合意の点では強制という側面はあるが、自分の利益に保証が結びついているのである。公序良俗に違反すると認められるほどの、優越的地位を利用して不当な利益を得ようとするといった不合理性もない。以上より、ホステス保証は原則として有効と考えてよい。また、主たる債務者である顧客の信用についての錯誤や、別に担保がつけられると錯誤するなどは、ホステス保証の事例では問題にはならない。

❷　根保証人の責任の制限　　信義則による根保証人の責任の制限についても、巨額の保証になったり、保証人の意思確認をしないで融資をするなどのことは考えられず、やはりその性質上問題にならない。但し、公序良俗違反により無効にならないとしても、売上げのノルマがあるとか、先のチェックシートにおいてそれだけでは無効はできないとしても、公序良俗違反による量的一部無効ではなく、信義則による責任の制限において考慮することは可能であろう。そうすれば、公序良俗違反で無効か有効かというオール・オア・ナッシングの処理ではなく、柔軟な処理が可能になる。

(13)　判例評釈はそれぞれの判決に付記してあるが、この問題についての文献として、比嘉正「ホステスの債務保証契約と公序良俗違反」法学研究（明治学院論叢）六三号（一九九七年）がある。

(14)　ホステスの業界用語では「保証」とはホステスの給与のことのようであるが、本稿でホステス保証とは、もちろん法律用語としての保証である。

(15)　但し、「このような契約が、経営者の使用者としての優越的な立場から強制的になされるとか、このような契約があることによりホステスの転退職が著しく制約されるなどして人身の自由が拘束されるような事情があれば、これを無効とすべきであろう」と傍論として述べるが、結論としては、このような事情は認められないとして有効と判断している。

(16)　ホステスが、店の債務について保証債務を負担するのではない。店は債権者である。

(17)　銀座の高級なクラブのホステスの話であるが、浅川夏樹『夜の銀座の資本論』（中央公論新社、二〇〇七年）によると、ホステスは従業員とは異なりプロスポーツ選手のような存在であり、代金を回収できなくなるかもしれないというリスクをとれば、お給料というリターンを上限なくふやすことができ、ハイリスク・ハイリターンであるが、未回収を心配して守りに徹してはしまっては売り上げは伸びない、わが身にリスクが降りかかるので、銀座のホステスは人を見る目が人並み以上に必要になるということである（二六頁以下）。全てのホステスに妥当する議論かは不明であるが、判例にあらわれた事案を見る限り、多かれ少なかれ同様の事情は全てのホステスにあてはりそうである。

(18)　債権も債務者も特定されていない、特殊な根保証である。また、極度額も約束されていないので包括根保証の一種であるといえる。しかし、普通の包括根保証と違う点は、特定の主たる債務者について保証をするのではなく、即ち、主たる債務者に依頼されて保証をするのではなく、債権者である店との包括的合意によって保証を行うのであり、また、掛けで飲食させるか、即ち自分が保証人になるかは保証人か自由に決められるのである。そして、債権者が債権回収できなくなっても、債権者は客がどのような者か知らず、ホステスによる信用判断に依拠し、ホステスによる掛けでの飲食の提案を拒否できないのであり、債権者である店の責任というよりは、ホステスの責任によるところが大きい。なお、主たる債務者は客に過ぎないので、ホステスが債務者である客の信用状態について調査していないからといって、これは非難できないであろう。

四　取締役保証について

1　はじめに

代表取締役が個人会社の経営者である場合には、二に述べたように会社の債務について根保証人になっていても、特にその責任を信義則に基づいて制限する必要はない（取締役保証から先ず経営者保証を除外する）。他方で、名目的な取締役の場合には、原則的に情義的保証人と同様の保護を与えてよい。問題は、それ以外の実際に経営に関与している取締役である。この場合、確かに保証は無償ではあるが、会社の経営に参画し報酬を得ており、また、経営に関与している取締役は主債務者である会社についての情報を有しており、また、主債務者である会社の破綻にはその責任の一端が認められるといった特殊性がある。

ところで、目を海外に転じてみると、フランスやドイツでは、個人会社については、金融機関は必ず経営者を保証人にとって責任財産の分離から自衛を図っているが、他方で、個人会社でないのに取締役というだけで保証人にするということはない。大企業でさえ、取締役を保証人にする日本の慣行は異常である。その意味で、確かに情義的保証人そのものではないものの、その責任について何らかの合理的な制限がされてしかるべきものである。

取締役の保証人としての責任が争われた事例についての判例としては、次のようなものがある。

判例1　東京高判昭四三・九・二四金法五二七号二五頁、金判一五六号一三頁
判例2　大阪地判昭五八・一・二八判タ三九八号一六四頁

判例3　東京高判昭六〇・一〇・一五金法一一一五号三四頁、判時一一七三号六三頁、金判七三三号二六頁（【判例評釈】吉原省三・金法一一二六号四頁、大西武士『判例金融取引法㊦』三四八頁、鶴井俊吉・法律時報五九巻八号一〇五頁、堀内仁・手形研究三〇巻六号六四頁）

判例4　東京地判昭六〇・一〇・三一判タ六〇〇号九一頁、判時一二〇七号七二頁

判例5　東京地判平二・七・二三判時一三八六号一二一頁、判タ七五三号一七三頁（【判例評釈】吉原省三・金法一三〇〇号二頁）

判例6　東京地判平三・七・三一金法一三二〇号二八頁（【判例評釈】鈴木和正・判タ七八四号七〇頁、天野佳洋・担保法の判例Ⅱ〔ジュリスト増刊〕一九三頁、小田洋・金法一四二二号一〇二頁）

判例7　京都地判平五・一〇・二五判時一四九一号一二七頁、金法一五七六号六二頁、金判九四九号三〇頁（【判例評釈】近藤龍司・法学研究（慶應義塾大学）七二巻五号九三頁、田澤元章・ジュリスト一一〇八号一〇五頁）

判例8　大阪地判平六・一二・二六金法一四四〇号四四頁

判例9　東京地判平八・二・二一判時一五八九号七一頁

判例10　東京地判平八・三・一九金法一三七一号九二頁（【判例評釈】宇田川基・平成九年度主要民事判例解説（判タ九七八号）一五頁、西尾信一・銀行法務二一―四一巻三号七〇頁、野口恵三・NBL六一一号六六頁）

判例11　東京地判平一二・一・二七判時一七二五号一四八頁、判タ一〇七四号一九三頁（【判例評釈】塩崎勤・民事法情報一七二号六三頁、大村敦志・金法一六二〇号四五頁、野口恵三・NBL七三一号七二頁）

判例12　仙台高判平一三・一二・二六金判一一五一号三二頁（【判批】渡邉知行・金判一一六二号五九頁）

判例13　第一審判決――東京地判平一五・一〇・二八金判一一八三号一九頁（【判例評釈】小杉茂雄・銀行法務二一四九巻一号六八頁）

判例14　控訴審判決　東京高判平一六・六・三〇判例体系より

2　保証契約の錯誤無効の主張

判例12では、名目的な取締役が、主債務者である会社の経営者によってすぐに工事代金が入り迷惑はかけないといわれ、それを信じて保証人になることを了承し、そのことを債権者も認識していた事例で、保証契約の錯誤無効の主張が認められている。また、判例9では、名目的な取締役でなく代表取締役であるが、ほかに代表取締役として会長と社長がおり、この二人が実権を握っている事例で、確実な担保が設定され保証は形式的なものであることを債権者から説明されていた事例においても、保証契約の錯誤無効が認められている。但し、いずれも会社の信用状態が問題とされたのではなく[19]、確実な担保を提供するとだまされた事例であり、前者は共通錯誤、後者は動機が表示されているということで錯誤無効が認められているのである。債権者側の保護も考えれば、名目的な取締役であっても、保証人が前提とした担保の提供があるから保証人になるということを、保証人が債権者に明示ないし黙示に表示していることが必要となろう。

3　根保証人の責任制限

(1)　責任の制限を否定した判例

根保証とりわけ包括根保証においては[20]、信義則を根拠として保証人の責任を制限することを認めるのが、確立した判例である。その根拠は二1に述べたようであり、取締役は債務者である会社が返済しえないことについて自己責任、主債務者についての情報を熟知しているなどの理由で、その保護の根拠があてはまらないため、信義則を根拠とした責任制限が否定されそうである。実際に否定した判例がある。

判例1は、「X銀行がYに対し保証債務の存続についてその意向を打診しなかったことは間違いないとしても、YはA会社の取締役の一員であって当然その経理状態に精通するものというべく、仮りにその経理状況を熟知していなかったとしても、取締役として熟知できる立場にあったのであるから、熟知しなかったことを理由としてその責を免れることは許されないし、しかもA会社の代表者はYの実弟に当り、交際もひんぱんにあったことを考えると、保証につき意向を打診しなかったからといってX銀行の保証人に対する権利に消長を来たすものでもない」として、責任制限を否定している。判例2も、「Yは創業以来の取締役で甲納豆の名で銘店街に出て居り、その資力、信用が十分であった……、XにおいてYが取引の実情を把握できなかったことを知っていたと認めるに足りる証拠はないから、Xが取引額の増額の際ルーズな取扱いをしており、又Yに取引が拡大されたことを通知しなかったとしてもそれを責めることはできない」として、責任制限を否定する。

判例8は、特殊な事例であるが、名目的な取締役Yに対して、次のように責任制限を否定する。保証契約締結当時のXのAに対する貸付けは一、〇〇〇万円位であったのが、Yの知らないうちに一億円に増加されているため、「信義則上否定又は制限される余地は十分にあり得る」が、「保証契約締結時に予期し得なかった特異なものとまでいうことはできない」、また、「XのAに対する貸付けが、同社の返済能力を無視した無理な貸付けであったと見ることはできない」ことと共に、「Yは、Aの取締役会長という同社の経理状態を知り得る地位にあったというだけでなく、同社の業務の前提となるべきマーケッティング理論等のアドバイザー役を果たしてきているのであり、月二〇万円の役員報酬の支給も受けていたことがあり、さらには、妻や子も同社から給与を受けていたほか、同社の従業員も半数位はYの教え子であったというのであるから、このようなAとの緊密な関係の下で、実際にも、同社の経理状態を容易に熟知し得る立場にあった」し、「Yは、Aに出資して株式を有しており、貸金もあり、さらには、X以外からの借入れについても保証をしているなど、Aの経理状態に深い利害関係を有しているのであるから、その経理状態には強い関心を持っていてしかるべきであって、Yがこれを知らないまま、本件連帯保証契約の解約等の措置をとらず、多大の連帯債務を負担するに至ったのは、ひとえにYが漫然と放置した結果というべきであって、Xが貸付額の増加をYに通知しなかったことを責めることはできない」、と。

⑵　責任の制限を肯定した判例

他方で、取締役保証についても、保証人の責任を制限する判例もある。しかし、いずれも名目的な取締役または退任後の債務についての責任にすぎない。

判例3は、「A［注　死亡し、相続人が被告になっている］は、B建設の取締役に就任し、同社の経営に参加しているとはいえ全く名目的なものであり、金七、〇〇〇万円の本件貸付契約についてC及びFから説明を受けることもなく、またXからも直接連絡は受けていなかったこと、B建設が不動産を取り扱っている会社であるところからある程度高額の融資に発展することも予測されない訳ではないが、本件包括保証契約から本件貸付契約まで約五年の期間の実績は、一回の貸付け金額は金一〇〇万円から金三〇〇万円、貸付け回数は一〇回余り、取引残高は最高金六四〇万円であって、本件貸付け契約は通常の予想の範囲をはるかに超える金額である」ことなどから、一、五〇〇万円に責任を制限している。

判例5は、経営者の妻Yである名目的な監査役の事例であるが、本件貸付は「決して不適当な取引とはいえないものの、Xは同社の債権保全面に不安を抱いていたのであり、かつ、本件包括連帯保証契約締結後一年半を経過した時期に、一か月の間に金三〇〇万円の貸付けを二度にわたり行い、しかもそれはYの包括連帯保証の担保力を評価して行なったのであるから、本件㈠、㈡の貸付けをなすに当たっては、同社の監査役とはいえ実態は同社の経営者の妻であるだけでA会社の経営に関与していなかったYに対し、本件㈠、㈡の貸付けに関し再度その保証意思の確認を個別的に行うべきであった」として、約四六一万円の債務について保証人の責任を三〇〇万円に制限している。

判例11は、兄Bの経営するA会社の取締役になったYが、その二カ月後に、X（商工ファンド）から一〇〇万円を借り入れるのでAの債務につき保証人になって欲しいとBから頼まれ保証人になったが、真実は限度額五〇〇万円の限定根保証であった事例で、錯誤無効の主張を退けたものの、「A会社の経営状態が思わしくないにもかかわらず、XからA会社に対し、平成九年五月から同年七月にかけてわずか二か月余りの短期間に六回にわたって合計一、四五〇万円もの多額の融資が集中的に行われたが、これはA会社やYの経済的信用によるものではなく、同年五月二一日にA会社の根保証人となったC工務店及びDの経済的信用によるものであ」り、また、「しかも、これらの追加融資について、YはXからもA会社からも一切知らされていなかった」（その後に、Dが死亡し、C工務店が破産し、その影響でAが連鎖倒産）ことから、「信義則上、YのXに対する保証責任の限度は一〇〇万円の範囲に止められる」ものとした。

4　退任後の債務についての取締役の責任

取締役が退任した場合には、取締役に特別解約権が認められることは、古くからの判例である（大判昭六・一一・二四新聞三三七六号一二頁、大判昭一六・五・二三民集二〇巻六三七頁）。従って、問題は解約がされていない事例に生じる。

(1)　責任を制限しない判決

先ず、全く責任制限を否定する判決がある。判例10では、退職したが保証契約の解約の意思表示をしていなかった事例で、保証「締結後、既に約二八年が経過しているが、この間、Yが、本件連帯保証契約を解約する等の告知をしたともないし、A会社を退職する際にも、A会社を退職するとの挨拶をしたのみで、右退職に至る間の事情を話したとか本件連帯保証契約の解約告知をした事実も存しない。したがって、Xが、Yが本件契約の連帯保証人の地位にあるとして処理をしたとしても無理からぬことであ」るとして、責任制限が否定されている。

⑵　責任を制限する判決

判例4は、保証契約締結時にはYは既にAの代表理事を辞任しており、その旨の登記もされていたのに、他の理事に懇請されて、なお代表理事であるとの形をとって連帯保証人になった事例で、退任の事実は債権者も知っていた事例で、責任が制限されている。Xは本件信用金庫取引約定契約締結当時、YがAの代表理事であると考えていたためYに連帯保証人になることを求めたが、その後Yが退任したことを知ったのであり、「Yが連帯保証人になったのは、ひとえにYが訴外組合の代表理事であるとされたからであり……、Yが代表理事の地位を失ったとされた時点で本来は保証責任を免れさせる措置がとられるべき筋合のものであって、XもYのこのような地位の変動は知っていたものである。したがって、Xがこのような措置がたまたまとられていないことを奇貨として、YにAの債務全額について保証責任を負わせようとするのは、信義則の見地から相当ではなく、Yに対して酷に過ぎる」として、「Yが負担すべき保証債務額はAの全債務額のほぼ五割の五〇〇万円」に制限している。

⑶　責任を否定する判決

更には、判例7は、直截に「元来、個人会社の代表取締役が会社の個人根保証をする場合は、自己が代表取締役であった期間までに生じた会社債務を保証する趣旨であり、特段の事情がない限り、その退任登記後に生じた会社債務についてまで保証するものではないというべきである。たとえ、その根保証条項にそのような定めがないとしても、継続的保証である代表取締役の根保証の性質等に照らし、信義則上このように解するのが相当である」と宣言する。[21] 保証契約の解釈により、在任中の債務についてのみの保証と解釈するものであり、退任が対抗できるようになればその後の債務については責任を免れ、取締役による解約の意思表示は不要となる。このような解決が最も妥当であろう。

なお、判例6は、「Y_1がY_2会社の代表取締役を辞任し、同社を退職したのは已むを得ない事情によるものであると認められ、しかも、Y_1は、本件文書によって、これらの事情を原告に知らせると共に、Y_1は以後Y_2会社及びAとは一切関係がないので、Y_1の名前を使って貸付けの申込みがあっても取り合わないで欲しい旨連絡し、Y_1としては、自らの責任を免れるとともにXに不測の損害を生じさせることのないよう、採り得べき措置を採った」にもかかわらず、「Xは、本件文書がXの銀座支店に到達後も、調査等何らの対応措置を採ることなく、Y_1を代表取締役と記載した書面により、具体的にはAを窓口としてY_2会社との間で取引をなしたことに照らし、本件文書が原告の銀座支店に到達した日の翌日……以後原告が被告会社に対してなした貸付けにつき、XがY_1に対し連帯保証に基づき元金等の支払を求めることは権利の濫用として許されない」とした。請求を認めなかった結論はよいが、①解約を有効としたのか[22]、②辞任後の債務について責任はないが、辞任を債権者に対抗できるためには辞任を知らせることが必要だというのか、権利濫用という安易な構成によったこともあり、明確にされていない。

5　巨額な取締役保証（特定保証）

巨額の債務を、主債務者である会社と無関係の者に保証させるのは、公序良俗に反し全部無効とすべきであろう。名目的な取締役も同様である。では、名目的でなければ取締役である以上は、どんなに巨額でも保証人としての責任を免れないのであろうか。この点が問題となった事例として、そごう事件がある。そごう事件では、取締役の一〇〇億円を超える巨額な保証人としての責任が肯定されている。

(1)　そごう事件第一審判決（判例12）

その第一審である判例12は、貸し手責任について否定し、保証人Yの資産調査をしなかった点などについて、以下のように述べる。

「Yは、そごうグループのオーナーの地位にあったから、興銀としては、Yについて、そごうグループのオーナーとして、株式会社そごうの会長職に退いた後であってもなおそごうグループにおいて重要な役割を担う人物であると認識していたと考えられること、また、錦糸町そごうの採算性については、そごうグループの支援と協力が不可欠であったところ、錦糸町そごうの代表取締役でもあり、そごうグループのオーナーでもあるYの個人保証を取り付けることにより、Yを通じてそごうグループ各社から錦糸町そごうへの支援、協力がより容易に引き出せると考えられることからすると、興銀において経営責任の観点を念頭に置いて、被告Yから本件連帯保証を徴求したとしても必ずしも不合理とは言え」ない。「そして、保証契約締結の効果として、前記のような経営責任上の効果と法的責任とは併存しうるものであるから、本件連帯保証契約の締結に際して、興銀が主として経営責任上の効果を念頭に置いていたとしても、法的責任を免除するなどの特段の合意が認定できない以上、被告Yがその法的責任を免れることはできないと言うべきである。」「Yは、昭和三三年四月に株式会社そごう……に代表取締役副社長として入社し、昭和三七年四月に同社の代表取締役社長に就任して以降、平成六年五月に同社代表取締役会長に退くまで経営の第一線に立ち、その経営手腕については世間からも高く評価されていた。また、そごうグループの多くの子会社の代表取締役も兼任する一方で、そごうグループの株式の多くを所有し、同グループのオーナーの地位にあった。また、被告Yが平成に入ってから一〇年間で得られた収入は約四四億円程度であった。」「そうすると、Yの個人資産の額自体は明らかではないが、興銀において、Yが上記地位に見合う資産を有していたと考えても不自然ではないこと、また経済人としてのY個人の信用自体にも相当程度の無形的価値があったと認められること、そして、興銀においては別途経営責任の観点からもYの個人保証の徴求の必要性があったこともあわせ考慮すれば、本件のような高額な個人保証を徴求したことをもって直ちに信義則違反又は権利濫用の評価根拠事実として考慮することは相当でない。」

⑵　そごう事件控訴審判決（判例13）

控訴審判決では、控訴審で追加された形式的なもので迷惑をかけないという合意があったというYの主張は退けられ、また、本件連帯保証契約の通謀虚偽表示、心裡留保、錯誤及び詐欺についてもこれを認めるに足りる的確な証拠が存しないとして退けられている。そして、信義則違反又は権利濫用については、次のように判示して退け、保証人の責任制限を否定している。

①そごうグループの経営は、専らその総帥としてのYの判断に委ねられてきたものであって、X銀行の果たした役割も、Yのとった大そごう構想を資金面で支え、その拡大に寄与してきたものにすぎず、それ以上にXがそごうグループの経営に深く関わり、その経営判断を左右したものとまで評価することはできない。②本件連帯保証に至った経緯、Yが長年にわたって、そごうグループの経営をワンマン的に行ってきたことなどYのそごうグループ内における立場等を考慮すれば、保証金額の大きいことをもって、その履行請求が信義則に反するとか、権利の濫用になると解することはできない。③Yは本件連帯保証について法的責任を負うことを十分に認識し、その重責を受忍した上で本件連帯保証契約を締結したものと認めることができる。

6　取締役保証についての検討——判例の分析と私見[23]

⑴　信義則による包括根保証人の責任制限

根保証（包括根保証）において、情義的保証人については信義則による責任制限が認められているが、取締役保証では名目的取締役以外（判例5～判例7は例外）については責任制限が認められていない。その根拠として判例が掲げるものは、以下のようである。

❶　主債務者である会社の事情を知っている　根保証で問題になるが、取締役の責任制限を否定する根拠として、主債務者である会社の取締役であり、会社の状況について把握しておりまた会社の経営に責任を負う者であるため、個別融資に際して債権者がその保証意思を確認することが必要ではないことが指摘されている（判例1、判例2）。

❷　利益を受けている（名目的な取締役でも）　判例8は、名目的な取締役について信義則による責任制限を否定しており、会社の状況を把握できたということのほか、取締役報酬を受けており、妻や子が会社から給与を受けている等の事実も強調している。また、同判決では、名目的ではあるが、知ろうと思えば知りえたということも根拠とされているが、それは上記の判例1や判例2でも同様のはずであり、やはり何らかの利益を得ていたということが大きいものと思われる。

以上に対して、名目的でありかつ利益を受けていない事例においては、根保証人の責任制限が肯定されている（判例3、判例5）。

基本的に、以上の判例は正当なものとして支持されるべきであろう。但し、名目的取締役について情義的取締役と同様の保護を認めるためには、相手方である債権者の信頼を保護するために、債権者が保証契約を締結する時少なくとも個々の取引を行うまでに、その保証人が名目的に過ぎず、経営に関与しておらず信用状態について把握していないという事実を知っているかまたは容易に知りえたことを要件とすべきであろう（証明責任は保証人側）。

⑵　退任後の債務についての責任

取締役については名目的な取締役の事例以外では、根保証人としての責任を制限する必要はないが（巨額な場合については次に述べる）、取締役退任後の債務についての根保証人の責任については、制限を考える必要がある。

判例は二つに分かれているといってよい。

❶　責任を制限しない判例　判例10は、退任の挨拶を受けていたのに、根保証契約の解約の意思表示がないとして、債権者が融資に際して保証意思の再確認をしなかったことを問題とせず、致し方ない行為であるとして、保証人の責任を認めている。(24)

❷　責任を制限する判決　判例4は、保証契約締結時には代表理事を辞任しその旨の登記もされていたのに、他の理事に懇請されて、なお代表理事であるとの形をとって連帯保証人になったが、退任の事実は債権者も知っていた事例（従って、個別保証の事例）で、責任を約半分に制限している。

❸　責任を否定する判決　これに対して、判例7は、取締役保証の保証契約の解釈として、退任後の債務は保証しないものと解釈している。ここでの「退任」については債権者に対抗することができる必要があるので、退任登記をするかまたは個別に退任の通知をするかのいずれか――要するに退任を対抗しうること――が必要になろう。(25)

この点について、取締役保証の趣旨が取締役に経営責任を自覚してもらうということにあるのであれば、それを超えて保証人として責任財産を担保にとったといった特別の事情が認められない限り、(26)その趣旨から保証契約は合理的にその内容が決められるべきであり、判例7の解決が支持されるべきである。この問題は、二〇〇三年の保証法の改正でも解決されておらず、期間が定められていないと三年の期間とされ（四六五条の三第二項）、また、五年以内の期間の合意をすればそれが有効となってしまう。上記のように保証契約の契約解釈により、退任を根保証契約の終了事由（確定事由）と考えるべきである。(27)

(3)　巨額な保証債務についての責任

取締役の根保証人としての信義則による責任制限については、以上のようであるが、取締役が個別の融資に際して個別保証をすることがある。しかし、先に述べたように取締役に会社債務の保証をさせることは、比較法的に異例であり、無効ではないとしても合理的な制限がされるべきである。基本的には、個別保証を別個にさせられていても、それは経営責任を自覚させる目的を持つものに過ぎないと考えるべきである。

しかし、保証人に保証契約締結の意思がないわけではなく、虚偽表示でも心裡留保でもない。では、どのように責任を制限すべきであろうか。そごう事件判決の評釈において、小杉教授は、保証意思の認定について批判をし、保証契約当時の保証人の担保価値・担保力の範囲で保証意思を解釈し、その超過部分の保証債務の成立を否定するということを提案している[28]。取締役保証人からの債権回収を本気で考えている場合には、そのような限界付けがされてよいであろう。しかし、現実には取締役に保証をさせる機能としては、根保証だけでなく個別保証をさせる場合であっても、経営責任を自覚させるということにあり、また、取締役は保証を拒みうる立場にはないのであり、相当の保護が必要とされる。

そこで、たとえ特定保証であっても、その取締役の経営への影響度（経営責任の程度）、経営により受けている利益、個別保証に本当に保証としての期待を債権者がどの程度有していたか（これは債権者が証明責任。また、保証当時の保証人の資産を限度とすべき）、などにより合理的な額に取締役の保証責任を制限すべきであろう。これは契約解釈では無理なので、公序良俗違反または信義則を根拠とするしかない。そごう事件は、何十年も経営トップとして君臨に膨大な利益を受け、信用不安の状態をその個人的信用によりカバーするという特別事情があるため、ある程度巨額の責任を追及されてもやむをえない事例である。しかし、それにしても一〇〇億円を超える債務全額についての責任を認めるのは行き過ぎであるような印象を受ける。

四　取締役保証について

取締役に保証を求めるという日本独自の慣行の問題点は指摘されており、何らかの法的規制が必要なことは既に認められているところである[29]。取締役の責任を制限する立法がいまだされていない現在においても、右に述べ

たような解釈による制限は可能であろう。(30)

(19)　名目的とはいえ、取締役となる以上は、会社についての情報をある程度把握しておくべきであり、主債務者である会社の信用不安についての錯誤の主張は、名目的取締役についても容易には認められないであろう。但し、会社の経営者に信用のある会社であるとだまされその事実を債権者が知っていれば、九六条二項により詐欺取消しは認められよう。

(20)　取締役以外については、実際には限度額を定める限定根保証によるのが金融機関の実務であるが、取締役については依然として包括根保証が行われている。但し、二〇〇三年の民法改正により貸金等債権について包括根保証は禁止されてしまったので、取締役でも今後は限定根保証によることになる。

(21)　大阪地判昭四九・二・一判時七六四号六八頁、下民集二五巻一～四号八一頁は、従業員による会社債務についての包括根保証の事例につき、「代表者・取締役等の経営者については兎も角、企業の経営と全く関係のない、またはこれについて責任のない従業員において企業の負担すべき債務についてこれを保証すべきいわれは、本来法律的には勿論、道義的にもない筈である。」「従って、かかる立場の従業員に対し企業の債務について保証を求めること自体（特別の事情のないかぎり）本来、従業員の保護の見地に立てば、十分に合理的なものでなく、したがってかかる立場の従業員が企業の債務についてした保証の意思表示については（それは無効といえないにしても）、慎重にその範囲を解釈する必要がある。」。こう述べた上で、次のように結論づける。「企業の関係と無関係または責任のない従業員が経営と（または経営責任と）密接な関係のある企業の債務について保証するのは（特別の事情のないかぎり）、ただ、当該企業に勤務し、その勤務によって給料を得、その生活資料を得ていて、これにより生活関係を円満に維持したいためだけであるといってよい。」「したがって、かかる立場の従業員がする保証はその企業にかかわりのある期間、すなわち、その勤務中の期間に企業に生じた分についてのみ責任を負うとする意思で、企業の債務を保証するにとどまるとみるのが合理的であり、それは社会常識にも合致するものといえる。これを超える部分の企業の債務についてまでも保証するいわれはなくしたがって、そのような保証の意思まであったということは容易に認めがたいからである。」

本判決は「代表者・取締役等の経営者」を別とし、その理由として経営に関与し経営に責任があることを挙げているが、退任後の債務については取締役については責任がないのであり（確かにその原因を前経営者が作ったということはいえるかもしれないが）、従業員について意思解釈として述べているところは基本的に取締役にもあてはまりそうである。

(22) 天野佳洋「判批」『担保法の判例Ⅱ』（有斐閣、一九九四年）一九五頁は、「本事例は、包括根保証人の解約権の行使があったケースとしてとらえることもでき」ると評価する。小田洋「判批」金法一四二一号一〇五頁もこれを支持するが、本件のような事実がそろっている場合には、解約の意思表示と認められなくても、その後の債務について取締役である保証人の責任を信義則に基づいて一切否定することは可能であると述べ、本判決の結論に賛成する。これに対して、西尾信一「包括根保証と金融機関の対応」金法一三一五号三頁は、金融機関としては副支店長宛（個人宛）になっていたため、代表者交替には相手方との迅速な折衝と正式な代表者変更届その他の手続を要するので、金融機関職員は正規の書類ではないと軽視してしまうのではないかと疑問を呈する。

(23) 個別保証についての判例12及び判例9については、取締役保証をめぐってはこの二つの判例しかなく、しかも判例12は名目的取締役なので参考にならないといわざるをえない。しかし、判例9が代表取締役であっても、借入を担当した代表取締役が別にいて、担保を偽造書類により取り繕った詐欺事例であり、債権者が詐欺に関与している悪質な事例である。従って、判例9においても、取締役であるからといって、詐欺を共謀した債権者を保証人よりも保護すべきであるということにはならず、当然の結論であろう（債権の譲受人には四六八条二項で対抗可能）。その意味で、この二つの判例は、本稿の目的からすると、参考にはならないといわざるをえない。

(24) この点は、立法による制限によるしかない。二〇〇三年の民法改正により貸金等債権の根保証については、包括根保証が禁じられており（民法四六五条の二第二項）、これは取締役保証にも適用すべきである。但し、限度額があまりにも巨額な場合には、包括根保証を禁じた趣旨からして、裁判官に相当な額に制限する権限を認めるべきである。

(25) 田沢元章「判批」ジュリ一一〇八号一〇八頁も、退任登記前に債権者が退任につき悪意になった場合には、それ以後の債務について退任した保証人は責任を負わないものとする。

(26)　個人会社の経営者ではなくても、株式を保有している一族の支配している会社の世襲の代表取締役や、そこの水島氏のような長年経営者して君臨しているような特別事情がないかぎり、例外を安易に認めるべきではない。

(27)　しかし、実務家（銀行側）からは退任による根保証の当然確定には批判が強い。鈴木正和「退社社長の包括根保証」判タ七八四号七三頁は、社長の退任により当然に保証債務が確定するというのは、「実務上極めて不合理が生じ」るとし、退任を解約告知権の発生原因とし、「解約告知の事実をなるべく広く解釈するか」、（特に解約権の行使ができる時までの債務についてのみ保証責任を認める特例を認める）ことにより、保証人の保護を図るしかないという。

(28)　小杉茂雄「本件判批」銀行法務21 六四一号七一頁。

(29)　これが、取締役の保証責任を軽減して、再スタート可能な社会を目指そうとした二〇〇四年の民法の保証規定の改正の趣旨にも合致しよう。中小企業金融の法務に関する研究会が平成一五年七月一六日に報告書を出し、中小企業金融の関連で経営者保証また第三者による個人保証の問題を提起し、法制審議会の民事部会に専門部を設置し、包括根保証の無効化、保証人の責任の期間制限などを立法的に解決することが提案され、民法の保証規定の改正へと結実している。

敷衍しよう。新しい中小企業金融の法務に関する研究会「新しい中小企業金融の法務に関する研究会報告書」四頁は、「経営者と企業の資産・資本が十分に分離されておらず、経営者と企業の一体性が強い場合」には、「経営者の個人保証には、企業の信用補完且つ経営に対する規律付けという機能が認められるといわれている」と説明している。但し、経営者保証についても、「経営者として再起を図るチャンスを失ったり、社会生活を営む基盤すら失うような悲劇的な結末を迎えるといった現実があることについても看過できない」と評されている（五頁）。そのため、法制審議会に特別部会を設け、個人保証の上限額や期間の制限について法律で義務付けることが検討されたのである。「中小企業に融資をするということは経営者に融資をするというのと同じことだ。この点からみれば、本来は〝連帯債務〟とするべきものといえるだろう」といわれ、後継者がいない場合に、たたき上げの専務を社長にしたいと思っても既往借入金の保証をしなければならないので引き受けてくれないという問題があるとも指摘されている（無署名「個人保証」銀行法務21 六二五号二七頁）。

(30) 学説においても、伊藤進「保証の法的効力について②」銀行法務21 六二六号二二頁（二〇〇三年）は、経営者個人の保証は、「経営責任保証」であり「債務の保証」とは異なる保証であるという認識から、責任の範囲を検討すべきことを提言しており、本稿の考えに近いものといえよう。

五　おわりに

本稿では、情義的保証人（ないし個人保証人）に認められる保護が、同じ無償の保証人でも情義的とはいえない場合には当てはまらないこと、その場合にどのような保護が考えられるべきかを、経営者保証、ホステス保証及び取締役保証を例にして考察した。経営者保証では、主債務者と同視することさえ許されるほど、債権者や法定代位権者らの保護を優先してよい。ホステス保証及び取締役保証については、日本の慣行において拒絶することは事実上不能であることを考慮しつつも、ホステス保証では、自己の利益を目的とした、ハイリスク・ハイリターンのギャンブル的行為であり、それを避けたければ他の職業につく自由があるのであり、原則として公序良俗に反しないこと、取締役保証については、報酬などの自己の利益確保ということも全くないわけではないが、経営責任を自覚させることが主目的であり、たとえ個別保証でも、種々の状況を考慮して合理的な責任範囲に限定されるべきこと、他方で、根保証については情義的保証人と同様の観点からの保護は不要であり、但し、退任後の債務については責任を問われるべきではないことを確認した。異例な事例については別個の扱いがされることは認めてよく、これは原則論に過ぎない。

同じ担保といっても、債務者自身ないし債務者に準ずる経営者によって提供された物的担保と異なり、無関係の第三者の犠牲の上になりたつ保証制度については、その地位や受ける利益などに応じた保護が考えられるべきであり、取締役保証といえども保護が否定されるいわれはない。出発点として二に述べた原則から派生した結論であり、二のようなアプローチに本稿の以上の結論は依拠していることを確認して、本稿を締めくくりたい。

5　ドイツ債権譲渡制度における意思主義の生成と変容

古屋壮一

一　本稿の目的と構成
二　ドイツ物権変動論における形式主義とその意義
三　ドイツ債権譲渡法における意思主義の生成と変容
四　総括と日本法への示唆

一　本稿の目的と構成

1　本稿の目的

債権譲渡は一般に、準物権行為とされる。債権譲渡は、譲渡の対象が債権であるものの、契約によって権利の帰属を変更させる処分行為であるという点で、物権行為（厳密にいえば、物権契約）と同様に理解することができる。(1) したがって、準物権行為である債権譲渡の効力（債権の移転を生じさせるという効力）を発生させる要件のあり方は、物権行為の効力（物権変動を生じさせるという効力）を発生させる要件のそれと一致する傾向にあるはずである。(2) 我が国においても、物権変動について意思主義が採用されており（民法一七六条）、それとパラレルに、債権譲渡についても意思主義が採られている（民法四六六条一項本文）[3][4]。効力発生要件という観点からすれば、物権変動と債権譲渡は、譲渡人・譲受人間の権利移転についての合意のみを要件としており、いわば「左右に振れない形」で立法されていることになる。

しかし、ドイツ民法においては、物権変動と債権譲渡は、「左右に振れた形」で立法されている。まず、ドイツ民法は、物権行為の効力発生要件として、物権契約締結のみならず、一定の形式を要求している（形式主義）。たとえば、不動産所有権の譲渡の場合、不動産所有権が譲渡人から譲受人へと移転するためには、不動産所有権移転についての合意（Auflassung）（物権契約締結）と登記（所有権移転登記）（形式）が要求される（ドイツ民法八七三条および同法九二五条）。また、動産所有権の譲渡の場合も、動産所有権移転についての合意（物権契約締結）と引渡し（形式）が要求される（同法九二九条）。他方、債権譲渡については、その効果たる債権の移転は、債権譲渡契約締結という要件が満たされれば、譲渡人・譲受人間のみならず、債務者および債務者以外の第三者に対する関係でも生じるとされる（ドイツ民法三九八条）[5]。つまり、債権譲渡の効果（債権の移転）が発生するためには、譲渡人・譲受人間の債権移転の合意（準物権契約締結）という要件のみが満たされればよいとされるのである（意思主義）。前述したように、債権譲渡は、準物権行為であり、したがって、その効力発生要件のあり方は、物権変動の要件のそれと同一であるはずである[6]。物権変動について形式主義を採用したドイツ民法の起草者は、なぜ債権譲渡について形式主義を採用せず、意思主義を採用したのか[7]。この「左右に振れた形」の立法の趣旨は、どのようなものであるか。このことについては、これまでの我が国の民法学において必ずしも明らかにされてこなかったように思われる[8]。ドイツ民法の起草者は、物権行為と準物権行為（債権譲渡）を同じ処分行為としてパラレルに理解し、物権行為と準物権行為それぞれの効力発生要件のあり方を一元的に理解していない。ドイツ民法起草者によるこの一元的理解を阻む事情なり考え方なりが、おそらく存在したはずである。本稿は、ドイツ民法における物権変動と債権譲渡の要件をめぐる立法の差異がどのような理由に基づくのかを明らかにしようとするものである。そして、物権変動と歩調を合わせて意思主義を採用する日本民法における債権譲渡法は、ドイツ民法におけるこの「左右に振れた形」の立法趣旨から、何らかの解釈論上の示唆を受けることができるだろうか。本稿は、この解釈論上の示唆を指摘することも目的としている。現在の法制度上、物権変動および債権譲渡の要件が意思主義によって支配されていることに対して、ドイツ民法にならい、物権変動の要件については形式主義に従い、債権譲渡の要件については従来どおり意思主義に従うべきであるというような考えをもつことは、立法論としては意味を有するかもしれないが、解釈論上は無意味である。むしろ、ドイツ民法の起草者が「左右に振れた形」の立法をあえて選択した背景にあるものをできるだけ正確に把握し、すなわち、債権譲渡の要件について意思主義に固執してこれを立法化したことの意義を検証し、そこから同じく意思主義を採用する日本の債権譲渡法に解釈論上の示唆が得られるかどうかを検討すべきであると考える。

2　本稿の構成

前述したように、本稿は、物権行為と債権譲渡（準物権行為）は処分行為であるという点で共通しているにもかかわらず、なぜドイツ民法は物権行為と債権譲渡の要件について異なった立法をしているのか（物権行為につき形式主義、債権譲渡につき意思主義）、その「左右に振れた形」の立法趣旨を明らかにしようとするものである。ドイツ民法の立法趣旨を解明する前に、我々は、物権行為の効力発生要件のあり方をめぐる議論を確認しておくべきである。日本民法は、物権行為の効力発生要件について、ドイツ法系の形式主義を採用せず、フランス法系の意思主義を採用しているが（民法一七六条）[9]、学界ではこの効力発生要件のあり方をめぐって、形式主義との比較から考察がなされ、その当否についても若干言及されている。他方、前述のように、日本民法四六六条一項本文は、債権譲渡の効力発生要件について、意思主義を採用し、債権譲渡契約締結（当事者の意思表示）のみを要求する。しかしながら、物権行為の場合と異なり、債権譲渡の効力発生要件のあり方（意思主義）について、これを形式主義との比較から考察し、その当否を論ずることは、これまでなされていないようである。フランス民法はもちろん、物権行為について形式主義を採用するドイツ民法もまた債権譲渡について意思主義を採用していることが、影響しているのかもしれない。また、債権は多数発生し、その多数の債権が比較的短期間のうちに消滅するため、債権譲渡において登記という形式を効力発生要件とすることはできないし、債権が全く観念的な財産権であるため、債権譲渡において引渡しという形式を効力発生要件として要求できないということもあるのかもしれない。いずれにせよ、我々は、日本民法の債権譲渡の効力発生要件に関連して、処分行為における意思主義と形式主義の機能を理解し、両者の比較からその違いを認識することはできないであろう。両者の機能とその（実質的な）差異を把握できないのであれば、ドイツ民法が物権行為の場合には形式主義を採用し、債権譲渡の場合には意思主義を採用する理由を正確に捉えることはできない（「左右に振れた形」の立法趣旨を正確に理解できない）。そこで、本稿はまず、両主義が比較されている我が国の物権行為の効力発生要件論に関してみていくことにしたい（本稿二）。当然のことながら、本稿の二において、ドイツ民法が物権行為の効力発生要件について形式主義を採用した理由もまた、明確なものとなり、「左右に振れた形」の立法趣旨の理解を助けることになるであろう。

物権行為の効力発生要件のあり方として意思主義と形式主義が対立し、両主義がそれぞれどのような機能を有し、互いにいかなる（実質的な）差異を有しているかを確認できたならば、ドイツ民法が物権行為の効力発生要件について形式主義を採用し、債権譲渡のそれについて意思主義を採用した根拠を把握する足場は、整ったことになる。あとはドイツ民法の債権譲渡制度に対する理解が明らかになれば、意思主義がその理解に適合したものとして選択されたことを確認することができる。そこで、我々は、ドイツ民法起草者が特に物権行為の効力発生要件との対比から債権譲渡について述べた立法資料を精査し、「左右に振れた形」の立法趣旨を明らかにしたい。ここでいう立法資料とは、具体的には、債権譲渡の効力発生要件について意思主義を採ることを宣言するドイツ民法三九八条の立法資料を指す。しかし、研究の結果、同条の立法資料のうち、債務法部分草案理由書、第一草案理由書および第二草案討議記録については、物権行為の効力発生要件との対比から債権譲渡について述べた箇所はなく、また、独自に債権譲渡の効力発生要件について言及した箇所はないことが分かっている[10]。周知のように、債務法部分草案よりも前に、ドレスデン草案（一八六六年）が、初の債務法の統一草案として起草されている[11]。このドレスデン草案は、第一草案に多大な影響を与えているとされるが[12]、これは、債務法部分草案の起草者であるキューベルがドレスデン草案の編纂について指導的な役割を果たしたとされることから明らかである[13]。それゆえ、本稿は、債務法部分草案の前のドイツ民法草案とも言うべきドレスデン草案について、ドイツ民法三九八条の原形である規定（ドレスデン草案三二二条）の立法趣旨を検証する。つまり、本稿は、ドレスデン草案討議記録において物権行為の効力発生要件との対比から債権譲渡について述べられている箇所を示し、それについて詳しく分析を行うのである（本稿三1）。

本稿の三1において、ドレスデン草案三二二条の立法趣旨を同草案討議記録によって検証し、ドイツ民法起草者が物権行為の効力発生要件と対比して債権譲渡のそれについて考察し、意思主義が適当であると評価するに至る思考プロセスを解明できたとしても、債権譲渡の効力発生要件について意思主義が採用されている根拠をドレスデン草案討議記録だけに求めるのは、いささか性急に過ぎるように思われる。後述するように（二1(1)および(2)）、物権行為における効力発生要件のあり方としての形式主義は、意思主義と比べた場合、物権取引の安全の点ではるかに優れた考え方である（当然のことながら、形式主義を意思主義・対抗要件主義の組み合わせと比較しているわけではない）。そうであるならば、ドイツ民法が準物権行為たる債権譲渡の効力発生要件について意思主義を採用していることは、ドイツ債権譲渡法においては債権取引の安全は確保されていないということを意味しそうである。ドイツ民法起草者は、ドイツ債権譲渡法における債権取引の安全の問題について、同法三九八条の立法過程のうち、第二草案の段階で言及している(14)。債権譲渡が物権行為と異なり、その効力発生要件について意思主義を採用する根拠、つまり、「左右に振れた形」の立法の根拠は、ドイツ民法三九八条の立法過程のうち、ドレスデン草案にだけ求められるべきものではなく、第二草案にも求められるべきである。ドレスデン草案の立法趣旨と第二草案のそれが異なっていることは、当然ありうることである。両者は、互いに両立しえないものとは限らず、それぞれ「左右に振れた形」の立法趣旨を説明するものでもありうる。したがって、本稿は、「左右に振れた形」の立法趣旨を正確に捉えるため、債権譲渡の効力発生要件について意思主義を採用する根拠がドレスデン草案の段階と第二草案の段階でどのように変容したのかを明らかにし、両草案の趣旨を統一的に理解することを試みたい（本稿三2）。このことは、「左右に振れた形」の立法趣旨を完全に捉えることになるはずである。

物権行為の効力発生要件のあり方と準物権行為たる債権譲渡のそれとが異なる立法（「左右に振れた形」の立法）をしているドイツ民法は、日本民法の債権譲渡制度にいかなる示唆を与えるだろうか。一1で述べたように、日本民法は、物権行為と債権譲渡の効力発生要件について意思主義で統一している。したがって、物権行為の効力発生要件について形式主義を採用するドイツ民法は、日本民法一七六条の解釈論に示唆を与えないであろう。しかし、債権譲渡の効力発生要件については、ドイツ民法・日本民法ともに意思主義を採用しており、しかも、なぜドイツ民法が意思主義を採用しているのかということ（「左右に振れた形」の立法趣旨）が学界において必ずしも明らかにされてこなかったのであるから（一1参照）、ドイツ債権譲渡法は、日本の債権譲渡法に示唆を与えうるものと思われる。そこで、本稿は、二および三の分析結果を踏まえて、四において上記の示唆について若干述べることにしたい。

（1）　我妻栄『新訂債権総論（民法講義Ⅳ）』（岩波書店、一九六四年）五一九頁、於保不二雄『債権総論〔新版〕』（有斐閣、一九七二年）二九四頁以下、奥田昌道『債権総論〔増補版〕』（悠々社、一九九二年）四二四頁、鳥谷部茂「債権譲渡担保論の批判的検討㈠」広島法学三一巻四号（二〇〇八年）二七頁。なお、物権行為の定義について、良永和隆「契約・法律行為・物権行為・債権行為　売買の合意のあとで所有権移転の合意が必要か?・」法セ四六九号（一九九四年）五〇頁を参照。

（2）　この点について、西村信雄編『注釈民法⑾』（有斐閣、一九六五年）三四〇頁〔甲斐道太郎執筆〕を参照。

（3）　本稿における「物権変動」とは、物権契約締結を必須の要件とする物権変動をいうものとする（物権契約の定義については、良永・前掲注（1）五〇頁を参照）。

（4）　物権変動と同様、債権譲渡についても意思主義が採用されているということは、争いのないところである（我妻・前掲注（1）五二〇頁および五二八頁、於保・前掲注（1）二九四頁、甲斐・前掲注（2）三四二頁以下、および奥田・前掲注（1）四二四頁等）。

（5）　ドイツ民法第一草案理由書は、本文で述べたような債権譲渡契約の効力を「債権の特定承継の原則（das Prinzip der Sondernachfolge in die Forderung）」とよんでいる（拙著『ドイツ債権譲渡制度の研究』（嵯峨野書院、二〇〇七年）一五頁以下を参照）。なお、ドイツ民法三九八条は、次のような規定である。

「債権は、債権者と他の者との契約によって、債権者からその者に移転することができる（債権譲渡）。新債権者は、その契約の締結によって、旧債権者と交代する。」

（6）　「物権変動の要件のあり方は、債権譲渡のそれと一致すべき」という考え方は、近時の財産法改正への試みにおいても意識されているようである。このことは、不動産物権変動について形式主義を採用するべきという改正意見が（意思主義を採用している）「債権譲渡法制との整合性」の観点から疑問を提出されているということに現れている（松岡久和「特集　日本民法典財産法編の改正　物権変動法制のあり方」ジュリ一三六二号（二〇〇八年）四三頁）。

(7)　この問いは、日本私法学会第七一回大会の個別報告において池田真朗教授（慶應義塾大学）から頂いたものである（その個別報告の内容については、拙稿「ドイツ債権譲渡制度における譲渡契約の効力と対抗要件」私法七〇号（二〇〇八年）一八六頁以下を参照）。私は、池田教授の問いに対して個別報告時にお答えすることができなかったが、本稿をもってお答えとさせていただきたいと思う。なお、本稿における「左右に振れない形」および「左右に振れた形」という表現は、その個別報告時に池田教授が用いられたものである。非常にコンパクトで分かりやすい表現であるため、本稿において使用させていただくことにした。論文の素材を与えて下さった池田教授に、この場をお借りして御礼申し上げる。

(8)　たとえば、於保博士は、「ドイツ法系は、物権の譲渡については形式主義をとるのに対して、債権の譲渡には意思主義をとらざるをえない」とされるが、その理由については明らかにされていない（於保・前掲注(1)三〇七頁）。

(9)　我妻栄（有泉亨補訂）『新訂物権法（民法講義Ⅱ）』（岩波書店、一九八三年）五六頁、舟橋諄一『物権法』（有斐閣、一九六〇年）七四頁、半田正夫『やさしい物権法〔第三版〕』（法学書院、二〇〇四年）二七頁等を参照。

(10)　なお、筆者がドイツ民法第三草案の関連資料（詳しくは、石部雅亮編『ドイツ民法典の編纂と法学』（九州大学出版会、一九九九年）S. xi u. xii.〔児玉寛執筆〕、S. xxii u. xxiii.〔大中有信執筆〕を参照）に触れていないのは、ドイツ民法三九八条が第二草案の時点で完成しているからである（古屋・前掲注(5)二七頁参照）。

(11)　山田晟『ドイツ法概論Ⅱ　民法・民事手続・国際私法〔第三版〕』（有斐閣、一九八七年）九頁参照。

(12)　小野秀誠「危険負担と返還関係」一橋大学研究年報　法学研究二三号（一九九二年）五六頁、同「形成権の発展と私権の体系」一橋法学三巻三号（二〇〇四年）一九頁。

(13)　岩藤美智子「ドイツ法における報告義務と顛末報告義務(一)―他人の事務を処理する者の事後的情報提供義務の手がかりを求めて―」彦根論叢三二七号（二〇〇一年）一九一頁および一九五頁以下の注(21)を参照。

(14)　古屋・前掲注(5)二三頁以下を参照。

二　ドイツ物権変動論における形式主義とその意義[15]

1　不動産物権変動

(1)　ドイツ民法における形式主義

不動産物権変動が生じるための要件について、ドイツ法系の形式主義とフランス法系の意思主義が対立していることは、一般によく知られている。物権行為の効力発生要件のあり方としての形式主義とは、「物権変動は当事者の意思表示（物権契約―引用者註）と登記（不動産物権変動の場合）あるいは引渡し（動産物権変動の場合）とによって生ずるというたてまえ」をいう[16]。不動産物権変動について形式主義を宣言するドイツ民法の典型的な規定は、同法八七三条である。形式主義によれば、不動産物権変動が生じる時は、その登記が具備された時であり（同法八七三条一項）、物権契約当事者間において、物権変動が生じる時期について紛争が生じることは、回避されうる[17]。また、たとえば、不動産所有権を物権契約によって移転する場合、譲渡人から譲受人へと不動産所有権を移転するためには、譲渡人・譲受人間の譲渡契約締結（Auflassung）に加えて（ドイツ民法九二五条）、譲受人が登記を具備しなければならないから、当該不動産についての現在の所有権者が、確実に公示されることになる。当該不動産の所有権を譲り受けようとする第三者は、登記を見て、譲受人と譲渡契約を締結し、無権利者である譲渡人と譲渡契約を締結することはないのである。形式主義は、譲渡契約当事者間の不動産物権変動の時期を明確にするとともに、第三者に対して当該不動産物権の正確な帰属先を公示することを可能にするのであり、不動産取引の安全を徹底的に追求する考え方であるということができる[18]。本稿は、不動産物権契約の効力発生要件における形式主義の機能が専ら不動産取引の安全を図るものであることを特に強調しておきたい。

なお、以上に述べたドイツ民法における不動産物権変動についての形式主義は、論理必然的に不動産物権行為の独自性へとつながる。たとえば、売買契約を原因として不動産所有権を譲渡する場合、「合意（売買の合意─引用者註）のみで成立しなんらの形式をも必要としない売買契約と、合意（所有権譲渡の合意─引用者註）のほかに登記などの形式を必要とする所有権移転（物権行為─引用者註）とを同列に論ずることはでき」ない[19]。形式が要求されない債権行為と一定の形式（登記）が要求される不動産物権行為とは、互いに異なるものであり、不動産物権行為における不動産所有権移転の合意を売買の合意に含めることは、当然できない[20]。我妻博士が形式主義について「物権の変動を生じさせる意思表示は、債権を生じさせる意思表示とは、常に別個の─物権変動だけを目的とする─もの（物権行為）であるだけでなく、不動産物権については登記、動産物権については引渡を伴う要式行為でなければならない」と説明されるのは、この趣旨である[21]。この物権行為の独自性を認める考え方は、不動産物権行為の無因性を導き[22]、形式主義と相俟って不動産取引の安全を増すことになる[23]。

⑵　フランス民法における意思主義

ドイツ民法の形式主義に対して、フランス民法は、物権行為の効力発生要件のあり方として意思主義を採用している。意思主義とは、「物権変動は当事者の意思表示（物権契約─引用者註）のみによって生じ、ほかになんらの形式をも要しないとするたてまえ」をいう[24]。フランス民法七一一条は、所有権は債務の効果として移転するとし、同法一一三八条もそれを受けて、目的物引渡債務は契約当事者の承諾によって完全なものとなると規定する。所有権移転という物権変動は、それを生じさせようという物権契約当事者の意思表示の合致があれば、ただそれだけで生じるとされるのである[25]。これらのフランス民法の規定は、同法が物権行為の効力発生要件について意思主義を採用していることを端的に示している。なぜ、フランス民法は、不動産物権変動という効果を生じさせる要件として、当該不動産物権の譲渡人および譲受人間の合意（物権契約）のみで足りるとするのであろうか。これについて、我妻博士は、意思主義は思想的には私的自治の原則から導かれるものであると説明される。[26] 私人は自らの自由な意思によって権利を制御しうるから、私人間における不動産物権の譲渡についても、私人間の不動産物権移転の合意に加えて、不動産物権変動という効力が発生するための要件として、登記などの形式を法が要求することは、私人の自由意思への干渉となるのである。[27][28] また、フランス民法は、「物権そのものは本来思考上の表象たる観念的な存在だから、その設定や移転も単に観念的な合意でなし得なければならぬとする自然法学的な思想の影響」を受けて意思主義を採用したとも指摘されている。[29]「物に対する直接的排他的支配権」である物権それ自体は、目に見える形で存在せず、観念的なものである。それゆえ、物権の譲渡当事者（譲渡人および譲受人）による譲渡の合意以外に、物権変動が生じるための要件は、求められえないのである。物権の移転もまた観念的なものであり、譲渡当事者の頭の中においてなされうるから、現実的なものである登記や引渡しといった形式は、物権行為の効力発生要件として問題とならない。

　フランス民法における意思主義は、不動産物権取引の安全を脅かす。意思主義によれば、不動産物権行為の効果である物権の移転（物権変動）が生じるためには、譲渡人および譲受人間の合意（物権契約）のみで足りる。しかし、譲渡人・譲受人間で物権契約が締結され、当該不動産物権が譲渡人から譲受人に移転したことは、第三者の知るところではない。したがって、右の物権契約締結後、第三者は、既に無権利者となった譲渡人とあらたな物権契約を締結し、当該不動産物権を取得できないという不測の損害を負いうる。[30] このような結果は、不動産取引の安全を害する。そこで、不動産物権変動については、一八五五年法によって、謄記が対抗要件として要求されるようになった。[31] この意思主義と対抗要件主義の組み合わせにより、第三者は、当該不動産物権についての権利者を正確に把握できる。また、譲渡人が当該不動産物権を譲受人と第三者に二重譲渡した場合、第三者は、謄記を譲受人よりも先に具備することにより譲受人に当該不動産物権の帰属を対抗しうる。こうして、意思主義を採用するフランス民法における不動産物権取引の安全は、図られている。[32] ただし、意思主義と対抗要件主義の組み合わせは、不動産物権変動は譲渡当事者間の合意（物権契約）によって生じるとする点で意思主義を維持しつつも、譲受人が登記をしないでいた場合において、第三者がその譲受人よりも先に登記をしたときは、その譲受人は当該不動産物権の帰属を第三者に対抗できないとする。これは、譲受人が登記をしなければ、当該不動産物権は、確定的に譲渡人から譲受人へと移転しないということを意味する。本来の意思主義は物権契約締結のみによって確定的に譲渡人から譲受人へと当該不動産物権を移転させるものであるから、意思主義と対抗要件主義の組み合わせは、この限りにおいて本来の意思主義を修正しているといえる。[33]

なお、意思主義を採用するフランス民法においては、物権行為の効果たる物権変動は、原因行為によって発生した債務の効果として生じる（フランス民法七一一条、同法一一三八条）。したがって、物権行為は、必ずしも債権行為から独立して存在する必要はないことになる（物権行為の独自性はない）。[34] 所有権の譲渡の場合、「物権行為は観念的な債権契約に吸収され、（債権—引用者註）契約から分化独立した物権行為は存在しない」ということが、いえるのである。[35] フランス民法の意思主義においては、物権行為の効果が有効に生ずるかどうかは、債権行為の効果が有効に生じるかどうかにかかっている（物権行為の有因性）。[36] フランス民法において物権行為の無因性が認められていないことは、無因性を認める立法と比べた場合、一見すると、物権取引の安全の点で問題がありそうである。

日本民法もまた、フランス民法と同様に意思主義を採り（民法一七六条）、物権行為は「ドイツ法系（形式主義）のように特別の形式（登記・引渡など）を必要とするのではなく、フランス法系（意思主義）のように、単なる意思表示（契約または単独行為）だけでその効力（物権変動を生じさせること—引用者註）を生ずる」のである。[37]

たとえば、所有権の移転（物権変動）は、譲渡人および譲受人間における所有権移転の合意（物権契約）のみをその要件（効力発生要件）とするのである。日本民法は、不動産物権変動の対抗要件として登記を要求している（民法一七七条）。所有権移転の例でいえば、譲渡人・譲受人間における所有権移転の合意によって、所有権は、譲渡人から譲受人へと移転するのであるが、その移転を第三者に対抗するために、登記が必要とされるのである。したがって、フランス民法と同様、登記は、不動産物権変動の効力発生要件ではない[38]。こうして、日本民法もまたフランス民法と同様に、意思主義に対抗要件主義を組み合わせて不動産取引の安全を図っており、そのために、意思主義を修正している[39]。そして、日本民法も意思主義を採用していることから、同法の物権行為についても、その独自性がないということになる。通説もまた、債権行為と物権行為はともに合意のみを効力発生要件としており、両者の合意は一体としてなされるから、その一つの合意（債権行為における合意）の中に物権行為における合意を把握すればよく、債権行為と常に別個に物権行為が存在することを要しないとする[40]。したがって、債権行為における合意の中に物権行為の合意が読み取れるのであれば、その債権行為における意思表示は、民法一七六条の「意思表示」となり、物権変動を発生させるのである[41]。また、通説は、民法五四五条一項但書のように、債権行為の意思表示のみによって物権変動が生じることを前提とした規定が存在することも、物権行為の独自性を否定する根拠とする[42]。判例は、特定物売買の場合において、民法一七六条の「意思表示」が物権行為の意思表示であることを前提とした上で、「特定物ヲ目的トスル売買ハ特ニ将来其物ノ所有権ヲ移転スヘキ約旨ニ出テサル限リハ即時ニ其物ノ所有権ヲ移転スル意思表示ニ外ナラサル」とし、債権行為の意思表示の中に物権行為のそれを読み込んでいる（大判大正二年一〇月二五日民録一九輯八五七頁）。判例もまた、物権行為の意思表示は債権行為のそれと常に別個に存在していなくてもよいとし、物権行為の独自性を否定しているといえる[43]。物権行為の独自性を否定する我が国の判例通説にしたがえば、債権行為と物権行為は、有因であることになる[44]。なお、仮に日本民法において物権行為の独自性を承認した場合、論理必然的に、物権行為の無因性が導かれることになる。しかし、そうであったとしても、物権行為の無因性は、日本民法においてはほとんど無意味であり、物権取引の安全を図るものとはいえないと考える[45]。したがって、物権行為の無因性を認める立法が、これを認めない立法と比して、物権取引の安全への配慮という点で優れているとは必ずしもいえないであろう。物権行為の無因性が認められないために、意思主義（フランス民法および日本民法）が形式主義（ドイツ民法）に劣るとはいえないように思われる。

(3)　両主義の比較と考察

本稿はこれまで、不動産物権変動の効力発生要件のあり方について、ドイツ民法の形式主義とフランス民法の意思主義を概観してきた。ドイツ民法における不動産物権変動は、それを生じさせようとする意思表示の存在だけでなく、登記という形式の具備もその要件としている。他方、フランス民法における不動産物権変動は、右の意思表示のみをその要件とする。したがって、不動産物権変動に公示を必ず伴う形式主義のほうが、不動産取引の安全の点で意思主義に勝るようにも思える。しかし、フランス民法は、意思主義に対抗要件主義を組み合わせており、不動産取引の安全を図っている。そうであるならば、形式主義と意思主義（正確にいえば、意思主義と対抗要件主義の組み合わせ）は、不動産物権変動を生じさせる要件が異なるにすぎず、その機能（不動産物権変動を生じさせるとともに不動産取引の安全を図るという機能）の点で同じであり、実質的な差異を有していないということになりそうである[46]。

形式主義に従えば、たとえば、ある者のもとに不動産所有権登記があれば、その者は、誰に対する関係でも所有権者である。仮に、その者が他の者と当該不動産所有権について譲渡契約を締結していたとしても、当該不動産所有権登記がその者のもとにあるならば、当該不動産所有権は、その者に帰属したままである。そして、譲渡契約当事者ではない第三者もまた、当該不動産所有権の帰属に変更がなく、その者に帰属したままであることを認識しうる。つまり、形式主義は、不動産物権変動が生じた時点（登記時）を明確にし、「当事者間の法律関係と対第三者の法律関係を一元化すること」ができるのである。[47] このことは、第三者が現在の不動産所有権者を正確かつ明確に把握できることを意味し、不動産取引の安全に資する。[48] それでは、意思主義ではどうか。やはり、ある者のもとに不動産所有権登記が存在する場合を想定すると、意思主義においては、その者が他の者と譲渡契約を締結したことのみをもって、当該不動産所有権は、その者から他の者へと移転する。ところが、第三者は、この所有権の移転を明確に認識しえない。右の譲渡契約締結による当該不動産所有権の移転は、当該不動産所有権移転登記によって公示されない限り第三者に認識されない。それゆえ、第三者は、譲渡人に当該不動産所有権が帰属しているのか、または、譲受人に帰属しているのか判然としないという状態で当該不動産取引をするかどうか選択することになる。すなわち、意思主義は（対抗要件主義と組み合わされていても）、「法律関係が対内関係・対外関係に分裂して複雑な問題の生ずる」危険性を有しているのである。[49] このことは、不動産物権取引の安全を脅かすことにつながる。[50] 前述したように（二1(1)および(2)を参照）、形式主義と（対抗要件主義と組み合わされていない）意思主義との対比において、形式主義のほうが不動産取引の安全の点で優れていることは、いうまでもないが、形式主義と意思主義・対抗要件主義の組み合わせとの対比においても、形式主義のほうが同じ点で優れているのである。[51] 形式主義と意思主義は互いに、不動産物権変動を生じさせるという機能を有する。また、両者（意思主義は対抗要件主義と組み合わさって）は、不動産取引の安全を図るという機能も有している。ただ、後者の機能については、形式主義のほうが意思主義・対抗要件主義の組み合わせに勝っている。形式主義と（対抗要件主義と組み合わされた）意思主義との実質的な差異は、この点に存し、形式主義の意義も、この点においてみとめられるのである。立法論上、形式主義が意思主義よりも優れていると指摘されるのは、この実質的な差異による。[52]

2　動産物権変動

本稿は、二1において物権行為の効力発生要件のあり方としての形式主義と意思主義を対比して両者の機能を明らかにし、両者の実質的な差異（形式主義の意義）を示した。不動産に関する物権の変動を生じさせる物権行為の効力発生要件がどのようにあるべきかをめぐって、形式主義を採る立法（ドイツ民法）と意思主義を採る立法（フランス民法・日本民法）が対立しているということが、そこでの出発点であった。当然のことながら、両主義とも、不動産物権変動が生じる要件のあり方だけに妥当するのではなく、動産物権変動が生じる要件のあり方についても妥当する。しかし、本稿は、動産物権変動の効力発生要件のあり方としての形式主義と意思主義を対比させ、両者の機能と両者間の実質的な差異（形式主義の意義）を明らかにすることを試みない。

確かに、ドイツ民法九二九条は、動産所有権譲渡の場合において、譲渡人から譲受人へと所有権が移転するためには、譲渡人・譲受人間の動産所有権移転の合意（意思表示）だけでは足りず、当該動産の引渡しという形式を要求している（形式主義）。また、フランス民法は、動産所有権は債務の効果として移転し（同法七一一条）、その債務（目的物引渡債務）の効果は原因契約当事者間の合意によって生じるとする（同法一一三八条）。動産物権変動は、動産物権契約締結のみによって生じるわけである（意思主義）（日本民法も同じである（同法一七六条）[53]）。動産物権変動における形式主義は、動産取引の安全の点で意思主義に勝るようにも思える。形式主義は、動産の引渡しも動産物権行為の効力発生要件としているので、当該動産物権が現在誰に帰属しているのかを明確に公示し、動産取引の安全を図っている。意思主義によれば、意思表示のみを動産物権行為の効力発生要件としているから、特段右のような公示はないことになる。

しかし、ドイツ民法は、引渡しを観念的にも捉えており、たとえば、九三〇条において占有改定の規定を置いている。それゆえ、動産物権変動を生じさせる要件である引渡しは、公示方法とはいえなくなる。第三者を保護し、動産物権取引の安全を図るために、ドイツ民法は、動産の占有に公信力を与える（即時取得の）規定を置いている（たとえば、同法九三二条）。右に述べたことは、まさに意思主義のもとでいえることであり、意思主義が動産の占有に公信力を与えて動産取引の安全を図っていること（フランス民法一一四一条・同法二二七九条、日本民法一九二条）と同じである。(54) つまり、動産物権変動においては、形式主義と意思主義は、差異を有していないのである。(55)

(15) 物権変動における意思主義および形式主義の詳細については、我妻・前掲注(9)四八頁以下、船橋・前掲注(9)七〇頁以下等を参照。
(16) 半田・前掲注(9)二六頁。船橋・前掲注(9)七一頁および七三頁も、同様の説明をしている。
(17) 我妻・前掲注(9)四九頁、舟橋・前掲注(9)七一頁。
(18) 我妻・前掲注(9)四九頁以下、舟橋・前掲注(9)七一頁。
(19) 半田・前掲注(9)二六頁。
(20) 我妻・前掲注(9)五四頁、潮見佳男「物権行為と債権行為」椿寿夫＝新美育文編著『解説　関連でみる民法Ⅰ』（日本評論社、二〇〇七年）一五〇頁等を参照。
(21) 我妻・前掲注(9)四九頁。割注については、引用にあたり省略した。
(22) 我妻・前掲注(9)五四頁、舟橋・前掲注(9)七四頁。
(23) 我妻・前掲注(9)五四頁。
(24) 半田・前掲注(9)二五頁。我妻・前掲注(9)四八頁以下、舟橋・前掲注(9)七一頁以下も、同様の説明をしている。
(25) なお、フランス民法一一三八条の詳細および同条と同法七一一条との関係については、田中周友＝川上太郎＝小野木常＝谷口知平＝木村健助〔田中周友＝高木多喜男＝中野貞一郎＝木村健助補遺〕『佛蘭西民法〔Ⅲ〕財産取得法⑵』（現代外国法典叢書16）〔復刻版〕（有斐閣、一九八八年）七〇頁以下〔田中周友執筆〕を参照。

(26)　我妻・前掲注(9)四九頁。舟橋・前掲注(9)七一頁も同旨。
(27)　加藤雅信教授を代表とする民法改正研究会もまた、民法一七六条の改正案について、本文に述べたことと同様の理由から、現行の一七六条と軌を一にして、意思主義を採用する案を正案としている（松岡・前掲注(6)四三頁を参照）。
(28)　なお、本文で述べたフランス民法における意思主義の思想的背景は、ドイツ民法における形式主義を否定するものではないと思われる。形式主義を採用する法制度においても、私人は、その法制度を前提として自由な意思で不動産物権を譲渡し、譲り受けることができるのである。形式主義は、私的自治の原則と相反するものではない。
(29)　神田博司「不動産物権変動における意思主義と形式主義」綜合法学四四号（一九六二年）六頁。
(30)　つまり、不動産物権の二重譲渡は、生じえなかったのである（我妻・前掲注(9)五〇頁を参照）。
(31)　一八五五年法の詳細については、滝沢聿代「物権変動における意思主義・対抗要件主義の継受㈢—不動産法を中心に—」法協九三巻一二号（一九七六年）九八頁以下を参照。
(32)　舟橋・前掲注(9)七三頁。
(33)　これについて、滝沢教授は、「契約による取得から登記による取得へ—これは意思主義の修正という意味での法定取得」と表現されている（滝沢・前掲注(31)九三頁）。
(34)　我妻・前掲注(9)五五頁、舟橋・前掲注(9)七二頁以下。
(35)　神田・前掲注(29)六頁。半田・前掲注(9)二五頁も、原因行為（債権行為）が売買契約と仮定して、「あえて（売買契約と所有権移転の合意という—引用者註）二個の合意をする必要はなく、売買契約の合意の中に所有権移転の合意をも含ませて、売買契約が成立すれば所有権移転の効果をも生ずると解する余地がでてくる」と指摘する。
(36)　我妻・前掲注(9)五五頁。舟橋・前掲注(9)七三頁も同旨。
(37)　我妻・前掲注(9)五六頁。

(38) 我妻・前掲注(9)五六頁、舟橋・前掲注(9)七四頁。

(39) その修正の方法として代表的なものが、不完全物権変動説である（不完全物権変動説の詳細については、我妻・前掲注(9)一四九頁以下参照）。富井博士は、この意思主義の修正に対して、「物権ハ絶対権ナルガ故ニ其存立ト同時ニ之ヲ以テ何人ニモ対抗スルコトヲ得ベキ効力ナカル可ラズ。其存立要件ト対抗要件トヲ区別シ一般ニ第三者ニ対抗スルコトヲ得ザル物権ヲ認ムル如キハ物権ノ本性ニ反スルモノト謂フベシ」と指摘され、ドイツ民法の形式主義を適当とされる（富井政章「我国法上ニ於ケル物権的意思表示」法協二四巻一号（一九〇六年）二三頁）。確かに、物権の権利の特質である排他性を貫徹させる形式主義（ドイツ民法）は、論理的にはより望ましいようにも思える。しかし、意思主義とあわせて対抗要件主義を採用している以上、対抗問題の場面で物権の排他性が例外的に制限されると解さざるをえないとしても（我妻・前掲注(9)一四九頁参照）、さほど論理的に問題があるようには思われない。判例も、「抑民法ニ於テ登記ヲ以テ不動産ニ関スル物権ノ得喪及ヒ変更ニ付テノ成立要件ト為サスシテ之ヲ対抗条件ト為シタルハ既ニ其絶対ノ権利タル性質ヲ貫徹セシムルコト能ハサル素因ヲ為シタルモノト謂ハサルヲ得ス」と述べるが（大連判明治四一年一二月一五日民録一四輯一二七六頁）、その趣旨は、私見と同様であると理解できる。

(40) 我妻・前掲注(9)五七頁、舟橋・前掲注(9)八二頁以下、潮見・前掲注(20)一五〇頁等を参照。

(41) 潮見・前掲注(20)一五〇頁。

(42) 我妻・前掲注(9)五七頁。

(43) 潮見・前掲注(20)一四九頁以下。

(44) 我妻・前掲注(9)六九頁、舟橋・前掲注(9)八九頁以下。

(45) 債権行為の意思表示について、意思の欠缺や瑕疵があるときは、物権行為の意思表示についても同様に、それらが存在するといえるであろう。また、民法五四五条一項本文の原状回復義務により、債権行為が解除されたときは、物権行為も、解除されたことになるであろう（このことについて、神田・前掲注(29)九頁以下は、「物権行為も一種の法律行為である以上その行為自体の瑕疵があれば完全な効力を生ぜず、債権行為に瑕疵あるときは同一事情の下で行われた物権行為も通常同様の瑕疵を伴う。したがって物権行為の無因性を認めても実際上は物権行為の効力は債権行為の効力と同一の運命に服することとなろう」と述べる)。

(46)　半田教授は、このことに関連して、「不動産物権変動の公示方法として要求される登記には、物権変動の効力発生要件としての機能をこれに与える立法例と、対抗要件としての機能を与える立法例とに分かれ、対立している」とされる(半田・前掲注(9)二六頁以下)。

(47)　舟橋・前掲注(9)七一頁。

(48)　舟橋・前掲注(9)七一頁。なお、これについて我妻博士は、「登記なしには、意思表示に基づく物権変動の効果は絶対に生じないのであるから、すべての第三者に対して法律関係を明瞭画一ならしめる。ドイツ民法主義の長所は実にこの点にある」と述べられる(我妻・前掲注(9)五一頁)。

(49)　舟橋・前掲注(9)七一頁。同旨、山田晟『ドイツ物権法　上巻』(弘文堂、一九四四年)一五三頁。

(50)　富井・前掲注(39)二三頁。なお、前掲注(48)を参照。

(51)　舟橋諄一＝徳本鎭編『新版注釈民法(6)』(有斐閣、一九九七年)二一九頁および二二一頁〔山本進一執筆〕を参照。

(52)　我妻・前掲注(9)五九頁および五一頁、舟橋・前掲注(9)七二頁、富井・前掲注(39)二三頁、山田・前掲注(49)一五四頁等。

(53)　木村健助〔木村健助補遺〕『佛蘭西民法〔Ⅱ〕財産取得法(1)』(現代外国法典叢書15)〔復刻版〕(有斐閣、一九八八年)四頁、田中・前掲注(25)七一頁。

(54)　日本民法は、動産物権変動についても意思主義を採用し(民法一七六条)、あわせて対抗要件主義を採用している(民法一七八条)。この両主義の組み合わせは、占有改定の規定(民法一八三条)によって、第三者保護(動産物権取引の安全を図ること)にはつながらない(この詳細については、半田・前掲注(9)九八頁以下を参照)。したがって、民法一七八条は、民法一九二条に動産取引の安全を図る機能を託さざるを得ない。

(55)　我妻・前掲注(9)五〇頁以下、舟橋・前掲注(9)七二頁、松岡・前掲注(6)五〇頁。なお、動産物権変動

について、形式主義が意思主義に勝るとする見解も存在し、その見解は、「動産法においては引渡は登記ほど明確な表象たりえないが、公示方法として全然無意味ではないのみならず、引渡を物権変動の要件とすることは当事者間の法律関係を明確にし、当事者間の法律感情にも合する」と説明する（山田晟『ドイツ法概論（上巻）』（有斐閣、一九四九年）二〇三頁、同『ドイツ物権法概説』（弘文堂、一九四九年）四七頁以下も参照）。確かに、動産物権契約締結とともに現実の引渡しがなされる場合、その引渡しは、公示方法として機能することになる。しかし、本文に述べたように、たとえば、占有改定（ドイツ民法九三〇条）もまた、引渡しであることからすると、この説明は、適当ではないように思われる。

三　ドイツ債権譲渡法における意思主義の生成と変容

1　ドレスデン草案による意思主義の生成

本稿は、二1において、物権行為の効力発生要件のあり方をめぐる形式主義（ドイツ法系）と意思主義（フランス法系）の対立を概観し、それぞれの機能と実質的差異（形式主義が（不動産）取引の安全の点で意思主義に勝るという、形式主義の意義）を明らかにした。これらを念頭に入れ、準物権行為である債権譲渡の効果（債権の移転）が生じるための要件について、なぜドイツ民法が意思主義を採用し（同法三九八条）、物権行為と歩調を合わせて形式主義を採用しなかったのか、ということを明らかにしてみよう。この解明のためには、一2で述べたように、ドイツ民法の立法資料から同法三九八条の立法趣旨を把握しなければならない。そして、その立法資料は、債務法部分草案の前の草案であるドレスデン草案であり、もっと具体的にいえば、ドレスデン草案討議記録である。

(1)　ドレスデン草案三二二条

債権譲渡の効力発生要件について意思主義を採ることを宣言するドイツ民法三九八条に対応するドレスデン草案の規定は、同草案三二二条である。同条は、次のような規定である。

「①債権者は、法律行為によって、債務者の同意なくして、その債権を他の者に譲渡することができる（債権譲渡）。

②譲渡人は、債権譲渡によって、債権者の地位を失い、その債権の取得者が、その債権について新債権者となる。」(56)

右のドレスデン草案三二二条は、債権譲渡の効果である債権の移転を生じさせる要件として、債権の移転の意思表示のみを要求する。すなわち、同条は、債権譲渡の効力発生要件について、意思主義を採用しているのである。同条は、なぜ、意思主義を採るのであろうか。ところで、同条の前身となる規定は、同草案編纂委員会提案の二九六条である（以下、「委員会提案二九六条」とよぶ）。委員会提案二九六条は、以下のような規定である。

「債権は、債務者の同意なくして、債権譲渡によって、旧債権者から新債権者へと移転することができる。その債権を譲渡した債権者は、債権譲渡によって、債権者の地位を失い、その債権を譲り受けた者が、新債権者となる。」(57)

ドレスデン草案においては、債権譲渡の効力発生要件について意思主義を採用すべきか、または、形式主義を採用すべきか、という議論は、右の委員会提案二九六条の討議の中で展開されているのである。ドレスデン草案三二二条がなぜ意思主義を採用しているのか、という問いに対する答えは、委員会提案二九六条における意思主義および形式主義をめぐる議論（討議）の内容とその結果を明らかにすることによって導かれそうである。それゆえ、本稿は以下、右の議論の内容とその結果をドレスデン草案討議記録から検証することにしたい。

⑵　ドレスデン草案三二二条の立法趣旨

ドレスデン草案討議記録によれば、債権譲渡の効力発生要件について形式主義を採るべきか、または、意思主義を採るべきか、という議論は、委員会提案二九六条前段の文言をめぐって開始された。「債権は、……債権譲渡によって、……移転することができる。」という文言が、問題となったのである。まず、意思主義を採用すべきであるとする論者は、上記の文言について、「債権譲渡を生じさせる法律行為にさらに付け加えて、旧債権者から譲受人へと債権を移転させるために、特別な行為、つまり、債権譲渡を生じさせる法律行為とは別個の行為が必要であるかのような外観を呈している。その特別な行為とは、物の譲渡における物の引渡しのような行為である。」と指摘し、文言の妥当性に疑問を投げかけている[58]。たしかに、委員会提案二九六条前段の文言によれば、債権譲渡の効力発生要件として譲渡の意思表示のみならず、何らかの形式が要求されているようにも読める。つまり、同条は、形式主義を採っているとも理解され得る余地がある。現に、同条の報告者（Referent）は、委員会提案二九六条は形式主義を採用した規定と理解していた。報告者は、形式主義を採用する根拠について例を交えて説明している。債権譲渡の原因が売買である場合において、債権の買主がその債権の代金債務につき履行遅滞に陥ったときは、債権の引渡しに準ずるもの（準引渡し）が認められなければならないという[59]。譲渡人・譲受人による債権譲渡の意思表示があった後、債権譲渡の原因となる売買契約における代金債務について履行遅滞が生じたとき、意思主義を採るならば、譲渡人は、債権譲渡に対する対価（債権の売買代金）を得ることができず、債権を失う一方で、譲受人は、譲渡人との売買契約に基づき債権譲渡の対価を譲渡人に支払うことなく、債権を取得することになる。これは、譲渡人・譲受人間の公平に反する。この不公平は、譲受人が代金債務を履行するまで、譲渡人が当該債権を譲受人に譲渡しないことによって解消される。そこで、同条の報告者は、債権譲渡の効力発生要件について形式主義を採用すべきであるとし、動産所有権の譲渡の場合に、動産所有権譲渡の意思表示とともに、動産の引渡しという形式も要件とされているように、債権譲渡についても、債権譲渡の意思表示とともに、一定の形式をその効力発生要件とすべきと主張するのである。ただし、債権は、動産とは異なり、引渡しが不可能であり、それゆえ、同条の報告者は、債権の引渡しに準ずるもの（準引渡し）を一定の形式として要求することになる。その債権の引渡しに準ずるものとは、譲渡人・譲受人間の債権譲渡契約締結（債権譲渡の意思表示）とはもちろん別個の、「債権の移転に向けられた意思表示」であるという。(60) 債権譲渡の効果である債権の移転が生じるためには、債権譲渡の意思表示だけでは足りず、実際に譲渡人から譲受人へと当該債権を移転する旨の譲渡人による意思表示という形式もまた、必要とされるのである。同条の報告者は、同条前段の「債権譲渡によって」という文言の中に、①譲渡人・譲受人間の債権譲渡契約締結とともに、②譲渡人による当該債権を譲受人へと実際に移転（譲渡）する旨の意思表示の両方を読み込むのである。ただし、この報告者の見解については、債権の売買代金債務が履行されることを停止条件とする債権譲渡契約締結によって、譲渡人・譲受人間の不公平状態は回避されうるので、(61) あえて形式主義を採用しなくてもよく、意思主義でもよいのではないか、という疑問は生じうる。

委員会提案二九六条前段の文言に批判的であり、意思主義を採用すべきとする論者は、形式主義を採用する同条の報告者の見解について、三つの問題点を指摘する。まず、第一点について論者は、譲渡人・譲受人間の債権譲渡契約締結に加えて、譲渡人が債権を実際に譲受人へと移転（譲渡）する旨の意思表示（という形式）も債権譲渡の効力発生要件とすると、「第三〇六条において、単なる債権譲渡のための行為（債権譲渡契約締結に加えて、譲渡人が債権を実際に譲受人へと移転（譲渡）する旨の意思表示をすること―引用者註）について、譲渡人は、譲受人に証書を交付する義務を負うことになり、ある程度これを認めなければならなくなる。」と述べる。(62) 第三〇六条とは、ドレスデン草案編纂委員会提案の第三〇六条のことであるが（以下、「委員会提案三〇六条」とよぶ）、それは、次のような規定である。

「債権を譲渡した債権者は、新債権者に対して、手元にあるその債権に関する証書を引き渡し、その債権の行使に必要な報告をなし、その債権に関する証明方法を示し、債権譲渡に関する証書を交付する義務を負う。[63]」

債権譲渡の効力発生要件として、譲渡人・譲受人間の債権譲渡契約締結のみならず、譲渡人が債権を実際に譲受人に移転（譲渡）する旨の意思表示も求められるのであれば、譲渡人は、右の委員会提案三〇六条に従い、①債権譲渡契約締結時と②実際に債権を譲受人に移転する旨の意思表示をした時の二回、譲渡証書を譲受人に対して交付しなければならないことになる。同一の債権を同一人に譲渡するにもかかわらず、譲渡人が譲受人に対して二回も譲渡証書を交付するというのは、経済合理性に合致しない。形式主義を採用する報告者の見解は、委員会提案三〇六条との関係で、譲渡人に譲受人に対する譲渡証書の交付を二回義務付けてしまい、経済合理性と合致しないという難点を有している。これが、意思主義を採用すべきと主張する論者が形式主義を採用する報告者の見解について指摘する第一の問題点である。なお、右の問題点は、全ての債権譲渡に妥当するわけではない。たとえば、債権譲渡の原因となる売買契約締結後ただちに、買主が代金債務を履行した場合において、その債務の履行に続けて当該債権について債権譲渡契約が締結されたときは、譲渡人が当該債権を実際に譲受人に移転（譲渡）する旨の意思表示は、債権譲渡契約締結と同時になされる。それゆえ、このときの譲渡人は、譲受人に対して、譲渡証書を一回交付すればよいことになる。経済合理性に合致しない、譲渡人による譲受人に対する譲渡証書の二回の交付は、「ある程度」なされうるものの、必ずなされるとは限らない。このことは、意思主義を採用すべきとする論者も認めるところである。形式主義に対する批判としては、若干説得力に欠けるきらいがあるであろう。

意思主義を採用すべきとする論者が委員会提案二九六条を形式主義の立場で起草した報告者に対して指摘する

第二の問題点は、報告者による委員会提案二九六条の解釈とドレスデン草案編纂委員会提案の三〇一条（以下、「委員会提案三〇一条」とよぶ）との整合性がとれていないということである。論者は、「（委員会提案二九六条について──引用者註）準引渡しという形式を採用することは、三〇一条の規定によって不可能」と述べている。[64] 委員会提案三〇一条は、以下のような規定である。

「債権譲渡は、自由に法律行為によって、又は、遺言、法律の規定若しくは確定した裁判所の決定に基づいて義務を負わされることによってすることができる。[65]」

右の委員会提案三〇一条の「債権譲渡は、自由に法律行為によって……することができる」という文言から、同条は、債権譲渡の効力発生要件について、債権の移転の意思表示のみを要求しており、意思主義の立場をとっているといえる。したがって、論者は、委員会提案三〇一条との整合性の点から、委員会提案二九六条前段の「債権譲渡によって」という文言についてもやはり、債権の移転の意思表示（債権譲渡契約締結）と解するべきであるというのである。

意思主義を採用すべきとする論者が委員会提案二九六条の報告者に対して指摘する第三の問題点は、どのようなものであろうか。以下、詳しくみていくことにしよう。第三の問題点は、物権行為と債権譲渡（準物権行為）を対比し、それぞれの効果（物権変動・債権の移転）が生じるために、何が必要とされるのかを考察することで明らかとなる。論者はまず、物権行為について、「有体物の譲渡の場合においてのみ、引渡しが、法律行為である譲渡行為に付け加えられなければならない。なぜならば、法律行為である譲渡行為だけでは、譲渡人は、有体物に対する権利を譲受人に移転することができないからである。」と述べる。[66] たとえば、ある動産を譲渡する場合、すなわち、ある動産の所有権を譲渡（移転）する場合、譲渡人・譲受人間の所有権の譲渡契約締結（所有権移転の意思表示）だけでは、当該動産の所有権は、譲渡人から譲受人へと移転しない。所有権は、物に対して自由に使用・収益・処分をする権利であるところ、譲渡人・譲受人間の所有権譲渡契約締結によって所有権が観念的に譲渡人から譲受人へと移転しうるとしても、当該動産が譲渡人から譲受人へと引き渡されなければ、譲受人は、当該動産を使用・収益・処分することができないのであり、当該動産の所有権は、実質的には、譲渡人から譲受人へと移転していないことになるのである。それゆえ、有体物の所有権を譲渡して、所有権の移転という効果を生じさせるためには、その有体物の引渡しという要件もまた、求められるというのである。もちろん、私的自治の原則により、譲渡人・譲受人間の所有権譲渡契約締結もまた、右の効果を生じさせるための当然の要件である。論者は、以上に述べたところから、物権行為の効力発生要件について、形式主義を採用すべきであるとするのである。ただし、論者は、形式として有体物の引渡しを挙げているが、登記を挙げていない。ドイツ民法は、不動産物権変動が生じる要件として、不動産物権変動の意思表示および登記を要求しているが（ドイツ民法八七三条および同法九二八条）、論者は、有体物が動産である場合における、その動産の物権変動を生じさせる要件について、譲渡の意思表示に加えて、形式としての引渡しが必要であると言及しているにすぎない。不動産も動産と同じ有体物でありながら、不動産物権変動の要件のうち、登記という形式に論者が言及していない理由は、ドレスデン草案討議記録からは明らかにならない。それでは、次に、債権譲渡の効果である債権の移転を生じさせる要件について、論者は、どのように述べているのであろうか。論者は、「債権の場合、債権の取得者は、法律行為である譲渡行為によって直接に債権を取得する。なぜならば、債権は、有体物とは異なり、債権に対する権利というものを観念できないからである。債権は、法律行為である譲渡行為によって譲渡され、その当然の結果として、取得者へと移転する。」と言う。(67) 論者の言わんとすることは、おそらく次のようなことであろう。有体物に対する権利である物権は、ある程度可視的である。当該有体物をその所有権者が自己占有している場合は、原則として、何人も、その所有権を認識することができる。それに比べると債権は、その客体が物ではなく（特定の）債務者であることもあって、可視的な権利とはいい難い。また、債権が可視的な権利ではないことは、債権者・債務者間においても同様である。つまり、債権は、全く観念的な権利なのである。そうであるならば、債権譲渡によって債権を譲渡人から譲受人へと移転するためには、債権譲渡の意思表示（たとえば、譲渡人・譲受人間の債権譲渡契約締結）で足りることになる。観念的な権利の譲渡もまた、観念的になされるのであり、私的自治の原則から譲渡の意思表示は要求されるものの、それ以外に譲渡の効果が生じるための要件は、考えられないのである。有体物の所有権が譲渡人から譲受人へと移転するためには、譲渡の意思表示（たとえば、所有権の譲渡契約締結）に加えて、引渡しという形式が要件とされるが、債権譲渡においては、そのような形式は、債権譲渡の効力発生要件ではない。論者は、準物権行為である債権譲渡については、その権利の性質（全く観念的な権利であること）から、意思主義を採用すべきであるというのである。以上に述べたところから、論者が形式主義を採る委員会提案二九六条の報告者に対して指摘する第三の問題点とは、債権は全く観念的な権利（財産権）であるため、それを譲渡するためには（債権譲渡によって債権を移転するためには）、譲渡の意思表示だけで足り、他に何らの形式も必要ないにもかかわらず、形式（準引渡し）が必要であるというのはおかしいということであるといえる。

債権譲渡の効力発生要件について意思主義を採用すべきとする論者が形式主義を採用する委員会提案二九六条の報告者に対して指摘した三つの問題点のうち、第一の問題点は、その問題点自体が例外を説明できない点で若干説得力を欠くものの、第二・第三の問題点は、それなりに論理的であり、説得力もある。また、報告者が形式主義を採る根拠として挙げる「譲渡人・譲受人間の不公平を解消できること」は、意思主義によっても実現されうることも、前述したとおりである。これらのことから、討議の結果、ドレスデン草案は、債権譲渡の効力発生要件について意思主義を採用することになった(68)。委員会提案二九六条は、実際に同条の報告者が解したように、債権譲渡の効力発生要件として、債権譲渡（債権の移転）の意思表示に加えて、準引渡しといった形式も求めているかのような誤解を生じさせるが、この誤解の発生を回避するため、同条は、債権譲渡の効力発生要件について意思主義を採用することを明確に宣言する委員会提案三〇一条と統合され、新しく委員会提案二九六条が起草されることになった。[69] 委員会提案の新二九六条は、次のような規定である。

「債権は、債務者の同意なくして、法律行為又は遺言、法律の規定若しくは確定した裁判所の決定に基づき義務を負わされることによって、旧債権者から他の者へと移転することができる（債権譲渡）。[70]」

右の委員会提案新二九六条は、結果的に、委員会提案三〇一条を吸収する形になっており、そのため、委員会提案三〇一条は、削除された。[71] なお、委員会提案の旧二九六条後段の内容も、委員会提案の新二九六条に組み込まれているが、委員会提案の旧二九六条は、前段において主に債権譲渡の効力発生要件について規定し、後段において前段の要件が充足された場合の効果について規定していた。このようなスタイル（債権譲渡の要件と効果を区別して別個に規定するスタイル）に特段問題があるわけではないため、委員会提案の旧二九六条後段は、委員会提案新二九六条とは別個に規定されることになったようである。それが、委員会提案二九六条ａであり、以下のような規定である。委員会提案二九六条ａは、委員会提案の旧二九六条後段と全く同一の条文である。

「債権譲渡によって、その債権を譲渡した債権者は、債権者の地位を失い、その債権を譲り受けた者が、新債権者となる。[72]」

その後、委員会提案の新二九六条は、内容がスリム化され、また、若干の文言上の修正を経て、委員会提案二九七条となった。同条は、以下のような規定である。同条は、ドレスデン草案三二二条一項とほぼ同一である。

「債権者は、法律行為によって、債務者の同意なくして、その債権を他の者に譲渡することができる。[73]」

また、委員会提案二九六条ａもまた、その表現について若干の修正がなされた。その修正の結果は、次のとおりであり、ドレスデン草案三二二条二項と全く同一の条文である。

「譲渡人は、債権譲渡によって、債権者の地位を失い、その債権の取得者が、その債権について新債権者となる。」(74)

これまで本稿は、ドレスデン草案三二二条が債権譲渡の効力発生要件について意思主義を採用した趣旨を同草案の討議記録の記述から明らかにしてきた。ドレスデン草案の段階においては特に、債権が全く観念的な財産権であるところ、債権を譲渡するためには、譲渡の意思表示のみで足りるということが、債権譲渡の効力発生要件について意思主義を採用する根拠となっていた。本稿は、ドレスデン草案三二二条が債権譲渡の効力発生要件について意思主義を採用することは債権という財産権の本質（債権が全く観念的な財産権であること）に起因し、債権取引の安全が図られているか否か、ということとは何ら関係していないことをここで指摘しておきたい。ドイツ債権譲渡法における意思主義は、全く観念的な財産権であるという債権の本質から生成されたのである。

ドレスデン草案の後の債務法部分草案も第一草案も、債権譲渡の効果（債権の移転）が生じるための要件として、（私的自治の原則による当然の帰結である）譲渡人・譲受人間の債権譲渡契約締結（債権譲渡の意思表示）は要求しているものの、一定の形式をその要件として文言上要求していない。また、債務法部分草案および第一草案は、債権の特定承継の原則を採用しているのである（本稿一1を参照）。ドレスデン草案に引き続き、この両草案が意思主義を採用していることは、明らかであるが、この両草案の理由書は、その趣旨を説明していない(75)。このことから、両草案は、ドレスデン草案三二二条が意思主義を採用した根拠と同一のそれに基づき、意思主義を引き続き維持しているのであり、そうであるがゆえに、両草案理由書は、意思主義を採用することについての説明を省略したものと考えられる。

ところで、先に述べたように、ドレスデン草案討議記録によれば、債権譲渡の効力発生要件についての議論における形式主義は、動産物権変動と債権譲渡とをパラレルに理解しようとするものであった。実際、その議論の中で形式主義を主張する者は、債権譲渡の効力発生要件として、債権譲渡の意思表示とともに、準引渡し（当該債権を実際に移転する旨の意思表示）という形式も要求していた。また、意思主義を主張する者も、その議論の中で動産物権変動と債権譲渡を対比して、その差異（債権は全く観念的な財産権であるから、債権譲渡の効果は、譲渡の意思表示だけで生じ、動産物権変動のように、形式（準引渡し）を要件としない）を明らかにしていた。ドレスデン草案の討議の中で形式主義を主張した者も意思主義を主張した者もなぜ、不動産物権変動と債権譲渡とを比較参照しなかったのか。これは、ドレスデン草案おける討議への疑問点である。本稿はすでに、意思主義を主張した者について、同草案討議記録がその疑問点に対する回答を示していないことを確認しているが、筆者は、この疑問をドイツ人の民法研究者に投げかけてみた。その結果、ムシェラー（Muscheler）教授（ボーフム大学）とシャンバッヒャー（Schanbacher）教授（ドレスデン大学）から、詳細なご回答を頂き、これを本稿において公表することをご快諾頂いたので、ここに紹介することにしたい。なお、この紹介にあたっては、債権譲渡の効力発生要件について意思主義を採用するというドレスデン草案の立場が、同草案の後も債務法部分草案や第一草案において維持され、そして、本稿の展開を先取りする形になるが、第二草案においても維持され、結局ドイツ民法三九八条において明確に宣言されるに至ったことを前提としている[76]。以下の回答は、電子メールで頂いたものである。

まず、ムシェラー教授は、ドイツ民法は債権譲渡について公示を断念し、債権譲渡契約の効力が生じるための要件として、譲渡人・譲受人間の債権譲渡契約締結以外は要求していない（譲渡の意思表示以外に一定の形式を要求していない）とされ、「形式にかなった通知（債務者に対する通知）がなくても、当該債権譲渡についての証書（譲渡証書）を作成しなくても、債権譲渡登記簿に登記をしなくても、債権に関する証書（債権証書）の引渡しがなくても、債権譲渡は、有効である（債権譲渡の効果である債権の移転が生じる—引用者註）。」と述べられる[77]。このムシェラー教授の見解は、ドイツ民法三九八条が債権譲渡について意思主義を採用していることを明確に示し、債権譲渡契約自体もまた諾成契約であることを確認するものである[78]。そして、同教授は、ドイツ民法三九八条が債権譲渡について意思主義を採っていることを不動産物権変動との対比から指摘している。不動産物権変動が生じるためには、不動産物権変動の意思表示および登記が要求されるのであるが（ドイツ民法八七三条および同法九二八条）、債権譲渡が生じるためには、債権譲渡の意思表示だけで足り、債権譲渡登記は不要であるというのである。以下、この点を中心に、その理由を同教授の回答の中に探してみよう。その理由に関して、同教授は私見として、ドイツ法における債権の特定承継の可能性（債権の譲渡可能性）が影響しているとされる。債権の譲渡可能性は、ドイツ民法が施行される数百年前に、激しい論争の対象となったものの、一九世紀初めまでに広く社会において承認されるに至った。しかし、ドイツ統一民法典編纂時期でもある同じ一九世紀に、債権の譲渡可能性に反対する者が、ローマ法学者の中から多数出現した。結果的に、ドイツ民法は、債権の譲渡可能性を認めたが（ドイツ民法三九八条）、ドイツ民法の起草者は、右に述べたような経緯を踏まえ、債権の自由譲渡性を債権譲渡法において強調し、明確にしておく必要を感じたという。同教授は、このように説明した後に続けて、「債権譲渡の効力発生要件と公示の必要性を結びつけることは、（ドイツ民法起草者によって――引用者註）拒絶された。なぜならば、債権が特定承継されうること、および債権の譲渡可能性をできるだけ明確にしなければならなかったからである。」と述べるのである。右の公示（方法）とは、債権譲渡登記、または、債務者に対する譲渡についての通知もしくは債務者による譲渡についての承諾を指すと考えられる。不動産物権変動のように、債権譲渡の意思表示に加えて、債権譲渡登記という公示方法をその効力発生要件とすれば、債権取引の安全は、確保されることになる（本稿二1⑶を参照）。また、右の意思表示に加えて、通知または承諾という公示方法をその効力発生要件とすると、債務者を譲渡債権の帰属に関する公示機関（インフォメーション・センター）とみることが仮にできるのであれば、債権取引の安全が図られることになるかもしれない(79)。しかしながら、私的自治の原則から譲渡の意思表示は、必要であり、それを債権譲渡の効力発生要件とすることは、譲渡当事者の意思に合致するものの、法が債権譲渡登記や通知・承諾という形式も債権譲渡の効力発生要件として要求することは、法が譲渡人・譲受人間の債権譲渡に干渉することを意味しそうである。これは、債権の自由譲渡性と相反する。ムシェラー教授は、ドイツ民法三九八条が意思主義を採用する根拠は債権の自由譲渡性にも求められるというのである。この根拠は、上述したドレスデン草案討議記録においても示されておらず、特筆されるべきものであると思われる。この根拠によれば、いかなる種類の形式も、債権譲渡の効力発生要件とはなりえないことになる。同草案の討議において、債権譲渡の効力発生要件について意思主義を主張する論者が動産物権変動のみを債権譲渡と対比させ、不動産物権変動を債権譲渡と対比させず、登記という形式が債権譲渡の要件となりうるか言及していないことは、論者が意思主義の主張にあたって右の根拠も念頭に入れていたことを想起させる。

　同教授はさらに、「債権が特定の債権者や債務者から離れて抽象化されることは、債権譲渡の『精神化』を意味するのである」とされる。債権譲渡や債務引受という法制度が承認されている以上、債権は、もはや法鎖であるということはできない。つまり、債権は、抽象的な財産権となるのである。したがって、債権は、全く観念的な権利であり、その譲渡について、譲渡の意思表示以外に何らの形式も要しないことになる。これこそが、同教授が「債権譲渡の精神化」と表現されている趣旨であるといえる。我々は、ドイツ債権譲渡法において意思主義が採用されている根拠としての「債権（譲渡）の精神化（観念化）」を初めて知るわけではない。ドレスデン草案の討議においても、意思主義を唱える論者は、動産物権変動と債権譲渡との対比から「債権（譲渡）の精神化（観念化）」を導き、それを自らの主張の根拠としていた。ムシェラー教授は、それを債権譲渡と債務引受という法制度の承認から導いているが、それをドイツ債権譲渡法における意思主義の根拠とした点では、ドレスデン草案討議記録における論者と同じである。この同教授の理解もまた、登記という形式も要件とする不動産物権変動と債権譲渡との対比を前提としていない。

次に、シャンバッヒャー教授による回答を紹介し、分析・理解してみたい。同教授もまた、ムシェラー教授と同様に、債権の自由譲渡性がドイツ債権譲渡法における意思主義の根拠となっているとされる。債権の自由譲渡性が承認されるに至った一八世紀の終わりに編纂されたプロイセン一般ラント法第一部第一一章三九三条もまた[80]、「債権譲渡の効力発生要件として、特別な形式および債権譲渡についての通知を要求せず、ただ、譲渡人・譲受人の債権譲渡の合意（諾成契約たる債権譲渡契約締結―引用者註）だけを要求していた」という[81]。債権の自由譲渡性に否定的な見解は、一九世紀半ばには克服されたが、この見解と債権の自由譲渡性を承認する見解との対立は、「債権譲渡の効果（債権の移転）が生じるためには、譲渡人・譲受人による諾成契約たる債権譲渡契約締結のみで足りるのか（意思主義―引用者註）、それとも、それに加えて、債務者に対する通知が債権の移転という効果を発生させる要件として要求されるのか（形式主義―引用者註）」という問題に発展したという。債権の自由譲渡性に否定的な見解は、債権譲渡の効力発生要件について形式主義に傾きやすい。シャンバッヒャー教授は、この傾向に沿っていたのがヴィントシャイトであるという。もっとも同教授によれば、ヴィントシャイトは、形式主義を主張する実質的な根拠を有していた。同教授は、ヴィントシャイトは「通知を『債権の占有を取得すること』を精神化したものであり、有体物の譲渡における引渡しに対応したものであると理解しており、通知は権利（債権）の移転を目に見える現実的なものとする機能を有し、譲渡行為が法律的に有効なものとして認められるために必要なものである」と考えていたという。ヴィントシャイトは、①債権譲渡と動産物権の譲渡とを比較して、両者は共に権利の変動を生じさせるという点で共通していること（債権譲渡の準物権行為性）[82]、②動産物権変動の要件としての引渡しの機能（当該動産についての物権が誰に帰属しているのかを公示し、動産物権取引の安全を図る機能）（二2を参照）と債権譲渡における通知の機能がパラレルな関係にあることから、債権譲渡の効力発生要件として一定の形式（通知）を要求するのである。ここでは、債務者は、譲渡債権の帰属に関する公示機関（インフォメーション・センター）と理解されることになりそうである。同教授は、債権譲渡についても形式主義を主張するヴィントシャイトに対して反対を表明した学者としてベールを挙げている。ベールは、債権は有形ではないため、債権譲渡においては、有体物の所有権譲渡に特有な占有の移転（引渡し）、または占有の移転の代わりをするものは要件として問題にならないと主張したという。このベールの主張は、債権は全く観念的な財産権であり、それゆえ、債権譲渡は譲渡の意思表示のみによって効力を生ずるという、意思主義に結合し、①ドレスデン草案の討議において意思主義を採用すべきと主張した論者の見解、および②先に紹介したムシェラー教授の分析とも一致する。(83) また、シャンバッヒャー教授は、ライヒ最高裁判所も右に述べたベールの主張を採用したと述べられる。(84) ベールの見解とドレスデン草案が同一線上にあるとすると、ドレスデン草案が債権譲渡と不動産物権変動を対比していない積極的な理由は、見出し難いことになる。債権譲渡における意思主義は、単に債権譲渡を動産物権変動と対比することで説明されうるのである。

以上にみてきたように、我々は、なぜドイツ民法三九八条が不動産物権変動における形式主義と足並みをそろえず、意思主義を採用するのかということについて、同条の立法趣旨に遡って検証してみた。ドレスデン草案討議記録に述べられていた意思主義採用の主たる根拠は、「債権は全く観念的な財産権であるため、その譲渡にあたっては、譲渡の意思表示以外の要件は要求されない」というものであった。ドイツ債権譲渡法における意思主義は、主にこの根拠に基づいて生成されたのである。ドレスデン草案の後のドイツ民法債務法草案である債務法部分草案および第一草案は、意思主義採用の根拠について何ら説明をしていないが、(85) これは、両草案がドレスデン草案と同じ理由付けによって意思主義を維持していたことの証左であると考えられる。そして、右に述べたドレスデン草案による意思主義の採用の主たる根拠は、普通法時代の有力学説や判例が掲げるそれと一致している。ドレスデン草案および普通法時代の有力学説・判例においては、債権譲渡は、形式主義を採用する不動産物権変動と対比されていなかったが、債権譲渡について意思主義を採用する主たる根拠が上述のようなものであった以上、債権譲渡を動産物権変動と対比すれば足り、不動産物権変動と対比する必要はなかったことが、その原因であると考えられる(86)。

2　意思主義の変容

本稿は、主にドレスデン草案討議記録を検証することによって、ドイツ債権譲渡法が不動産物権変動（形式主義）と異なり意思主義を採用した理由を明らかにしてきた。この理由は、ドイツ民法第一草案まではそのままの形で維持されてきたといえる（一2を参照）。すなわち、「債権は全く観念的な財産権であるため、債権譲渡は、譲渡の意思表示しか要件としない」ということが、第一草案まで意思主義採用の主たる根拠であったわけである。

ところで、ドイツ民法が不動産物権変動について形式主義を採用する（ドイツ民法八七三条および同法九二八条）趣旨は、当該不動産物権の帰属を正確かつ明確に第三者に対して公示し、不動産物権取引の安全を図るというものであった（二1を参照）。他方、不動産物権変動について意思主義を（対抗要件主義と組み合わせることなく）採ると、不動産物権変動が第三者に公示されないため、不動産取引の安全を脅かすことになる（二1⑵を参照）(87)。このことを念頭に入れ、ドイツ債権譲渡法における意思主義（ドイツ民法三九八条）の立法過程について、第二草案に目を向けてみたい。第二草案討議記録によれば、債権譲渡の効力発生要件として、譲渡の意思表示に加え、債務者に対する譲渡についての通知（という形式）を要求することは、拒絶されている。確かに、第二草案は、通知を債務者および債務者以外の第三者に対する譲渡の効力発生要件と理解しており、通知を引渡しや登記といった形式と同視してよいかという問題を有している。しかし、本稿は、債務者および債務者以外の第三者に対する効力発生要件としての通知が拒絶された理由に注目したい。債権譲渡（特に、担保のための債権譲渡）について債務者に通知をすれば、譲渡人の信用危殆を生じさせるおそれがあり、それゆえ、通知をすることは、譲渡の原因となる契約（特に、担保権設定契約）における信義則上の義務違反にあたるという。そして、第二草案討議記録は、右の理由により譲渡契約当事者が債務者に対して譲渡について通知することを期待できないとした。第二草案は、債務者を譲渡債権帰属についての公示機関（インフォメーション・センター）とは理解しないのである。[88] 第二草案は、債権譲渡を直接に不動産物権変動と対比し、債権譲渡の効力発生要件について論じてはいないが、譲渡の意思表示だけで足りるとし、通知（形式）をその要件としないドイツ債権譲渡法の考え方（意思主義）の新たな根拠を暗示しているといえよう。通知という形式を債権譲渡の効力発生要件とし、債権取引の安全を図ることはできない、というのである。もちろん、第二草案は、ドレスデン草案から第一草案にわたって維持され続けた「債権は全く観念的な財産権であるため、債権譲渡は、譲渡の意思表示しか要件としない」という意思主義採用の根拠を否定しているわけではない。これまでの根拠は、通知または承諾という形式も債権譲渡の効力発生要件とすることは譲渡の原因となる契約における信義則上の義務に違反するという根拠と矛盾しない。第二草案の段階において、ドイツ債権譲渡法が意思主義を採用する根拠は、抽象的なそれに具体的なそれを加えるという変容を遂げたと評価しうる。第二草案の討議の結果、ドイツ民法三九八条が完成したのであるから[89]、同条が意思主義を採用する根拠は、変容を遂げた右のそれであるいえる。ただし、通知または承諾はもちろん、登記も効力発生要件とせず、また、対抗要件にもしないことは[90]、不動産物権変動における効力発生要件について対抗要件主義とセットになっていない意思主義を採用することと同じく、取引の安全（債権取引の安全）を脅かすことにはなる。[91] ドイツ債権譲渡法が意思主義を採用する理由は、債権が完全に観念的なものであることに加え、債権の帰属について公示することができないことも挙げることができ、この点において、ドレスデン草案討議記録で述べられ第一草案まで維持されてきた意思主義採用の根拠は、変容したことになるのである。

(56) Bernhard Francke (herausg.), Neudrucke Privatrechtlicher Kodifikationen und Entwuerfe des 19. Jahrhunderts, Band 2., Dresdener Entwurf eines allgemeinen deutschen Gesetzes ueber Schuldverhaeltnisse von 1866, 1973, S. 65. 以下、Dresdener Entwurf と略す。

(57) Schubert, W. (Eingeleitet und neu herausgegeben), Materialien zur Kodifikationsgeshichte, Protocolle der Commission zur Ausarbeitung eines allgemeinen deutschen Obligationenrechtes, Band 2., 1984, S. 1089. 以下、Schubert と略す。

(58) Schubert, a. a. O. (Fn. 57), S. 1078 f.

(59) Schubert, a. a. O. (Fn. 57), S. 1079.

(60) Schubert, a. a. O. (Fn. 57), S. 1079 u. 1080.

(61) Schubert, a. a. O. (Fn. 57), S. 1115.

(62) Schubert, a. a. O. (Fn. 57), S. 1080.

(63) Schubert, a. a. O. (Fn. 57), S. 1091. この委員会提案三〇六条は、ドレスデン草案三二八条の前身であり、その内容は、同草案三二八条とほぼ同じである。同草案三二八条は、「譲渡人は、債権の取得者に対して、債権の行使のために必要な報告をなし、債権証書を引き渡す義務を負い、債権に関する証明方法を示し、譲渡人の手元にある限りにおいて、債権の証明に有用な証書、特に、債権がその取得者へと移転したことを示す証書を交付する義務を負う。」という規定である (Dresdener Entwurf, a. a. O. (Fn. 56), S. 66.)。また、委員会提案三〇六条は、最終的にはドイツ民法四〇二条・四〇三条とつながっている (ドイツ民法四〇二条・四〇三条については、古屋・前掲注(5) 七四頁を参照)。なお、譲渡証書の機能について、ドレスデン草案討議記録は、「(譲渡—引用者註) 証書の交付は一般的に、債権譲渡が存在することを証明する手段」であり、「譲受人が債務者に対して新債権者という権利者としての資格を証明する手段」であると説明している (Schubert, a. a. O. (Fn. 57), S. 1080.)。譲渡証書の機能との関連で、古屋・前掲注(5)四二頁以下も参照されたい。

(64) Schubert, a. a. O. (Fn. 57), S. 1080.

(65) Schubert, a. a. O. (Fn. 57), S. 1090.

(66) Schubert, a. a. O. (Fn. 57), S. 1081.

(67) Schubert, a. a. O. (Fn. 57), S. 1081.

(68) Schubert, a. a. O. (Fn. 57), S. 1115 u. 1116.

(69) Schubert, a. a. O. (Fn. 57), S. 1081.

(70) Schubert, a. a. O. (Fn. 57), S. 1082.

(71) Schubert, a. a. O. (Fn. 57), S. 1082.

(72) Schubert, a. a. O. (Fn. 57), S. 1082.

(73) Schubert, a. a. O. (Fn. 57), S. 1122.

(74) Schubert, a. a. O. (Fn. 57), S. 1119.

(75) 以上に述べたことについて、詳しくは、古屋・前掲注(5)一六頁以下を参照されたい。

(76) 前掲注(10)を参照。

(77) 引用文中の傍点は、筆者が付したものである。

(78) 古屋・前掲注(5)一〇〇頁および一〇八頁を参照。

(79) 筆者は、通知または承諾によって債務者を譲渡債権の帰属に関する公示機関(インフォメーション・センター)とすることはできないと理解している(その理由については、古屋・前掲注(5)四七二頁以下を参照)。

(80) 債権の自由譲渡性が承認されたのは、シャンバッヒャー教授によれば、一八世紀の終わりであり、それが広く取引社会に浸透したのは、ムシェラー教授によると、一九世紀の初めである。

(81) プロイセン一般ラント法第一部第一一章三九三条は、次のような規定である(松岡久和「史料　債権総則(三三)」民商九〇巻三号(一九八四年)一四七頁)。

「他人が今から譲渡される権利を有すべし、という譲渡人の意思表示とこの意思の受諾によって、権利上の所有権は新所有者に移転する。」

(82)　鳥谷部・前掲注(1)二一七頁を参照。

(83)　シャンバッヒャー教授もまた、本文に掲げたベールの主張を紹介された直後に、「ドレスデン草案は、ベールと同じ立場をとり（意思主義の立場をとり—引用者註）、ベールが示した根拠の一部（債権は、全く観念的な権利であること—引用者註）を自らの立場を正当化するものとして採用した。」と述べ、本稿と同じ理解を示されている。

(84)　確かに、ライヒ最高裁判所は、債権譲渡の効果である債権の移転が生じるためには、譲渡の意思表示という要件以外に、形式（通知）の具備という要件が要求されるかについて、「債権の概念や性質に十分に合致した考え方が、採用されなければならない。すなわち、債権譲渡によって債権の特定承継が生じること、債権の性質上、譲渡債権は、債権譲渡によって譲渡人から譲受人へと移転すること、旧債権者は、債務者に対する債権譲渡についての通知なくして（譲渡人・譲受人間の諾成契約たる譲渡契約締結のみによって—引用者註）、債権者ではなくなり、債権の移転を受けた者が、新債権者として旧債権者と交代すること…は、当裁判所も採用するところである。」と判示する（ライヒ最高裁判所（第三民事部）一八八一年三月八日判決（RGZ 4, 111）。傍点は、引用者が付したもの）。シャンバッヒャー教授は、右のライヒ最高裁判所の見解も「債権が全く観念的な財産権であること」を理由として、債権譲渡の効力発生要件について意思主義を採ったものと理解されている。債権譲渡契約自体が無方式であることからすれば（古屋・前掲注(5)一〇〇頁および一〇八頁）、同教授がライヒ最高裁判所もベールの見解を支持したと考えることは、理解しうるものであるといえる。なお、このライヒ最高裁判所判決は、債権譲渡について意思主義を採用する以上、債務者が譲渡について善意で旧債権者に無効な弁済をした場合に、この弁済を例外的に有効とする権能を債務者に与えるべきであるとしている。このことは、ドイツ民法四〇七条一項に結実しているといえる（ドイツ民法四〇七条については、古屋・前掲注(5)三四頁および七九頁以下を参照）。

(85) 古屋・前掲注(5) 一六頁以下を参照。
(86) シャンバッヒャー教授も、ドレスデン草案が債権譲渡と土地所有権の移転とを比較していない理由について、「ドレスデン草案の立場からすると、なぜ、債権譲渡は公示行為（形式としての登記─引用者註）をその要件としていないのかという問いに対する答えは、おそらく、債権はまさしく無形の財産権（全く観念的な財産権─引用者註）であるがゆえに、債権譲渡の合意のみによって移転しうるということに尽きるであろう。」と分析しておられる。
(87) したがって、意思主義は、「取引における第三者の保護のための制度（対抗要件主義─引用者註）」を用意しなければならない（山本・前掲注(51) 二二一頁を参照）。ただ、それでも不動産取引の安全の点で、形式主義が意思主義と対抗要件主義の組み合わせに勝ることは、本文で指摘したとおりである（二1(3)を参照）。
(88) 以上についての詳細は、古屋・前掲注(5) 二二二頁以下を参照。
(89) 前掲注(10) を参照。
(90) 古屋・前掲注(5) 七六頁を参照。
(91) シャンバッヒャー教授は、この点に関して、三1(2)で紹介した回答の中で、「土地登記簿への登記を必要とする土地所有権移転の場合と異なり、債権譲渡については、登記などの適当な公示方法が存在しない（前掲注(86)と三2を参照─引用者註)。当該債権の債権者としての地位について登記する、公の登記簿は、かつて存在しなかったし、また、現在も存在しないのである。このことは、債権の取引を著しく制限することになる。」と述べておられる。

四　総括と日本法への示唆

1　総　括

三までに述べてきたように、ドイツ民法三九八条が債権譲渡の効力発生要件について意思主義を採用する趣旨はまず、債権は全く観念的な財産権であるため、通知・承諾・登記といった形式は不要であることであった。これは、ドレスデン草案が意思主義を採用する主たる理由として挙げていたものであり、普通法時代の判例や有力学説（ベールを代表とする有力学説）もまた、この理由により意思主義を正当化していた。この理由は、ドレスデン草案以降、第一草案に至るまで一貫して維持され、ドイツ民法の起草者は、これに基づき、意思主義を採用し続けた。

第二草案の段階では、たとえば、担保のための債権譲渡の場合に、譲渡について債務者に対して通知すると、譲渡人の経済的信用の危殆を生じさせるが、このことは債権譲渡の原因となる契約における信義則上の義務違反を誘引することが、強調された。それゆえ、第二草案は、債権譲渡の効力が債務者および債務者以外の第三者に対する関係でも及ぶために、通知または承諾という要件（形式）の具備を要しないとした。譲渡債権が譲渡人・譲受人間の諾成契約たる債権譲渡契約締結によって譲渡人・譲受人間では移転することは、[92]第二草案より前の草案においても当然の前提とされていた。[93]しかし、右の第二草案の見解は、債権譲渡について意思主義を採用する新たな理由、すなわち、通知・承諾という形式を債権譲渡の効力発生要件とすることができない理由で、これまで論じられていなかった理由を提示しているのである。ドイツ民法は、不動産物権変動について形式主義を採用しているが（ドイツ民法八七三条および同法九二八条）、その趣旨は、不動産取引の安全を図ることにある（二1⑶

を参照）。逆に、不動産物権変動について、対抗要件主義と組み合わされていない意思主義を採用することは、著しく右の取引の安全を害する（二1⑵および⑶を参照）。第二草案は、債権譲渡について通知または承諾という形式を要件とすることによって、債務者を譲渡債権の帰属についての公示機関（インフォメーション・センター）とすることはできないと判断し、債権取引の安全を著しく害する結果を承認せざるをえなかったのである。権利の内容は異なっても同じ財産権として、その財産権である債権の取引の安全が著しく害される以上、意思主義が、立法としては採用されることになる。第二草案は、債権譲渡について意思主義が採用される理由につき、第一草案までの抽象的な理由に具体的で実際的な理由を付加したといえる。第二草案は、債権譲渡の効力発生要件のあり方に関して、第一草案までの抽象的な理由によるだけでなく、不動産物権変動についての形式主義・意思主義の機能を意識し、両主義のうち、債権譲渡が意思主義になじむという理由によっても、意思主義を正当化しようとしたのである。ドイツ民法三九八条は、第二草案によって変容を遂げた理由によって、意思主義を宣言するに至ったのである。この変容を遂げた意思主義採用の根拠は、債権譲渡の効力発生要件から登記という形式の具備も排除することになる。

2　日本法への示唆

我が国の民法四六六条一項本文は、債権譲渡の効果である債権移転が生じるための要件として、譲渡の意思表示以外に何らの形式も要求していない。したがって、日本民法の債権譲渡法が意思主義を採用しているということは、異論の余地がない(94)。それゆえ、同じく意思主義を採るドイツ債権譲渡法は、日本民法における債権譲渡の効力発生要件のあり方については示唆を与えないであろう。しかし、ドイツ債権譲渡法が意思主義を採用する根拠（ドイツ民法三九八条の趣旨）は、「債権は全く観念的な財産権であるから、その譲渡は、譲渡の意思表示だけを要求する」ということだけではなく、通知または承諾によって債務者を譲渡債権の帰属に関する公示機関（インフォメーション・センター）とすることはできず、債権取引の安全が図られないことから、意思主義を採用せざるをえないということでもある。民法四六七条二項は、指名債権の多重譲渡の場合における、複数譲受人間の優劣決定について、対抗要件主義を採用しているが、そこでは、債務者は、譲渡債権の帰属に関する公示機関（インフォメーション・センター）とは理解されえない。何となれば、債務者は、第三者に対する回答義務を有しておらず、それゆえ、公示機関（インフォメーション・センター）として当然に求められる、公示の確実性を備えていない[95]ないし、第三者に虚偽の回答をする恐れがあり、公示の正確性を具備しないこともありうるからである[96]。そうであるならば、民法四六七条二項の対抗要件主義について、債権取引の安全を図るという実質的な意味合いを求めず、単に多重譲渡の場合の優劣を決定するという形式的な意味合いだけを求めればよいように思われる。つまり、同条同項について、到達時説の立場から理解するのではなく、確定日付説の立場から理解する方が妥当であるように思われるのである[97]。ドイツ債権譲渡法と同じく意思主義を採用する日本の債権譲渡法は、多重譲渡の場合における優劣決定基準（民法四六七条二項）の解釈に関して、ドイツ債権譲渡法が意思主義を採用する根拠からも示唆を得ることができそうである。

(92)　古屋・前掲注(5)一〇〇頁および一〇八頁を参照。
(93)　古屋・前掲注(5)一七頁以下および本稿の三１(1)を参照。
(94)　前掲注(4)を参照。
(95)　古屋・前掲注(5)四七二頁以下を参照。
(96)　古屋・前掲注(7)一九一頁。
(97)　古屋・前掲注(5)四七七頁以下、古屋・前掲注(7)一九一頁以下を参照。

＜付記＞　今日筆者が債権譲渡法について研究ができるのは、民法解釈学に関する新美育文先生の厳しい教えによるものです。先生のご学恩に感謝しつつ、先生のますますのご健勝とご活躍を心より祈念申し上げます。また、本稿執筆にあたっては、ドイツ民法研究会において、岡孝教授（学習院大学）および下森定教授（成蹊大学）から、債権法・手形法研究会において、髙木正則准教授（明治大学）、切詰和雅講師（神戸学院大学）および板垣太郎助手（明治大学）から、有益なご教示を賜りました。記して御礼申し上げます。

6　利息付き消費貸借における期限前弁済
――海外の法状況との比較から――

畑中久彌

はじめに
一　海外の法状況
二　わが国の法状況との比較
おわりに

はじめに

消費者金融や商工ローンの問題の拡がりを受けて、多数の訴訟が提起され、新たな法理の発展が促されてきた。その中に、利息付き消費貸借における期限前弁済の問題を含めることができると思われる。

従来、利息付き消費貸借の期限前弁済については、様々な見解があったが、弁済時までの利息の支払いで足りるとする立場は、一般的なものではなかったように思われる(1)。しかし、貸金業者が約定期限までの利息総額を取得しようとする等の問題が実際に裁判で争われるようになり、貸主の期限の利益が深く検討されるようになった。現在では、貸金業者は約定期限までの利息収受の利益を有しないとの方向性が明確になって来ているように思われる。

本稿は、わが国の法状況と海外の法状況とを比較し、わが国の法理の変遷や現在の到達点をどのように評価することができるか、どのような問題が残されているかを検討しようとするものである。

（1）　わが国における期限前弁済の法状況については、尾島茂樹「期限の利益の放棄についての覚書」金沢五〇巻二号（平成二〇年）七一頁以下、同「期限の利益の放棄についての覚書・補論」金沢五一巻一号（平成二〇年）五五頁以下、拙稿「判批」東亜八号（平成一五年）四一頁以下を参照。

一　海外の法状況

1　フランス

フランス民法典において、わが国の民法一三六条に対応する条文は一一八七条である。[2] 同条は、約款またはその他の事情により債権者の利益のために定めたことが明らかでないときは、期限は常に債務者の利益のために定めたものと推定される、としている。[3]

同条に関する体系書の説明によれば、利息付きの貸借においては、両当事者とも期限の利益を有しており、一方的にこれを放棄することはできない（Malaurie と Aynes は、相手方の承諾が必要としている）。このような立場の根拠としては、貸主の収益と投資の安定を確保すること、合意した利率を維持すること、期限前に弁済された時点において、同程度に実り多い投資先を見つけることができるかは不確かであること、が指摘されている。[4]

これに対し、一九九三年に制定された消費者法典は、L三一一―二九条において期限前弁済を規定している。[5] 同条一項によれば、借主は常に賠償金を支払うことなく貸借の全部または一部を期限前に任意に弁済できる。ただし、貸主は、期限前の一部弁済がデクレの定める金額を下回る場合には、これを拒むことができる。その金額は、期限の到来していない最初の期限において支払うべき金額の三倍とされている（D三一一－一〇条）。

2　ドイツ

(1)　期限の利益に関する一般規定（民法二七一条）

ドイツ民法において、わが国の民法一三六条に対応する条文は二七一条である。同条は、二項において、「時期が定まっている場合において、疑わしいときは、債権者は、給付をこの時期の前に請求することができず、債務者は、それをあらかじめ行うことができる」と定めている。[6] すなわち、履行期がいずれの利益のために定められたのかが明らかではないときは、債務者に有利に解釈される。[7]

この規定は、期限前弁済によって債権者が契約上の権利を失ったり、法益を侵害されたりする場合には、適用されない。[8] そして、期限付きの利息付き消費貸借は、そのような場合に該当するとされる。[9] 投資を目的とする利息付きの消費貸借においては、当事者の意思にしたがい、弁済期にはじめて履行が可能となる。[10] 期限前弁済は債権者の承諾によってのみ可能となる。[11] このように考える根拠は、債権者は貸借期間の経過による利息収受について法益を有すること、期限前弁済は債権者の投資の利益に反することにある。[12]

(2)　特則の沿革

以上の一般規定に対して、民法には期限前弁済を認める特則が存在している。[13] 以下、この点に関する歴史的沿革を見ておきたい。

かつて、ドイツ民法二四七条は、年六％以上の利率の合意がある場合、債務者は、六ヶ月を経過すれば、六ヶ月の期間を定めて告知することができる、としていた（しかも、同条は強行規定とされていた）。[14]

この規定は、一九八七年に廃止され、六〇九条aが民法典に規定された。同条一項は、利率を一定期間固定している消費貸借において、債務者が告知できる場合と告知の期間を定めている。それによれば、利率の拘束が約定の弁済期よりも早く終了し、新たな利率の合意がなされない場合には、一ヶ月の告知期間を置いて（同項一号。ただし、利率の調整が一年以内の一定期間毎になされる場合には、利率の拘束の終了した日に告知できる）、債務者が自然人であり、土地または船舶によって担保されていない場合には（ただし、営業または職業上の活動のための消費貸借を除く）、目的物の完全な受領から六ヶ月経過した後、三ヶ月の告知期間を置いて（同項二号）、いずれの場合でも、目的物の完全な受領から一〇年が経過した後は、六ヶ月の告知期間を置いて（同項三号。ただし、貸金受領後に弁済期または利率について新たな合意がなされた場合には、その合意の時点を以て支払の時期に代える）、告知できる。また、同条二項は、変動利率による消費貸借について、三ヶ月の告知期間によりいつでも告知できるとし、同条四項は、一項と二項の告知権は合意により排除できず、また制限することもできないとしている。[15]

一九九〇年には消費者信用法が制定され、期限前弁済の規定が置かれた（一四条）。それによれば、割賦払い取引における期限前弁済は、弁済後の期間分の利息と費用が減額されるが、九ヶ月以内の履行については、事業者は利息と費用の支払いを請求できるとされる。[16]

その後、債務法現代化法による民法改正に伴って、消費者信用法一四条は民法に組み込まれた（五〇四条）。また、六〇九条aは四九八条となり、六〇九条a一項二号について、消費者という文言が用いられるようになった。まだ、同号に関連して、四〇九条二項が設けられ、土地または船舶によって担保されている場合でも告知できることが定められた。それによれば、借主に正当な理由があること（担保目的物の他の利用の必要性等）、告知による損害を賠償することが必要とされる。[17]

3　EU

一九八七年のEC消費者信用指令は、消費者は合意によって期限前に弁済できるとし、その場合には、加盟国の定める準則に従って、弁済額の公平な割引がなされるべきであると定めていた（八条）[18]。

その後、この指令は改正が進められ、二〇〇四年に新消費者信用指令がEU議会において可決された[19]。新指令は、期限前弁済について、より詳細な規定を設けている（一六条）。以下、規定の内容を見ておきたい。

まず、一項において、消費者は期限前に弁済する権利を有すること、そして、期限前弁済において、消費者は残存期間分の利息と費用を控除する権利を有することが規定されている。次に、二項において、期限前弁済が利率固定期間内になされる場合には、債権者は、期限前弁済によって直接生じるであろう費用について、公平で客観的に正当化される賠償を受けることができると規定されている。また、賠償額の上限が定められており、弁済時から約定期限までの期間が一年を超える場合には、期限前の弁済総額の一%が、一年を超えない場合には、〇・五%が上限とされる。三項は、賠償を請求できない場合を定める（不履行の保険がかけられている場合、借越協約（overdraft facilities）の場合、利率固定期間外の期限前弁済である場合）。

二項については次のように解説されている。すなわち、賠償額の算定方法は、契約前の段階から履行期間を通して、透明性があり理解しうるものでなければならない。また、債権者が使いやすく、当局による規律が容易なものでなければならない。このことと、消費者信用は期間や量の点で長期融資の仕組みで融資されないことからすると、賠償額の上限は定額とすべきである。ただ、この方法は、消費者信用の特殊な性格を反映するものであり、長期融資の仕組みによる場合（その例として、利率の固定された抵当債務があげられている）の、異なった方法を損なうべきではないとされる。

加盟国は、新指令を二〇一〇年までに国内法化しなければならないが、以下のように規定することも認められている。第一に、期限前弁済の額が国内法の定める基準を超える場合にのみ、賠償を認めるとの規定である。ただし、その基準は一二ヶ月以内において一万ユーロを超えてはならないとされる。第二に、債権者が、期限前弁済による損害が二項を超過することを証明した場合、より高額の賠償を例外的に認めるとの規定である。この場合の損害とは、当初合意された利率と再投資の際の利率の差から成り、期限前弁済が管理費に与える影響も考慮すべきものとされる。

以上のいずれの場合においても、賠償額は、期限前弁済時から約定期限までに消費者が支払ったであろう利息の総額を超えてはならないとされる。

4　アメリカ合衆国

アメリカでは、抵当権によって担保された債務（以下、抵当債務という）の期限前弁済がさかんに議論されている。そこで、アメリカの法状況については、抵当債務における期限前弁済を中心に紹介することとしたい。

(1)　抵当債務における期限前弁済条項の諸類型

コモン・ローにおいては、抵当債務を期限前に弁済する権利はないとされてきた。これに対し、現実の取引においては、手数料や賠償金として一定の金銭（prepayment penalty ―以下では、期限前弁済賠償金という）を支払うことで期限前弁済を認める旨の取り決めをする場合がある。[20] こうした期限前弁済条項に対する立法的規制は、住宅ローン以外ではほとんど試みられなかったとされる。[21]

任意の期限前弁済を認める条項は、次のように類型化できる。[22] 第一に、一定期間内における一定割合の元本の弁済を承諾する約因として、一定期間分の利息を付加するという条項である。第二に、一定期間経過後の期限前弁済を認めるが、手数料を付加するという条項である（金額は期限前弁済額に対する五％から最低一％とされ、毎年一

%ずつ減額される)。第三に、利率低落時に再投資することによる損害を賠償させる条項である。弁済時から約定期限までに得られたであろう利益が、合衆国財務省中期債券の利回りにもとづいて算定される再投資の利益を上回る場合には、その差額を手数料として支払わなければならない。これは、期限前弁済による貸主の実際の損害を手数料とするものとされる。この類型は、特に一九八〇年代の非居住の貸付において、一般的に用いられるようになったとされる。

以上のように、期限前弁済条項には様々な類型があるが、賠償金の定めには以下の目的があるとされる。すなわち、履行を確保すること、貸主による金銭の提供は一般的に投資を目的としたものであること、貸付に際して貸主が負担する費用(調査や書面交付にかかる費用等)を塡補すること、借換えから貸主を保護する必要があること、貸主にとって利息に次ぐ重要な収入源となること、期限前弁済を受けた貸主への課税面での影響に配慮すること、である。(23) 他方、借主とっては、期限前弁済条項に賠償金の定めがあったとしても、利率低下時に借換えが可能となるという利点がある。以上のように当事者双方に利益となり得る条項ではあるが、しばしば濫用されるし、貸主に再投資による「たなぼた」を与えることになるとの指摘がなされている。(24)

(2)　裁判所の姿勢

前述のように、コモン・ロー上、抵当債務を期限前に弁済する権利はないとされてきた。(25) また、期限前弁済賠償金の条項については、その有効性がしばしば裁判で争われてきたところ、裁判所は一般的にこれを有効と認める立場をとっているとされる。(26) 以下では、賠償金の約定について問題となる点を紹介したい。

第一に、利息制限法違反が問題となる。(27) 裁判所は、期限前弁済賠償金は利息ではないとして、あるいは約因であるとして、違反を認めてこなかった。また、裁判所は、期限前に弁済することを決定し違約金を発動させるのは借主であるという点に留意する傾向にあるとされる。そこでは、約定期限まで運用されたならば適法であるはずの貸借を、任意の一方的な弁済によって高利化することは許されるべきでない、と考えられている。さらに、支払利息と期限前弁済額の合計が、弁済時を基準として算定される適法な利息を超過すると主張されることがあるが、この点について、裁判所は、貸借日から最終期日までの期間を基準に算定される利息の最大額を超過しないのであれば、当該貸借は高利とならないとしている。

第二に、期限前弁済による賠償額は、貸主が実際に被った損害と合理的な関係を有しておらず、無効な損害賠償額の予定ではないかとの問題がある。しかし、多くの裁判所は、予定された賠償額が貸主の損害をはるかに超過する場合であっても、有効と認めている。期限前弁済は、借主が契約上の義務を履行する代替手段に過ぎず、損害との合理的関連性を必要とする契約違反の場合には該当しない、との理由による(28)。

⑶　実務に対する評価

以上の実務の状況に対しては、まず、期限前弁済賠償金は、将来の利率低下の危険を抵当権者に移転する代償であり、両当事者が十分な取引能力と知識を有するならば、約定は有効とすべきだとの指摘がなされている(29)。また、次のような提案もなされている(30)。弁済された金銭を再投資する際、利率が同じであるか、あるいは上昇した場合には、弁済時から再投資までの間に貸主が取得できなかった利息と再投資にかかる費用を賠償すれば足りる。再投資までの準備期間のうち賠償対象となる期間は、賢明な貸主を基準として設定することができる。以上に対し、利率が低下した場合には、貸主は、約定期限までの貸付によって取得し得えたはずの利息と、再投資によって同期間に取得するであろう利息との差額分について、損害を被ることになろう。しかし、これを完全に保護するならば、借主は、利率の低下の程度と残存期間の長さによって、過大な賠償額の支払いを強制される可能性がある。期限前弁済賠償金の約定の目的は、利率低下の危険を貸主と借主に衡平に配分することにある。賠償金を期限前に弁済された元本のわずかの部分に限定すれば、借主に不当に苛酷なものとならないし、また、そのように限定しても、貸主の保護としては十分であろう。

以上のほか、近時のサブプライムローンの破綻を背景として、住宅取得者を保護する立場から、ローンの借換えを容易にするべく、期限前弁済条項の取扱いの見直しを求める見解も登場している。(31)

(4)　第三次財産権リステイトメント（抵当権）

第三次財産権リステイトメントは、抵当債務の期限前弁済について、以下のように規定している。(32)

まず、Section 6.1 は、抵当権設定者は、期限前弁済を禁じる合意または手数料を課す合意がないときには、自由に期限前弁済を行う権利を有するとしている。前述したように、コモン・ローは合意がない限り期限前弁済を認めないから、本条の準則はコモン・ローと異なる内容を定めたものとされる。

この規定については、次のような解説が付けられている。すなわち、コモン・ローの準則は、法的訓練を受けていない当事者の通常の予想に反するものであり、書面は作成者に不利に解釈すべきとの原則にしばしば反するものである。抵当権の大半は、実際には事業者を貸主とするものであり、期限前弁済について明示的に取り決めている。それゆえ、本条の適用対象は、ほとんどの場合、抵当権者と抵当権設定者がともに素人である場合であるとされる。

次に、Section 6.2 (a)は、期限前弁済を禁止する合意が有効であること、期限前弁済の条件として手数料の支払いを要する旨の合意が有効であることを定めている。(33) 同(b)は、(a)の合意に関わらず、抵当権設定者は代替担保の供与によって抵当不動産を解放する権利を有すると定めている。(34)

この条項については、詳細な解説が付けられている。(35) これらの条項の主たる目的は、有利な利息の収受の喪失から抵当権者を保護することにある。すなわち、期限前弁済を禁止する主な目的は、抵当権者が当初の合意によって取得する利益の確保にある。また、手数料の支払いを条件とする目的は、期限前弁済によって生じ得る損害を抵当権設定者に賠償させようとする点にある。

解説は手数料の約定の機能を次のように指摘している。これにより、抵当権者は、実際の損害がどれほど大きなものであっても、定められた手数料と引き換えに損害を負担することを強いられる。期限前弁済手数料の約定は、抵当権設定者から抵当権者へと危険を移転させるものである。損害額は利率の変動に大きく依存し、実際の弁済がなされる前には予測することができないので、手数料の総額は実際の損害より大きくなることもあれば小さくなることもある。抵当権設定者が抵当権者から保険（手数料が保険料を表すことになる）を購入するのと類似の機能を果たすのである。

また、解説は、手数料の約定の有効性について、次のように述べている。裁判所はその有効性を幅広く認めてきた。この約定は、損害賠償額の予定に類するものと見ることができ、第二次リステイトメントによる規制を受けるが、借主が専門家の助力を得て約定を完全に理解し、交渉する機会を得ていた場合には、約定は有効とされるのが通常であろう。また、過大な手数料を定める条項はそれ自体で不当であるとの主張は、非論理的である。過大な手数料は期限前弁済を禁止するに等しい役割を果たすが、そもそも期限前弁済を禁止する条項は、当たり前のように（routinely）有効とされているのである。また、そのように解しても、抵当権設定者は代替担保を供与し、抵当不動産を解放する権利を用いることで、手数料の影響を緩和することができる。

⑸　統一消費者信用法典[36]

統一消費者信用法典は、二・五〇九条において、「債務者は、期限前弁済の割戻し[37]に関する規定（二・五一〇条）を条件として、賠償金を支払うことなく、いつでも……未払残高の全額を期限前に弁済することができる」と定める[38]。二・五一〇条は、利息等を含む金融料（financial charge）の割戻し分の算定方法等を規定している。

⑹　州　法

前述の第三次財産権リステイトメントによれば、多くの州が、自由な期限前弁済を認める立法や、わずかな手数料のみで期限前弁済を認める立法を行ってきたとされる[39]。その多くは、所有者が居住する財産を抵当目的物とする場合を適用対象としている。また、規制の内容としては、一定期間経過後に賠償金を伴わない期限前弁済を認め（期間の長さは一年、三年、五年というように様々である）、その期間内の弁済については弁済額の一定の割合の賠償を行わせるもの（一%、五%といった割合がある）、期間に関係なく賠償なしの期限前弁済を認めるもの等、様々な形態がある。

5　小　括

以上、いくつかの海外の法状況を見て来たが、そこでは、一方的な期限前弁済を認めないのが原則とされているようである。これにより、貸主は期限までの利息収受に対する利益を保護されることになる[40]。しかし、他方において、期限前弁済を認める立法がなされている。このことは、貸主の利息収受の利益の保護が例外を認めないものではないことを示している。ただ、期限前弁済の要件については、大まかな共通項はあるものの、地域により区々である。おそらく信用市場の状況等、当該地域の個性が反映しているものと思われる。

（2）　わが国の民法一三六条はフランス民法に由来している。ボアソナード氏起稿『再閲民法草案・財産篇人權之部』第二十六冊〔第四二四條〕、『再閲修正民法草案註釋・第弐巻人權ノ部中巻』一三七頁〔第九二四條〕参照。

（3）　神戸大學外國法研究會編『現代外國法典叢書（一六）佛蘭西民法〔Ⅲ〕』〔川上太郎〕（有斐閣、復刊版初版、昭和三一年）一三八頁。

（4）　Carbonnier, Droit civil, tome 4 (Les obligations), 15ed. 1991, p251-2 ; Gestin et Billiau, Traite de droit civil, Les

Obligation, 1992, p175 ; Malaurie et Aynes, Cours de droit civil, tome 6 (Les Obligations), 7ed. 1996, pp658-9.

(5) Loi n 93-949 du 26 juillet 1993.

(6) 椿寿夫・右近健男編『ドイツ債権法総論』(日本評論社、一九八八年)九四頁。

(7) Munchener Komm. Bd. 2, 3Aufl. 1994, S. 631 ; Palandt, BGB, 55Aufl. 1996, S. 320.

(8) Brox, Allgemeines Schuldrecht, 16Aufl. 1988, S. 86 ; Palant, a. a. O.

(9) Brox, a. a. O. ; Medicus, Schuldrecht 1 Allgemeiner Teil, 7Aufl. 1993, S. 82 ; Esser/Schmidt, Schuldrecht Bd. 1 Allgemeiner Teil, 7Aufl. 1995, S. 259 ; Staudingers Komm. § § 255-292, 13Aufl. 1995, S. 135 ; Palant, a. a. O. und S. 656 ; Munchener Komm. a. a. O. und Bd. 4, 3Aufl. 1997, S. 117 ; Fikentscher, Schuldrecht, 9Aufl. 1997, S. 526 ; Eckert, Schuldrecht Allgemeiner Teil, 1 Aufl. 1997, S. 67.

(10) Medicus, a. a. O.

(11) Muller, Schuldrecht Besonderer Teil, 1990, S. 172 ; Munchener Komm. Bd. 2, S. 631. Fikentscher, a. a. O. Vgl. auch Staudingers Komm. § § 607-610, 12Aufl. 1988, S. 268.

(12) Brox, a. a. O. ; Muller, a. a. O. ; Esser/Schmidt, a. a. O. ; Fikentscher, a. a. O.

(13) Palant, a. a. O., S656.

(14) 右近健男編『注釈ドイツ契約法』(三省堂、一九九五年)〔赤松秀岳〕三六七頁。

(15) 右近・前掲注(14)三六五―三六六頁、三六七―三七〇頁(期限前弁済に関する損害賠償または違約罰の合意は無効とすべきものとされる)。Vgl. auch Palant, a. a. O., S. 657 und v. Rottenburg, Die Reform des gesetzlichen Kundigungsrechts fur Darlehen—statt Zinssatz-Fristenregelung—, WM, 1987, S. 6. なお、六〇九条aに関しては、告知した場合の損害賠償が問題となるが、谷本圭子教授は、この点について、「結局、与信者からの解約告知(本法[消費者信用法—筆者注]第一二条)、消費者の期限前の履行(本法第一四条)、債務者(=消費者)からの解約告知(BGB六〇九条a第一項第二号)、いずれがなされるにせよ、約定の時期以前に信用契約が終了する場合には、〈約定の期間〉から〈契約締結から契約終了までの期間〉を控除した期間については、消費者は資本を利用しておらず、したがってその対価である利息及びその他の期間にかかわる費用を支払う義務もない」と指摘されている。泉圭子「ドイツ消費者信用法（一九九〇年）について（三・完）」民商一〇八巻二号（一九九三年）一〇四頁。

(16) 後述するように、一九八七年にＥＣ消費者信用閣僚理事会指令が出された。そこでは、全ての信用契約を対象とする期限前弁済の規定が置かれていたが（八条）、ドイツでは、六〇九条ａとの関係から、同規定の国内法化を断念したとされる。泉・前掲注(15)。Munchener Komm. Bd. 3, 3Aufl. 1995, S. 850. 中坊公平ほか編『クレジット法の理論と実際』（信山社、平成二年）二〇八頁以下も参照。

(17) 半田吉信『ドイツ債務法現代化法概説』（信山社、二〇〇三年）三五六―三六〇頁、四三九―四九四頁、五〇二頁。

(18) 87/102/EEC.

(19) 2008/48/EC

(20) Frank S. Alexander, *Mortgage Prepayment : The Trail of Common Sense*, 72 CORNELL L. REV. 288, 290-91（1987）; ROBERT K. Baldwin, *Prepayment Penalties : A Survey and Suggestion*, 40 VAND. L. REV. 409, 412-13（1987）; GRANT S. NELSON & DALE A. WHITMAN, REAL ESTATE FINACE LAW 408-09（3d ed. 1994）.

(21) NELSON & WHITMAN, *supra* note 20, at 422.

(22) 以下の類型はNELSON & WHITMANの説明を要約したものである（*Id.* 409-11）。他の論者も同様の分類をしている。*See* Dale A. Whitman, *Mortgage Prepayment Clauses : An Economic and Legal Analysis*, 40 UCLA L. REV. 851, 861, 870-71（1993）; Robert Boyle, *The Enforceable Prepayment Penalty*, 6 DePAUL BUS. & COM. L. J. 585, 592-93（2008）.

(23) Baldwin, *supra* note 20, at 414-419 ; Boyle, *supra* note 22, at 601-02.

(24) Boyle, *supra* note 22, at 594, 603-06.

(25) Abbe v. Goodwin, 7 Conn. 377（1829）. *See also* Thomas C. Homburger & Matthew K. Phillips, *What You See Is Not Always What You Get : The Enforceability of Loan Prepayment Penalties*, 23 J. MARSHALL L. REV. 65, 67-68

（1989）; Whitman, *supra* note 23, at 858-59 ; George A. Nation, III, *Prepayment Fees in Commercial Promissory Notes : Applecability to Payments Made Because of Acceleration*, TENN. L. R. 613, 617-18（2005）; Boyle, *supra* note 22, at 594. ただし、この準則を採らず、州法の適用等によって、期限前弁済の合意がなくても期限前弁済を認める裁判例もあるとされる。*Id.*, at 600.

(26) Whitman, *supra* note 22, at 860 ; Boyle, *supra* note 22, at, 596. ただし、この点についても、期限前弁済賠償金の条項を無効とする裁判例もあるとされる。

(27) Comment, *Secured Real Estate Loan Prepayment Penalty*, 51 CAL. L. REV. 923, 926-27（1963）; Baldwin, *supra* note 20, at 420-21 ; NELSON & WHITMAN, *supra* note 20, at 413-14.

(28) Baldwin, *supra* note 20, at 422-23 ; NELSON & WHITMAN, *supra* note 20, at 414-15.

(29) NELSON & WHITMAN, *supra* note 20, at 417. この点については、経済的効率性の観点からすれば、自由な交渉によって締結された期限前弁済条項は合理的なものであり、有効とするべきであるが、交渉力に乏しい消費者が当事者となる場合には、裁判所が介入すべきであるとの指摘がある。Whitman, *supra* note 22, at 837-45, 884, 929.

(30) Baldwin, *supra* note 20, at 439-40. *See also* NELSON & WHITMAN, *supra* note 20, at 413 n6.

(31) Boyle, *supra* note 22.

(32) RESTATEMENT（THIRD）OF PROPERTY : MORTGAGE（1997）Ch., 6.

(33) ただし、第二次契約法リステイトメントによる規制（信義誠実、非良心的契約）や Section 6.3 の例外（保険が付されている場合等）が認められている。

(34) この準則は土地の自由な譲渡に資するものとされる。

(35) 記述の多くは、前述した実務の状況やそれに対する評価をとりまとめたものである。

(36) U. C. C. C.（1974）. 第三次財産権リステイトメントによれば、一一の州が U. C. C. C. およびその修正版を採用しているとされる。

(37) 期限前弁済をするためには、借主は、元本と金融料等から構成される金額を支払わなければならない。割戻しとは、貸主が受領しえない（unearned）金融料を借主に払い戻すことである。*Id.* §§ 2-509, 2-510 Comment; *cf., id.* § 2-503 Comment.

(38) 消費者リースは適用対象から除かれている。

(39) 第三次財産権リステイトメントは、州法の状況をおよそ次のように紹介している。アラスカ州……期限前弁済総額の一・五％（Alaska Stat. s 06. 30. 585.）。カリフォルニア州……七年以内の期限前弁済は手数料を支払わねばならない。手数料は、未払い元本の二〇％を超えて弁済された元本につき、半年分の利息を超えてはならない（Cal. Civ. Code s 2954. 9.）。コネチカット州……代替担保を供与した場合の賠償金を禁じ、三年経過後に賠償金なしで期限前弁済を認める。また、三年以内の期限前弁済の賠償金は五％を上限とする（Conn. Gen. Stat. Ann. s 36-9g(c)）。イリノイ州……年利八％を超える場合、期限前弁済賠償金は違法なものとされる（Ill. Comp. Stat. Ann., 815 ILCS 205/4(2)(a).）。アイオワ州……所有者の居住する単世帯ないし二世帯の住居または農地を担保物とする場合、期限前弁済賠償金は禁止される（Iowa Code Ann. s 535. 9.）。カンザス州……期限前弁済はいつでも可能であるとされ、期限前弁済総額の一～一・五％を超える賠償金が禁止される（Kan. Stat. Ann. s 17-5512.）。ルイジアナ州……賠償金を伴わずに一部の期限前弁済（当初の元本の二〇％を超えてはならない）を認める（La. Rev. Stat. s 9 : 5322.）。マサチューセッツ州……三ヶ月分利息または最初の一年間の残存利息のいずれか少ない方の金額が、期限前弁済賠償金の上限とされる。借換え目的で三六ヶ月以内に弁済がなされた場合には、三ヶ月分の利息の追加が認められる（Mass. Gen. Laws Ann. ch. 183, s 56.）。ミシガン州……期限前弁済を禁止することはできない。三年以内の期限前弁済については一％の手数料が認めるが、それ以降は禁じられる。（Mich. Comp. Laws Ann. s 438. 31c(2)(c).）。ミネソタ州……一年以内の期限前弁済については、元本の五％の賠償金が認められる。その後、毎年一％ずつ減少していく。五年経過後は賠償金は認められない（Miss. Code Ann. s 75-17-31.）。ミズーリ州……五年経過後の期限前弁済賠償金を禁止する。また、賠償金は期限前弁済時の元本の二％を上限とする（Mo. Rev. Stat. 408. 036.）。ニューメキシコ州……住宅ローンについて、全ての期限前弁済賠償金を無効とする（N. M. Stat.

Ann. s 56-8-30.)。ニューヨーク州……一年経過後は賠償金は認められない。一年以内の賠償金は、貸借の合意において明確に定められていれば、取得することができる（N. Y. Gen. Oblig. Law s 5-501(3).)。ノースカロライナ州……期限前弁済賠償金は、一〇万ドル以下の元本による住宅ローンについては、取得できない。また、合意によって制限されない限り、手数料なしで期限前弁済をすることができる（N. C. Gen. Stat. s 24-2. 4.)。オハイオ州……五年経過後の期限前弁済を認めている。五年以内の期限前弁済については、元本総額の一％の賠償金を取得することができる（Ohio Rev. Code Ann. s 1343. 01. 1.)。ペンシルバニア州……住居用の抵当債務については期限前弁済賠償金は認められない（Pa. Stat. Ann. 7, s 6020-155(g)(7).)。ロードアイランド州……一年経過後に賠償金を伴わない期限前弁済を認め、一年以内においては、期限前弁済時の元本の二％を賠償金の上限としている（R. I. Gen. Laws s 34-23-5.)。サウスダコタ州……弁済額の一～一・五％の賠償金を伴う期限前弁済を認める（S. D. Codified Laws Ann. s 52-8-8.)。

(40)　イギリスにおける期限前弁済の取扱いは、Consumer Credit（Early Settlement）Regulations 2004 によるようである。しかし、その詳細や同国のコモン・ローについて検討できなかったので、同国の状況の検討は他日を期すこととしたい。

二　わが国の法状況との比較

1　立法的対応について

わが国の立法過程において、起草者がどのような立場を採ったかは必ずしも明らかではないように思われる(41)。しかし、その後、判例・学説により、一三六条二項の解釈として、相手方の損害を塡補すれば期限前に弁済可能とされるようになり、さらに学説において、約定期限までの利息の支払いを必要とする見解が一般的になった。海外では、一方的な期限前弁済を原則として禁止しつつ、一定の場合に特別の規定を設けて期限前弁済を認めている。そして、その規定の中で、期限前弁済の要件（いつから期限前弁済できるか、賠償金や手数料の支払いは必要か、必要である場合にはどのように算定するか等）を詳細に定めるものが数多く見受けられる。

これに対し、わが国では、期限前弁済を明定した立法的対応はなされてこなかった。[42]その原因は、わが国では早くから、一三六条二項の解釈として借主による期限前弁済が認められて来たことにあると思われる。それが可能となった背景には、同項の規定の仕方のほか、[43]この法理を確立した判例が定期預金の事案であり、預金者の損害を銀行に塡補させることに問題はなかったため、損害の塡補による期限の利益の放棄を認めやすかったという事情があると思われる。そのため、海外におけるように、期限前弁済の権利を法令で明定せずに済んできたのではないだろうか。また、利息制限法において実際の貸借期間を基準とする運用が普及しており、[44]元本利用のない期間分の利息の取得を認めてこなかったことが、期限前弁済に伴う賠償金の規制として機能していたと思われる。

しかし、現在、わが国では、期限前弁済をめぐって、貸主が借主に対して請求できる損害額が問題となっている。[45]海外では、この点をめぐって、賠償請求や賠償額の予定の可否、賠償額の計算方法が立法されている。

2　期限前弁済における借主の負担

わが国では、期限前弁済における借主の負担に特化した制度は存在しないが、消費者契約法が借主の負担を規制する役割を果たし得る。

(1)　消費者契約法九条の適用

まず、期限前弁済に際して借主が支払うべき金銭の約定については、同法九条の適用が考えられる。すなわち、約定された金銭の支払いによって消費貸借契約が解除されたとした上で、約定された金額が期限前弁済によって貸主が被る平均的な損害を超えるとの取り扱いである。[46]ここでは、貸主の平均的損害は実損害を基準として認定すべきであるから、海外で定められているような割合的規定とは異なることになる。固定した割合で定める理由としては、運用のしやすさや借主にとっての分かりやすさ等があげられていたが、わが国では消費者金融による生活破綻の問題が深刻であるから、実損害を基準として平均的損害を認定すべきものと思われる。

また、期限前弁済に伴う金銭の支払いの約定は、解除の有無とは関係なく、債務不履行による損害賠償額の予定であると解することも可能である(47)。そうすると、九条にいう「解除に伴う」との文言が問題となるが、この場合は一〇条を適用することが考えられよう。

⑵　消費者契約法一〇条

期限前弁済を一定期間禁止する条項、期限前弁済に際して支払うべき金額が大き過ぎ、実際には期限前弁済できないような条項については、一〇条を適用することが考えられる。無効となるための要件は、一三六条二項に比べて消費者の権利を制限し、または義務を加重するほか、信義則に反し消費者の利益を一方的に害することが必要である。

期限前弁済を一定期間禁止することは、借主の権利を制限することになる。海外の状況を見てみると、期限前弁済を一定期間禁止する立法例もある。わが国でも、信義則に反し消費者の利益を一方的に害するとはまではいえない事案もあるかもしれないが、消費者は生産手段を持たず、適法な利率であっても利息を支払わせ続けるのは酷な場合があることに十分配慮する必要があろう。

支払うべき金額が過大で、期限前弁済を阻むような約定は、借主の権利を制限し、しかも信義則に反し、消費者の利益を一方的に害するものといえよう。アメリカでは、金額が過大であっても、もともと期限前弁済を禁止する約定が有効なのだから、無効ではないとの見解があった。しかし、わが国においては、金額を過大に設定し、約定期限までの弁済を事実上強制するのであれば、むしろ最初から期限前弁済禁止の特約をし、その特約が消費者契約法に違反しないよう工夫をするべきである。また、貸主としては、過大な金銭を約定しておけば、もし支払いがあればそれによって多大な利得を得ることができるから、貸主の暴利行為を誘発するおそれも生じよう。

3　二重の利得と履行強制の苛酷さ

わが国では、貸主は現実の弁済時までの利息しか取得することができない。その根拠として、利息は元本利用の対価であるから、元本利用のない期間についてまで利息を支払う必要はないこと、貸主は弁済された元本を運用することで二重に利得しうることが指摘されている。

ただ、その根拠のみであると、約定期限までの履行強制については、借主による元本利用があり、貸主も二重に利得するわけではないから、反論が難しくなる（ただし、公序良俗による規制があるほか、前述のように、消費者契約法一〇条によって借主を保護することは十分可能である）。また、利率低落時の期限前弁済について、当初の利率による残存期間分の利息総額と低落した利率によるそれとの差額が、貸主の損害とされる可能性が生じる。海外では、その差額を賠償金として認め、算定方法を具体化する見解が存在するが[48]、わが国の消費者信用においては、妥当な立場ではないと考えられる。

このように見てくると、少なくとも消費者信用においては、期限前弁済を認める根拠として、前述したもののほかに、借主に約定期限までの利息の支払いを強制することは酷である等の根拠も必要となるのではないかと思われる[49]。

(41)　立法過程はすでに尾島教授によって分析され、起草者は、約定期限までの利息の支払いにより期限の利益を放棄できるとの立場に立っていた、との結論が導かれている。尾島・前掲注(1)七三―七四頁、九四頁注(7)。ただ、法典調査会では、起草者の見解は一致していないようにも見受けられる。そして、旧民法の立場も生き残っており、民法修正案理由書にはそちらの方が反映しているのではないかとも思われる。そこで、同教授の分析とかなりの部分が重複することになるが、本稿でも立法過程に検討を加えることとしたい。

現行民法一三六条は、旧民法財産編四〇四条に由来している。同条一項は、「債務者ハ期限ノ利益ヲ抛棄シテ満期前ニ其義務ヲ履行スルコトヲ得但要約ニ因リ又ハ事情ニ因リテ当事者雙方ノ利益又ハ債權者ノミノ利益ノ爲メニ期限ヲ定メタル證據アルトキハ此限ニ在ラス」と規定する。本条は、『再閲修正民法草案註釋・第弐巻人權ノ部中巻』第九二四條に由来する。その解説を見てみると、「法律ハ雙方ノ者ノ共同ノ利益ノ爲メニ期限ヲ設定スルコトアルヘキヲ豫見シタリ此場合ニ於テハ一方ノ者ハ他ノ一方ノ者ノ承諾ナク期限ヲ抛棄スルヲ得ヘカラス」とされている。

当時の学説は、利息付き消費貸借における期限の利益の放棄と貸主の承諾との関係を、次のように明確に指摘している。すなわち、期限付き利息付き消費貸借においては、当事者双方に期限の利益が認められる。借主は貸借期間内の（元本）運用を目的とし、貸主は期限までの利息収受を目的とするからである。この場合、相手方の承諾がなければ期限の利益を放棄できない。富井政章『民法論綱人權之部下』（岡島寶文館、明治二三年）九二―九三頁、井上正一『民法正義財産編第二部巻之壱』（信山社、明治二三年版復刻、平成七年）六二六―六二八頁、磯部四郎『民法釈義第一四編』（長島書房、明治二五年）一七三七―一七三九頁。

これに対し、法典調査会の立場は明確でないように思われる（『法典調査会民法議事速記録2』（法務図書館、昭和五一年）二二一―二二四頁）。一三六条二項の趣旨を説明した穂積陳重委員は、どちらかというと、期限の利益の放棄は最終的には相手方の意思にかかるという立場を採っているように思われる。これに対し、梅謙次郎委員は利息を支払えば期限の利益を放棄できるとの立場を採っているように思われる。

まず、穂積委員の立場を見てみたい。穂積委員は、双方が利益を有する場合について、次のように述べている。「一方ガ迷惑ヲ感ズレバ然ウ云フコト（双方が利益を有する場合に一方が利益を放棄すること―筆者注）ハ出来ヌ迷惑ヲ感ゼヌケレバ出来ル」。また、双方の利益のために期限が定められていても、借主からの返済に対して、貸主の方で「殊更ニ矢張リ抛棄スルコトニナル」場合があるとし、「抛棄スルトイウコトガナクテモ一方カラ其事ヲ仕掛ケルコトガ出来ルト思ヒマス現行法ノ場合ハ外ニ反対ノコトガナケレバ利息ヲ附ケテ返ヘシテ仕ケマイカト思フ」と述べている。

また、穂積委員は、定期預金に関する質問について答弁している。まず、高木委員の質問から見てみたい。定期預金における期限の利益は、第一項によれば債務者たる銀行のために定められたものとされる。この定期預金に高い利息が付けられたが、金融事情によって利子が非常に低くなったため、「銀行ハ之ヲ早ク返ヘスノヲ利益トシテ期限ヲ抛棄シテ夫レニ利子ヲ付ケテ返ヘス然ルニ債権者即チ預主ハ銀行ニ預ケテ置クトキニハ慥〔確―筆者注〕カデアル又外ノ所ニヤツテモ矢張リ夫レ丈ケノ利息ハ付ケラレヌ依テ債権者ハ其儘預ケ置ク方ガ利益デアル」。このような場合、預主の利益を害することになるので、預主は銀行による期限の利益の放棄を拒めるだろうか。穂積委員は、相手方の利益を害するので、もちろん放棄できないと答弁している。さらに、長谷川委員が「利息ヲ付ケテヤルノデアリマスカ」と質問したのに対し、穂積委員は、「夫レハ其時ノ事情ニ因ルノデアリマス是ハ学者ノ間ニハ色々説ガアルサウデアリマスガ通常ノ場合ニハ然ウ云フ有様ナラ仕ケナイト云フ方ガ本則ラシイヤウニ思フ」と答弁している。

さらに、磯部四郎委員の質問に対する答弁もなされている。磯部委員は、法文は「利益を償えば何時でも放棄できる」とも「債権者の便益を妨げるときは放棄できない」とも読めると質問した。すなわち、「何時デモ抛棄スルコトガ出来ル併シ夫レガ為メニ利益ヲ害セルコトガアツタ時ニハ其利益ヲ償ツテヤレバ宜イト云フヤウニ見エマスガ此『利益ヲ害スル』ト云フコトハ債権者ノ便益ヲ妨ゲル時ニハ此期限ノ利益ヲ抛棄スルコトガ出来ヌト云フヤウナ風ニ読メルノデアリマスガソコハ如何デゴザイマセウカ」。これに対し、穂積委員は、「『期限ノ利益ハ之ヲ抛棄スルコトヲ得但之カ為メニ相手方ノ利益ヲ害スルコトヲ得ス』トアル以上ハ抛棄スル方ハ講ハヌ併シ利益ヲ償フテヤレバ宜イト云フ方ニ読メハシナイカト云フ御話デアリマシタガ斯ウ云フ風ノ文章ノ書キ方ハ往々アルノデゴザイマシテ『期限ノ利益ハ相手方ノ利益ヲ害シテ之ヲ抛棄スルコトヲ得ス』ト書イタト意味ハ同ジ積リデ書イタノデアリマス」と答弁している。磯部委員の質問との対応からすれば、磯部委員の後者の理解を支持する答弁と解することもできないではない。

次に、梅委員の立場は次の通りである。高木委員が、磯部委員に対する穂積委員の答弁を受けて、「然ウスルト是ハ『利益ヲ害スルトキハ此限ニ在ラス』トシタ方ガ宜イ」と発言したのに対し、梅委員は、「然ウスルト狭クナル利益ヲ害スル恐レアルトキハ丸デ抛棄スルコトハ出来ヌ然ルニ通常ノ貸金ヲ利息ヲ付ケテ返ヘシテ呉レバ大変利益デアル」と述べている。

梅委員の発言は、利息の支払いが貸主にとって利益になるとするものであり、この点から推していけば、貸主は利益を害されないので借主は期限の利益を放棄できるとの結論が導かれよう。これに対し、穂積委員の立場を前述のように解すると、期限の利益の放棄を相手方の意思にかからせる立場は、現行民法の起草過程において―明確とはいえないが―消滅しなかったといえるのではないだろうか。

このことは、民法修正案理由書の記述にも反映しているように思われる。それによれば、旧民法四〇四条二項（債権者のみのために期限の利益が定められた場合、債権者はこれを放棄できる）には同条一項のようなただし書（当事者双方に期限の利益があるときは放棄できない）がなく、疑問が生じ得るので、一三六条二項のように、「其場合ヲ廣クシ相手方カ不利益ヲ受クルコトヲ主張セサル限ハ期限ノ利益ヲ抛棄スルコトヲ得ト定ムルトキハ更ニ疑ヲ生スル虞ナカルヘシ」とされる（廣中俊雄編『民法修正案（前三編）の理由書』（有斐閣、昭和六二年）一二三頁参照）。ここでは、一三六条二項の立法理由について、一方的放棄を禁じた旧民法四〇四条一項ただし書の修正ではなく、むしろ、同条二項にそのような規定が欠けているので、そこにも一項ただし書と同様の準則を及ぼすべく、「相手方から不利益の主張がなければ期限の利益を放棄できる」という趣旨の条文を設ける必要があったとの理解がなされているように思われる。

(42)　ただし、立法提案はなされている。村千鶴子「シリーズ：統一消費者信用法⑹統一消費者信用法の制定に向けて～日弁連の意見書について」消費者法ニュース四五号（二〇〇〇年）五五頁、中坊・前掲注(16)二三六―二三七頁、二五二頁を参照。

(43)　我妻栄博士は、「本条の倣ったフランス民法第一一八七条の解釈とは反対のようである」が、「同条にはわが第一三六条二項の但書に該当する規定がないから、そう解するのがむしろ当然であろう」とされる。我妻榮『新

訂民法総則（民法講義Ⅰ）』（岩波書店、一九六五年）四二一—四二三頁。
(44) 全国クレジット・サラ金問題対策協議会『判例貸金業規制法と救済の実務』〔茆原洋子〕（全国クレジット・サラ金問題対策協議会、二〇〇二年）三一頁。
(45) 期限前弁済において残存期間分の利息を支払わせる特約（いわゆる早期完済特約）は、効力が否定された（大阪高判平成八年一月二三日判時一五六九号六二頁）。残元金の三％を支払わせる特約もまた、効力が否定されているようである（日本経済新聞平成二〇年四月九日朝刊三五面）。
(46) 両部美勝「住宅ローン契約の繰上返済違約金条項」金法一八三八号（平成二〇年）一頁。
(47) 我妻博士は、債務者だけが期限の利益を有しており、債務者が単純にこれを放棄しうる場合には、期限前の履行が債務の本旨に従った履行となることはいうまでもないが、そうでない場合には、一種の不完全履行とみてもよいとしている。我妻榮『新訂債権総論（民法講義Ⅳ）』（岩波書店、一九六四年）一五二頁。
(48) わが国でも同様の見解が主張されている。三宅正男『契約法（各論）下巻』（青林書院、一九九八年）五八二頁。この見解は、わが国で約定期限までの利息総額の支払いを必要とするとの見解が一般的であった時代に唱えられたものである。取引当事者の立場性を考慮することなく期限前弁済に伴う塡補額の範囲を厳密に画定しようとするものであり、画期的なものであった。ただ、昨今の消費者信用の問題の深刻さを考慮すると、なお十分には対応できず、もはや取引当事者の立場性を考慮せざるを得ないのではないかと思われる。
(49) 拙稿・前掲注(1)四六—四七頁参照。

おわりに

消費貸借における期限前弁済をめぐる法状況は、立法面を見てみると、海外とわが国とでかなりの差があるように思われる。わが国では、期限前弁済について妥当な解決を図ることができる法的仕組みがあったから、海外のように期限前弁済に特化した制度を立法せずとも済んできたといえる。また、期限前弁済の問題のなかには民法典や利息制限法だけでは十分に対応できないものもあると思われるが（約定期限までの履行の強制や実損害を超える賠償額の予定）、消費者契約法が制定されたことで、妥当な解決を図ることができる。

それでは、消費貸借における期限前弁済において、今後、どのような課題があるだろうか。消費貸借における期限前弁済の法理は、わが国では主に貸金業者による消費者信用を念頭において発展してきたように思われる。そして、この分野については、既存の法的仕組みを活用し、大きな発展を遂げたといえる。(50) 今後は、これまでの法理を維持しつつ、期限前弁済によって貸主に生じる損害の算定方法が具体化されていくものと思われる。しかし、消費貸借には、消費者信用以外の分野があるし、また、消費者信用においても貸金業者以外の者による貸付分野がある。既存の法理がこれらの分野に妥当するかどうかも、今後の検討課題となるのではないだろうか。

最後になりましたが、小生が期限前弁済に問題意識を持ちましたのは、大学院生時代、新美先生の主催される判例研究会にて早期完済特約の判例を報告し、執筆した評釈の一言一句に至るまで御指導を頂いたことがきっかけでした。先生の限りない学恩に、この場をお借りして深く感謝申し上げますとともに、先生の益々のご健勝をお祈り申し上げます。

(50) ただ、だからと言って、立法の必要性がないという訳ではない。法準則の明確化や借主保護の立場を明確にする等の意義がある。

7

借地借家法三二条一項の性質論について
――平成一五年サブリース判決以降の展開を中心に――

中村　肇

一　はじめに
二　サブリース判決とその問題性
三　一〇月判決の枠組みの展開及び借地借家法三二条一項の性質論
四　むすびに代えて

一　はじめに

周知のように、借地借家法（以下「法」という）三二条一項（及び法一一条一項）に基づく賃料増減額請求に関しては、サブリース契約における賃料減額問題をきっかけに多くの議論がなされてきた。そして、平成一五年に最高裁が示した判決（最三判平成一五年一〇月二一日民集五七巻九号一二一三頁（本判決を以下「一〇月判決」という））ほかの三判決。これらをまとめて以下「サブリース判決」ということがある）により、本問題に関しては、一応の解決が示されたといえる。(1)

しかしながら、平成一五年に示された判決に対しては、「ぶれ」を含んだ判断枠組みであることが指摘され、具体的事案のもとでどのように解すべきかという問題や、借地借家法一一条一項、三二条一項（以下、両者を併せて「賃料増減規定」という）の法的性格との間で問題を含んでいること（強行法規性）、周辺法理との関係をいかに解すべきかなど、理論的に興味深い問題が学説によって提起されている。(2)

かかる問題提起を受け、学説上、法三二条一項の性質をいかに解すべきかが論じられている。そこでの基本的な方向性は、同規定の強行法規性を再検討し、規制内容との関連で、サブリース判決が示した基準の批判的検討を試みていると解することができるように思われる。そしてそこでの議論を踏まえる限り、法三二条一項の性質はもはや強行法規とは必ずしもいえないと結論づけられそうにみえる。しかしながら、その後の判例の展開をみる限り、学説とは異なる方向を向いているように思われる。その理由はなぜか、本稿では、かかる問題意識に基づき、サブリース判決以降の議論を検討することにしたい。(3)

（1）サブリース契約に関して論じた論稿は極めて多いが、松岡久和「建物サブリース契約と借地借家法三二条の適用」論叢一五四巻四・五・六号一三一頁が判例学説とも詳細に検討している。本稿との関連で筆者自身の手による論稿としては、拙稿「サブリース契約における賃料減額問題――契約改訂論の一例として――」一橋研究二二巻一号一二五頁、同「最判平成一五年六月一二日判批」横浜国際経済法学一三巻二号一四七頁、同「最判平成一六年六月二九日判批」NBL八〇四号六三頁、同「最判平成一七年三月一〇日判批」金判一二二六号二頁、同「最判平成二〇年二月二九日判批」民商一三九巻二号二四七頁、同「最判平成二〇年二月二九日判批」判例セレクト二〇〇八（法学教室三四二号別冊付録）一〇頁がある。なお、三判決ほかの判決については注(13)を参照。

（2）瀬川信久「借地借家法三二条は強行法規か？」金判一二〇二号一頁や最二判平成一六年一一月八日判時一八八三号五二頁における福田博裁判官の少数意見などに見られる。この点について論じるものとしては、松岡・前掲注(1)一五二頁以下、山本敬三「借地借家法による賃料増減規制の意義と判断構造―『強行法規』の意味と契約規制としての特質」潮見佳男ほか編『特別法と民法法理』（有斐閣、二〇〇六年）一六二頁以下が特に重要である。

(3)　本稿は、前掲注(1)の最二判平成二〇年二月二九日判時二〇〇三号五一頁に関する筆者の判例批評では紙幅の関係上十分論じられなかった借地借家法三二条一項の性質論を取扱うものである。本稿では、サブリース契約において多くの議論があったことから借地借家法三二条一項の性質論を論じるが、同法一一条一項の性質も同様に解されるべきものと考える。

二　サブリース判決とその問題性

1　サブリース判決以前の賃料増減規定の理解

借地借家法一一条一項、三二条一項はそれぞれ、旧借地法一二条一項、旧借家法七条一項を受け継ぐものであり、伝統的に事情変更の原則の具体化の一つであると考えられてきた(4)。これらの賃料増減規定は、慣習を根拠に判例が認めていた借地に関する増額請求を立法化する際に、減額請求も併せて規定し、借家関係にも及ぼしたものである(5)。とりわけ、借地関係などでは、長期の賃貸借関係の存続を保障する一方で、貸主の賃料増額の機会を確保する点にその意義は存在した(6)。

そして、強行法規について定める借地借家法一六条および三七条に法一一条一項、三二条一項はあげられていないため、両条が強行法規であるか否かは同条の解釈問題となる。同条の性質が強行法規であるかに関しては、旧借地法、旧借家法(これらを合わせて「旧法」という)のもとでも議論があった。近時の最高裁の判例においても引用される最三判昭和三一年五月一五日民集一〇巻五号四九六頁は、協議条項(賃料名義の額については湯銭の騰落、経費の増減、浴客の多寡等に応じてこれを改訂するものとし、一年毎に両当事者協議の上これを決定する)が付されていた事案であったが、「かかる約定の存在は借家法七条の適用を否定すべき特別の事情となすに足りない。けだし右約定によっては、賃料の増減につき当事者間に協定が成立しない場合にもなお当事者の右法条による賃料の増減請求権を否定すべきものとした趣旨が窺いえないのみならず、同条は契約の条件いかんにかかわらず借家契約にこれを適用すべき強行法規であることは疑いなく、右の如き約定によってその適用を排除することをえない」とし、かかる論理構造は現在の判例にも受け継がれている。(7)

すなわち、判例は、同条の文言が「契約の条件いかんにかかわらず」賃料の増減請求権の行使を認めていることを根拠に、同条を強行法規と解していたと整理できる。そして、かかる論理構造を前提にした理解が、現行法一一条一項及び三二条一項の法的性質の検討に際しても出発点に位置づけられるべきである。

2　サブリース契約における借地借家法三二条一項の解釈問題

(1)　サブリース契約の性質

現在の賃料減額請求に関する判例理論は、サブリース判決以降大きな展開があるので、周知のことであるが、サブリース契約の特徴を簡単にまとめておく。サブリース契約とは、たとえば、「企業が保有している不動産の有効活用の一環として、地上にオフィスビルを建て、これを不動産会社が一括借り上げして、オフィスとして転貸する」という契約である。その際、「賃借人となった不動産会社は、賃貸借契約の中で、空室保証、賃料保証といった形で一定額の賃料収入をビル所有者に保証し、さらに地価上昇を見込んだ賃料自動値上げ条項」を入れるなどしていた契約であると説明されている。(8)

典型的には賃料保証に相当するような特約があり、それを前提にして賃貸人がビルを建築し、建築資金の返済に充てていたなどの状況の下で、バブル経済の崩壊の結果、利ざやの負担に耐えきれなくなった賃借人から賃料減額請求を行うことが認められるか、その際の根拠として借地借家法三二条一項によることが認められるかが論じられたものであった。

学説や下級審判決などで示されていた見解は、多様なものであるが、大きく分ければ、①サブリース契約の法的性質が賃貸借である以上、同条項の適用は肯定されると解する単純適用説、②サブリース契約の法的性質が賃貸借契約の性質を有する複合契約として、借地借家法の適用を肯定しつつ、その特殊性を法三二条一項の「相当性」判断に反映させる修正適用説（制限適用説）、③サブリース契約の法的性質は共同事業であって、賃貸借ではないとし、借地借家法の適用を否定する適用否定説の三つであると解することが一般的であった(9)。

下級審判決においても初期の頃は単純適用説も存したが、修正適用説がほとんどであった。他方で否定説を採用した事案もあり(10)、対立していた。

かかる状況において、サブリース判決に先行する形で、最一判平成一五年六月一二日民集五七巻六号五九五頁（以下「六月判決」という）が示された。六月判決は、後に取り上げる最三判平成二〇年二月二九日判時二〇〇三号五一頁でも先例として引用されており、その位置づけも重要な事件といえる。

同判決では、地代等改定特約付の土地賃貸借契約において借地借家法一一条一項の適用の可否が問題となった。六月判決は、まず、借地借家法一一条一項は、「地代等不増額の特約がある場合を除き、契約の条件に関わらず、地代等増減請求権を行使できるとしているのであるから、強行法規としての実質を持つものである（傍線部は筆者による。以下も同じ）」とする。さらに、「当初は効力が認められるべきであった地代等自動改定特約であっても、その地代等改定基準を定めるに当たって基礎となっていた事情が失われることにより、同特約によって地代等の額を定めることが借地借家法一一条一項の規定の趣旨に照らして不相当なものとなった場合には、同特約の適用を争う当事者はもはや同特約に拘束されず、これを適用して地代等改定の効果が生ずるとすることはできない。また、このような事情の下においては、当事者は、同項に基づく地代等増減請求権の行使を同特約によって妨げられるものではない」とした。

ここでは、六月判決が、借地借家法一一条一項の強行法規性および事情変更による拘束力喪失を根拠にして地代等増減請求権の行使を認めたという点を確認しておく(11)。

⑵　一〇月判決とその論理構造

これに対して、一〇月判決において、最高裁は、借地借家法三二条一項が強行法規であることを理由に、サブリース契約にも適用があることを認めた上で「本件契約の当事者は、本件賃料自動増額特約が存するとしてもそのことにより直ちに上記規定に基づく賃料増減額請求権の行使が妨げられるものではない」とした。

さらに、賃料自動増額特約については「X（貸主―中村注）がY（借主―中村注）の転貸事業のために多額の資本を投下する前提となったものであって、本件契約における重要な要素であったということができる。これらの事情は、本件契約の当事者が、前記の当初賃料額を決定する際の重要な要素となった事情であるから、衡平の見地に照らし、借地借家法三二条一項の規定に基づく賃料減額請求の当否（同項所定の賃料増減額請求権行使の要件充足の有無）及び相当賃料額を判断する場合に、重要な事情として十分に考慮されるべきである」と判示した。

さらに、これに加えて、「この減額請求の当否及び相当賃料額を判断するに当たっては、賃貸借契約の当事者が賃料額決定の要素とした事情その他諸般の事情を総合的に考慮すべきであり、本件契約において賃料額が決定されるに至った経緯や賃料自動増額特約が付されるに至った事情、とりわけ、当該約定賃料額と当時の近傍同種の建物の賃料相場との関係（賃料相場とのかい離の有無、程度等）、Y（借主―中村注）の転貸事業における収支予測にかかわる事情（賃料の転貸収入にしめる割合の推移の見通しについての当事者の認識等）、X（貸主―中村注）の敷金及び銀行借入金の返済の予定にかかわる事情等をも十分に考慮すべきである」と述べた。

一〇月判決では、借地借家法三二条一項の強行法規性を理由に賃料増減請求権の行使を認めた上、諸般の事情を十分に考慮すべきという論理構造が示されている。(12) とりわけ、賃料自動増額特約は、重要な事情として十分に考慮されるべきとされている。そして、この一〇月判決の論理構造に対しては、次にみるように学説からの批判が展開されることになる。

（4）　星野英一『借地・借家法』（有斐閣、一九六九年）一三五頁。
（5）　幾代通＝広中俊雄『新版注釈民法⒂』（有斐閣、増補版、一九九六年）六二八頁、七九三頁〔篠塚昭次〕。
（6）　松岡・前掲注（1）一五一頁以下。
（7）　借地法一二条一項と協議条項の関係についても最二判昭和五六年四月二〇日民集三五巻三号六五六頁がやはり同様の論理構造を示している。
（8）　内田貴『民法Ⅱ　債権各論』（東京大学出版会、第二版、二〇〇七年）二〇二頁。
（9）　学説の整理に関しては、松岡・前掲注（1）一三二頁以下による。
（10）　なお、注目すべき否定事案としては、東京地判平成一〇年八月二八日判タ九八三号二九一頁、東京地判平成一〇年一〇月三〇日判時一六六〇号六五頁があり、これらは、サブリース契約を共同事業と捉え、賃料保証を契約の本質的要素として、借地借家法三二条の適用のない合意をしていたと判断していた。
（11）　六月判決について、吉田克己教授は、「相当性」を超えた特約の効力を喪失させ、賃料減額請求を認める点を借地借家法一一条一項の相当性審査に服させたものと整理している（相当性審査説・吉田克己「最判平成一六年六月二九日判批」判タ一一七三号一一一頁）。
（12）　一〇月判決について、吉田克己教授は、特約の効力に言及しないことで、その有効・無効には左右されず、賃料減額請求ができるという判断を示したとし、かかる構成を特約＋三二条の「併存型」と整理する（吉田・前掲注（11）「判批」判タ一一七三号一一二頁）。もっとも最判平成二〇年二月二九日で示された判断を前提にすれば、かかる理解の維持は困難となったように思われる。同判決によれば、賃料増減請求権が行使されない限りでは、賃料に関する特約は有効であるが、ひとたび賃料増減請求権が行使された場合には、「同特約に拘束され」ず、特約の内容は、相当賃料の基準として直接考慮されなくなるためである。これを前提にすると、有効、無効に言及しないことの意義は、賃料増減請求権が行使されない場合に特約の効力が否定されないという程度の意味しかなく、賃料増減請求権が行使された場合にも特約が「併存」しているということは難しくなったように思われる。

三 一〇月判決の枠組みの展開及び借地借家法三二条一項の性質論

1 一〇月判決の枠組みとその問題性

(1) その後の判例の展開——法理の定着

一〇月判決が示した判断枠組みはその後最高裁によって繰り返し示され、賃料減額事件に関する一般法理として定着したということができる。[13]

(2) 一〇月判決の評価

前記の一〇月判決の示した判断枠組みに対しては、サブリース契約に関して論じられてきた問題を踏まえると、巧みな構成であるという評価もある。[14] しかしながら、サブリース契約に法三二条一項の適用を認めつつ、さらに特約の存在を考慮するという構成は、自ずと裁判官の裁量にゆだねざるを得ない面が強調され、賃料増減額規定の「一般条項化」が指摘されている。[15] その結果、サブリース契約における賃料減額請求の問題に関し、従来適用否定説、適用肯定説に分かれて議論されていたところ、適用肯定側、適用否定側いずれからも支持される評価（自らに近づけての理解）が示されるなど、予測可能性という観点からは問題があることが指摘されるようになっていった。[16]

さらに一〇月判決の判断枠組みに対しては、内田貴教授より、二つの矛盾が指摘されている[17]。まず、第一に、賃料に関する合意を有効としつつ、減額請求することは矛盾でないか、という点である。第二に、形式的にサブリースは賃貸借だから借地借家法の適用があるとする一方で、サブリース契約の特殊な事情を賃料減額請求の当否および相当賃料額の判断において考慮すべきとする点で矛盾するという[18]。

さらに、内田教授は、一〇月判決につき、借地借家法の適用という一見堅固な法律論によりつつ、実は「事情変更の原則の不当な適用」を行ったのではないかと結論づける[19]。

また、適用否定説の立場から、松岡久和教授は、判例が採用した修正適用説に対して、「『予想外の事態から生じる損失を両当事者に公平に分担させる』という発想は、法が一般に認めている考え方とはむしろ正反対のものであって、これを出発点とするアプローチは根本的に誤っている」と批判している[20]。

このように、サブリース判決が示した判断枠組みには、（前記のように当否についても有力な批判があるが）当否はさておき、少なくとも解釈論上批判が加えられている。とりわけ、六月判決と一〇月判決と比較した場合、一〇月判決が賃料減額請求を肯定した根拠は、借地借家法三二条一項が強行法規であるからという点につきる。それゆえ、一〇月判決の枠組に従うサブリース判決以降の議論では、法三二条一項の法的性質論が中心的な課題となる。

2　賃料増減規定の性質論

⑴　学説――強行法規理解の変容

強行法規に反する特約が無効であるのは自明であるように思われるが、問題となった法規定がいかなる意味で強行法規であるのかは、一般的に自明なものではなく、各規定の趣旨を考察し、個人の意思によって排斥し得るかによって決せられる。[21]それゆえ、法三二条一項についても従来より同条の文言に照らして強行法規であると解されてきた。

① 単純強行規定説[22]

従来の通説は、同条の前身規定である旧借家法七条一項（及び旧借地法一二条一項）の解釈と同様に「契約の条件に関わらず、当事者は、将来に向かって建物の借賃の額の増減を請求することができる」という文言から、同条を強行法規であると解する見解であった。[23]

山本敬三教授によれば、かかる従来の見解は単純強行規定説とされ、さらに、特約の効力を否定する見解（効力否定説）と、法三二条一項の文言に基づき、当事者の合意にかかわらず、賃料増減額規定が優先的に適用されると解する見解（優先適用説）に分類される。

単純強行規定説に立った場合には、一〇月判決の判断枠組みにおいて、後半部分である諸般の事情を考慮すること、特に特約の存在を考慮する点に矛盾が生じるように解される点が問題となる。

② 限定強行規定説

単純強行規定説に対し、学説上有力に主張されるのが、法三二条一項を強行規定であると解しながら、当事者の特約との関係で、その機能を限定する見解である。

(i) 吉田克己説[24]

吉田克己教授は、サブリース契約を事業受託契約と法性決定した上で、借地借家法三二条の「類推適用」の可否といった立場から、同条の射程を検討する。[25]

吉田教授によれば、法三二条一項の機能には、「市場的決定がのぞまれるにもかかわらずそれがなされる条件がないところで、市場的決定を補完する規定」である「市場補完機能」と、「契約に拘わらず」不増額特約以外の特約の効力を否定する条文から、「社会的弱者としての賃借人保護の要請」を根拠に強行法的な性格を有する「市場修正機能」の二つの性質があるとする。そして、強行法規としての性格を有するのは、「市場修正機能」であって、「市場補完機能」は、強行法規としての性格を持たないという。

かかる観点によれば、サブリース契約において、賃料保証特約が付されている（＝「市場的決定」）にもかかわらず、賃料減額請求が認められるか否かは、三二条の市場修正機能に照らして判断される。そして、「賃借人保護の要請」からも「公平（リスクの分担）」の観点からも結論的には否定されるとする[26]。また、仮に公平の観点から借地借家法三二条の「類推適用」を認めた場合、広い意味で事情変更原則に立脚するものとされ、その基礎にある信義則から、契約締結の経緯などの特殊性を考慮すべきとする[27]。

(ii)　松岡久和説

松岡教授は、法三二条の強行法規性を、第一に、賃借権の存続保障の見返りに賃貸人に賃料増額請求の機会を与えることから出発し、「当事者の合意の欠缺を補う市民法的な契約補完機能」から理解する。第二に、社会的弱者である「借地人を過酷な賃料値上げから保護するという目的」を反映して、リスク配分に関する決定がある場合でも、公権的・後見的に介入する機能である「社会法的な契約修正機能」により基礎づける[28]。

かかる二つの正当化から、「契約修正機能を発動する必要がなく、かつ、契約補完機能の発動の前提が欠けている場合、すなわち賃借人を保護する必要がなく、両当事者がすでに賃料相場変動リスクを考慮した決定を契約で行っている場合」法三二条は、契約に介入する根拠を失うとする。すなわち、借地借家法三二条は「たしかに強行規定的性格を有しているが[29]、契約による私的自治的決定を尊重する論理を内包している」とし、当事者の決定を尊重する見解を示している[30]。

(iii)　山本敬三説(31)

山本教授は、法三二条一項（及び一一条一項）の趣旨を確認し、どのような意味で「強行法規」であるかを明らかにすることを試みている。山本教授の見解の基底にあるのは、賃貸人賃借人の合意を重視しながら法三二条一項による規制を機能ごとに検討し、両者を整合的に解することを試みる点であると考えられる。

山本教授は、まず法三二条一項につき、契約の欠缺を補充する機能である「補完型契約規制」と当事者が行った契約に介入する機能である「介入型契約規制」に分けた上で、賃料増減規制について、本来は前者に位置づけられるとする。それゆえ、契約への介入が認められるためには正当化理由が必要とされる。この点について、従来の限定強行規定説のように、賃借人を社会的弱者とみる「弱者保護型規制」を根拠にすることが考えられるが、サブリース契約には困難であるという。その他の正当化理由としては賃借人の意思決定侵害があったことを理由とする「決定権侵害型規制」の面を指摘する。しかしながら、「決定権侵害」もなく当事者が合意をした場合には、合意をそのまま尊重することが要請される。それにもかかわらず、介入が認められるのは、「存立保護型規制」の場合が残るのみである。「存立保護型規制」とは、「債務者をその合意に拘束すれば、債務者が生きていくための基盤が破壊されるような場合には、債務者の意思を尊重する前提を欠いていると考えることもできる」ことから肯定される介入であり、サブリースではせいぜいこの限りでの保護が与えられると結論づけられることになる。

③　強行法規の半任意法規化または任意法規と解する説

(i)　大村敦志説

大村敦志教授は、強行法規、任意法規の二分法自体に対する近時の議論を踏まえ、六月判決に認められた発想を展開することを指摘している。すなわち、「強行規定からの離脱も合理的な理由がある場合には可能である」

というもので、任意法規と強行法規の違いは、特約との関係における原則の違いに過ぎないというものである（前者は原則として特約は有効、後者は無効）。

かかる立場によると、「特約は有効であるが、特約にあたって織り込まれた事情を超えた事情が生じた場合にまで、当該特約の効力は及ばないと解する余地もあったように思われる」という(32)。

(ii)　内田貴説

さらに、内田教授は、賃料減額請求権を継続的契約に特有な法理である柔軟性原理を導入した規定であるとして、賃料増減規定を「全く合意で排除できない強行規定と考えるのは難しいとしても、少なくとも合理的な理由なしに排除」できない任意規定と理解すべきであるという(33)。

内田教授の見解は、法三二条一項を任意法規として、「合理的な理由」により賃料増減請求権の排除を認めており、当事者が賃料に関する特約を締結していた場合には特約を尊重する解釈を示すものと解される。これに対して大村教授も、特約を有効とする点では、特約を尊重しているが、特約に織り込まれた事情を超えた事情が生じた場合に特約の効力を否定する解釈を示している。大村教授は、強行規定説からは離れる解釈を採っているが、それに代えて六月判決に近い解釈を示す点で独自の説と解することができるように思われる。

④　学説のまとめ

上記の学説をどのように理解するかに関して、二つの問題を分ける必要があると思われる。まず第一に、法三二条一項の性質を強行法規と解するか、任意法規と解するかという同規定の性質論と、第二に、サブリース契約のようなリスクの引受があったような場面でも賃料減額請求権の行使を認めるべきか否かというサブリース事件の当否の問題である。同規定を限定強行法規と解する見解や任意法規と解する見解は、サブリース契約への適用否定説（あるいは修正適用説）に引き寄せて主張されることが多いと推測されるが、そのような結論が論理的に必然であるわけではない。第二の問題に関しては、後述することとし、ここでは、まず、第一の問題―法三二条一項の性質論に限って整理する。

従来の強行法規理解に基づく単純強行規定説を除き、限定強行規定説や任意規定説は、一〇月判決の示した枠組みを前提にすると、諸般の事情を考慮することや賃料減額の「当否」に及ぶ点に、法三二条一項の特徴を認めているように思われる。というのは、諸般の事情を考慮することやとりわけ賃料減額の「当否」の判断は、典型的な強行法規理解による限り問題となり得ないからである。それゆえ、限定強行規定説や任意規定説は、いずれも法三二条一項の強行法規性、とりわけ当事者の決定に介入する性質については、例外的なものと評価する見解が多いように思われる。吉田教授や松岡教授のように借地借家法の社会法的性格によって正当化したり、山本教授のように賃料増減規定によるいくつかの規制を検討した上、サブリース契約に関しては「存立保護型規制」に限って認めるなど、これらの見解では、当事者の合意を尊重し、合意への介入には慎重であることが強調されている。そして、当事者の合意の尊重を強調することの帰結が当事者の合意を尊重することを原則とする任意規定説の出現であったように思われる。

⑵　一〇月判決以降の判例における賃料増減規定の性質

一〇月判決が示した判断枠組みを前提に賃料増減規定の性質につき、学説では、賃料に関する特約の効力を否定する強行法規から、当事者の合意に基づく特約を尊重する任意法規に近づけるような解釈が有力化しているといえようが、一〇月判決以降示された判例において賃料増減規定はどのように理解されているであろうか。

前述したように、一〇月判決以降も、最高裁は、ほぼ同様の判断枠組みを繰り返し判示することで、一〇月判決の示した判断枠組みが一般的な賃料増減規定の解釈に定着していると解されている。しかしながら、賃料増減規定の性質をいかに解するかに関してみると、上記の近時の有力説とはむしろ逆の方向が示されているように思われる。すなわち、賃料減額請求の「当否及び賃料額の相当性」判断における諸般の事情の考慮について、謙抑的な判断が示されている。諸般の事情の考慮を重視するか否かは、一〇月判決の示した判断枠組みの評価を左右する事柄であると思われるから、かかる判例は重要である。

まず、オーダーリース賃貸に関する最一判平成一七年三月一〇日判時一八九四号一四四頁において、最高裁は、法三二条一項の強行法規性に基づき賃料減額請求の可能性を認めると判示し、サブリース契約以外の建物賃貸借契約においても一〇月判決の判断枠組みのもとで判断が示されることを確認している。

その一方で、同判決は、諸般の事情の顧慮に際して、契約の特殊性を考慮して借地借家法三二条の枠組みから外れた判断を示した原審を破棄し、契約の特殊性の顧慮には限界があることを明らかにしている。(34)

さらに、最二判平成二〇年二月二九日判時二〇〇三号五一頁も、賃料自動増額特約が付されていたオーダーリース賃貸の事例であるが、賃借人からの賃料減額請求がなされた事案で、法三二条一項が強行法規であることを根拠とする一〇月判決の判断枠組みに従って判断することを踏襲している。その一方で、賃料自動増額特約に基づいて計算された賃料に基づいて「相当性」を判断した原審を破棄し、当事者が実際に合意した賃料（本件では契約締結時の賃料）を基に「相当性」を顧慮することを示した。すなわち、同判決による限り、賃料減額請求の「当否」や賃料額の「相当性」判断に際しては、賃料自動増額特約が付されていた場合でも、同特約に「拘束されることはなく」、あくまで諸般の事情の中の一つとして考慮されるにとどまるとされている。(35) この点は、一〇月判決において賃料自動増額特約につき、「X（貸主—中村注）がY（借主—中村注）の転貸事業のために多額の資本を投下する前提となったものであって、本件契約における重要な要素であったということができる。これらの事情は、本件契約の当事者が、前記の当初賃料額を決定する際の重要な要素となった事情であるから、衡平の見地に照らし、借地借家法三二条一項の規定に基づく賃料減額請求の当否（同項所定の賃料増減額請求権行使の要件充足の有無）及び相当賃料額を判断する場合に、重要な事情として十分に考慮されるべきである」と述べていたことと対照すると、当事者の合意に対するスタンスが大幅に変更したことを伺わせるように思われる。また、最判平成二〇年二月二九日は、一〇月判決の判断枠組みに従うものと解されるにもかかわらず、先例として六月判決をあげるのみであり、一〇月判決をあげていない。

このような判例の展開を前提にすると、法三二条一項の性質について、限定強行規定説や任意規定説のように理解することは困難であろう。これらの近時の有力説は、当事者の合意を尊重させつつ、賃料増減額請求権を正当化することに主眼があったが、判例の傾向はむしろ賃料増減規定の強行法規性を強調するものであり、単純強行規定説になじむものであるといわざるを得ない。

(3)　一〇月判決以降の判例の枠組みの意義

(a)　判例理論における賃料増減規定の位置づけ

一〇月判決以降の判例の展開を踏まえて、改めて一〇月判決の判断枠組みを整理すると、一〇月判決の判断枠組みも、旧借地法一二条一項、旧借家法七条一項以来の判例を受け継ぎ、法三二条一項（及び一一条一項）が強行法規であることを根拠にして、賃料不増額特約を除き、賃料特約の存在に拘わらず賃料増減額請求権を行使できるということが根底にある。その結果、当事者によるリスク引受ともとれる賃料自動増額特約などがある場合であっても、賃料減額請求権の行使は左右されないことになる。この点は、賃料増減規定を強行法規と解する限り導かれる帰結であった。

問題は、賃料自動増額特約などの存在をいかに考慮するかである。(1)で検討した有力説によれば、当事者が社会的弱者のような要保護性がなく、合意の過程で瑕疵がない限り、賃料に関する合意の存在を重視し、かかる特約が存在する場合には、賃料減額請求は認められないと帰結されることになろう。それゆえ、一〇月判決の判断枠組みに従う限り、有力説は諸般の事情の考慮の中で評価される賃料自動増額特約などの評価を重視するものであると解される。

これに対して、一〇月判決以降の諸般の事情の考慮に謙抑的な判例を加えて一〇月判決の示した判断枠組みを評価すると、賃料増減規定が強行法規であることが重要な判断枠組みであって、諸般の事情の中に取り込まれる、当事者による賃料に関する特約については、有力説に比べて明らかに重要視していないといわざるを得ない。この点につき、最判平成二〇年二月二九日が「本件自動増額特約によって増額された純賃料は、本件賃貸借契約締結時における将来の経済事情等の予測に基づくものであり、自動増額時の経済事情等の下での相当な純賃料として当事者が現実に合意したものではない」という判示部分が明らかにしているように思われる。

すなわち、賃料に関する限り、将来の経済事情等の予測に基づいてなされた特約であっても、経済事情等が変更した場合には賃料増減規定が適用されるという判断が示されている。通常、長期にわたるスライド条項を結ぶ場合には、多少の経済変動を予測して結ぶことに意義があることや契約が基本的に将来のリスクを引き受ける構造を有していることに鑑みると、これは、かなり強力な事情変更の考慮を採用したものと評価されるように思われる。(36)

(b)　問題点と意義

しかしながら、上記のように判例理論に基づいて賃料増減規定の意義を理解したとすると、近時の有力説からの批判を真正面から受けることになる。それにもかかわらず、判例が賃料増減規定の強行法規性を強調するのは何故であろうか。

この理由の一つは、六月判決から一〇月判決への論理構造の変化に現れているように思われる。すなわち、六月判決では、法一一条一項の強行法規性に加えて事情変更による特約の拘束力喪失が根拠とされていたが、一〇月判決では法三二条一項の強行法規性のみが根拠とされている。この点について、内田教授は、「事情変更の原則に足を踏み入れるのを避けようとする最高裁の強い態度」を認めることができるとする[(37)]。筆者は、内田教授によるこの指摘に賛同するものであるが、内田教授のかかる指摘は、一〇月判決の判断枠組み、さらにそれ以降の判例の展開を検討する際にも、重要なものであると考える。

すなわち、サブリースに関する諸事件を解決する際に、事情変更の原則の適用問題として処理する可能性もあった。しかしながら、最高裁は、周知のように事情変更の原則の適用には極めて慎重であり、学説上も、多数の見解は、サブリースにおける賃料減額問題においては事情変更の原則を直接適用することは困難であると解していた[(38)]。

一般法理としての事情変更の原則を適用した場合の他の場面への波及効果を考慮すると、最高裁がかかる場面での適用に慎重であるのは、支持すべきであろう。それゆえ、サブリース契約における賃料減額問題の解決を法三二条一項の問題として構成したことも支持されるべきである。他方で、サブリース契約における賃借人のリスク引受という側面からは、法三二条一項が強行法規であることを強調することが必然であったと解される。サブリース契約における当事者の交渉過程を見る限り、賃借人側が賃料増額に関してリスクを引き受けていたということが素直な理解であり、それにもかかわらず、賃料減額を認めるためには、法三二条一項の強行法規性を強調せざるを得なかったと解されるためである。

前述したように、法三二条一項の性質をいかに解するかという問題の背景には、サブリース事件の当否という問題がある。判例は、賃料増減規定の「相当性」という幅のある基準とともに諸般の事情を考慮するという留保をつけることで、賃貸人賃借人の個別事情の調整を図る枠組みを示しているが、一〇月判決以降の展開からは、学説の評価に比べると、調整の意義は必ずしも大きくはない。それに加えて、法三二条一項の強行法規性を必然的に伴う判断枠組みを前提とする限り、サブリース判決において示された判断枠組みは、サブリース契約への法三二条一項の適用に関して、適用肯定説的に理解せざるを得ず、適用否定説的な理解を前提にした解釈は困難であるように思われる。

そして、賃料増減規定の解釈において、諸般の事情の考慮について、過大な評価をすべきではないと解される以上、かかる考慮が特に必要な場面であるサブリース契約は、例外的な位置づけを与えられることになろう。この点では、法三二条一項は単純強行規定説的に理解されるべきであり、当事者の特約の意義は限定的なものと理解されるため、限定強行規定説や任意規定説のように理解することは困難となる。一〇月判決に対しては、裁判官の裁量を広く認めた点に批判が加えられていたが[39]、この点に対しては、近時の判例は裁量の範囲を限定することで批判に答えるものと解することもできよう。

(13)　まず、サブリース契約に関して、一〇月判決と同時期の判決（これらを合わせて「三判決」という）として、最三判平成一五年一〇月二一日判時一八四四号五〇頁、最一判平成一五年一〇月二三日判時一八四四号五四頁がある。さらに、最二判平成一六年一一月八日判時一八八三号五二頁（以下「一一月判決」という）によって、全ての法廷における判断が揃い、基本的に一〇月判決の示した枠組みが確立といえよう。もっとも一一月判決には、借地借家法三二条一項の強行法規性を根拠にしつつ関係事情等を十分考慮するということにつき、首尾一貫した論理展開といえず、強行法規と呼ぶには適さないとする福田博裁判官の反対意見も認められることには注意を要する。さらに、賃料不減額特約の付された借地契約に関する最三判平成一六年六月二九日判時一八六八号五二頁では、借地契約においても一〇月判決の示した判断枠組みのもとでの判断が示され、六月判決と一〇月判決を一元的に理解することが示される。さらに、オーダーメイド賃貸に関する最一判平成一七年三月一〇日判時一八九四号一四四頁でも、一〇月判決の判断枠組みは示されている。

さらに下級審判決でも、一〇月判決の判断枠組みに従う判例として、東京地判平成一六年四月二三日金法一七四二号四〇頁、最判平成一五年一〇月二三日の差戻し審である東京高判平成一六年一二月二二日判タ一一七〇号一二二頁、東京地判平成一八年三月二四日判タ一二六二号二三三頁、東京高判平成一八年一〇月一二日金判一二六五号四六頁（東京地判平成一八年三月二四日の控訴審。「不動産返還ローン方式」の一貫として締結された百貨店の店舗用建物の賃貸借における賃料減額請求がなされた。法三二条一項の適用を肯定）などがある。とりわけ、東京高判平成一六年一二月二二日は、①借地借家法三二条一項の要件を具備しているかに関して、賃料保証特約の存在、保証賃料額が決定された事情を考慮すべきとして、要件具備を肯定し、②相当賃料額に関して、「賃料保証特約の存在や保証賃料額が決定された事情を考慮しなければならず、とりわけ被控訴人（貸主）が本件の事情を行うに当たって考慮した予想収支、それに基づく建築資金の返済計画をできるだけ損なわないよう配慮して相当賃料額を決定しなければならない」として、貸主側の銀行からの融資に関し、金利低下等による返済負担の軽減を考慮して、従前賃料約一〇六四万円から一〇年間での金利軽減一〇七万円および公租公課負担軽減約三一万円を控除した約九二六万円を上回る金額であれば、貸主の資金の返済計画に大きな支障が生ずることなく、衡平の見地から考えても貸主はその減額を受認すべきとした。一〇月判決に従った上で、具体的な判断を示した事案として重要であろう。

(14) 大村敦志『もうひとつの基本民法Ⅱ』（有斐閣、二〇〇七年）九九頁。

(15) 北山修悟「最判平成一六年六月二九日判批」民商一三一巻六号九二九頁。とりわけ、賃料減額の「当否」まで含めた点に、一〇月判決の判断枠組みの持つ予測困難な性質は表れているといえよう（「当否」を含めることの問題性は山本・前掲注(2)一六〇頁で既に指摘されている）。

なお、両条の前身規定である旧借地法一二条の頃より、一般条項としての理解もあった（篠塚・前掲注(5)六二五頁）。

(16) たとえば、適用肯定説の立場には西口元＝近江幸治＝岡内真哉＝金山直樹＝下森定＝奈良輝久＝升永英俊「〈特別座談会〉サブリース最高裁判決の意義と今後の実務展開」（近江発言）金判一一八六号一五六頁、岡内真哉「サブリース契約に関する最高裁判決について」金判一一七七号三頁、適用否定説の立場からは升永英俊「法の支配（下）」金法一六九七号二九頁。
(17)　内田貴「事情の変更と契約の拘束力（以下内田「事情変更」で引用する）」加藤雅信ほか編『二一世紀の日韓民事法学―高翔龍先生日韓法学交流記念―』（信山社、二〇〇五年）七頁。
(18)　なお、同年一〇月に出された三判決において、六月判決は先例としてあげられていない。この点について、事情変更の原則に触れることを避けたという内田教授の指摘、「六月判決の判示内容がそのままサブリース契約の事例に機械的に当てはめられるのを避ける慎重な考慮が働いた」ためという松岡教授の指摘がある（松岡・前掲注(1)一九六頁）。
(19)　内田「事情変更」二五頁。なお、内田教授は、サブリース事件は当事者の合意が優先されるべき事案として賃料減額請求権の適用に消極的である。もっとも、内田教授も当事者の一方が破綻に瀕した場合に働く信義則に基づく「損失の分かち合い」の原理を認めるが、一〇月判決は、そこに至る前に介入した事件とする（内田「事情変更」二五頁）。
(20)　松岡・前掲注(1)一四九頁。
(21)　我妻榮『新訂民法総則民法講義Ｉ』（岩波書店、一九六五年）二五五頁、川井健『民法概論１民法総則』（有斐閣、第四版、二〇〇八年）一四六頁。
(22)　単純強行規定、限定強行規定という名称は、山本敬三教授の整理によるものである（山本・前掲注(2)一六二頁）。
(23)　松波重雄「最判平成一五年一〇月二一日判解」『最高裁判所民事判例解説（平成一五年度）』五六五頁。
(24)　吉田克己「サブリース契約と借地借家法三二条に基づく賃料減額請求」飯島紀昭ほか編『市民法学の課題と展望』（日本評論社、二〇〇〇年）三三三頁。
(25)　吉田教授の見解は、一〇月判決以前の見解だが、以下の限定強行規定説に影響を与えていると思われるので、一〇月判決の判断枠組みの検討を行う本稿でも取り上げる。
(26)　吉田・前掲注(24)三四八頁。

(27)　吉田・前掲注(24)三四九頁。
(28)　松岡・前掲注(1)一五五頁。なお、借地に比べ、借家の場合には、短い契約期間と賃料改定条項を入れることで賃料改定の機会を確保すればよいから、借地の場合同様（あるいはそれ以上に）、「過酷な家賃改定特約を押しつけられる危険性のある賃借人を保護すること」に契約への介入の正当化理由は求められることになる（一五四頁）。
(29)　松岡・前掲注(1)一五六頁。
(30)　松岡教授の見解については、加藤雅信=加藤新太郎編著『現代民法学と実務――気鋭の学者たちの研究のフロンティアを歩く――(下)』（判例タイムズ社、二〇〇八年）「サブリース裁判例の新動向」一〇三頁以下も参照。
(31)　山本・前掲注(2)一六八頁以下。一八九頁以下のまとめも参照。
(32)　大村・前掲注(14)九九頁。大村教授の強行法規と任意法規に関する議論につき大村敦志『契約法から消費者法へ』（東京大学出版会、一九九九年）一二九頁以下「『脱法行為』と強行規定の適用」も参照。
(33)　内田「事情変更」一二三頁。
(34)　拙稿・前掲注(1)「判批」金判一二三六号二頁。
(35)　拙稿・前掲注(1)「判批」民商一三九巻二号二四七頁。
(36)　山本教授は、単純強行規定説に対する批判の中でかかる点を指摘していた（山本・前掲注(2)一七四頁）。
(37)　内田「事情変更」八頁。もっとも、六月判決における事情変更への言及は、一般法理としての事情変更の原則を適用するものとまではいえないであろう。それにもかかわらず、一〇月判決は、事情変更への言及を避けていることになる。
(38)　谷口知平=五十嵐清『新版注釈民法⒀』（有斐閣、補訂版、二〇〇六年）八四頁〔五十嵐清〕。
(39)　内田貴「最判平成一五年一〇月二一日判批」法協一二一巻一二号二一六八頁。もっとも内田教授は、裁判官の裁量に対する批判だけでなく、リスクの転換を認める解決にも批判的である（内田「事情変更」二六頁等）。

四　むすびに代えて

賃料増減規定の性質論のうち、賃料に関する当事者の合意がない場合に機能する、契約補完機能に関しては、異論なく認めることができると解されるが、当事者の合意があるにもかかわらず、賃料増減請求を認める契約修正機能をいかに正当化するかに関しては、種々の議論を認めることができる。

近時の有力説は、当事者の合意を尊重する立場から、例外的に合意を修正できる場面を明らかにしようとしていた。確かに、そこであげられていた、賃借人が社会的弱者であると解される場合や、合意の形成過程に瑕疵があったり、「存立基盤」が危うくなるような場合には、合意の存在にもかかわらず、借地借家法を適用して賃料増減を請求することは肯定しやすいと解される。しかしながら、サブリース事件が示したものは、社会的弱者でもなく、果たして「存立基盤」が危うくなっているとはいいうるか疑問があるような賃借人からの賃料減額請求の可否であった。限定強行規定説や任意規定説からはかかる場面において賃料増減規定の性質を強行法規とは解し得ず、その帰結は、サブリース契約への法三二条一項の適用を否定的に解することになじみやすい。それに対して、判例は、賃料増減規定の強行法規性を繰り返し強調し、単純強行規定説になじむ判示を示すに至っている。これを考慮すると、従来の民法上の契約への修正の正当化根拠である、契約形成過程の瑕疵や、一方当事者の要保護性によっては説明できない場面で、契約への介入を認めたといわざるを得ないであろう。

上記の正当化根拠の中では、サブリース事件がそれに妥当するかに関しては異論があると解されるが、「存立基盤」が危うくなった場合、あるいは、「破綻に瀕した」当事者を救済する可能性を示した事件として位置づけることは可能であると思われる(40)。

かかる判例理論は、民法の基本原則である当事者の合意の尊重という観点からは、確かに異質な判断であるといわざるを得ない。他方で、どの段階まで危機に瀕したら、リスクの引受をしていた場合であってもリスク引受の転換を要求しうるのかという問題につき、他の場面への波及を避けつつ、借地借家法の賃料増減規定の枠組みの中で処理を示したものとして積極的に評価することもできるのではないか。破綻に瀕することが分かっている場面であっても、当事者はあくまで破綻を受け入れなければならないとは言い切れないであろう。

本稿では、法三二条一項の性質論を通じて、一〇月判決以降、一般条項的解釈から強行法規の単純適用への回帰を志向する判例の展開を確認するとともに、近時の判例から見た一〇月判決の判断枠組みの再定位を試みた。前述したように、私見では、一〇月判決は例外的な位置に置かれていると解するが、一〇月判決が示した判断枠組みは、賃料増減規定の性質と相まって賃料に関するリスクの分配につき、新たな規範を生成するものといえるのではなかろうか。

（40）　内田「事情変更」二五頁。もっとも内田教授は、サブリース事件は破綻に瀕する前に最高裁が介入したとして批判的である。

8 預金取引における物権と債権の交錯

中舎寛樹

はじめに
一 預金取引の特殊性
二 預金者認定型紛争
三 預金者なりすまし型紛争
四 誤振込型紛争
おわりに

はじめに

預金取引をめぐる法律問題について、判例・学説上の議論が錯綜して久しい[1]。まず、他人を通じて預金が預け入れられた場合に、その預金者は誰かという問題がある（預金者の認定）。判例は、原則として出捐者説を維持しているといってよいと思われるが[2]、例外的に業務専用口座では、口座名義人を預金者と認定している[3]。しかし学説では、出捐者説は契約の基礎理論に反するという批判が根強く[4]、業務専用口座については諸説に分かれている[5]。

また、出捐者説を前提に、預入行為者または預金名義人に預金を払い戻した金融機関の免責をどのようにはかるかという問題がある。これについて判例は、民法四七八条を適用している(6)。そしてその延長線上で、預金担保貸付の事例では、同条を類推適用している(7)。しかしこれら一連の四七八条の適用・類推適用には、学説上、全面的にまたは部分的に根強い反対がある(8)。他方、誤振込の事例では、判例は、誤振込の受取人を預金者であるとし、受取人からの預金払戻請求を原則として認め、振込依頼人から金融機関に対する不当利得返還請求を認めない(9)。しかしこれについても、学説では議論の収拾がつかない状況にある(10)。このように、預金者の認定と金融機関の免責に関する諸問題すべてについて、判例と学説、また学説相互間がことごとく対立し、判例上、多くの事例判決だけが順次積み重ねられている状況にある。このような状況が理論的、金融実務的に望ましいものでないことは明らかである。

私見によれば、このような議論の対立、閉塞状況は、預金が財貨としての金銭それ自体の預託という物権的な側面と、それが法律上は返還請求権についての契約として構成されるという債権的な側面を併有するという特殊性から生じている。しかし、これまでの判例・学説は、紛争事案ごとに、また論者ごとにこの両側面のいずれかの側面を強調し、その観点から当該預金の法的性質論を展開しているために、議論の共通の基礎が確立されておらず、議論がかみ合っていないように思われる。そこで本稿では、預金取引の特殊性から判例理論の意義と問題性を明らかにし、預金取引に関する諸問題を包括的に解決することができる一貫した法律構成を試みたい。

(1)　本稿は、錯綜した問題状況において展開されている各説を整理・分析し、その問題点を把握した上で、あるべき方向を見出そうとするものではなく、これまで、預金取引をめぐる各論的な諸問題について紛争場面ごとに私見を展開してきた者として、その理論的基礎がどこにあるかを示すことに主眼を置いている。このため、従来の膨大な文献や裁判例を引用することはできないし、以後の検討においても、引用は本稿の展開に必要不可欠なものに限り、すべての関連文献を引用できない。これらについては、これまですでに著されている優れた研究を参照されたい。たとえば、民法四七八条に関する判例の展開過程については、河上正二「民法四七八条」広中俊雄・星野英一編『民法典の百年Ⅲ』（有斐閣、一九九八年）一六五頁以下、学説については、岩原紳作=森下哲朗「預金の帰属をめぐる諸問題」金法一七四六号（二〇〇五年）二四頁、とくに誤振込みについては、菅原胞治「原因関係を欠く振込取引の効力(上)(下)」銀法五一五号二六頁、五一六号三八頁（一九九六年）、同「振込理論はなぜ混迷に陥ったか①～③（完）」銀法六七〇号一八頁、六七一号一六頁、六七三号三八頁（二〇〇七年）、松岡久和・〔判批〕ジュリスト一一一三号（平成八年度重要判例解説）七三頁、森田宏樹「振込取引の法的構造――『誤振込』事例の再検討――」中田裕康・道垣内弘人編『金融取引と民法法理』（有斐閣、二〇〇〇年）一二三頁、大坪丘・〔判批〕最判解民事篇平成八年度(上)三六四頁、岩原紳作「預金の帰属――預金者の認定と誤振込・振り込め詐欺等」江頭憲治郎先生還暦記念『企業法の理論（下巻）』（商事法務、二〇〇七年）四二一頁など参照。

（2）最判昭和三二・一二・一九民集一一巻一三号二二七八頁（無記名定期預金）、最判昭和五二・八・九民集三一巻四号七四二頁（他人名義）、最判昭和五三・五・一判時八九三号三一頁（架空名義）など。

（3）保険代理店が契約者から収受した保険料を保管するために代理店名義で開設した普通預金口座につき、最判平成一五・二・二一民集五七巻二号九五頁、また、弁護士が受任事務処理のために弁護士名義で開設した普通預金口座につき、最判平成一五・六・一二民集五七巻六号五六三頁。

（4）代表的なものとして、安永正昭「預金者の確定と契約法理」石田・西原・高木還暦記念論文集『金融法の課題と展望』（日本評論社、一九九〇年）一八〇頁。

（5）専用口座の預金者認定に関する学説については、拙稿・〔判批〕私法判例リマークス二九号二二頁、加毛明「預金債権の帰属」中田・潮見・道垣内編『民法判例百選Ⅱ債権〔第六版〕』（有斐閣、二〇〇九年）一四四頁参照。

（6）最判昭和四一・一〇・四民集二〇巻八号一五六五頁。

（7）最判昭和四八・三・二七民集二七巻二号三七六頁、最判昭和五九・二・二三民集三八巻三号四四五頁。

（8）池田真朗「民法四七八条の解釈・適用論の過去・現在・未来」慶應義塾大学法学部法律学科開設百年記念論

文集法律学科篇（慶應義塾大学法学部、一九九〇年）三一五頁など。
（9）　最判平成八・四・二六民集五〇巻五号一二六七頁。
（10）　森田・前掲注（1）、岩原＝森下・前掲注（1）、岩原・前掲注（1）参照。

一　預金取引の特殊性

預金取引が二当事者間で行われる場合には、金銭に関する物権的な側面と預金債権という債権的な側面が預金契約の中に吸収されるので、両者の側面の対立は顕在化しない。両側面の対立は、他人の財貨を第三者に預託するというように、三当事者が存在し、この両側面が人的に分離する場合に端的に現れる。これは、取引の目的である財貨が有体物または金銭である場合との比較において明らかになる。

(1)　有 体 物

有体物取引が二当事者間で行われる場合には、たとえば、AがBに有体物を寄託した場合に明らかなように、Aが目的物の所有者であるという物権とAが契約上目的物の返還を請求できる債権者であるという債権の帰属は人的に分離せず、Aが返還請求権を有することで問題がない。しかし、Aの所有する有体物について、Bがこれを自己の所有であるとしてCに寄託した場合には、これら三当事者間の法律関係は、債権関係と物権関係が併存しつつ、人的に分離されたものとして構成される。すなわち、寄託者Bと受託者Cとの間では寄託契約が成立し、BはCに対して寄託契約に基づく返還請求権を有する。しかし同時に、Aは寄託物の所有者として、占有者であるCに対して所有権に基づく返還請求権を有する。

この基本的な法律関係は、A・B間にどのような関係があるかによって異ならない。すなわち、①BがAに無断で寄託した場合には、他人物の寄託であり、Cは、B・C間の寄託契約の有効性を主張してもAの返還請求を拒絶することはできない。これに対する例外は、CがAに対抗できる物権を取得している場合、すなわち、B・C間で質権が設定されていた場合にCが民法一九二条に基づき質権を即時取得する場合のみである。また、②AがBに目的物の寄託を依頼した場合でも、BがAの代理人としてまたは処分授権によりAのために寄託契約を締結したとしてA・C間で債権関係が成立すると解される場合以外は、A・C間に直接の契約関係は生ぜず、法律関係は原則として①と同様になる。これに対する例外は、A・B間でBが所有者であるとの権利外観を作出したことをとらえて通謀虚偽表示または虚偽表示類似の関係にあると解することができる場合に、民法九四条二項に基づき A が善意の第三者Cに対して所有権に基づく返還請求権を主張できない場合のみである。

このように、他人の有体物取引における所有者Aと、契約上の債務者である占有者Cとの関係は、物権関係であることが基本であり、Aの返還請求が認められることを原則とし、例外は、CがAに対抗できる物権を有しているか、A・B間の関係に従ってAの権利主張が制限される場合のみである。これが有体物の他人物取引の基本的な法律関係である。

(2)　金　銭

これに対して、目的物が金銭である場合には、金銭所有権の特殊性のゆえに、取引が二当事者間で行われる場合だけでなく、他人の金銭について三当事者間で取引が行われた場合でも、金銭に対する物権的な追及権が発生せず、原資たる金銭の返還に関する法律関係はすべて債権関係で処理される。たとえば二当事者間で、Aの金銭についてBに占有移転した場合、金銭の所有権はBに移転し、Aは、A・B間の原因関係に基づき、また原因関係がない場合には不当利得として、債権的な返還請求権を有する。また、三当事者間で、Aの金銭をBが自己の金銭であるとしてCに交付した場合でも、金銭の所有権はAからBへ、BからCへと順次移転し、原資の返還関係は、債権関係としてのみ処理される。

したがって、①B・C間の法律関係は、BからCへの金銭交付が金銭消費貸借契約など原因関係に基づく場合にはその契約に従い、また弁済無効など原因関係を欠く場合には不当利得として、BがCに対して債権的な請求権を有するものと構成される。また、②A・B間の法律関係についても、A・B間に何らかの債権的請求権を基礎づける関係があれば、それにしたがい、AがBに対して債権的な請求権を有する。③しかしA・C間では、原則として法律関係は発生せず、例外的にA・B間で不当利得返還請求権が発生する場合で、Cに利得が生じており損失と利得の因果関係があり、かつCが悪意または重過失であれば、AのCに対する不当利得返還請求が肯定されるのみである。(11)

このように、他人の金銭に関する取引におけるAとCとの関係は、物権関係および債権関係がともに発生しないことが基本であり、原則としてAのCに対する金銭返還請求権は発生しないが、例外的に、Cに利得がある場合に、債権的な不当利得返還請求権が認められるにすぎないものとして処理される。これが、金銭が他人により処分された場合の基本的な法律関係である。

(3)　預金取引

預金取引は、金銭を目的とする取引であるから、金銭所有権の法理に従えば、法律関係は、すべて債権的関係としてのみ処理されるはずである。たとえば、Aの金銭をBがC金融機関に預金した場合、Cに対して契約関係に立つのはBであり、その払戻請求権を有するのはBであることになる。ただし、例外的に、A・B間で不当利得返還請求権が発生する場合で、Cに利得が生じており損失と利得の因果関係があり、かつCが悪意または重過失である場合にのみ、AはCに対して不当利得返還請求を有することになる。

しかし、預金取引には、大量・同種・反復の取引であるという性質から、通常の金銭取引とは異なる特徴がある。とくにわが国の普通預金、定期預金は、（少なくとも最近までは）貯蓄型の預金であり、それを支払資金とした当座勘定を前提としていないために、預金者の個性に対する金融機関の関心が低く、以下のような傾向が顕著である。すなわち、①第一に、預金の預け入れ段階では、通常、金融機関は誰が契約の相手方であるかという個性に応じて契約が締結されることはない。預金契約が締結されるのは、契約の申込みをする者の個性を信頼するからではなく、申込みをする者が預金の原資となる金銭を所持するからであり、預金名義には原資の所持人であることを示すという意味しかない。これは、取引の目的物としては、有体物である動産取引に近い特徴である。②第二に、預入後、預け入れられた金銭それ自体は金融機関の所有する金銭の中へ吸収されるが、その金銭の個性が「預金残高」という一種の価値枠の設定によって完全に失われることなく残存し、普通預金において実際の残高がその後の預金の出入によって増減することはあっても、この枠自体が取引継続中失われることはない。またその枠の存在場所は、預金債権の譲渡質入禁止特約というかたちで、金融機関に固定される。このように、この価値枠は、金銭それ自体とは区別されるが、その表象として機能するものであり、取引形態としては、金銭をいったん動産に置き換えて取引するのに近いものである。③第三に、決済の段階では、金融機関は、ここではじめて払戻請求をする者が正当な権利者であるか否かに関心を抱くが（預金担保貸付では貸付時になる）、正当な権利者であるか否かは、上記の枠に対する証拠証券を有するか否かによって判断される。これは、取引の目的物としては、無記名債権に最も類似した特徴である。無記名債権は、債権であるにもかかわらず、債権者が誰かが特定されておらず、証券化されており、その所持人が債権者として取り扱われるので、動産とみなされる（民法八六条三項）。

以上のように預金取引の実体には動産取引に近い側面がある。(12)このため、この側面を強調するときは、預金取引の法律関係もまた物権的な関係として処理される可能性がある。すなわち、Aの金銭をBがC金融機関に預金した場合、Cに設定された価値枠に対して権利を有するのは原資提供者であるAであり、原資に対する物権的な返還請求権を有する。ただし、CがAに対抗できる物権的な権利を有しているか、A・B間の関係に従ってAの権利行使が制限される場合には、Aの返還請求は認められない。このように預金の物権的な側面を強調すると、その法律関係は、債権的な構成によった場合とはまったく異なるものとなる。

預金取引には、以上のような金銭に関する取引という債権的な側面と、取引の実体として動産取引に近いという物権的な側面とが併存しているという観点からすれば、預金取引における従来の紛争は、この両側面が分離する場合に生じていると解することができる。すなわち、預金取引が二当事者間のみで行われる場合には、預金者の有する物権的な権利の側面は、預金者と金融機関との契約に吸収されるため、顕在化することはない。しかし、他人の金銭が預金された場合や、預金に対する第三者の差押え、誤振込みなど、三当事者間で問題が生じると、この両側面が人的に分離して問題が顕在化する。この場合、預金の債権的な側面を強調すれば、すべての問題は債権的な関係としてのみで処理されるが、動産取引に近い側面を強調すれば、物権的な返還請求権のレベルが問題となり、この両者間で対立が生じることになるからである。換言すれば、預金取引に関する問題は、債権レベルでの預金者と物権レベルでの預金者が併存し、預金者概念が二重性を有することから生じる問題である。[13]

そこで以下では、このような預金者概念の二重性という観点から見て、預金取引に関して従来議論されてきた諸問題がどのように処理されるべきかを検討することにする。

(11)　最判昭和四九・九・二六民集二八巻六号一二四三頁（騙取金銭による弁済の事例）。

(12)　預金取引に物権的な側面があることは、岩原・前掲注(1)以前にも、すでに以下のような研究において以前から指摘されていたところである。拙稿「預金者の認定と銀行の免責」名法九七号（一九八三年）一〇一頁、星野英一「いわゆる預金担保貸付の法律問題」『民法論集七巻』（有斐閣、一九八九年）一六七頁以下。

なお、伊藤高義「物としての金銭――金銭をめぐる返還請求権への視点として――」南山法学三一巻一・二号（二〇〇七年）三三頁は、金銭に物としての性質があることを正面から認め、かつ、物権的返還請求権は、人的関係（契約、不当利得などによって規律される関係）ではない、物的関係（人的関係にない請求の関係）においてのみ問題になると解する立場から、預金取引をめぐる諸問題の実体は、物としての金銭の返還を認めるか否かに関するものであると捉え、それが第三者に対する騙取金の返還請求、誤振込みにおける組戻し請求についても「不当利得」というかたちにせよ認められている以上、すでに所有と占有との一致という理論は実益を欠いていると主張する。これに対して、本稿は、預金取引の特殊性から、預金取引が原資に対する物権的関係と預金契約上の債権的関係とが交錯する場面であると捉え、預金取引に関する諸問題をこのような二重の構造が衝突する問題であるという観点から分析することを試みるものである。この点については、花本広志「価値帰属論」北居功ほか『コンビネーションで考える民法』（商事法務、二〇〇八年）一三〇頁参照。

(13)　前掲注(1)で述べたように、本稿では、基本的に他の学説と私見との比較検討は行わないが、預金取引が物権的側面と債権的側面との二重構造にあるという観点に照らして、このような側面の存在を自覚的に認識しつつ展開されている以下の研究との関係については、どうしてもふれておかなければならない。

①　森田宏樹教授の見解との関係

森田・前掲注(1)は、従来の契約解釈アプローチは利益考量から直ちに結論を導いているにすぎないと批判し、振込取引の法的仕組みを厳密に解明することが必要であるとする。そして、振込取引を構成する法的概念として重要なのは、振込取引で問題となる預金口座が「決済性預金」であるという点と、預金債権の移転が依頼人の「支払指図」と被仕向銀行の「入金記帳行為」によって実現される点にあるとし、一方では、決済性預金口座の流動性から、振込金は特定性を失い、他方では、支払指図と入金記帳行為とが独立の契約であることから、受取人の預金債権は支払指図の瑕疵にかかわらず成立するとする。本稿での表現で言えば、このようなアプローチは、従来の債権法的なアプローチの曖昧さを排し、契約法的構成を分析的に徹底して貫くものである。

しかし、「決済性預金」であることから、振込金が「特定性を失う」とされ、そのことから振込金の返還に関する物権法的な構成を採ることができないとされる点については、本稿は異なる認識に立っている。すなわち、森田教授によれば、振込金は「入金記帳」によって特定性を失い「残高債権」という新たな債権の中に融合してしまうとされるが、このことについては、本稿でも、振り込まれた金銭それ自体は金融機関の金銭の中に吸収され、「預金残高」という一種の価値枠に変化すると考えている。また、預金は振込依頼とは独立した入金記帳行為によって成立するとされる点についても、金銭の帰属と預金債権の帰属は別問題であると考えている。しかし、森田教授が入金記帳によって特定性が失われるとされる点については、本稿では、逆に、預金以外で金銭が交付される場合と異なり、預金の場合には、預金残高という枠の設定により、振込金の個性が完全に失われることなく残存し、これにより金融機関に対する関係では、原資の返還に関する物権的な関係が残存することを肯定できると考えている。預金残高としての「価値枠」について、流動動産譲渡担保に関して展開された価値枠説を参考にすれば、原資の特定性は価値枠として維持されると解することができ、原資提供者はこの価値枠に対する物権的な権利があると構成することができる。これが誤振込の場合に振込依頼人が有する不当利得返還請求権が物権的返還請求権の実質を有すると解する基礎となっている。

また、森田教授は、金銭が預金残高に変化するのは決済性預金であることによるのであり、定期預金のような場合とは異なるとされているが、本稿では、そのような変化は預金契約の目的物が金銭であることによるものであると考えている。このように解するならば、預金残高への変化は預金の種類の違いに関わりなく生じ、定期預金、普通預金、振込取引のいずれの場合にも妥当すると解することができ、また、誤振込、預金者認定、預金者なりすましのいずれの紛争類型についても、この構造は異ならないと解することができる。

このように、預金とその原資である金銭とが別個のものであることを認め、預金と原資との同一性を認めてその返還請求を物権的に構成するのではないという点では、本稿は、森田教授と同様の理解によるものではないかと思われるが、原資の出捐者や振込依頼人が預金契約とは別に、金融機関に対して原資の返還請求権を有し続けているという点では、本稿は森田教授と正反対の理解に立っているということができる。この違いは、預金が二当事者間で行われる場合には顕在化しないが、三当事者間で出捐者、振込依頼者と金融機関の間に預金契約が成立しない場合に、本稿によれば、債権的関係と物権的関係の二重構造として顕在化することになる。

②　岩原紳作教授の見解との関係

岩原・前掲注（1）は、預金契約の当事者としての預金者を基軸とする契約法的アプローチと預金の原資の帰属者を基軸とする物権法的アプローチを適切に使い分けていくこと（相対的預金者概念の考え方）が必要であるとして、①金融機関が預金契約上の地位を主張する場合（預金者の認定が問題になる場合）には契約法的アプローチが適切であり（ただし、これは一方では判例のような出捐者説とは異なり、他方では、契約の名義人を預金者とするという意味ではない）、②第三者的地位に立つ者が預金者の地位を争う場合（預金が差押えられたような場合）には、預金者はその資金が誰に帰属するかという観点から特定されるべきであり、物権法的なアプローチが適切であるとする。そして、出捐者には資金の物権法的な権利者として物権的な優先権・追及権が認められるべきであり、誤振込の場合にも、振込依頼人が第三者に対する関係では預金者であり、差押えに対する第三者異議が認められるべきであるとする（なお、同様の視点に立つ論考として、岩原紳作『電子決済と法』（有斐閣、二〇〇三年）三一五頁以下、岩原=森下・前掲注（1）参照）。このような考え方は、相対的預金者概念の考え方によるものとされるが、自認されるように、契約法的アプローチを採るのは金融機関からの主張で、かつ、金融機関の相当な期待を保護するのに必要な範囲に限定され、多くの場合には物権法的なアプローチが際立つものとなっている。このような物権法的なアプローチは、預金取引における原資の特殊性を的確に捉えたものであり、従来の物権法的なアプローチが「理論的・体系的・内容的に」詰めていなかった曖昧さを排し、預金取引の物権法的構成に理論的基礎を与えるものといえる。

本稿において物権的な側面として預金の原資の帰属者を問題にしていることは、基本的には、岩原教授と同様の理解に立つものであると考える。しかし、債権法的構成と物権法的構成の関係の捉え方には若干違いがあるように思われる。すなわち、岩原教授は、預金者概念を「相対的」に捉えられ、紛争類型の違いに応じて契約法的アプローチと物権法的アプローチを使い分けられるが、これに対して、本稿は、預金取引における債権法的側面と物権法的側面を紛争場面に応じて相対的に使い分けるのではなく、すべての紛争類型において、常に併存する二重構造的な関係にあると解しつつ、紛争局面の違いに応じて、そのいずれかの側面が顕在化すると考えている。

このように、預金取引にはその原資が誰に帰属するかという物権法的な側面があることを認め、場合によって原資提供者の返還請求を優先させようとする点では、本稿は、岩原教授と同様の理解によるものではないかと思われるが、原資の出捐者や振込依頼人が物権的な権利を有し物権的な意味での預金者であるといえる場合でも、それとは別に預金契約上の預金者も存在し続けていると解し、物権法的な側面を絶対視しない点では、本稿は岩原教授と異なる理解に立っているのではないかと思われる。ただし、本稿のような理解によっても、物権と債権の優先性に関する一般的な理解に従って、債権法的側面の主張に対する物権法的側面の主張の優位性を認めるので、少なくとも本稿で扱うような紛争場面では、説明の仕方に違いがあっても、結論において違いは生じないものと思われる。

二　預金者認定型紛争

たとえば、金銭の出捐者AがBに金銭を託し、BがB名義でC金融機関に預金をしたとする。この場合において、Cが預金をBに払い戻したときに、Aが預金者であると主張し、預金者は誰かが問題になる。このように、預金者の認定が問題となる紛争事例を預金者認定型紛争と呼んでおく。

このような場合について、預金者は代理人または使者によって自ら預金する意思で預金した者であり、それは原則として出捐者Aであるとするのが判例の出捐者説である。出捐者説は、周知のように、無記名定期預金の事例から始まり、他人名義定期預金の事例、架空名義定期預金の事例へと拡大して定着した(14)。無記名定期預金は、第二次大戦後に市中の資金を金融機関に吸収することを促進するために導入された預金であり、預金者が誰であるかを金融機関が知らない（関知しない）建前の下で、預入行為者に印章を届け出させ、金融機関が預金証書を発行するという方法で取引が行われた[15]。しかし、その後の判例は、記名式定期預金についても、出捐者説を採ることを明らかにしたのである。他方、判例は、委託を受けた弁護士名義や保険代理店名義での普通預金のように、業務専用口座については、預金者は弁護士や保険代理店であり、原資の出捐者ではないとしている[16]。これらの判決について、学説では、判例が出捐者説を放棄したのか否かをめぐって議論がある[17]。

無記名定期預金や架空名義での定期預金の場合には、契約法理によって預金者を認定することが困難である。無記名定期預金は、もともと、法律上は指名債権であるにもかかわらず、その実体は無記名債権に近いものであった。また架空名義の場合には、契約法理にしたがったとしても、債権者は誰かを実体にしたがって探索しなければならない。したがって、これらにおいては、預金の実質的な権利者は誰かという物権的な側面から預金者を認定しなければならない理由がある。しかし、預入行為者の名義で定期預金がなされた場合のように、契約法理による債権法的な処理が可能である場合には、物権的な構成と債権的な構成とが対立するので、この両側面をどのように調整するのかについて明確な説明が必要である。判例は、預入行為者を代理人または使者とすることによって、出捐者自らに預金をする意思があるとし、このような場合の預金契約を二当事者間取引として構成しようとする。これは物権法的な処理と債権法的な処理との分離が生じないようにするものである。しかし、預入行為者名義ないし実在の他人名義の場合にまで出捐者を直接預金契約の当事者とすることが契約法理上困難であることは、判例を批判する学説が指摘しているとおりである[18]。また、業務専用口座について、預金名義人を預金者とすることについては、契約法理からすれば当然の結論になるように見える。しかし、通常の預金の場合に出捐者説を採っていることとの整合性はどのようにはかられるのか、また、預金に対する第三者の差押えがあった場合にこれが名義人の固有財産とはならないことはどのように説明されるのかについても、明確な説明が必要である。

思うに、このような場合の預金取引の特徴は、預金契約者としての預金者は預入行為者ないし預金名義人であるBであるが、他方で、原資の所有者としての預金者は出捐者Aであるという二重構造性にある。このような二重構造からすれば、預金者認定型の紛争における当事者の法律関係は以下のように解すべきである。

(1)　出捐者Aと預入行為者ないし預金名義人Bとの間の合意にしたがって預金が処理された場合

出捐者Aが、Bとの合意により、預入行為者ないし預金名義人Bに原資となる金銭を預け、BがAとの間の合意にしたがって預金をし、その後も、BがA・B間の合意に従って払戻しまたは預金担保貸付を受けた場合には、A・B間の当初の合意がそのまま実現した場合である。この場合、Aは、対外的にはこの預金がBに帰属することを認めているので、A・B間では、Aが原資の実質的権利者であるという物権的な側面に優先してこの合意による債権的な側面が機能し、預金取引の二重構造は表面化しない。すなわち、このような場合には、預金の原資である金銭の実質的権利者はAであるが、預金契約上はBの預金であることがA・B間で合意されており、Bがそのような A・B間の合意に従っている以上、Aは、この合意を認めたうえでしか権利主張ができないので、結果的にCに対してもBの預金であることに異を唱えることができないのである。したがって、その後、CがBに預金を払い戻しまたはBを相手として預金担保貸付をしたとしても（すなわち、AはBのために協力預金をした場合）、それがA・B間の合意に従ったものである限り、払戻しや預金担保貸付（正確には担保権取得）は完全に有効であると解すべきである。[19] このような結論は、金融機関Cが原資提供者はAであると知っていたとしても左右されない。A・B間の合意によりAが受容すべき効果がいかなるものかの問題だからである。判例上、業務専用口座の預金者が預金名義人であると認定されているが、それは、出捐者と預金名義人間に争いがない場合であるからであると理解することができる。[20]

⑵　A・B間の合意に反する行為がなされて預金が処理された場合

しかし、たとえば、AがBに金銭を預けてA名義で預金するよう依頼したにもかかわらず、BがB名義で預金した場合、またはA・B間ではB名義で預金することにつき合意があったが、その後Bがこの合意に違反して自己のために預金の払戻しまたは預金担保貸付を受けた場合や、Bの債権者Dがこの預金を差押えたような場合には、AはBとの合意に拘束されず、また、第三者に対しては、A・B間の合意は効果が及ばないので、預金取引の二重構造が表面化する。このような場合にはじめて、Aが金銭の実質的権利者であることから預金者であると主張し、CまたはDは、預金契約に従いBに預金が帰属すると主張して対立が生じる。この場合に双方の主張をどのように調整するかが問題である。

①　まず、預金が払い戻されることなく、金融機関Cにそのまま存在しているときは、Aの物権的な主張が可能であると解する限り、Cはこれに対抗すべき権利を有しないので、Aが預金者であると認定されれば、この請求に応じても何ら不利益は生じない。これが、このような場合にAが預金者と認定されることの実質的な意味である。

②　CがBに対してすでに預金を払い戻していたときは、Cの立場は、原資提供者ではないBに対して、預金契約に基づき債務を弁済したというものになる。これが有効であれば、AはもはやCに対して行使すべき物権的な権利を有しない。この場合、契約法理に従えば、Cは契約に基づく履行をしただけであるが、預金者概念の二重性を考慮すると、Cは原資提供者と契約当事者との同一性を誤認したことになる。しかし、このような誤認は、民法四七八条によって保護されると解することができる。同条は、債権者の同一性の誤認についての規定であるが、この場合の誤認も、預金の帰属主体の誤認という点で同じであるといってよいものだからである。これが、判例上、このような場合にAが預金者と認定されながら、Bに払戻しをしたCには四七八条が適用されることの

実質的な意味である。

③　しかし、Cが預金担保貸付けをし、またはDがこの預金を差押えたというように、Bの預金であることを信頼してさらに新たな法律関係が形成された場合は、これと同様に解することはできない。この場合には、Aの自己が預金者であるという主張は、物権的な返還請求または第三者異議請求としての実質を有する。このような実質を重視すると、CまたはDがB・C間の契約関係の存在を主張しても、Aには対抗できないことになる。また、預金名義には不動産登記に匹敵するような信頼性がないので、預金名義に対するC、Dの信頼は保護に値しないというべきであり、名義に対する信頼保護法理である民法九四条二項の類推適用や、判例のような民法四七八条の類推適用は妥当でない。CまたはDがこれを阻止するためには、Aに対抗できる物権的な権利を有していなければならない。このように解するときは、金融機関Cは、善意無過失で預金担保貸付をした場合には、民法一九二条の類推適用によって動産質権類似の担保権を取得するというべきである。しかし、差押債権者Dは、一九二条において動産差押債権者には同条の適用がないのと同様、Aに対抗できるだけの物権的な権利を取得した者であるとはいえないので、たとえ善意無過失であっても保護されず、Aが実質的権利者であるとの主張が優先されることになる。これが、Aが預金者と認定され、CまたはDがBに預金があるものと誤信して新たな行為をした場合の法律関係である。

預金者認定型の紛争における法律関係を以上のように預金の二重構造を前提に理解するならば、判例が原則として出捐者を預金者であると認定し、業務専用口座では預金名義人を預金者と認定していることは、紛争場面および対立当事者の違いの実質を考慮したものであるということができ、判例における預金者認定の判断基準が一貫していないとは必ずしもいえないように思われる。

(14)　前掲注(2)参照。

(15) 平出慶道「預金者の認定と預金の払戻し」鈴木禄弥=竹内昭夫編『金融取引法大系第二巻』(有斐閣、一九八三年) 七七頁参照。
(16) 前掲注(3) 参照。
(17) 前掲注(5) 所掲の文献のほか、内田貴=佐藤政達「預金者の認定に関する近時の最高裁判決について(上)(下)」NBL八〇八号一四頁、八〇九号一八頁 (二〇〇五年) 参照。
(18) 安永・前掲注(4) 参照。
(19) 典型的には、導入預金を回避するための協力預金として裏金利が設定されていることが多い。したがって、判例が事案の違いを無視してこのような場合にも銀行の善意無過失を要求することには賛成できない。拙稿・前掲注(12) 九一頁以下参照。
(20) 拙稿・前掲注(5) 二四頁参照。

三　預金者なりすまし型紛争

たとえば、AがA名義でC金融機関にした預金について、BがAになりすましてCから払戻しを受け、またはCから預金担保貸付けを受けたとする。このような紛争事例を預金者なりすまし型紛争と呼んでおく(21)。このような場合には、預金者がAであることは明らかであり、AのCに対する請求を拒むことができるか否かは、無権利者Bに対するCの払戻しまたは預金担保貸付けの効力による。判例は、このような場合のBを民法四七八条の典型的な準占有者であるとして同条を適用・類推適用してきた(22)。

預金取引の二重構造という観点からしても、このような場合には、原資提供者としての預金者と預金契約の当事者としての預金者が一致しており、預金取引の物権的な側面と債権的な側面とは対立しない。しかしBが払戻しを受けた後においては、Aが原資提供者であるという物権的な側面が顕在化することになる。以下、場合を分けて順次検討する。

⑴　A・B間の合意にしたがってBがAの名で行為した場合

出捐者かつ預金名義人であるAとBとの合意により、BがAであると称してCから払戻しまたは預金担保貸付けを受けた場合には、物権的に見て、BはAから預金の処分権を付与されており、また債権的に見ても、Bの行為は、本人の名で本人のための行為をするものであり、代理の顕名があったといってよいものとなる。したがって、CがAとBが同一人であることについて善意であるか悪意であるかを問わず、Bの行為の効果はAに有効に帰属するといってよい。

⑵　A・B間に合意がない場合

しかし、このような類型の紛争事案では、通常、A・B間には上記のような合意がなく、無権利者Bが無権限で行為していることが多い。

①　この場合、CがBをAであると誤信して払戻しをしても、預金者認定型紛争において、Bが預金契約の相手方であることから、CがBを原資提供者であると信頼して払戻しをした場合と異なり、預金の原資提供者かつ預金契約の当事者がAであることは明らかなので、Cの信頼は、主観的な信頼にすぎず、預金取引の物権的な側面と債権的な側面のいずれの側面から見てもCの信頼を保護すべき事情はない。しかし、わが国における預金取引においては、その大量・同種取引性から、このような誤認であっても善意・無過失の金融機関を免責すべきことが要請されてきた。判例・学説もまた、このような金融機関の要請に応えて、AになりすましたBを四七八条の準占有者であると認め、金融機関の定める免責約款をその具体化であると解してきたのである(23)。私見からすれば、このような場合の金融機関の誤認は、預金者が誰であるかに関する誤認ではないので、四七八条とは無縁で

あり、金融機関が保護されるためには、金融機関の主観的な誤認をも免責する特別の合意が必要である。預金契約における免責規定はこのような意味において理解することができる。ただし、この場合の問題を物権的に捉えて、無記名債権の証券所持人に対して債務を履行した場合に類似するとみるならば、無記名債権については、指図債権の正当な権利者でない証券所持人に対して債務を履行した場合の保護規定である民法四七〇条の類推適用があると解されているので(24)、これと同様にして四七〇条の類推適用により、善意・無重過失のCを保護することが考えられる。しかし、このような構成は技巧的にすぎるので、それとほぼ同様の結果を導くことができるものとして、四七八条によることもやむを得ないと思われる。

②　CがBをAであると誤信して預金担保貸付けをした場合には、貸付行為の効力が問題になる。預金の名義、すなわち預金の債権的な側面を重視すれば、(1)で述べたように、Bの行為は代理に類似したものとして、Bに預金の処分権が付与されていなければ、表見代理の類推適用が問題になると解することができ、その場合、Aに帰責性がなければCの貸付行為は無効となるはずである。判例がこのような場合にも民法四七八条を類推適用し、Aの帰責性を顧慮しないことには学説の批判があるが(25)、このような批判は、預金の名義を重視する限り正当な批判であるといえよう。しかし、このような場合に判例が四七八条を類推適用しているのは、判例が預金の名義ではなく、預金の物権的な側面を重視しているからではないかと思われる。すなわち、判例は、預金担保貸付けにおいては貸付行為と担保権設定行為とが経済的に不可分に結びついていることから、両者を分解して捉えず、預金担保貸付けという仕組み全体を弁済と同一視できると考えて、四七八条を類推適用しているのではなかろうか(26)。しかし、そうであるとするならば、この場合のBの行為は一体として預金の原資の処分といえ、その際のCの信頼はBが原資提供者であるという信頼であることになる。前述したように、このような信頼については物権的な信頼保護規定によるべきであり、Cの保護は、民法一九二条の即時取得の類推適用により、動産質権類似の担保

権を取得すると構成することによってはかるべきであろう。このように預金担保貸付けの物権的な側面を考慮すれば、預金の原資提供者と金融機関の利害調整は、預金者認定型の紛争におけるのと同様の構成ではかられる。

③　払戻しを受けた無権利者Cに対して預金者であるAが不当利得返還請求をするのは、その実質においては、預金の原資提供者による原資の物権的な返還請求であると見るべきである。そのように解することによって、Aが金融機関Cに対して払戻請求をすることなく、直接Bに対して返還請求をすることができるということの実質的な意味を理解することができる。預金の債権的な側面のみを重視すると、AのCに対する払戻請求についてCが免責されることによってAに損失が生じるので、そこではじめて不当利得返還請求が認められるという解釈になりかねない。しかし、このような理解は預金には物権的な側面もあることを無視するものであって妥当でない(27)。

預金者なりすまし型の紛争における法律関係について、以上のように預金の物権的な側面を考慮することによってはじめて、判例が預金者認定型紛争となりすまし型紛争の違いを超えて、同一の法律構成によって金融機関の保護をはかっていることの実質を理解することができるように思われる。また、このような実質的考慮をするならば、無権利者に対する不当利得返還請求の場面でも同様の考慮をすべきである。

(21)　民法四七八条の適用ないし類推適用に関する判例、学説では、預金者認定型紛争と預金者なりすまし型紛争とにおいては問題状況がまったく異なることが軽視されてきたように思われる。しかし、両者では金融機関の信頼の対象に違いがあることについては、すでに拙稿「判例による民法四七八条の類推適用とその拡大」神田博司先生追悼論文集『取引保護の現状と課題』(蒼文社、一九八九年)九五頁以下で指摘してきたところである(簡単には、拙稿「預金担保貸付けと民法四七八条の類推適用」中田=潮見=道垣内編『民法判例百選Ⅱ債権〔第六版〕』(有斐閣、二〇〇九年)七七頁参照)。また、川地宏行「民法四七八条の適用範囲と真の債権者の帰責事由」伊藤進教授古稀記念論文集『現代私法学の課題』(第一法規、二〇〇六年)一九一頁以下は、民法四七八条の適用が問題となる事案を①債権の帰属についての誤認(帰属誤認型)、②債権者と履行請求者との同一性についての誤認

（同一性誤認型）、③履行請求者の受領権限についての誤認（受領権限誤認型）に類型化し、第一類型では債権帰属ルールによって真の債権者と債権準占有者が確定するので、真の債権者の帰責事由は問題にならないが、第二、第三類型では、権利外観法理の問題となるので真の債権者の帰責事由が問題になるとする。四七八条の適用範囲に関する見解の違いはさておき、問題状況の違いを指摘する点は私見と共通する。

(22)　前掲注(6)、(7)参照。

(23)　民法四七八条に関する議論の展開過程については、拙稿「表見的債権者と弁済」星野英一編集代表『民法講座第四巻』（有斐閣、一九八五年）三〇五頁参照。

(24)　我妻栄『新訂債権総論』（岩波書店、一九六四年）五六三頁。

(25)　たとえば、千葉恵美子「預金担保貸付と民法四七八条類推適用の限界」山畠＝五十嵐＝藪先生古稀記念論文集『民法学と比較法学の諸相Ⅱ』（信山社、一九九七年）二二頁以下、最判平成九・四・二四民集五一巻四号一九九一頁（契約者貸付に対する四七八条の類推適用を肯定した事例）に関する潮見佳男・〔判批〕阪法四五巻一号一六一頁、千葉恵美子・〔判批〕法時七〇巻二号九七頁参照。

(26)　拙稿・〔判批〕私法判例リマークス一七号三七頁参照。

(27)　債権者から無権利者に対する不当利得返還請求に対して、無権利者が弁済者には四七八条の過失があるから弁済は無効であり、したがって損失はないと主張することは信義則違反になると解されていることについては、最判平成一六・一〇・二六判時一八八一号六四頁、潮見佳男『債権総論〔第二版〕』（信山社、二〇〇五年）二一五頁参照。無権利者にとって矛盾行為であることを理由とするが、そもそも、預金者の権利の性質からそのような抗弁は許されないというのが実質であるように思われる。

四　誤振込型紛争

たとえば、AがC金融機関に対してYへの振込みを依頼しようとして誤ってBへの振込みを依頼し、Cがそれに従ってBへの振込みを実行したとする。この場合、AとBまたはCとが預金の原資の帰属をめぐって対立する。このような紛争事例を誤振込型紛争と呼んでおく。通常は、仕向銀行（C）と被仕向銀行（D）という二つの金融機関が介在するが、他のタイプの紛争類型との共通性を検討する観点から、一金融機関で振込みが行われる場合で検討する(28)。しかし、以下で述べることは二金融機関が関係する場合でも同様にあてはまるといってよい。

このような場合には、預金契約の当事者としての預金者Bと原資提供者であるAとが分離しており、しかも、A・B間には預金者認定型紛争におけるような、原資の処分権に関する合意はあり得ないので、後者の側面が前者に吸収されることもない。そこで、Bの預金であるとするCの債権的な主張とAの物権的な主張とが正面から対立することになる。

判例は、このような場合には、預金契約は振込受取人であるBと金融機関Cの間で有効に成立しており、原資提供者Aは、Cに対して不当利得返還請求権を行使することはできず、Bに対して不当利得返還請求をするほかないとしている(29)。したがって、Bの債権者がこの預金を差押えた場合、Aはこれに対抗しうる物権的な権利を有しないので、Aの第三者異議は認められないことになる(30)（ただし、学説には不当利得返還請求を例外的に悪意・重過失の第三者にも行使しうる例外をこの場合にも認める見解もある(31)）。これは、振込後の金銭の返還請求が債権的な関係として構成されることに忠実な考え方である。これに対して、学説の中には、誤振込みの場合の預金者は振込依頼人Aであるとする見解(32)、預金者はBであるとしつつ、預金の物的な側面を強調してAがB、Cに対して原資の返還請求権を有すると解する見解もある[33]。これらは、振込みの原資の物権的な側面を強調するものである。

私見によれば、判例は、預金取引の債権的な側面のみを重視して物権的な側面を否定するものであり、一面的である。預金取引の二重構造性の観点から見ると、預金契約上の預金者がBであるという債権的な側面があることは当然として、他方では、原資提供者であるAがBに対して物権的な返還請求権としての性質を持つ不当利得返還請求権を有するという物権的な側面があることも否定できず、両者の側面がAのCに対する請求において衝突していると捉えるべきである。このような二重構造性の中でいずれの請求に合理性があるかを検討しなければならない。

四　誤振込型紛争

(1)　振込みの法律関係

Aの主張にはどのような実質があるかを考えるとき、この場合には、受取人Bと金融機関Cとの間に預金契約が存在しており、Aの振込依頼はすでに存在している口座に対するものであることを看過できない。AのCに対する不当利得返還請求は、預金残高という価値枠を介しての主張、すなわち預金が自己の預金であるという主張ではなく、原資そのものの所有者であるという主張である。しかし、Aの振込依頼を前提にする限り、AのCに対するこのような物権的な請求は、AがCに振込みを依頼したという債権的な関係に吸収され、認められないことになる。この場合の預金がAに帰属するとしてAのCに対する請求を認めることは、この場合には、預金者認定型紛争において預金名義人BがA・B間の合意に反する行為をした場合のように新たに開設された口座が誰に帰属するかは問題とならず、また、預金者なりすまし型紛争において無権利者Bが払戻しなどを受けた場合のように、無断で預金が処分されたことが問題ではなく、A・C間には、受取人Bの既存の預金口座に対してAがCに振込みを依頼し、Cがその合意どおりに振込みを実行したという関係があることを軽視することになるように思われる。このように、AのCに対する振込依頼を前提にしてこの場合の法律関係を考えるときは、A・C間では、Aの原資に対する物権的な主張は表面化せず、Aは、Bに対して振込みの原因関係が欠如している場合に、それを理由とする不当利得返還請求権を行使するほかない。判例の構成は、このように振込依頼の存在を前提にした場合については妥当である。

⑵　誤振込みの法律関係

しかし、この場合のAの振込依頼は誤振込の依頼であり、これがCに対してどのような影響を与えるかが問題である。誤振込みであることを理由にAがCに対して原資の返還を請求する関係は、振込依頼の意思表示の撤回または錯誤無効（民法九五条）の主張を意味している。[34]したがって、このような主張が認められれば、AはCへの振込依頼に拘束されず、原資についての物権的な権利が顕在化する。判例はこの点を無視し、すべての問題を当事者の合意に従って取引された場合と同様に扱っており、妥当でない。A・C間の債権関係が消滅すれば、B・C間の預金が有効に成立しても、誤振込みの組戻しを請求したAは、Bの預金のうちAの提供した原資による部分について原資提供者として物権的な権利を有しており、C（被仕向銀行Dが存在する場合はD。以下同じ）に対して物権的返還請求の実質を有する不当利得返還請求権を行使できるというべきである。これは、CがBへの振込みの組み戻しについて承諾を得ているか否かにかかわらない。CがBに対して振込みを実行していても、それはC・B間の合意に基づく債権的な行為であって、A・C間の物権的な関係はこれによって左右されないからである。また、Bの債権者がこの預金を差押えても、Aはこれに対抗できる物権的な権利を有し、第三者異議が認められると解すべきである。[35][36]ただし、CがBに対する貸付金と預金とを相殺していたときは、すでに他の紛争類型について述べたように、Cが民法一九二条により担保権を善意取得すれば、Aの請求を拒絶できると解すべきである。

誤振込型の紛争における法律関係について、以上のように原資に対する物権的な側面と預金契約に関する債権的な側面を同時に考慮することによってはじめて、誤振込みに関する一貫した法律構成ができるように思われる。

(28)　振込みは、振込依頼人から現金または預金の払戻しによって銀行（仕向銀行）が資金の提供を受けたうえで、依頼に基づき、受取人の取引銀行（被仕向銀行）に対して、受取人の預金口座に資金を入金するよう依頼し（振込指図）、被仕向銀行がこれを受けて受取人の預金口座に入金する（入金記帳）という仕組みである。①振込依頼人と仕向銀行間には振込委託契約（準委任契約）が、②仕向銀行と被仕向銀行間には為替取引契約（準委任契約）が、③被仕向銀行と受取人間には預金契約が存在し、これらが結合して取引が行われている。預金契約は、金銭消費寄託契約（民法六六六条）であり、要物契約であるが（民法六六六条一項、六五七条）、被仕向銀行と受取人間では、預金契約締結の際に、送金による場合には入金記帳により預金を成立させることが合意されている。

振込依頼人が受取人の口座を間違えたといった誤振込みの場合、銀行が定める約款（振込規定）では、被仕向銀行がすでに仕向銀行からの振込通知を受信しているときは、組戻しができないことがあるとされ、この場合には依頼人と受取人との間で協議するものとされているが（振込規定ひな型八条三項）、実際には、被仕向銀行が入金記帳をする前であれば、振込依頼人が仕向銀行を通じて被仕向銀行に依頼することにより「組戻し」が行われている（振込規定ひな型八条一項）。これにより振込依頼人は、仕向銀行から資金の返還を受けることができる。これに対して、被仕向銀行の入金記帳後は、すでに委任事務が終了していることから同様の手続が取れないとされ、被仕向銀行が受取人の承諾を得てはじめて入金記帳を取り消すという手続が取られており、これは依頼人に対するサービスであると理解されている。

(29)　前掲注(9)参照。

(30)　前掲注(9)の平成八年判決は、第三者異議の事件であった。

(31)　たとえば、中田裕康・〔判批〕法教一九四号一三一頁。

(32)　前田達明・〔判批〕判評四五六号（判時一五八五号）三四頁、菅原・前掲注(1)「効力(上)」三三一頁など。

(33)　岩原・前掲注(1)、岩原＝森下・前掲注(1)、岩原紳作「誤振込金の返還請求と預金債権」中田＝潮見＝道垣内編『民法判例百選Ⅱ債権〔第六版〕』（有斐閣、二〇〇九年）一四三頁。

(34) 錯誤無効により誤振込金の返還請求を認める構成については、たとえば、磯村保「振込取引の規定化と契約法理」金法一一九八号一二頁など参照。しかし、本文での記述は、誤振込みに関するいわゆる「錯誤アプローチ」のことではなく、振込依頼の無効についてであり、振込依頼が撤回ないし無効となっても、預金契約がそれに連動して無効になると考えるわけではない。

(35) 早川徹・〔判批〕関大法学論集四七巻三号七三頁以下は、誤振込みの場合の受取人の不当利得は給付不当利得であり、振込みによって受取人が預金債権を取得することを全体として依頼人の給付行為であると解し、振込依頼に錯誤のある場合を給付行為が錯誤によって無効である場合と法的に同視して、動産の引渡行為それ自体が無効である場合の譲渡人と同様の法的地位を認めるべきであるとし、これにより第三者異議が認められるとする。錯誤については、給付行為自体の錯誤を受取人との関係で観念し、かつ、受取人は悪意と同等にあつかうことができるとして、民法九五条ただし書の適用はないとする。

このような構成は、錯誤論を介しているが、本質的には、給付行為それ自体の無効と、その基礎となった法律関係の無効とを区別する考え方を基礎とし、かつ前者の優先を説く点において、物権的関係と債権的関係の併存および前者の優先という本稿での主張と問題意識の点で共通するところがある。ただし、本稿では、振込依頼人が仕向銀行に対して依頼の撤回ないし無効を主張し、それが認められれば、それによって物権的関係が顕在化すると捉えるのに対して、早川教授は、振込依頼の錯誤無効の主張は認められないと解されるので（六三頁）、受取人との関係で錯誤無効と構成するのではないかと思われる。しかし、振込依頼の錯誤無効を認めないという背景には、それを認めると預金までもが無効となるという判断があるためであり、振込依頼の無効と預金の成否とを区別するのであれば、そのような配慮ないし法律構成は必要ないのではなかろうか。

(36) 花本広志・〔判批〕法学セミナー五〇二号八九頁は、誤振込みでは、金銭の物権的価値返還請求権がいつまで存続するかが問題となっているとし、所有者の意思に基づかずに金銭価値の移動が生じた場合には、「価値の同一性」が認められる限り（帳簿上の金銭に変形された場合を含む）、金銭価値の所有者には物権的価値返還請求権が認められるとする。これは、債権的な関係の延長で不当利得を考えるのではなく、実質的には物権的な関係として不当利得を認めるものであり、その点で本稿の問題意識と共通する。しかし、この場合の不当利得返還請求が実質においては物権的返還請求であるという理解に立てば、価値の同一性は、受取人が振込依頼人の金銭によって債権を取得したといえれば十分ではないかと思われる。したがってまた価値の上への返還請求ということを観念する必要もない。なお、花本・前掲注(12)一二六頁以下では、上記のような主張はされていない。金銭的価値の返還請求権については、四宮和夫「物権的価値返還請求権について」我妻栄先生追悼論文集『私法学の新たな展開』(有斐閣、一九七五年)一八五頁以下、加藤雅信『財産法の体系と不当利得法の構造』(有斐閣、一九八六年)六六八頁、好美清光『新版注釈民法(7)』(有斐閣、二〇〇七年)一五一頁など参照。

おわりに

以上の検討の結果をまとめれば以下のようである。

(1) 預金取引には、金銭に関する取引という債権的な側面と、取引の実体として動産取引に近いという物権的な側面とが併存している。預金取引における従来の紛争は、この両側面が分離する場面で生じている。

(2) 預金者認定型紛争

① 出捐者と預金名義人との合意にしたがって預金が処理された場合

出捐者と預金名義人間では、預金は出捐者に帰属する。しかし、出捐者は合意に拘束されるので、原資提供者であるという物権的な側面は、当事者間でもまた対外的にも表面化しない。したがって、たとえ金融機関が出捐者と名義人の相違につき悪意であっても、金融機関や第三者との関係では、預金は預金名義人に帰属するものとして取り扱われるべきである。

② 合意に反する処理がなされた場合

この場合には、出捐者は合意に拘束されないので、原資提供者であるという物権的な側面が表面化する。預金が金融機関にそのまま存在しているときは、原資提供者を預金者であると認定し、その払戻請求を認めるべきである。金融機関がすでに預金名義人に払戻しをしていたときは、原資提供者と契約当事者の同一性の誤認という意味で民法四七八条が適用されると解すべきである。金融機関がこの預金について預金担保貸付けをしたときは、金融機関が出捐者に対抗するためには物権的な権利を取得していることが必要であり、民法一九二条の類推適用により動産質権類似の担保権を善意取得しうると解すべきである。

⑶ 預金者なりすまし型紛争

① 預金者と行為者との合意にしたがって預金が処理された場合

預金が行為者に帰属しないことは明らかであるが、預金の処分権が行為者に付与されているので、それに従ってなされた行為は完全に有効であり、たとえ金融機関が行為者と預金者との相違につき悪意であっても、その法律効果は預金者に帰属する。

② 合意が存在しない場合

この場合には、行為者は完全な無権利者であり、預金者は預金に対する物権的かつ債権的権利を有しており、これに対して金融機関が主張できる物権的または債権的な権利はない。したがって、行為者に対して払戻しをしたときに金融機関が免責されるためには、それを認める預金者の事前の承認（特別の約款）が必要である。しかし現在の民法四七八条の解釈によれば、同条はそのような場合を包含すると解されているので、これによれば同条の適用がある。行為者に対して預金担保貸付けをしたときは、債権的には、預金者以外の者に貸付けをしたことになるが、金融機関は、預金担保貸付けを貸付行為と担保権取得行為とに分解せず、物権的に預金の原資の処分と捉えているので、金融機関の保護は、物権的な信頼保護規定である民法一九二条の類推適用によるべきである。払戻しを受けた無権利者に対する預金者の不当利得返還請求は、原資の物権的な返還請求の実質を有するので、金融機関の払戻しが有効であるか否かを前提問題とすることなく、権利を行使することができると解すべきである。

⑷ 誤振込型紛争

① 通常の振込みの場合

通常の振込みでは、振込依頼人は、金融機関との合意に拘束されるので、たとえ振込みの原因を欠く場合でも、原資の返還請求権の実質を有する不当利得返還請求権を行使することができず、受取人に対して不当利得返還請求権を行使するほかない。

② 誤振込みの場合

誤振込みの場合には、振込依頼人は、金融機関との合意に拘束されず、金融機関に対して原資提供者の物権的な返還請求の実質を有する不当利得返還請求権を行使することができる。したがってまた、受取人の債権者が預金を差押えたときは、振込依頼人は第三者異議を申し立てることができる。他方、金融機関がこの預金について担保権を善意取得した場合には、振込依頼人の請求は認められない。

以上のような結果は、具体的には、誤振込みの場合以外では、現在の判例の結論とほぼ同様であり、判例もまた、実質的にはこのような考慮の上に立っているのではないかと思われる。しかし、判例は、預金取引の物権的な側面を正面から問題にすることなく、債権的な法律構成の中で考慮しようとしているために、その理論構成が分かりにくいものとなっているように思われる。本稿のねらいは、従来の議論では、預金取引が物権的な側面と債権的な側面を有する特殊な取引であり、問題場面ごとにその両側面の現れ方が異なることが明確に意識されないまま議論がなされてきたために、錯綜した議論が展開されてきたのではないかということを明らかにしようとするところにあった。そして、当事者の主張が預金取引の物権的な側面と債権的な側面のいずれに基づくものかを明らかにすれば、その主張の実質的な意味や具体的に取られるべき結論が明確となり、統一的な法律構成が可能であることを示すことができたのではないかと思われる。

ただし、預金取引のこのような二重構造性を将来的にもこのまま放置すべきか否かは別の問題である。預金取引を当座勘定取引のように人的・債権的な要素を重視した取引として徹底して捉えつつ、預金取引の当事者間の合意・特約を駆使して合理的な解決を導く方向を採るべきなのか(37)、それとも、有体物の寄託のように物的・物権的な要素を重視した取引として徹底して捉えつつ、その実質に即した立法を整備してゆく方向を採るべきなのか(38)、はたまた、このような二重構造性をそのまま受け入れ可能な制度として信託を活用すべきなのか(39)などは、解釈論としての当否の範囲を超える立法政策ないし金融政策に通ずる問題である。また、より根本的には金銭所有権の問題がある。本稿では、この問題に直接介入せず、預金取引の特殊性として例外を認める必要があることを主張したにとどまる。しかし、金銭一般について不当利得返還請求権に物権的請求権としての実質を付与し(40)、または通常の有体物と同様に所有権を観念しうるとするならば(41)、本稿のような構成は至極当然のことでしかなくなる。したがって、預金取引が金銭所有権の例外場面なのかそれとも典型的場面なのかについても、さらに検討が必要である(42)。

(37)　森田・前掲注(1)一八九頁以下参照。

(38)　岩原=森下・前掲注(1)四三頁以下参照。

(39)　本稿のように、預金取引には原資に対する物権的な側面と預金契約に関する債権的な側面とがあるという二重構造的な構成では、紛争類型によって原資に対する権利を主張する者が異なるという複雑さを生み出すことが避けられない。このような複雑さを解消するための一つの方向として、信託を利用して物権的な権利の帰属主体と預金契約上の権利の帰属主体とを一致させる構成が考えられる。専用口座につき、渡邊博己「専用普通預金口座の預金者と預金者破綻時の預金の帰属」金法一六九〇号（二〇〇三年）七一頁、弥永真生・〔判批〕ジュリスト九九五号一一〇頁参照。より全体的に信託の利用可能性については、道垣内弘人『信託法理と私法体系』（有斐閣、一九九六年）二〇一頁以下、同「『預かること』と信託」ジュリスト一一六四号（一九九九年）八一頁、同「信託の設定または信託の存在認定」道垣内＝大村＝滝沢編『信託取引と民法法理』（有斐閣、二〇〇三年）一六頁以下、同「さみしがりやの信託法㈣」法教三三四号（二〇〇八年）八三頁以下参照。

しかし、預金取引のように信託であることの公示がない曖昧な関係を画一的に信託と構成すると、法律関係の処理が一律的になり、原資に対する物権的権利者と債権的な関係における権利者を信頼した金融機関または第三者との間で状況の違いによって利害調整をする余地が失われるのではなかろうか。

(40) 松岡・前掲注(1)七五頁は、誤振込みの問題を預金債権に関する特殊な議論にとどめることを疑問とし、振込依頼人の不当利得返還請求権に優先権を認めるか否かは、一定の不当利得債権の保護という一般的な課題に広がるとする。また、松岡久和「債権的価値帰属権についての予備的考察」社会科学研究年報（龍谷大学）一六号（一九八六年）六八頁、同「アメリカ法における追及の法理と特定性」林良平先生献呈論文集『現代における物権法と債権法の交錯』（有斐閣、一九九八年）三五七頁以下は、金銭をめぐるわが国のこれまでの議論の詳細な検討の上に立って、ドイツ法、アメリカ法における法理を参照しつつ、金銭騙取された者の権利を不当利得返還請求権と構成しながら、それに優先権を付与するための具体的な要件を検討する。このような問題意識と検討は、金銭について、物権的（価値）請求権を認めるかそれとも債権的請求権にとどめるかという問題設定自体を批判するものであり、金銭一般についての議論のあり方から問題を提起するものである。しかし、本稿は、このような問題に立ち入ることは到底できず、預金取引の特殊性＝動産取引との近似性を強調して、預金取引に限定した議論を展開するものである。

(41) 伊藤・前掲注(12)参照。

(42)　金銭概念の多義性および金銭所有権・返還請求に関する議論状況については、田高寛貴「金銭の特殊性」内田貴＝大村敦志編『民法の争点』（有斐閣、二〇〇七年）一六四頁参照。

9 不当利得返還請求権における利息の法定利率

川地宏行

一 問題の所在
二 過払金をめぐる法状況
三 民法七〇三条と七〇四条の関係
四 ドイツ民法との比較
五 悪意の受益者の認定
六 民法七〇四条における利息の法的性質
七 不当利得返還請求権における利息の法定利率

一 問題の所在

近時、いわゆる過払金返還請求事案において、民法七〇四条に関連した最高裁判決が相次いで登場している。最判平成一九年二月一三日民集六一巻一号一八二頁は、民法七〇四条において受益者が支払うべき利息の利率について、商事法定利率の年六分（商法五一四条）ではなく、民事法定利率の年五分（民法四〇四条）が適用されるとした。また、最判平成一九年七月一三日民集六一巻五号一九八〇頁は、過払金返還義務を負う貸金業者を「悪意の受益者」と推定し、原則として民法七〇四条が適用されるとした。二つの最高裁判決をまとめると、過払金返還義務を負う貸金業者は、悪意の受益者と推定され、民法七〇四条の適用を受けるが、貸金業者が支払うべき利息の利率は年五分となる。

本稿は、二つの最高裁判決の分析を中心に、民法七〇四条における「悪意の受益者」の認定方法、ならびに、不当利得返還請求権における利息の法定利率について考察を試みるものである。

二　過払金をめぐる法状況

1　制限超過利息の元本充当と過払金返還請求権

民法七〇四条をめぐる近時の最高裁判決は、いずれも過払金返還請求事案を対象としている。それ故、民法七〇四条の解釈問題を検討する前に、過払金をめぐる判例の変遷を概観することにしたい。

利息制限法一条に定められた制限利率を超える利息（制限超過利息）は無効であるが、従来からの判例によると、借主から貸金業者に対して支払われた制限超過利息は元本に充当され（最大判昭和三九年一一月一八日民集一八巻九号一八六八頁）、元本充当が繰り返されて計算上元本が完済された後に支払われた金員は過払金となり、借主は貸金業者に対して過払金について不当利得返還請求権を取得する（最大判昭和四三年一一月一三日民集二二巻一二号二五二六頁）。

2　改正前貸金業法四三条

ところが、制限超過利息の元本充当と元本完済後の過払金返還請求権を認めた判例法理は、昭和五八年に制定された改正前貸金業法四三条一項（この条文は平成一八年一二月の改正により廃止されることになったので、本稿では以後「改正前貸金業法四三条一項」と記す）に定められた「みなし弁済」制度により、大幅な後退を余儀なくされた。改正前貸金業法四三条一項の要件を満たした場合、元本充当と過払金返還請求権を認めた従来の判例法理の適用が排除され、登録貸金業者は借主が任意に支払った制限超過利息を、元本に充当することなく、利息として受領することが許されたからである。

みなし弁済が認められるための要件は、①登録をした貸金業者が業として行った金銭貸借であること、②債務者が「利息として」「任意に」支払ったこと（任意性要件）、③貸金業者が契約締結に際して貸金業法一七条に定められた契約書面を債務者に交付したこと（一七条書面要件）、④貸金業者が債務者から返済を受けた後に貸金業法一八条に定められた受取証書を債務者に交付したこと（一八条書面要件）であった。

最高裁は一七条書面要件（③要件）と一八条書面要件（④要件）について厳格な基準を設定し、貸金業法一七条と一八条に定められた必要事項を「すべて」、「正確」かつ「明確」に記載した契約書面と受取証書を「適時に」交付することが借主保護のために不可欠であるとして、みなし弁済の認定に消極的な姿勢を示した。そして、契約書面に正確な記載が少しでも欠けていた事案や、受取証書が弁済受領後直ちに交付されなかった事案などにおいて、みなし弁済の成立を否定する最高裁判決が相次いで登場した（最判平成一一年一月二一日民集五三巻一号九八頁。最判平成一六年二月二〇日民集五八巻二号三八〇頁。最判平成一六年二月二〇日民集五八巻二号四七五頁。最判平成一六年七月九日判時一八七〇号一二頁。最判平成一七年一二月一五日民集五九巻一〇号二八九九頁。最判平成一八年一月二四日民集六〇巻一号三一九頁など）。

その一方で、任意性要件（②要件）については、判例は当初、緩やかな基準を提示し、借主が「利息の支払に充当されることを認識したうえで自己の自由な意思によって支払った」ことで足り、約定利息が利息制限法一条の制限利率を超えていることや制限超過利息が無効であることを借主が認識していたことは必要ないとしていた（最判平成二年一月二二日民集四四巻一号三三二頁）。ところが、最近になって、制限超過利息を含む約定利息の支払を一回でも遅延すればすべての元利金についての期限の利益を喪失させる旨の「期限の利益喪失特約」が付いた貸付の事案において、借主に制限超過利息の支払を事実上強制させるものであり、任意性要件を満たさないとして、みなし弁済の成立を否定した最高裁判決が現れ（最判平成一八年一月一三日民集六〇巻一号一頁）、任意性要件についても厳格な基準が採用されるに至った。(1)

以上のように、最高裁によって、一七条書面要件と一八条書面要件のみならず、任意性要件についても厳格な基準が導入されるようになったことから、改正前貸金業法四三条一項の要件を満たすことは困難な状況となり、最終的には、平成一八年一二月の貸金業法改正において、みなし弁済規定が廃止されることになった。これにより、制限超過利息の元本充当と元本完済後の過払金返還請求権を認めた従来からの判例法理（前掲の最高裁昭和三九年判決と四三年判決）が本来の地位を回復し、「過払金」をめぐる問題が注目を集めるようになった。過払金をめぐる問題は、「他債務への過払金充当の可否」の問題と「過払金返還義務の範囲」の問題に大別されるが、過払金充当に関する問題の検討は別の機会に譲り、(2)本稿では過払金返還義務の範囲の問題を考察の対象とする。

(1)　判例の変遷ならびに貸金業法と利息制限法の改正については、拙稿「利息制限法・貸金業法の改正による『みなし弁済』規定の廃止と民事法上の課題」クレジット研究三八号一四六頁以下参照。

(2)　拙稿「制限超過利息元本充当後の過払金の他債務への充当」クレジット研究四一号二一八頁以下参照。過払金充当に関する最高裁判決として、最判平成一五年七月一八日民集五七巻七号八九五頁。最判平成一九年二月一三日民集六一巻一号一八二頁。最判平成一九年六月七日民集六一巻四号一五三七頁。最判平成一九年七月一九日民集六一巻五号二一七五頁。最判平成二〇年一月一八日民集六二巻一号二八頁。

三　民法七〇三条と七〇四条の関係

過払金返還請求権は民法七〇三条以下の不当利得返還請求権に該当することから、過払金返還義務の範囲は、民法七〇三条と七〇四条の解釈によって決定されることになる。

不当利得返還請求権の成立要件は、①損失の存在、②受益（利得）の存在、③損失と受益の間の因果関係、④法律上の原因の欠如であり、これらの要件が備われば損失者は受益者に対して不当利得返還請求権を取得するが（民法七〇三条前段）、善意の受益者は現存利益の返還のみで足りる（同条後段）。その一方で、悪意の受益者は、利得それ自体の返還に加えて、利息の支払義務と損害賠償義務を負う（民法七〇四条）。

四　ドイツ民法との比較

1　ドイツ民法八一八条と八一九条

わが国の民法七〇四条と同様の規定はドイツ民法（ＢＧＢ）八一八条と八一九条にも置かれている。両条は以下のような内容の規定である。(3)

【ＢＧＢ八一八条】

一項「返還義務は、取得した収益、利得した権利に基づき受領者が取得したもの、又は利得したものの滅失、毀損もしくは侵奪の代償として受領者が取得したものに及ぶ」。

二項「利得したものの性質により返還が不能であるとき、又は受領者がその他の事由により返還することができないときは、受領者は、その価額を賠償しなければならない」。
三項「受領者は、利得が現存していない限度において、返還又は価額賠償の義務を免れる」。
四項「訴訟係属が生じた後は、受領者は、一般原則により責めに任ずる」。

【ＢＧＢ八一九条】

一項「受領者は、法律上の原因の欠如を受領の時に知っていたとき、又はその後に知ったときは、受領の時又は悪意となった時から、返還請求権が訴訟係属を生じたのと同様の返還義務を負う」。
二項「受領者は、給付の受領により法律の禁止又は善良の風俗に反するときは、給付の受領の時から、前項と同様の義務を負う」。

ＢＧＢ八一八条と八一九条によると、受益者が法律上の原因欠如について悪意の場合（ＢＧＢ八一九条一項）のみならず、訴訟が係属した場合（ＢＧＢ八一八条四項）、ならびに、給付の受領が法律違反や良俗違反に該当する場合（ＢＧＢ八一九条二項）でも、受益者の責任が加重されている。加重された受益者の責任の範囲については、八一八条四項が「一般原則により責めに任ずる」と定めるのみで、八一九条も八一八条四項と「同様の義務を負う」と規定するに止まっているが、「一般原則による責任」とは、返還の対象が金銭の場合、金銭債務の履行遅滞責任を定めたＢＧＢ二八八条に依拠することを意味する。(4)

2　ドイツ民法二八八条

ＢＧＢ二八八条の内容は以下の通りである。(5)

【ＢＧＢ二八八条】

一項「金銭債務には、遅滞中、利息を付さなければならない。遅延利息の利率は、その年の基礎利率に五％をプラスしたものとする」。

二項「消費者が当事者でない法律行為の場合には、有償の債権の利率は、基礎利率に八％をプラスしたものとする」。

三項「債権者は、他の法律上の原因にもとづき、より高い利息を請求することができる」。

四項「その他の損害の賠償を主張することは妨げられない」。

ＢＧＢ二八八条は、金銭債務の履行遅滞において遅延利息の賠償を債務者に義務付けるとともに、状況に応じて異なる利率が適用されるとしている（一項、二項、三項）(6)。また、遅延利息を超える実損害の賠償も認めている（四項）(7)。

金銭債務の履行遅滞によって債権者には運用利益（Anlagegewinn）の喪失、あるいは、他からの借入費用（Kreditkost）の増大など、多種多様な損害が発生すると考えられるが(8)、遅延利息は金銭債務の履行遅滞において当然に生ずるであろう最小限度の損害（Mindestschaden）として、損害の発生や因果関係についての証明が不要とされている(9)。

3　日本民法七〇四条との相違点

ＢＧＢ八一九条と二八八条を組み合わせると、わが国の民法七〇四条と同様に、悪意の受益者には、利得それ自体の返還義務に加えて、利息支払義務と損害賠償義務が課せられる。

しかしながら、わが国の民法七〇四条と異なる点もある。まず、ＢＧＢ八一九条は受益者が悪意の場合の他に、給付の受領が法律違反や良俗違反に該当する場合にも、受益者に利息支払義務と損害賠償義務を負わせている。わが国の民法七〇四条は受益者の加重責任を受益者が悪意の場合に限定しているので、この点で違いがある。

　また、ＢＧＢ八一九条は悪意の受益者に課せられる責任内容の決定を履行遅滞に関する一般規定に委ね、金銭の不当利得においては金銭債務の履行遅滞責任に関するＢＧＢ二八八条が適用されることから、受益者が支払義務を負う「利息」の法的性質が「遅延利息」であることが明確にされている。わが国の民法七〇四条では利息の法的性質が不明確であることから、この点でも違いがある。

（3）訳については、椿寿夫=右近健男編『注釈ドイツ不当利得・不法行為法』三二、三七頁（赤松秀岳執筆部分）（三省堂、一九九〇年）を参照した。

（4）Stephan Lorenz, Staudingers Kommentar zum BGB, Recht der Schuldverhältnisse, §§ 812-822, Neubearbeitung 2007, § 818, Rn. 50 ; Manfred Lieb, Münchener Kommentar zum BGB, Bd. 5, 4. Aufl. 2004, § 818, Rn. 151.

（5）訳については、小野秀誠「ドイツ債務法現代化における法定利率と基礎利率」際商三四巻四号四七八頁を参照した。

（6）小野・前掲注(5)四七五―四七八頁。

（7）邦語の文献として、能見善久「金銭債務の不履行について」加藤一郎編『民法学の歴史と課題』一九一頁以下（東京大学出版会、一九八二年）。益井公司「金銭債務の不履行と損害賠償に関する一考察」日大法学六五巻四号三〇三頁以下。拙稿『外貨債権の法理』二五〇―二六五頁（信山社、一九九六年）。

（8）Manfred Löwisch, Staudingers Kommentar zum BGB, Recht der Schuldverhältnisse, §§ 255-304, Neubearbeitung 2004, § 288, Rn. 31-52 ; Wolfgang Ernst, Münchener Kommentar zum BGB, Bd. 2, 5. Aufl. 2007, § 286, Rn. 128-152.

（9）Löwisch, a. a. O., § 288, Rn. 23, 31 ; Ernst, a. a. O., § 288, Rn. 4.

五　悪意の受益者の認定

1　善意と悪意の区別

前述のように、民法七〇三条と七〇四条は、条文の文言を見る限り、受益者が善意か悪意かによって不当利得返還義務の範囲に顕著な格差を設けている。ところが、実際の裁判例において善意の受益者の義務はそれほど軽減されていない。(10)それは以下の理由によるものと考えられる。

まず、判例によると、金銭の不当利得における現存利益について、利益が現存していないことの証明責任を受益者が負うとされているが（最判平成三年一一月一九日民集四五巻八号一二〇九頁）、(11)受益者がその証明に成功することは稀である。

また、受益者が善意の場合でも訴状送達日の翌日から支払済みまで遅延利息（民法四一九条）の支払を義務付けられるので、(12)受益者が善意であるからといって利息の支払義務を一切免れるわけではない。

さらに、善意の受益者に対して利得時から年六分の利息相当額の支払義務を課した最高裁判決（後述の最高裁昭和三八年判決）も見られ、悪意の受益者に課せられる利息支払義務との違いが曖昧になっている。

以上のように、不当利得返還請求権を行使する損失者としては、受益者が善意であっても利得それ自体の返還請求が減額される危険性はほとんどなく、また、訴状送達日の翌日からの遅延利息の支払を請求できるのであるから、受益者の悪意を主張立証することにより得られる実益に乏しい。その結果、損失者が受益者の悪意を主張しない場合が多くなる。現に、過払金返還請求事案でも、受益者の善意悪意を問うことなく、受益者に対して訴状送達日の翌日から支払済みまでの遅延利息の支払を命じた裁判例が多く見られる。(13)

2　最高裁平成一九年七月判決以前の裁判例

ところが、最近になって、貸金業者に厳格な責任を課すべきとの動きが強まり、貸金業者に対して悪意の受益者としての責任を追及する訴訟が増加するようになった。

民法七〇四条における受益者の「悪意」とは、不当利得返還請求権の成立要件である「法律上の原因の欠如」を受益者が認識していることを意味する[14]。過払金返還請求事案においては、(ア)借主から支払われた約定利息が利息制限法一条の制限利率を超えていること（制限超過利息）、(イ)従来からの判例法理に基づき制限超過利息が元本に充当され元本完済後に過払金が生ずること、(ウ)改正前貸金業法四三条一項のみなし弁済の要件を満たしていないことによって、過払金返還請求が可能となることから、多くの裁判例が、貸金業者を悪意の受益者と認定するために(ア)(イ)(ウ)についての認識を要求している[15]。

このうち、(ア)と(イ)について貸金業者が悪意であることは、貸金業者が貸付のプロである以上、否定できないであろう。現に、(ア)もしくは(イ)について貸金業者の認識が欠けるとした裁判例は存在しない。

問題は(ウ)についての認識であるが、これについては貸金業者の「誤認」がありうる。貸金業者が改正前貸金業法四三条一項の要件を満たしていると考えていたにもかかわらず、裁判所によって同項の要件を満たさないという判断が下された場合、貸金業者には(ウ)についての認識が欠けることになる。

もっとも、改正前貸金業法四三条一項の要件を満たす事実、具体的には、正確かつ十分な記載がなされた契約書面や受取証書を適時に交付した事実について、貸金業者が何ら主張立証をしていない事案（以後、「書面不交付事案」と記す）では、貸金業者は契約書面や受取証書の交付などみなし弁済の要件を満たすために必要な努力を全くしていないといえるので、改正前貸金業法四三条一項の要件を満たすものと誤認しても、そのような身勝手な誤認によって悪意を否定すべきではない。現に、書面不交付事案の裁判例において貸金業者の悪意が否定された例はない（後述する最高裁平成一九年七月第三判決も悪意を認定している）[16]。

その一方で、契約書面や受取証書の交付方法ならびに両書面の記載内容を見る限り、改正前貸金業法四三条一項の要件を満たしているように見えるにもかかわらず、近時の判例が採用する厳格な基準をクリアすることができず、結果的に、みなし弁済が認められなかった事案（以後、「書面交付事案」と記す）では、同一の事件であるにもかかわらず改正前貸金業法四三条一項の要件を具備するか否かの結論が裁判所によって異なるなど（後述する最高裁平成一九年七月第一判決では一審、控訴審、最高裁の判断が三者三様であった）、微妙な判断が要求されるので、貸金業者がみなし弁済の要件を満たすと誤認をしてもやむを得ない場合もあると思われる。実際に、書面交付事案では、貸金業者の悪意を否定した裁判例と[17]、貸金業者の悪意を認定した裁判例に分かれている[18]。また、悪意を認定した裁判例の中には、貸金業者の悪意を推定するという構成を採用したものも見られた[19]。

こうした中で、平成一九年七月に悪意の受益者について判示した三つの最高裁判決が登場した。

3　最高裁平成一九年七月一三日判決Ｉ（平成一九年七月第一判決）

(1)　事　案

貸金業者は借主に対して平成五年一月から平成一五年一〇月にかけて計一四回にわたり各回一〇万円から三〇万円の貸付を実行した（①〜⑭貸付）。いずれの貸付においても利息制限法の制限利率を超える利息（制限超過利息）が約定され、返済方式は元利均等方式とされた。各貸付の際に貸金業者から借主に対して契約書面が交付され、各契約書面の「各回の支払金額」欄には、一定額の元利金の記載とともに「別紙償還表記載のとおりとします」と書かれており、また、過不足金が生じたときは最終回に清算する旨の記載もあった。⑫から⑭の貸付の際には契約書面とともに償還表も交付されたが、①から⑪の貸付の際に償還表が交付されたか否かは不明であった。

借主は各貸付について弁済を繰り返し、弁済の際に貸金業者から「領収書兼残高確認書」という題名の書面が借主に交付されたが、その中には貸金業法一八条に規定された必要的記載事項を満たさないものもあった。

借主（原告・被控訴人（附帯控訴人）・上告人）は、制限超過利息を元本に充当した結果、過払金が生じたとして、貸金業者（被告・控訴人（附帯被控訴人）・被上告人）に対して民法七〇四条に基づき過払金の返還と利息の支払いを求めて訴えを提起した。これに対して貸金業者は、改正前貸金業法四三条一項の「みなし弁済」が成立する旨を主張するとともに、みなし弁済が不成立の場合でも、貸金業者には改正前貸金業法四三条一項の要件を満たしていないことの認識がなかったので、「悪意の受益者」に該当せず、民法七〇四条は適用されないと主張した。

一審（東京地判平成一六年八月五日民集六一巻五号一九八八頁）は、すべての弁済について改正前貸金業法四三条一項の要件を満たしていないとして過払金返還請求を認めたが、貸金業者はみなし弁済の成立の可能性を認識し、返還すべき義務を負っていることを認識していなかったことから、悪意の受益者に該当しないとして、民法七〇四条の適用を否定した。

控訴審（東京高判平成一七年七月二七日民集六一巻五号二〇〇四頁）は、償還表が交付されていなくても改正前貸金業法四三条一項のみなし弁済の成立要件である一七条書面要件を具備すると認定したが、受取証書の記載に不備があった弁済や受取証書の交付がなかった弁済については一八条書面要件を満たさないとして、みなし弁済の成立が認められる限度において一審判決を一部取り消した。その一方で、過払金返還請求権への民法七〇四条の適用の可否については一審の判決理由をそのまま引用し、民法七〇四条の適用を否定した。

⑵　判　旨

第二小法廷が下した最判平成一九年七月一三日民集六一巻五号一九八〇頁（以後、「最高裁平成一九年七月第一

判決」と記す）は、契約書面とともに償還表を交付しなければ一七条書面要件を満たさない（①〜⑪貸付の弁済についてはみなし弁済が不成立となる）としたうえで、過払金返還請求権については以下の理由により民法七〇四条の適用を認め、原判決を破棄して、事件を高裁に差し戻した。

「金銭を目的とする消費貸借において利息制限法一条一項所定の制限利率を超過する利息の契約は、その超過部分につき無効であって、この理は、貸金業者についても同様であるところ、貸金業者については、貸金業法四三条一項が適用される場合に限り、制限超過部分を有効な利息の債務の弁済として受領することができるとされているにとどまる。このような法の趣旨からすれば、貸金業者は、同項の適用がない場合には、制限超過部分は、貸付金の残元本があればこれに充当され、残元本が完済になった後の過払金は不当利得として借主に返還すべきものであることを十分に認識しているものというべきである。そうすると、貸金業者が制限超過部分を利息の債務の弁済として受領したが、その受領につき、貸金業法四三条一項の適用が認められない場合には、当該貸金業者は、同項の適用があるとの認識を有しており、かつ、そのような認識を有するに至ったことについてやむを得ないといえる特段の事情があるときでない限り、法律上の原因がないことを知りながら過払金を取得した者、すなわち民法七〇四条の『悪意の受益者』であると推定されるものというべきである」。

4　最高裁平成一九年七月一三日判決Ⅱ（平成一九年七月第二判決）

(1)　事　案

第二小法廷は第一事件と同日に別事件についても判決を下している。事案は以下の通り。

貸金業者は借主に対して平成七年一〇月から平成一五年一一月にかけて一七回にわたり貸付を行い、その間、借主は弁済を繰り返していたが、貸金業者は振込による弁済を受領した後に借主に対して受取証書を交付することを怠っていた。最判平成一一年一月二一日民集五三巻一号九八頁において、振込金を受領した貸金業者は受領後直ちに受取証書を借主に交付しなければ改正前貸金業法四三条一項の要件を満たさない旨が判示されていたが、同判決は「特段の事情」がある場合に例外を認める余地を残しており、貸金業者が振込での弁済を受領した当時、受取証書の交付がなくても他の方法で元利の内訳を借主に了知させればみなし弁済が成立すると主張する見解が一部で唱えられていた。そこで、貸金業者は各回の返済期日や返済金額ならびに元利の内訳などを記載した償還表を事前に交付すれば振込金受領後の受取証書の交付が不要になると考え、受取証書を交付しなかった。借主からの過払金返還請求に対して、貸金業者は、改正前貸金業法四三条一項の要件を満たしていないことの認識がなかったので悪意の受益者ではないと主張した。

一審（東京地判平成一七年五月六日金判一二七二号三五頁）ならびに控訴審（東京高判平成一七年一〇月二七日金判一二七二号三四頁）は、いずれも改正前貸金業法四三条一項の要件を満たしていないとしたが、貸金業者が受取証書の交付を不要とする一部の見解を信じていたのであれば悪意の受益者とはいえないとし、民法七〇四条の適用を否定した。

⑵　判　旨

最判平成一九年七月一三日判時一九八四号三一頁（以後、「最高裁平成一九年七月第二判決」と記す）は原判決を破棄し事件を高裁に差し戻した。判決理由において、第一判決の判旨と同内容の一般論を述べ、貸金業者を悪意の受益者と推定したうえで、以下のように判示した。「少なくとも平成一一年判決以後において、貸金業者が、事前に債務者に上記償還表を交付していれば一八条書面を交付しなくても貸金業法四三条一項の適用があるとの認識を有するに至ったことについてやむを得ないといえる特段の事情があるというためには、平成一一年判決以後、上記認識に一致する解釈を示す裁判例が相当数あったとか、上記認識に一致する解釈を示す学説が有力であったというような合理的な根拠があって上記認識を有するに至ったことが必要であり、上記認識に一致する見解があったというだけで上記特段の事情があると解することはできない」。

5　最高裁平成一九年七月一七日判決Ⅲ（平成一九年七月第三判決）

第三小法廷による最判平成一九年七月一七日判時一九八四号三三頁（以後、「最高裁平成一九年七月第三判決」と記す）は、貸金業者が改正前貸金業法四三条一項の要件を具備する事実について何ら主張立証をしなかった「書面不交付事案」において、第一判決の判旨と同内容の一般論を述べたうえで、悪意の受益者の推定を覆す特段の事情はないと判示した。

6　「悪意の推定」構成

最高裁が平成一九年七月一三日と一七日に下した三つの判決の内容をまとめると、以下に掲げる四つのルールを導き出すことができる。

第一ルール。貸金業者を民法七〇四条の「悪意の受益者」と認定するためには、貸金業者が、㈠借主から受領した利息が制限超過利息であること、ならびに、㈡判例により制限超過利息が元本に充当され元本完済後は過払金返還義務が生ずることを認識するとともに、㈢改正前貸金業法四三条一項の要件を具備していないことについても認識していることが必要である。

第二ルール。改正前貸金業法四三条一項の要件を満たさず、借主が貸金業者に対して過払金返還請求権を取得した場合、貸金業者は民法七〇四条における悪意の受益者と推定される。例外として、貸金業者が改正前貸金業法四三条一項の要件を満たしていると認識し、かつ、そのような認識に至ることがやむを得ないといえる特段の事情がある場合には、悪意の推定が覆される（第一判決の判旨。第二判決と第三判決も踏襲）。

第三ルール。貸金業者が改正前貸金業法四三条一項の要件を満たす事実について何らの主張立証もしていない場合（書面不交付事案）、悪意の推定は覆されない（第三判決）。

第四ルール。振込金受領後に直ちに受取証書を交付しなければ改正前貸金業法四三条一項の要件を満たさないとした最高裁平成一一年判決があるにもかかわらず、事前に償還表を交付すれば事後の受取証書の交付を省略できるとする一部の見解を貸金業者が信じて受取証書の交付を不要であると認識していたとしても、悪意の推定を覆す特段の事情があったというためには、平成一一年判決以後、上記認識に一致する解釈を示す裁判例が相当数あったとか、上記認識に一致する解釈を示す学説が有力であったというような合理的な根拠が必要である。単に上記認識に一致する見解が一部で唱えられていたというだけでは特段の事情があったとはいえない（第二判決）。

7　「悪意の推定」構成に対する評価と問題点

最高裁が採用した「悪意の推定」構成は、原則として貸金業者を悪意の受益者と推定することにより借主の保護を図るとともに、特段の事情がある場合に推定を覆す余地を認めることで貸金業者側の利益にも配慮しており、概ね好意的な評価を得ている[20]。「悪意の推定」構成は、その後も多くの下級審裁判例において踏襲されており[21]、現在では確立した判例法理としての地位を築いている。

その一方で、最高裁が採用した「悪意の推定」構成にはいくつかの疑問点がある。

最高裁は貸金業者を悪意の受益者と推定する一方で、みなし弁済が成立していると誤認したことについてやむを得ないといえる特段の事情があれば悪意の推定が覆されるとしているが、誤認をしたことについて「やむを得ないといえる特段の事情」が必要であるということは、貸金業者が善意であっても過失があれば（やむを得ない事情がなければ）、悪意の推定が覆らず、悪意の受益者と認定されて民法七〇四条が適用されることを意味する。これは、「悪意の推定」という名の下に、実際には、受益者の過失を推定しているのではないか。受益者の過失を推定していることは、前述の第四ルールを見れば明らかである。同ルールによると、改正前貸金業法四三条一項の解釈について判例とは異なる見解を貸金業者が信じて同項の要件を具備したと誤認しても、その見解が相当数の裁判例や学説によって支持されていなければ、誤認について合理的な根拠があるとはいえず、悪意の推定を覆す特段の事情は認められない。これは、自分が信じている見解が裁判実務や学説において相当な支持を得ているか否か調査することを貸金業者に義務付けるものであり、適切な調査を怠った貸金業者の過失を推定しているといえる。

もっとも、受益者が善意有過失の場合にも民法七〇四条を適用すべきとする見解[22]、あるいは、善意重過失の場合に民法七〇四条を適用すべきとする見解[23]が、以前から有力に主張されているので、最高裁がこうした有力説に依拠したうえで受益者の善意有過失あるいは善意重過失を推定したと解するのであれば、問題はないといえる[24]。受益者である貸金業者に過失がある場合でも民法七〇四条を適用する旨を明示したうえ、貸金業者の善意有過失を推定するという構成の方がよかったのではないか。

また、より根本的な問題点として、利息制限法一条に違反し、かつ、改正前貸金業法四三条一項の要件さえも具備していない貸金業者を、改正前貸金業法四三条一項の要件を具備したと誤認したことについてやむを得ないといえる特段の事情があるというだけで、善意の受益者として扱ってよいのかという点に疑問が残る[25]。改正前貸金業法四三条一項の要件についてやむを得ない誤認があったとしても、貸金業者が強行規定である利息制限法一条違反について悪意であることに何ら変わりはない。それにもかかわらず、貸金業者を善意の受益者と認定することを許してよいのであろうか[26]。

8　私　見

私見としては、貸金業者を悪意の受益者と推定して民法七〇四条を適用するという最高裁平成一九年七月判決が採用した「悪意の推定」構成の大枠には異論はないが、悪意の対象として、改正前貸金業法四三条一項の要件を満たさないことについての貸金業者の認識を要求することには賛同できない。

改正前貸金業法四三条一項の要件を満たした場合、貸金業者は制限超過利息を利息として受領することが許されるが、それは、制限超過利息の元本充当と元本完済後の過払金返還請求権を認める判例法理の適用が排除されるからであって、利息制限法一条に違反した制限超過利息の無効が治癒されるわけではない。換言すれば、改正前貸金業法四三条一項の要件を満たしてみなし弁済が成立することにより、民法四八九条以下の法定充当規定ならびに民法七〇三条以下の不当利得規定の適用が排除されるが、制限超過利息を無効とする利息制限法一条の適用は何ら排除されない。不当利得規定に問題を絞ると、改正前貸金業法四三条一項の要件を具備した場合は民法七〇三条以下の規定の適用が排除され、逆に、改正前貸金業法四三条一項の要件を具備しなかった場合は民法七〇三条以下の規定が適用されるという関係にある。したがって、改正前貸金業法四三条一項は、民法七〇三条以下の規定が適用されるか否かを決定するのみであり、みなし弁済が成立することなく民法七〇三条以下の規定が適用される場合における不当利得返還義務の範囲や内容は、あくまでも民法七〇三条以下を適用することによって決定される。貸金業者が民法七〇四条の悪意の受益者に該当するか否かについても、改正前貸金業法四三条一項とは無関係に決定されることになる。

このように考えると、過払金返還請求事案において受益者である貸金業者が悪意であるというためには、(ア)利息制限法一条違反の制限超過利息を受領したこと、ならびに、(イ)制限超過利息が元本に充当され元本完済により過払金返還請求権が発生することについて貸金業者が認識していれば足り、その一方で、(ウ)改正前貸金業法四三条一項のみなし弁済の要件を満たしていないことの認識は、民法七〇四条における受益者の悪意の認定にとって不要となる。つまり、貸金業者が(ア)と(イ)について悪意であれば民法七〇四条が適用されることになる。そのうえで、(ア)と(イ)について貸金業者が悪意であることを推定すべきであるが、この推定を覆すことはほとんど不可能であろう。

改正前貸金業法四三条一項は、悪意の受益者に対する不当利得返還請求権の成立が阻止されるか否かの局面で機能するにすぎない。同項の要件を満たしている場合には、悪意の受得者に対する不当利得返還請求権の成立が阻却され、同項の要件を満たしていない場合には、悪意の受益者に対する不当利得返還請求権がそのまま認められることになる。

以上のように、貸金業者がみなし弁済の要件を満たしていないことを認識していなかった（要件を満たしていると誤認した）としても、受益者が悪意か否かの判断には何らの影響も及ぼさないと解すべきである。

9　ドイツ民法から得られる示唆

民法七〇三条と七〇四条が、受益者の善意悪意のみを基準にして受益者の返還義務の範囲に格差を設けている限り、受益者の悪意を如何にして認定するかという問題を避けて通ることはできない。しかしながら、貸金業者は、利息制限法一条という強行規定に違反しているのであるから、改正前貸金業法四三条一項の要件を満たさない場合には、善意悪意を問うことなく、厳格な責任を課せられて然るべきである。受益者の善意悪意のみを基準に責任の軽重を決定する現行の民法七〇三条と七〇四条の構造に問題の根源がある。

そこで、立法論として、わが国の現行民法七〇四条を、前述したドイツ民法（ＢＧＢ）八一九条のような規定に改正することが求められる。ＢＧＢ八一九条は、受益者が悪意の場合の他に、給付の受領が法律違反や良俗違反に該当する場合でも、受益者に利息支払義務や損害賠償義務を課している。このような構造の条文であれば、貸金業者の悪意を問題とすることなく、利息制限法一条に違反すること、ならびに、改正前貸金業法四三条一項の要件を満たしていないことを以て、貸金業者に利息支払義務や損害賠償義務を課すことができると思われる。

(10)　加藤雅信『財産法の体系と不当利得法の構造』六九―七六頁（有斐閣、一九八六年）。田中整爾「民法七〇三条」谷口知平=甲斐道太郎編『新版注釈民法⒅』四七二―四七九頁（有斐閣、一九九一年）。川角由和『不当利得とは何か』四六二―四六五頁（日本評論社、二〇〇四年）。

(11)　評釈、富越和厚「判解」最判解民事篇平成三年度四四三頁。本田純一「判批」平成三年度重判七七頁。磯村保「判批」リマークス五号七〇頁。土田哲也「判批」判評四〇一号一九〇頁。平田健治「判批」民商一〇六巻六号八四五頁。池田清治「判批」法協一一二巻一〇号一四三八頁。

(12)　東京地判平成一一年一〇月二八日判タ一〇七九号二九七頁。大阪高判平成一四年二月二七日裁判所ホームページ。福岡高判平成一四年一一月二八日裁判所ホームページ。福岡高判平成一六年一一月一二日判タ一一八七号二三一頁。

(13)　東京地判平成二年五月一四日判時一三八八号六四頁。福岡地裁小倉支判平成一〇年二月二六日判時一六五七号一〇二頁。名古屋地判平成一一年一一月一八日金判一一三三号一九頁。東京高判平成一二年九月二七日金法一六〇四号二九頁（原審は東京地判平成一二年六月三〇日金法一六〇四号三〇頁）。東京高判平成一四年六月二七日判時一七九〇号一一五頁。広島地判平成一四年一二月二五日判タ一一五二号二二一頁。福岡高裁那覇支判平成一五年五月二二日金判一一八八号四〇頁（原審は那覇地判平成一五年一月一六日金判一一八八号四八頁）。大阪地判平成一五年九月三〇日判タ一一四六号二八三頁。大阪地判平成一六年三月五日金判一一九〇号四八頁。東京地判平成一七年二月二五日金法一七六一号四四頁。甲府地判平成一八年六月三〇日判タ一二四六号二〇七頁。

(14)　最判昭和三七年六月一九日集民六一号二五一頁。福地俊雄「民法七〇四条」谷口知平=甲斐道太郎編『新版注釈民法⒅』六三七―六四〇頁（有斐閣、一九九一年）。

(15)　(ウ)についての認識を問題とすることなく(ア)と(イ)の認識のみで貸金業者を悪意の受益者と認定した裁判例も少

なくない。名古屋地判平成一三年九月二八日金判一一三三号五〇頁。東京地判平成一三年一二月三日裁判所ホームページ。佐賀地判平成一四年一月二四日裁判所ホームページ。岐阜地判平成一七年一二月二二日裁判所ホームページ。さいたま地判平成一七年一二月二六日裁判所ホームページ。福岡高判平成一八年六月二九日判タ一二三七号二七一頁（原審は大分地判平成一七年九月一五日判タ一二三七号二七二頁）。福岡高判平成一八年六月二九日判時一九八三号八二頁。長崎地裁島原支判平成一八年七月二一日判タ一二二〇号二一一頁。福岡地判平成一八年一〇月二六日判タ一二五八号二四〇頁。本庄簡判平成一九年六月一四日判タ一二五四号一九九頁。最高裁平成一九年七月判決以降の裁判例として、神戸地判平成一九年一一月一三日判時一九九一号一一九頁。神戸地判平成二〇年二月一三日判時二〇〇二号一二三頁。

(16)　東京地判平成一六年七月二六日金判一二三一号四二頁。津地判平成一八年八月一七日裁判所ホームページ。福岡高判平成一八年一二月二〇日判タ一二五五号二六四頁（原審は大分地判平成一八年六月二三日判タ一二五五号二六七頁）。松江地判平成一九年一月二五日金法一八三七号六一頁。札幌高判平成一九年四月二六日裁判所ホームページ。最高裁平成一九年七月判決以降の裁判例として、福岡高判平成一九年九月二七日判タ一二五八号二三七頁。

(17)　東京地判平成一一年一〇月二八日判タ一〇七九号二九七頁。東京地判平成一六年八月五日民集六一巻五号一九八八頁。東京地判平成一七年五月六日金判一二七二号三五頁。東京高判平成一七年七月二七日民集六一巻五号二〇〇四頁。東京高判平成一七年一〇月二七日金判一二七二号二四頁。

(18)　札幌高判平成一四年一一月二〇日判時一八一五号一〇五頁。東京地判平成一四年一二月二六日判時一八二四号六五頁。東京地判平成一五年一一月一九日裁判所ホームページ。神戸地裁姫路支判平成一六年一月一五日判タ一一五九号二八五頁。東京高判平成一六年三月一六日判時一八四九号四四頁。東京高判平成一六年九月二八日金判一二三一号三四頁。大分地判平成一七年九月一五日判タ一二三七号二七二頁。大阪高判平成一八年八月三一日裁判所ホームページ。大分地判平成一九年六月二一日判タ一二六九号二五二頁。最高裁平成一九年七月判決以降の裁判例として、大阪高判平成二〇年一月二九日判時二〇〇五号一九頁（原審は大阪地判平成一九年四月二五日金判一二八五号三八頁）。

(19) 東京高判平成一四年三月二六日判時一七八〇号九八頁（原審は東京地裁八王子支判平成一三年七月二四日金判一一四八号二九頁）。東京地判平成一五年一〇月三〇日裁判所ホームページ。名古屋高裁金沢支判平成一六年一〇月二〇日判タ一二〇〇号二四〇頁。東京地判平成一七年六月一四日裁判所ホームページ。札幌高判平成一七年六月二九日判タ一二二六号三三三頁。鹿児島地裁名瀬支判平成一八年二月二八日裁判所ホームページ。岐阜地裁多治見支判平成一九年六月二八日裁判所ホームページ。

(20) 和久田道雄「判解」ジュリスト一三五五号一〇八―一〇九頁。平田健治「判批」平成一九年度重判八八頁。笠井修「判批」金判一二九七号一六―一九頁。川角由和「判批」判評五九三号一八二―一八四頁。二村浩一「判批」金法一八四四号六五―六六頁。

(21) 水戸地裁日立支判平成二〇年一月二五日判時二〇〇八号一一四頁。山形地裁酒田支判平成二〇年二月一四日判時一九九八号一〇一頁。名古屋高判平成二〇年二月二七日金法一八五四号五一頁（原審は岐阜地裁御嵩支判平成一九年一〇月二六日金法一八五四号五七頁）。大阪高判平成二〇年四月九日金判一三〇〇号五六頁（原審は大阪地判平成一九年一〇月三〇日金判一三〇〇号六八頁）。

(22) 松坂佐一『事務管理・不当利得（新版）』二二〇頁（有斐閣、一九七三年）。四宮和夫『事務管理・不当利得』八〇、九三頁（青林書院、一九八一年）。松岡久和「民法七〇三条・七〇四条」篠塚昭次=前田達明編『新判例コンメンタール民法8』二九〇頁（三省堂、一九九二年）。

(23) 福地・前掲注(14)六四一頁。藤原正則『不当利得法』一五五―一五六頁（信山社、二〇〇二年）。茆原正道=茆原洋子『利息制限法潜脱克服の実務』四九四頁（勁草書房、二〇〇八年）。名古屋簡判平成一五年一〇月二〇日裁判所ホームページは善意重過失を悪意と同視したうえで民法七〇四条の適用を認めている。

(24) 平田・前掲注(20)八八頁。笠井・前掲注(20)一八頁。二村・前掲注(20)六五―六六頁。

(25) 同様の指摘として、笠井・前掲注(20)一八―一九頁。

(26) 茆原（正）=茆原（洋）・前掲注(23)四九二―四九八頁は以下のように説く。法律上の原因の欠如についての認識は、法的判断や法的評価の認識ではなく、その基になっている事実の認識で足りるので、いわゆる違法性の意識は不要である。また、過払金返還請求訴訟において受益者の善意悪意は請求原因事実についての認識の有無で判断すべきであるが、改正前貸金業法四三条一項のみなし弁済は請求原因事実ではなく抗弁事実に該当するので、同項の要件を満たしていると貸金業者が誤認をしても悪意であることは否定されない。したがって、貸金業者を悪意の受益者と認定すべきである。

六　民法七〇四条における利息の法的性質

1　利息の法的性質

民法七〇四条は悪意の受益者に利息の支払義務を課しているが、同条で定められている「利息」の法的性質については判例学説ともに不明確なままである。しかしながら、本来、利息の法的性質を解明することは利率の決定にとって不可欠なはずであり、利率に関する議論の混乱は、利息の法的性質の解明を怠ったことがその一因であると考えられる。そこで、本章では、利率を決定するための前提として、民法七〇四条で定められた利息の法的性質の解明を試みる。以下では、「訴状送達日の翌日から支払済みまでの利息」と「訴状送達日までの利息」を分けて考察することにしたい。

2　訴状送達日の翌日からの利息

従来の裁判例を見ると、訴状送達日の翌日から支払済みまでの利息は受益者の善意悪意を問わず支払が義務付けられるものであり、その法的性質は遅延利息（遅延損害金、民法四一九条）である。(27) 法定債権である不当利得返還請求権は期限の定めのない債権であり、債権者である損失者が請求した時から受益者は遅滞に陥るので（民法四一二条三項）[28]、訴訟が提起された場合は訴状送達日の翌日から遅延利息が生ずることになる。[29]

3　訴状送達日以前の利息

悪意の受益者は訴状送達日以前の利息についても支払義務を負うが（民法七〇四条）、その法的性質をめぐって裁判実務は統一されておらず、単に「利息」と記しただけの裁判例[30]、「法定利息」と解する裁判例[31]、「遅延利息」とした裁判例に分かれている。[32]

このような混乱が生じたのは、従来から、民法七〇四条における利息の法的性質の問題と、不当利得返還義務が何時から履行遅滞に陥るかという問題が相互に関連付けられていなかったことに原因があると思われる。[33]

判例によると、民法七〇四条の不当利得返還義務について、受益者が当初から悪意の場合には、利得時から履行遅滞に陥るとされている。[34]したがって、民法七〇四条の利息を「遅延利息」と解すれば、同条は悪意の受益者に利得時から遅延利息の支払義務を課した規定となり、何ら問題は生じない。

これに対し、民法七〇四条の利息を「遅延利息」以外のものと解すると、民法七〇四条の利息に対しても遅延利息が付されることになるのか、あるいは、民法七〇四条の利息と遅延利息が二重に課されることになるのか等、民法七〇四条の利息と遅延利息の関係をめぐり複雑な問題が発生することになる。

ところが、民法七〇四条の利息を「法定利息」あるいは「利息」と解した裁判例を見ても、民法七〇四条の利息と遅延利息を二重に課した裁判例や、民法七〇四条の利息に対して遅延利息を付した裁判例は存在しない。[35]

おそらく、民法七〇四条の利息を「法定利息」や「利息」と記した裁判例は、民法七〇四条における利息の法的性質の問題と不当利得返還義務の履行遅滞の問題を関連付けて考慮することを失念していたにすぎず、民法七

○四条の利息を遅延利息とは異なる別個のものと捉える意図はなかったものと思われる。

4 私見

民法七〇四条に定められた利息の法的性質の問題と不当利得返還義務の履行遅滞の問題を統一的に処理するために、民法七〇四条の利息を遅延利息と解すべきである。金銭債務の履行遅滞については民法四一九条に規定があるので、民法七〇四条が定める利息は民法四一九条が定める遅延利息を指すことになる。

受益者が善意の場合には民法四一二条三項により損失者の請求時（訴状送達日）から受益者は履行遅滞に陥るが、民法七〇四条は受益者が悪意の事案において民法四一二条三項の特則として受益者が悪意になった時点から（当初から悪意であった場合には利得時から）不当利得返還義務が履行遅滞に陥ることを定めた規定となる。

民法七〇四条を私見のように解すると、同条は受益者の履行遅滞責任を定めた規定となるが(36)、このような私見に対しては次のような批判が想定される。

まず、通説は民法七〇四条を不法行為の性質を有する規定と解しているので(37)、民法七〇四条を民法四一九条と関連付ける私見に対して通説との整合性が問われるであろう。たしかに、民法七〇四条が定める加重責任のうち「損害賠償責任」のみに着目するのであれば、単なる不当利得返還義務を超えた損害賠償責任を悪意の受益者に課す規定として同条を不法行為規定と解することには説得力がある。しかしながら、民法七〇四条は加重責任として「損害賠償義務」とともに「利息支払義務」も悪意の受益者に課しており、民法七〇四条を不法行為規定と解するだけでは、利息支払義務の意味を適切に説明することができないと思われる。この点、私見では、民法七〇四条の利息を遅延利息と解するので、利息支払義務の法的性質が不明確になることを回避できる。

また、民法七〇四条を民法四一九条と関連付ける私見に対しては、民法四一九条が遅延利息を超える実損害の賠償責任を法定していないことから、民法七〇四条が損害賠償責任を明文で定めていることをどのように説明するのかという批判も想定される。たしかに、条文の文言を見る限り、民法四一九条は遅延利息を超える実損害の賠償責任について定めておらず、従来からの判例通説は民法四一九条の解釈として遅延利息を超えた実損害の賠償に否定的である。

しかしながら、民法四一九条は金銭債務の履行遅滞において遅延利息を超えた実損害の賠償を明文で否定しているわけではなく、また、前述のドイツ民法二八八条のように金銭債務の履行遅滞において債務者に遅延利息を超えた実損害の賠償責任を明文で認めている立法例もあり、賠償の範囲を遅延利息に限定することは普遍的な法理ではない。さらに、わが国においても、民法四一九条は通常損害に関する規定にすぎず遅延利息を超える実損害については民法四一六条二項の特別損害として賠償請求が可能であるとする見解[38]、民法四一九条は無過失責任として遅延利息の支払を義務付けているだけであり債務者に帰責事由があれば民法四一五条により実損害の賠償請求ができるとする見解[39]、債務者に故意がある場合には実損害の賠償を認めるべきとする見解など[40]が、有力に主張されている[41]。民法七〇四条は悪意の受益者の責任を定める規定であり、帰責事由のある悪意の受益者に遅延利息を超えた実損害の賠償責任を課すことは、民法四一九条における近時の有力説と矛盾しない。民法四一九条の解釈として遅延利息を超えた実損害の賠償責任を課すことが可能であると解すれば、不当利得返還義務の履行遅滞責任を定めた規定として民法七〇四条を捉えることに何らの障害もなくなると思われる。

(27)　東京高判平成一四年三月二六日判時一七八〇号九八頁。東京高判平成一四年六月二七日判時一七九〇号一一五頁。福岡高裁那覇支判平成一五年五月二二日金判一一八八号四〇頁。福岡高判平成一六年一一月一二日判タ一一八七号二三一頁。福岡高判平成一八年六月二九日判タ一二三七号二七一頁。尾島茂樹「制限超過利息返還請求権に関する一考察」クレジット研究三六号一九二―一九三頁（尾島①）。同「過払金返還請求と法定利率」クレジット研究四〇号二八四頁（尾島②）。

（28）　大判昭和二年一二月二六日新聞二八〇六号一五頁。四宮・前掲注（22）九六頁。藤原・前掲注（23）一六〇頁。松岡・前掲注（22）二八八頁。

（29）　福岡高判平成一四年一一月二八日裁判所ホームページ。福岡高判平成一六年一一月一二日判タ一一八七号二三一頁。大分地判平成一七年九月一五日判タ一二三七号二七二頁。奥田昌道＝潮見佳男「民法四一二条」奥田編『新版注釈民法⑽Ⅰ』四六六頁（有斐閣、二〇〇三年）。

（30）　裁判例が多いので高裁判決のみを挙げる。東京高判平成一六年三月一六日判時一八四九号四四頁。名古屋高裁金沢支判平成一六年一〇月二〇日判タ一二〇〇号二四〇頁。札幌高判平成一七年六月二九日判タ一二二六号三三三頁。東京高判平成一七年七月二一日金法一七六一号四二頁（原審は東京地判平成一七年二月二五日金法一七六一号四四頁）。福岡高判平成一八年六月二九日判時一九八三号八二頁。福岡高判平成一八年一二月二〇日判タ一二五五号二六四頁（原審は大分地判平成一八年六月二三日判タ一二五五号二六七頁）。広島高裁松江支判平成一九年九月五日金法一八三七号五八頁（原審は松江地判平成一九年一月二五日金法一八三七号六一頁）。名古屋高判平成二〇年二月二七日金法一八五四号五一頁。

（31）　東京高判平成一六年九月二八日金判一二三一号三四頁。福岡高判平成一八年六月二九日判タ一二三七号二七一頁（原審は大分地判平成一七年九月一五日判タ一二三七号二七二頁）。大阪高判平成一八年八月二九日月二八日裁判所ホームページ。

（LEX/DB28112486）。本庄簡判平成一九年六月一四日判タ一二五四号一九九頁。岐阜地裁多治見支判平成一九年六月二八日裁判所ホームページ。大阪高判平成二〇年一月二九日判時二〇〇五号一九頁。神戸地判平成二〇年二月一三日判時二〇〇二号一三二頁。大阪地判平成二〇年八月二七日判時二〇二一号八五頁。

（32）　鹿児島地裁名瀬支判平成一八年二月二八日裁判所ホームページ。長崎地裁島原支判平成一八年七月二一日判タ一二二〇号二一一頁。大阪地判平成一九年四月二五日金判一二八五号三八頁。札幌高判平成一九年四月二六日裁判所ホームページ。福岡高判平成一九年九月二七日判タ一二五八号二三七頁。岐阜地裁御嵩支判平成一九年一〇月二六日金法一八五四号五七頁。水戸地裁日立支判平成二〇年一月二五日判時二〇〇八号一一四頁。山形地裁酒田支判平成二〇年二月一四日判時一九九八号一〇一頁。
(33) 同様の指摘として、尾島茂樹「金銭の不当利得と返還義務の範囲」名大法政論集二二七号六二九―六三〇頁（尾島③）。
(34) 大判昭和二年一二月二六日新聞二八〇六号一五頁。四宮・前掲注(22) 九六頁。松岡・前掲注(22) 二八八頁。
(35) 尾島③・前掲注(33) 六二三―六二八頁。民法七〇四条の利息に対して遅延利息を付すべきとの借主の主張を認めなかった裁判例として、大分地判平成一八年六月二三日判タ一二五五号二六七頁。大分地判平成一九年六月二一日判タ一二六九号二五二頁。
(36) 同旨、松岡・前掲注(22) 二八八、二九二頁。
(37) 四宮・前掲注(22) 九三頁。加藤・前掲注(10) 三八四―三九〇頁。藤原・前掲注(23) 一六〇頁。
(38) 奥田昌道『債権総論〔増補版〕』四八―五〇頁（悠々社、一九九二年）。
(39) 能見善久「民法四一九条」奥田昌道編『注釈民法⑽』六六四―六六五頁（有斐閣、一九八七年）。
(40) 平井宜雄『債権総論〔第二版〕』二一〇―二一一頁（弘文堂、一九九四年）。加藤雅信『新民法大系Ⅲ債権総論』一六七頁（有斐閣、二〇〇五年）。
(41) 民法四一九条に関する判例学説の総合的な分析として、窪田充見「金銭債務の不履行と損害賠償」奥田昌道先生還暦記念『民事法理論の諸問題下巻』三二七頁以下（成文堂、一九九五年）。

七　不当利得返還請求権における利息の法定利率

1　法定利率を決定する判断要素

前述のように、悪意の受益者は悪意となった時点から（民法七〇四条）、また、善意の受益者は訴状送達日の翌日から、遅延利息を支払う義務を負う。そこで次に問題となるのが、年五分の民事法定利率（民法四〇四条）と年六分の商事法定利率（商法五一四条）のいずれが利息に適用されるのかという点である。この問題を考えるにあたり、①商法五一四条の適用範囲、②商事債権の消滅時効を定めた商法五二二条と商法五一四条の関係、ならびに、③善意の受益者に年六分の利息相当額の支払義務を課した後述の最高裁昭和三八年判決が法定利率の決定に与える影響について考察することが必要となる。

2 商法五一四条の適用範囲

商法五一四条は商事債権のための特則として年六分の法定利率を定めている。商取引では資金の需要が高く、また、金銭の運用により高収益が望めることから、商取引の営利性を考慮して民事債権よりも高い法定利率が設定されている。(42) 商法五一四条は「商行為によって生じた債務」を適用対象としているが、判例によると、商行為である契約の法定解除により生じた原状回復請求権（大判大正五年七月一八日民録二二輯一五五三頁。大判昭和五年五月八日民集九巻四四六頁）や損害賠償請求権（大判昭和五年一〇月二五日新聞三二〇四号一一頁）、債務不履行に基づく損害賠償請求権（大判昭和八年一〇月二〇日法学三巻五五五頁。最判昭和四七年五月二五日判時六七一号八三頁）(43)、商行為である契約の合意解除により生じた原状回復請求権（最判昭和三〇年九月八日民集九巻一〇号一二二二頁）(44)などにも商法五一四条の適用が認められている。

その一方で、自動車損害賠償保障法一六条一項に基づいて発生する被害者の保険会社に対する直接請求権については、その法的性質が被害者の保険会社に対する損害賠償請求権であり、保有者の保険金請求権が変形したものではないという理由で、商法五一四条の適用が否定されている（最判昭和五七年一月一九日民集三六巻一号一頁）(45)。

なお、過払金返還請求権に商法五一四条が適用されるかについては、後述する最高裁平成一九年二月判決が登場するまで最上級審での判例は存在しなかった。

3　商法五二二条との関係

(1)　商法五二二条

債権の消滅時効期間は民法一六七条一項により原則として一〇年とされているが、商法五二二条は、「商行為によって生じた債権」について消滅時効期間を五年に短縮している。商取引における法律関係を迅速に結了させることを目的とした規定である。(46)

商法五二二条に関する判例を見ると、(47)戦前の判例は、商行為である契約から生じた債務の不履行に基づく損害賠償請求権（大判明治四一年一月二一日民録一四輯一三頁）、あるいは、債務不履行に基づく解除権（大判大正六年一一月一四日民録二三輯一九六五頁）について商法五二二条の適用を認める一方で、不当利得返還請求権については商法五二二条の適用を否定していた。商法五二二条が適用される債権は法律行為によって生ずる債権に限定すべきであるが、不当利得返還請求権は法律行為によって生ずる債権ではない、という理由が示されていた（大判昭和一〇年一〇月二九日新聞三九〇九号一一頁）。

ところが、戦後になると、最高裁は、商行為である契約の解除により発生した原状回復請求権、ならびに、原状回復が不能となった場合の損害賠償請求権について、商事契約関係を早期に処理すべきという要請は契約解除後の清算関係の処理においても同様に当てはまるという理由で商法五二二条の適用を認めた（最判昭和三五年一一月一日民集一四巻一三号二七八一頁）。(48)

(2)　最高裁昭和五五年判決

過払金返還請求権に商法五二二条が適用されるかについて最高裁がはじめて判断を示したのが最判昭和五五年一月二四日民集三四巻一号六一頁（以後、「最高裁昭和五五年判決」と記す）であるが、同判決は以下の理由により商法五二二条の適用を否定し、過払金返還請求権の消滅時効期間を一〇年とした。

「商法五二二条の適用又は類推適用されるべき債権は商行為に属する法律行為から生じたもの又はこれに準ずるものでなければならないところ、利息制限法所定の制限をこえて支払われた利息・損害金についての不当利得返還請求権は、法律の規定によって発生する債権であり、しかも、商事取引関係の迅速な解決のため短期消滅時効を定めた立法趣旨からみて、商行為によって生じた債権に準ずるものと解することもできないから、その消滅時効の期間は民事上の一般債権として民法一六七条一項により一〇年と解するのが相当である」。これに対して、中村、団藤両裁判官の反対意見は、商事契約の解除に基づく原状回復請求権に商法五二二条を適用した前述の最判昭和三五年一一月一日民集一四巻一三号二七八一頁を引用したうえで、商事契約に基づく法律関係を迅速に処理することが要請されているのと同様に、商事契約に基づき債務を履行した後に履行済みの給付について原状回復をする清算関係においても迅速な処理が求められており、給付について法律上の原因が欠如した理由が契約解除か無効かによって区別すべきではなく、利息制限法で無効とされた制限超過利息を元本に充当することにより発生した過払金返還請求権についても、商事債権に準ずるものとして、商法五二二条を適用すべきとした。

⑶　最高裁昭和五五年判決に対する評価

最高裁昭和五五年判決の多数意見は、商行為によって生じた債権のみならずそれに準ずる債権にも商法五二二条が適用されるとして、同条の適用範囲を広く捉える一般論を提示したうえで、過払金返還請求権が利息制限法違反によって生ずる法定債権であること、ならびに、商法五二二条の立法趣旨である法律関係の迅速な処理が過払金返還においては不要であることを理由に、商法五二二条の適用を否定している。多数意見はあくまでも過払金返還請求権を対象としたものであり、不当利得返還請求権全般について商法五二二条の適用を否定する趣旨ではない[49]。これに対して、反対意見は、原状回復請求権に商法五二二条の適用を認めた最高裁昭和三五年判決を引用していることから、表見的法律関係が商行為である不当利得返還請求権について商法五二二条を幅広く適用することを主張するものといえる。

多数意見と反対意見が三対二と僅差であったことからも明らかなように、この問題については従来から見解が対立しており[50]、最高裁昭和五五年判決に対する評価も分かれている[51]。

(4) 商法五一四条の解釈に及ぼす影響

最高裁昭和五五年判決は過払金返還請求権について商法五二二条の適用を否定したが[52]、商法五二二条と商法五一四条は商事債権についての特則という点で共通しているので、両条を統一的に解釈するのであれば、過払金返還請求権について商法五一四条の適用も否定されることになる[53]。

4 最高裁昭和三八年判決

(1) 最高裁昭和三八年判決の意義

不当利得返還請求権に適用される法定利率を決定するにあたり、最判昭和三八年一二月二四日民集一七巻一二号一七二〇頁（以後、「最高裁昭和三八年判決」と記す）の存在を無視することはできない。同判決は受益者が善意の場合でも年六分の利息相当額の支払義務を課した点で注目されている。

(2) 事 案

A社からの営業譲渡によりB社が設立されたが、その際、A社がY銀行に対して負っていた貸金債務をB社が引き受けた。B社は引き受けた貸金債務を弁済し、その後、破産宣告を受けた。破産管財人Xは、本件債務引受が会社設立後に会社に帰属する財産として定款に記載することを要する「財産引受」に該当し（旧商法一六八条一項六号）、本件債務引受は定款に記載されていなかったことから無効であるとして、Y銀行に対して弁済金の返還を求める通知を送付した。ところが、その通知には、「債務引受が目的の範囲外であるために無効である」と記述されており、「定款に記載がない故に債務引受が無効である」旨の正確な記述がなされていなかった。Y銀行が弁済金の返還に応じなかったためにXが訴えを提起したが、訴状においても「定款に記載がない故に債務引受が無効である」旨の正確な記述はなく、昭和二九年六月二一日の口頭弁論での陳述においてはじめて「定款に記載がない故に債務引受が無効である」ことが明らかとされた。

原審は、「Yが悪意となってからはYは右運用によって得た利益をも返還することを要するものというべく（民法一八九条一項参照）、Yが銀行業者であることは、上記認定のとおりであるから右弁済金を利用して少なくとも商事法定利率による利息相当の運用利益（臨時金利調整法所定の制限内の利益）を得ておることは容易に窺い得られ、民法四一九条が不可抗力の抗弁を許さない精神を顧みれば、やはりそのように見るのが相当であると考える」として、昭和二九年六月二一日から支払済みまで年六分の割合による利息相当の利益金の支払請求を認容した。

⑶　判　旨

最高裁は上告を棄却したが、不当利得の価格返還事案において返還義務の範囲は民法一八九条ではなく民法七〇三条以下によって決定すべきとしたうえで、以下の理由により、善意の受益者であるYに対して民法七〇三条における「現存利益」の解釈により利得時から商事法定利率と同率（商法五一四条の適用ではなく定期預金金利を参照している）である年六分の利息相当額の支払義務を課した。

「不当利得された財産について、受益者の行為が加わることによって得られた収益につき、その返還義務の有無ないしその範囲については争いのあるところであるが、この点については、社会観念上、受益者の行為の介入がなくても不当利得された財産から損失者が当然取得したであろうと考えられる範囲においては、損失者の損失があるものと解すべきであり、したがって、それが現存するかぎり同条にいう「利益ノ存スル限度」に含まれるものであって、その返還を要するものと解するのが相当である。本件の事実関係からすれば、少なくともXが主張する前記運用利益（年六分の利息相当額――筆者注）は、受益者たるYの行為の介入がなくてもB社において社会通念に照らし当然取得したであろうと推認するに難くないから、Yはかりに善意の不当利得者であってもこれが返還義務を免れないものといわなければならない」。

⑷　最高裁昭和三八年判決に対する評価と問題点

最高裁昭和三八年判決は、不当利得における価格返還の事案において返還義務の範囲を民法一八九条ではなく民法七〇三条以下によって決定すべきとした点、民法七〇三条における「現存利益」の解釈として善意の受益者に運用利益のうち「社会観念上、受益者の行為の介入がなくても不当利得された財産から損失者が当然取得したであろうと考えられる範囲」について支払義務を課した点、ならびに、支払義務の対象である運用利益の利率として商事法定利率相当の年六分を適用した点で重要な意義を有する[54]。

しかしながら、本件の具体的事情を詳細に分析すると、Yを悪意の受益者と認定したうえで民法七〇四条を適用することが十分に可能であったということに気付く[55]。Yは銀行であり、会社法関係の法律知識を十分に有していると考えられるので、Xから正確な内容の通知がなされていなくても、本件の債務引受が定款に記載されていないが故に無効になることについて認識していて然るべきであった。過払金返還請求事案において受益者である貸金業者の悪意を推定した前述の最高裁平成一九年七月判決の基準を当てはめれば、最高裁昭和三八年判決の事案においても、受益者であるY銀行の悪意が推定されたのではないか。原審や最高裁は、Yに対して悪意の受益者と同様の利息支払義務を課すべきとの結論に達したものの、当時は未だ受益者の悪意を推定する判例法理が形成されていなかったことから、受益者が善意の場合でも利息支払義務が生ずるという構成を採用したものと思われる。したがって、Yを悪意の受益者と認定したうえで民法七〇四条に基づき弁済金の受領時から年六分の利息支払義務を課した判例として本判決を位置付けることも可能であろう。

(5)　過払金返還請求事案に与える影響

善意の受益者に対して年六分の利息相当額の支払義務を課した最高裁昭和三八年判決は、過払金返還請求事案において一部の下級審裁判例に影響を与えている。

5　最高裁平成一九年二月判決以前の下級審裁判例

過払金返還請求事案において利息の法定利率について判示した下級審裁判例をみると、民事法定利率である年五分（民法四〇四条）を適用した裁判例と、商事法定利率である年六分（商法五一四条）を適用した裁判例に分かれる。(56)

年五分とした裁判例は以下の理由を挙げている。(57)

(a)　不当利得返還請求権は民法七〇三条以下に基づいて発生する法定債権であり、商行為から生じた債権やそれに準ずる債権に該当しないので商法五一四条は適用されない。

(b)　最高裁昭和五五年判決は過払金返還請求権に商法五二二条の適用を否定しており、商法五二二条と同様に商事債権の特則を定めた商法五一四条の適用も否定すべきである。

(c)　最高裁昭和三八年判決は、不当利得返還請求権を行使する損失者が商人である会社の事案において、年六分の利息相当額を民法七〇三条の現存利益と認定し、受益者が善意の場合でも年六分の利息相当額の支払義務を負うとした判決であり、商人ではない借主が不当利得返還請求権を行使する過払金返還請求事案は同判決の射程範囲外である。

(d)　不当利得制度は損失者が被った損害を回復する制度であり、民法七〇四条においても受益者の支払義務は損失者が被った損害が上限とされ、損失者の損害を超えた運用利益を受益者が得た場合には受益者はそれについて返還義務を負わないので、民法七〇四条に定められた利息の法定利率は受益者が得る運用利益を基準とするのではなく、損失者が被る損害を基準にして決定すべきである。

これに対して、年六分とした裁判例では以下の理由を挙げている(58)。

(ア)　判例は商行為である契約の解除によって発生した原状回復請求権について商法五一四条の適用を認めており、過払金返還請求権は利息制限法一条により無効とされた制限超過利息の元本充当によって発生する債権であるが、契約解除と無効はいずれも契約関係の解消をもたらすという点で共通しているので、過払金返還請求権についても商行為から生じた債権に準ずるものとして商法五一四条を適用すべきである。

(イ)　商法五一四条は、債権者が商人の場合において営利を目的とする債権者が高い利率の利息を債務者に要求することは当然であり、また、債務者が商人の場合には非商人よりも有利な運用が可能であることから高い利率の利息の支払を債権者が期待するのも当然であるという理由で、法定利率を年六分としているのであり、過払金返還請求事案において損失者である借主が非商人であっても、受益者である貸金業者が商人であれば商法五一四条の適用を認めるべきである。

(ウ)　商事債権に関する特則という点で商法五二二条と商法五一四条は共通しているが、前者は消滅時効期間についての特則、後者は法定利率についての特則であり、両者の適用範囲を統一的に扱う必然性はないので、最高裁昭和五五年判決が過払金返還請求権について商法五二二条の適用を否定したからといって、過払金返還請求権について商法五一四条の適用を否定するという結論を導き出す必要はない。

(エ)　受益者が善意の場合でも年六分の利息相当額の支払義務を課した最高裁昭和三八年判決の判例法理は、不当利得返還請求権を行使する借主が商人ではない過払金返還請求事案にも及ぶと解すべきである。

(オ) 不当利得制度は損失者と受益者間の公平を実現するための法制度であり、過払金を他の貸付に回して高利を得ている貸金業者が、過払金返還義務では民事法定利率の年五分の利息の支払をすれば免責されるというのでは、貸金業者と借主との間に著しい不公平が生ずるので、公平の理念から、過払金返還請求権に年六分の商事法定利率を適用すべきである。

6 最高裁平成一九年二月判決

以上のように、利息に適用される法定利率をめぐり下級審裁判例において対立が続いたが、それに終止符を打ったのが最判平成一九年二月一三日民集六一巻一号一八二頁である（以後、「最高裁平成一九年二月判決」と記す）。

過払金返還請求事案において、原審は以下の理由により年六分の商事法定利率を適用した。「本件の不当利得返還請求権は、貸金業者の商行為によって生じた債務と実質的に同一性を有すると認められ、実際にも、貸金業者は、過払金を営業のために使用し、収益を上げているのは明らかであるから、不当利得返還請求権についての法定利息（民法七〇四条）は、商事法定利率である年六分とするのが相当である」。

これに対して、上告審である最高裁平成一九年二月判決は、以下の理由により、原判決を破棄し、民法七〇四条に基づく過払金返還請求権における利息の利率を民事法定利率の年五分（民法四〇四条）とした。

「商行為である貸付に係る債務の弁済金のうち利息の制限額を超えて利息として支払われた部分を元本に充当することにより発生する過払金を不当利得として返還する場合において、悪意の受益者が付すべき民法七〇四条前段所定の利息の利率は、民法所定の年五分と解するのが相当である。なぜなら、商法五一四条の適用又は類推適用されるべき債権は、商行為によって生じたもの又はこれに準ずるものでなければならないところ、上記過払金についての不当利得返還請求権は、高利を制限して借主を保護する目的で設けられた利息制限法の規定によって発生する債権であって、営利性を考慮すべき債権ではないので、商行為によって生じたもの又はこれに準ずるものと解することはできないからである」。

7　最高裁平成一九年二月判決に対する評価と問題点

最高裁平成一九年二月判決は、過払金返還請求権について、利息制限法違反によって生ずる法定債権としての不当利得返還請求権であり、営利性がなく、商行為によって生じた債権やこれに準ずる債権に該当しないとして、民法七〇四条の利息の利率を民事法定利率の年五分とした。引用こそしていないが、本判決が過払金返還請求権について商法五二二条の適用を否定し消滅時効期間を一〇年とした最高裁昭和五五年判決を念頭に置いていることは明らかである(59)。本判決は商法五一四条と五二二条を統一的に扱うべきと主張する論者から支持されている(60)。その後の下級審裁判例は最高裁平成一九年二月判決を踏襲して法定利率を年五分とすることで統一されている(61)。その一方で、最高裁平成一九年二月判決に異論を唱え、商法五一四条と五二二条を統一的に扱う必要はないとして、過払金返還請求権について商法五一四条の商事法定利率である年六分を適用すべきとする見解も有力に主張されている(62)。

8　私　見

私見としては、過払金返還請求事案において民法七〇四条の利息に民事法定利率の年五分を適用した最高裁平成一九年二月判決には賛同できない。商事法定利率の年六分を適用すべきと解する。ただし、年六分説を支持する他の論者とは異なり、私見は、民法七〇四条が定める利息の法定利率を決定するに際して、金銭債務の履行遅滞責任に関する民法四一九条の解釈を絡ませる点に特徴がある。以下に年六分の商事法定利率を適用する理由を示す。

受益者が善意の場合、不当利得返還請求権は期限の定めのない債権として債権者の請求時から履行遅滞に陥るので（民法四一二条三項）、善意の受益者も訴状送達日の翌日から支払済みまでの遅延利息を支払う義務を負うが、受益者が悪意の場合には利得時から履行遅滞に陥りその時点から遅延利息が発生する（民法七〇四条）。民法七〇四条に定められた利息は遅延利息であり、民法四一九条が定める遅延利息と同じ意味である。したがって、過払金返還請求事案において民法四一九条の解釈として遅延利息に民事法定利率の年五分と商事法定利率の年六分のいずれを適用すべきかを決定することにより、民法七〇四条が定める利息の法定利率も決まることになる。

それでは、民法四一九条が定める遅延利息に対していずれの法定利率を適用すべきであろうか。遅延利息は、金銭債務の履行遅滞により債権者が被る典型的な損害の最小限度額を利息のかたちで定型化したものであるから、金銭債務の履行遅滞により債権者にどのような損害が典型的に発生するかを考えると、まず、適時に履行されていたならば債権者が弁済金を運用することにより得られたであろう「運用利益」の喪失が挙げられる。最高裁昭和三八年判決ならびに同判決の影響を受けた過払金返還請求事案の下級審裁判例では、損失者が被った「運用利益の喪失」という損害を塡補するために如何なる利率を適用すべきかが検討されている。

しかしながら、金銭債務の履行遅滞により典型的に生じうる損害は運用利益の喪失に限られるわけではない。金銭債務の履行遅滞により債権者が資金不足に陥った場合には、他から資金調達をせざるを得ず、資金調達のために利息を支払う必要があることから、「借入費用の増大」も典型的に生じうる損害といえる。

したがって、金銭債務の履行遅滞により典型的に生じうる損害としては、「運用利益の喪失」と「借入費用の増大」を挙げることができる。財産的損害は消極的損害（逸失利益）と積極的損害（出費等）に分けることができるが、運用利益の喪失は消極的損害に、借入費用の増大は積極的損害にそれぞれ該当する。それ故、遅延利息の利率を決定するにあたって、運用利益の喪失という損害のみならず借入費用の増大という損害を塡補するために如何なる利率がふさわしいかを考えることが必要である。

そこで、過払金返還請求事案の特徴を確認すると、過払金返還請求権を行使する借主は、資金に余裕がなく、貸金業者からの過払金の返還が遅れることにより、他から高利で資金調達をせざるを得ない状況にある場合が多い。したがって、過払金返還請求事案では、運用利益の喪失よりも、むしろ、借入費用の増大という損害を中心に据えて、遅延利息の利率を決定することが必要となる。貸金業者からの過払金の返還が遅れたが故に資金不足に陥った借主は同一の貸金業者あるいは他の貸金業者から新たな借入をせざるを得なくなるということが典型的な状況として考えられるので、借入費用の増大とは、営利を目的とした貸金業者からの新たな借入により負担する利息を指すことになる。それ故、遅延利息には商事法定利率の年六分を適用すべきである。

また、民法四一九条一項但書によると、当事者間で定めた約定利率が法定利率を上回る場合には遅延利息に約定利率が適用されるが、これは、約定利率よりも低い法定利率を遅延利息に適用すると、履行遅滞をした方が得になるので債務者が意図的に債務を履行しなくなるおそれがあることから、そのような事態を回避するために設けられた措置である(63)。したがって、遅延利息の法定利率を決定するに際しても、履行遅滞をした方が債務者にとって利益となるような事態をできるだけ回避するために民事法定利率と商事法定利率のいずれを適用することが望ましいかを考える必要がある。そして、過払金の返還を遅滞した貸金業者は、過払金を高利で他の貸付に回すことにより、過払金返還義務の遅延利息との差額分を利益として享受できる立場にあるので、貸金業者が受ける利息の差額分をできるだけ少なくするような法定利率を適用することが求められる。年五分の民事法定利率よりも年六分の商事法定利率を遅延利息に適用する方が貸金業者が受ける利息の差額分を少なくすることは明らかであり、この点からも、遅延利息には商事法定利率の年六分を適用すべきとの結論に至る。

以上により、過払金返還請求事案においては、借入費用の増大という損害を定型化したものが遅延利息であること、また、履行遅滞をした貸金業者にできるだけ不当な利益を与えないようにする必要があること等を考慮し、過払金返還義務の遅延利息には商事法定利率の年六分を適用すべきである。そして、民法七〇四条に定められた利息は遅延利息としての性質を有するので、同条の利息にも年六分の商事法定利率を適用すべきである。

(42)　西原寛一『商行為法（第三版）』一二〇頁（有斐閣、一九七三年）。平出慶道『商法Ⅲ（商行為法）』六六頁（青林書院、一九八八年）。

(43)　最高裁昭和四七年判決の評釈として、藤井俊雄「判批」商法（総則・商行為）判例百選一二二頁。

(44)　評釈、青竹正一「判批」商法（総則・商行為）判例百選（第五版）八六頁。

(45)　評釈、関俊彦「判批」商法（総則・商行為）判例百選（第四版）九六頁。笹本幸祐「判批」商法（総則・商行為）判例百選（第五版）九〇頁。

(46)　西原・前掲注(42)一四四頁。平出・前掲注(42)九七頁。

(47)　判例の総合的な分析として、金山直樹『時効における理論と解釈』八六—九三頁（有斐閣、二〇〇九年）。

(48)　評釈、北村良一「判解」最判解民事篇昭和三五年度四〇一頁。戸塚登「判批」商法（総則・商行為）判例百選一三四頁。山中康雄「判批」民商四四巻六号九七七頁。

(49)　篠田省二「判解」最判解民事篇昭和五五年度三七頁。高木多喜男「判批」昭和五五年度重判七三頁。江頭憲治郎「判批」法協九九巻六号九三七頁。

(50)　従来からの判例と学説の状況については、篠田・前掲注(49)三六—四三頁。手塚尚男「不当利得にもとづく返還請求権と商法五二二条」同法三六巻三号一—二七頁。

(51)　多数意見を支持する見解として、森泉章「判批」民商八三巻二号三〇八—三一一頁。半田正夫「判批」判タ

四三九号一〇二頁。鎌田薫「判批」法七三一三号一一〇頁。高木・前掲注(49)七三頁。江頭・前掲注(49)九三六―九三七頁。多数意見に異論を唱える見解として、浜田道代「判批」判評二六〇号一八〇―一八一頁。土田哲也「判批」法時五二巻一〇号一四〇―一四一頁。戸塚登「判批」商法（総則・商行為）判例百選（第三版）一〇一頁。手塚・前掲注(50)二一七―三六頁。その他の評釈として、丸山秀平「判批」商法（総則・商行為）判例百選（第五版）一〇〇頁。

(52)　昭和五五年判決を踏襲した最判平成三年四月二六日判時一三八九号一四五頁は、保険金請求権上に質権を有する者に対して保険会社が保険金を支払った後に法定の免責事由の存在が明らかとなり保険会社が質権者に対して保険金について不当利得返還請求権を取得した事案において、同債権が法定債権であること、ならびに、迅速な清算処理が要求されていないことを理由に、商法五二二条の適用を否定した。評釈、関俊彦「判批」損害保険判例百選（第二版）六六頁。

(53)　加藤・前掲注(10)四二三頁。浜田・前掲注(51)一八一頁。

(54)　評釈、高津環「判解」最判解民事篇昭和三八年度四一四頁。星野英一「判批」法協八三巻九＝一〇号一四〇八頁。谷口知平「判批」銀行取引判例百選（新版）三三頁。山中康雄「判批」民商五一巻三号四四二頁。土田哲也「判批」民法判例百選Ⅱ（第五版）一五四頁。大久保邦彦「判批」民法判例百選Ⅱ（第六版）一四六頁。最近の文献として、尾島③・前掲注(33)六一七頁以下。

(55)　同様の指摘として、土田・前掲注(54)一五五頁。

(56)　裁判例の総合的な分析として、尾島②・前掲注(27)二八五―三〇〇頁。

(57)　広島地判平成一四年一一月二五日判タ一一五二号二二一頁。福岡高判平成一五年四月一〇日裁判所ホームページ。東京地判平成一六年一二月一日金判一二一七号四七頁。東京高判平成一七年七月二一日金法一七六一号四二頁（原審は東京地判平成一七年二月二五日金法一七六一号四四頁）。さいたま地判平成一七年一二月二六日裁判所ホームページ。長崎地裁島原支判平成一八年七月二一日判タ一二二〇号二一一頁。津地判平成一八年八月一七日裁判所ホームページ。大阪地判平成一八年一〇月二〇日（LEX/DB28112478）。神戸簡判平成一八年一〇月二四日（LEX/DB28112487）。福岡高判平成一八年一二月二〇日判タ一二五五号二六四頁。松江地判平成一九年一月二五日金法一八三七号六一頁。

(58)　佐賀地判平成一四年一月二四日裁判所ホームページ。東京簡判平成一六年七月八日裁判所ホームページ。さいたま地判平成一七年八月一〇日（LEX/DB28102148）。岐阜地判平成一七年一一月二二日裁判所ホームページ。鹿児島地裁名瀬支判平成一八年二月二八日裁判所ホームページ。函館地判平成一八年六月八日（LEX/DB28112493）。大分地判平成一八年六月二三日判タ一二五五号二六七頁。福岡高判平成一八年六月二九日判時一九八三号八二頁。大阪高判平成一八年八月二九日（LEX/DB28112486）。千葉地判平成一八年九月二一日（LEX/DB28112483）。福岡地判平成一八年一〇月二六日判タ一二五八号二四〇頁。

(59)　絹川泰毅「判解」ジュリスト一三四五号八五頁。

(60)　伊沢和平「判批」商法（総則・商行為）判例百選（第五版）八九頁。蔭山文夫「判批」金法一八〇九号四六―四七頁。廣瀬美佳「判批」金判一二七四号一五頁。岡林伸幸「判批」市民と法四八号二七頁。

(61)　本庄簡判平成一九年六月一四日判タ一二五四号一九九頁。大分地判平成一九年六月二一日判タ一二六九号二五二頁。広島高裁松江支判平成一九年九月五日金法一八三七号五八頁。福岡高判平成一九年九月二七日判タ一二五八号二三七頁。水戸地裁日立支判平成二〇年一月二五日判時二〇〇八号一一四頁。大阪高判平成二〇年一月二九日判時二〇〇五号一九頁（原審は大阪地判平成一九年四月二五日金判一二八五号三八頁）。神戸地判平成二〇年二月一三日判時二〇〇二号一三二頁。山形地裁酒田支判平成二〇年二月一四日判時一九九八号一〇一頁。名古屋高判平成二〇年二月二七日金法一八五四号五一頁（原審は岐阜地裁御嵩支判平成一九年一〇月二六日金法一八五四号五七頁）。大阪高判平成二〇年四月九日金判一三〇〇号五六頁（原審は大阪地判平成一九年一〇月三〇日金判一三〇〇号六八頁）。大阪地判平成二〇年八月二七日判時二〇二一号八五頁。

(62)　尾島①・前掲注(27)一九〇―一九二、二〇〇―二〇三頁は、表見的法律関係が商行為性を有するか否かが重要なのではなく、表見的法律関係から不当利得返還請求権が発生した理由が何かに注目すべきであるとし、過払金返還請求権は利息制限法一条違反による制限超過利息の無効が債権発生原因であり、同規定は借主保護を目的とした規定であることから、借主保護のために商法五二二条の適用を否定して時効期間を一〇年とし、その一方で、商法五一四条を適用して利率を年六分にすべきと主張する。小野秀誠「判批」判評五八五号一七四頁も、給付利得においては本来の契約の規範目的にそくして清算すべきであり、高利貸付の清算では利息制限法が適用された場合と最も近い解決を図る必要があるとして、商事法定利率の年六分を適用すべきと説く。その他に、茆原(正)＝茆原(洋)・前掲注(23)五〇三―五一〇頁。竹内俊雄「判批」金判一二六六号一四頁。

(63)　能見・前掲注(39)六六六頁。

10　私生活における眺望利益の経済的価値

田中志津子

一　はじめに
二　眺望阻害事例における眺望利益
三　検　討
四　おわりに

一　はじめに

近時、個人の住環境事項が以前よりも重大な関心事となっているためか、生活利益（権利）侵害としてある程度確立している日照阻害や、騒音等の他に、戸建て・集合住宅を問わず、個人住宅からの眺望阻害につき保護を求める争いが増えている。

それらの紛争は、他の権利・利益侵害と相まって阻害建物——その多くは自己が居住するものとは別のマンション——の建築差止を求めるものの他、近隣に建物が建設されることを説明しなかった義務懈怠による債務不履行責任に基づく損害賠償や売買契約の解除を求めるもの、眺望利益侵害が保護法益の違法な侵害に当たるとして不法行為に基づく損害賠償を求めるものなど様々である。

このような判例を見ると、眺望阻害に対しより強い法的保護たる差止を認めることに慎重であることは首肯できるとしても、財産的損害としての損害賠償がなかなか認められないことに驚く。初期の判例を除き、「眺望」そのものの法的保護の可能性は否定されてはおらず、請求原因の差異があるにせよ損害賠償請求が認められることもある。しかし、眺望阻害による不動産減価を慰謝料として認定している判例に対しては違和感を拭えない。不動産鑑定においては、必要に応じ「眺望」が重要な項目として挙げられているにも関わらず、損害賠償請求事例において「眺望」の経済的損失が認められにくいのは何故か。

そこには、損害―阻害された「眺望」の経済的価値を、裁判官だけでなく、我々一般人も把握していないというに問題があるのではないか[1]。

法的保護性がないわけではないが、ある意味弱い利益としての「眺望」阻害が、経済的損失として評価されるのはどのような場合であるかを考察し、「眺望」の経済的価値の把握の可能性を提示することが本稿の目的である。

従って、以下では「眺望」阻害に関係する判例の中でも、主に損害賠償請求事例を中心に扱う。しかし、初期の「眺望」阻害事例は全て差止請求事例であること、その初期判例を踏襲している場合があることから、必要な範囲で差止請求事例も扱う。

なお、「眺望」と並んで論じられることも多く、一連の国立景観訴訟[2]として大きく注目を浴びた「景観」については、本稿の検討対象とはしない。「景観」は「眺望」よりも公共的性格を持っていると考えられており、「眺望」における私人の経済的価値把握という本稿の検討対象に当たらないためである[3]。

(1)　「現実の問題は多数の環境要因の侵害の複合被害である。都市問題としての環境要因には日照以外にも騒音、振動、圧迫感、悪臭、景観、交通被害などさまざま」であり、「各環境要因について、どのように影響を把握するかという測定方法、被害の認識および立証の方法、被害回避のための合理的方法」等の検討、「公法規制はどうなっているか、それに照らして当該被害はどう評価されるかも検証する必要がある」という（日本弁護士連合会編『ケースメソッド環境法 第二版』一五九頁（日本評論社、二〇〇六年））。

（2） 国立市に従来にない高さのマンションが建設されると周囲の景観を阻害するとして、差止を求めたものから国家賠償を求めたものまでいくつかあるが、最高裁までいったのは①東京地判平成一四年一二月一日判時一八二九号三六頁、②東京高判平成一六年一〇月二七日判時一八七七号四〇頁、③最一判平成一八年三月三〇日判時一九三一号三頁である。一審（①）で景観利益侵害を認めて撤去命令が出されたが、原審（②）で覆され、最高裁（③）でも、本件建物は、違法な建築物ではなく、「相当の容積と高さを有する建築物であるが、その点を除けば本件建物の外観に周囲の景観の調和を乱すような点があるとは認めがたい。」刑罰法規・行政法規の規定に違反せず、公序良俗違反や権利濫用に該当する事情が伺われないことから、「本件建物の建築は、行為の態様その他の面において社会的に容認された行為としての相当性を欠くものとは認め難」いとして、「景観利益を違法に侵害する行為に」当たらないとされた。

（3） 「そもそも景観利益は、それが個人の利益には還元し得ない公共的な利益であるがゆえに、その主体の範囲、景観の範囲、利益の内容を一義的に画することはできないものと言わざるを得ない」（大野武「都市景観をめぐる紛争と法―私法と公法の役割と限界―」『借地借家法の改正・新景観法』一一一頁（土地問題双書三七、日本土地法学会、有斐閣、二〇〇六年）。また、「第一義的に機能すべきなのは、公法的な手法」であり、景観については土地利用計画などがまず重要で、「行政的な事前規制がきちんと機能すれば、損害が発生するということ自体が生じ」ないため、民法の出る幕はないが、そうでない場合に民法が補完的に機能するとして棲み分けを図る見解もある（吉田克己「景観利益の法的保護―民法と公共性をめぐって―」慶應法学三巻九二頁（二〇〇五年）。更に、環境利益保護における私法の積極的意義は、公法上の手段不全による私法的アプローチの必要性の他、環境利益の公共的性格と環境の有限性から環境利用の在り方の調整が必要であり、良好な環境の中で市民生活や生存が確保されることをもって、環境利益の形成・維持には公法・私法両アプローチの協働が必要だとする見解もある（「環境利益保護と民法」林信夫＝佐藤岩夫編『法の生成と民法の体系』六六四頁（創文社、二〇〇六年））。

二　眺望阻害事例における眺望利益

1　営業上の眺望利益

表１　営業上の眺望阻害事例一覧

	決定年月日・出典　＊（仮）は仮処分申請事案	結果（主な理由）
①	（仮）前橋地決判昭和三六年九月一四日判タ一二二号九三頁	認容（権利濫用）
②	（仮）東京高決昭和三八年九月一一日判タ一五四号六〇頁	認容（権利濫用）
③	（仮）和歌山地田辺支部決昭和四三年七月二〇日判時五五九号七二頁	却下（受忍限度内）
④	（仮）津地判昭和四四年九月一八日判時六〇一号八一頁	却下（受忍限度内）
⑤	（仮）京都地決昭和四八年九月一九日判時七二〇号八一頁	一部認容（理由不明）
⑥	（仮）仙台地決昭和五九年五月二九日判タ五二七号一五八頁	認容（理由不明）
⑦	（仮）仙台地決平成元年二月一日判タ八五八号二六六頁	特別事情による仮処分取消
⑧	（仮）仙台高決平成五年一一月二二日判タ八五八号二五九頁	棄却（受忍限度内）
⑨	東京地判昭和三八年一二月一四日判時三六三号一八頁	棄却（権利濫用なし）
⑩	東京地判昭和五七年四月二八日判時一〇五九号一〇四頁	棄却（権利濫用なし）

①から⑧は旅館からの眺望が問題となった事例であり、全て建築工事の禁止・中止を求める仮処分事案である。

⑨⑩は建築物により既存広告の眺望阻害が不法行為にあたるとして損害賠償が請求された事案である。

①②は、隣接する旅館増築による眺望阻害につき、当該増築が権利の濫用に該当すると判断された、猿ヶ京温泉事件と呼ばれるものである。①を踏まえ、②でも、他の方法があるにも拘わらず、「故意に他人を害する目的を以てその他人を害する時期方法を選んで権利を行使することは、これまた権利の濫用であり許すべきでない」として、「害意」という故意性があったことが重要視された。

③では、「風光のすぐれた特定の場所を眺望できる客室を設けこれを有力な宣伝材料に使つて旅館営業をしている場合に、隣地に同じ目的で旅館を建築しようとする同業者が現れたため、前者の眺望が妨げられ、その営業収入が低下する虞が生じた」という「純粋に財産上の利害」問題であり、いわゆる生活妨害に関する紛争ではないとした。その上で、眺望阻害建物の建築が営業を妨害する意図でなされたときだけでなく、このような意図がなくとも、その眺望の阻害が隣地所有者の不相当な権利行使の結果生じたもので、右営業者の受忍限度をこえる場合には損害賠償や差止という法的救済が許されるとした。故意でない場合に、受忍限度に基準を求めたのである。その結果、本件では眺望を阻害される客室がわずかであり、それによる不利益も致命的なものではないとして受忍限度を超えず、阻害建物の建築工事差止は認められなかった。

④は私鉄会社による湾の埋立・鉄道敷設工事による旅館の眺望阻害が問題となった。そこで、「景勝地における土地建物からの眺望の利益なるものは、当該土地から隣接する他人の土地、水面など（公物を含む以下同じ）の空間を通して他人に属する特定の区域・場所の優れた景観を見渡すことができる利益」であり、「眺望地役権が設定されている場合その他契約関係の存在する場合」を除き、「他人に属する景勝地の自然から一般に与えられている恩恵に過ぎないもの」で、「排他的な権能として当該土地・建物の所有権・占有権に当然附随するものではない」が、本事案では、長年眺望を営業上の有力な宣伝材料として眺望を重視した観光旅館を経営してきたのであるから、眺望は営業上の利益として可能な限りの法的保護を享受しうるとした。しかし、日照阻害等の生

活妨害と本件における眺望は、「営業上の利益という純粋に財産上の利益に関するものである点」で異なることから、生活妨害と同一の標準では判断できず、「より慎重厳格な衡量のもと」で受忍限度を超える阻害であれば、阻害行為は「社会的に許容された適正なる権利行使であるとは言い得ず、よって生じた損害を賠償すべき義務を生じ、ときには被害者において侵害の排除予防（差止、禁止）もなしうるものと解すべき」として、ここでも受忍限度による判断に拠った。ただ、③で故意性を欠く場合に受忍限度に拠ったのと異なり、④では故意性の有無も受忍限度の判断要素としている。本件では、妨害意図のないこと、鉄道の社会的有用性、両者の損害程度の衡量により、受忍限度の範囲内であるとして違法性が否定された。

⑤は料理旅館の眺望を阻害するとして、隣地の五階建てのビル建築につき三階以上の工事中止・続行禁止の仮処分を求めた事案である。理由は不明だが、三階を超える部分（高さ五・四〇メートル以内の塔屋部分を除く）の工事中止・続行禁止の仮処分が認められた(4)。

⑥から⑧は、県立公園内で営業する隣接飲食店の争いであり、⑥で申請者の主張通り隣接飲食店の改装工事禁止の仮処分が認められたが、その後⑦で、申請者の主張する眺望権は行政上の公益であり、私法上の妨害排除請求権は私法自体に根拠規定がなければ行使し得ないとして、申請者の被保全権利の不存在を理由に⑥の仮処分決定が取り消されたことから、⑧が提起されたものである。⑧も⑦と同様に、障害物のない空間的状態から生ずる眺望利益を、当該土地の利用権を持っていることから享受することができるものとしつつ、「眺望がもたらす利益も、それが適法に享受されているものである限り不当に侵害されるべきではないという意味では、法的に保護される利益であ」り、「土地利用による眺望阻害行為の態様と阻害される眺望利益の内容、程度とを相関的に衡量し」、当該土地利用が権利濫用に当たるならば、眺望利益を不当に害するものとなるが、本件においてはそのような不当性はないとした。⑧では、③④で用いられた受忍限度という言葉は使用されていないが、判断要素は

同様のものであったと考えられるであろう。
⑨⑩は、故意の営業妨害や「社会通念上許容される範囲をこえた行為」を為した場合には権利濫用となるが、そのような事実は認められないとして損害賠償が認められなかった。

2　私生活上の眺望利益

表2　私生活上の眺望阻害事例一覧

	判決・決定年月日・出典　*㊎は仮処分申請事案	結果（主な理由）	第三者所有	売主所有	青田売り
⑪	東京地判昭和四九年一月二五日判時七四六号五二頁	棄却（義務なし）	○		
⑫	㊎仙台地決昭和四九年三月二八日判時七七八号九〇頁	一部却下（受忍限度資料外）	○		
⑬	㊎東京地決昭和五一年三月二日判時八三四号八一頁	棄却（不可欠の利益でない）	○		
⑭	㊎東京高決昭和五一年一一月一一日判例時報八四〇号六〇頁	棄却（不当性なし）	○		
⑮	横浜地裁横須賀支部判昭和五四年二月二六日判時九一七号二三頁	一部認容（受忍限度越）	○		
⑯	㊎名古屋高決昭和六一年四月一日判時一二〇二号五八頁	棄却（不当性なし）	○		
⑰	㊎千葉地裁一宮支部決昭和六二年二月七日判時一二四三号九〇頁	一部却下（受忍限度内）	○		
⑱	札幌地判昭和六三年六月二八日判時一二九四号一一〇頁	棄却（義務懈怠なし）	○		
⑲	東京地判平成二年六月二六日判タ七四三号一九〇頁	棄却（経済的価値反映なし）	○		
⑳	㊎東京地決平成二年九月一一日判タ七五三号一七一頁	却下（受忍限度内）		○	
㉑	大阪地判平成四年一二月二一日判時一四五三号一四六頁	一部認容（是認限度越）	○		
㉒	東京地判平成五年一一月二九日判時一四九八号九八頁	棄却（義務なし）	○		
㉓	大阪地判平成五年一二月九日判時一五〇七号一五一頁	一部認容（義務違反あり）		*1 ●	
㉔	㊎岐阜地決平成七年二月二一日判時一五四六号八一頁	却下（受忍限度内）	○		

㉕	長野地裁植田支部判平成七年七月六日判時一五五六号九八頁	棄却（受忍限度内）	○		
㉖	㊎仙台地決平成七年八月二四日判タ八九三号七八頁	一部認容（義務違反あり）		*2 ●	
㉗	横浜地判平成八年二月一六日判時一六〇八号一三五頁	一部認容（義務違反あり）		○	
㉘	東京地判平成一一年二月二五日判時一六七六号七一頁	一部認容（義務違反あり）	○		
㉙	大阪地判平成一一年四月二六日判タ一〇四九号二七八頁	棄却（受忍限度内）	○		
㉚	京都地判平成一〇年三月二四日判タ一〇五一号二九〇頁	棄却（特約・解除事由なし）			○
㉛	大阪高判平成一一年九月一七日判タ一〇五一号二八六頁	認容（義務違反あり）			○
㉜	大阪地判平成一一年一二月二四日（判例集未登載）[5]	（認容）[6]（受忍限度内）		*2 ●	
㉝	大阪地判平成一一年一二月一三日判時一七一九号一〇一頁	棄却（義務違反なし）		*3 ●	
㉞	東京高判平成一三年一二月二六日判時一七八五号四八頁	一部認容（受忍限度越）	○		
㉟	札幌地判平成一六年三月三一日（判例集未登載）[7]	一部認容（義務違反あり）		○	
㊱	福岡地判平成一八年二月二日判タ一二二四号二五五頁	一部認容（義務違反あり）			○
㊲	東京地判平成一八年一二月八日判時一九六三号八三頁	一部認容（義務違反あり）		○	
㊳	東京地判平成二〇年一月三一日判タ一二七六号二四一頁	棄却（受忍限度内）		○	
㊴	大阪地判平成二〇年六月二五日、判例集未登載[8]	棄却（義務違反なし）		○	

*1　売主が後に土地を売却　*2　売主が隣接地を購入し阻害建物を建築　*3　売主の系列会社が所有地を後に売却

⑪は、売買契約時に隣接地に高層建物が建築される虞がないとの売主の説明を受けてマンションを購入した買主らが、契約締結後約一年後に隣接地にマンションが建設されたことにつき、隣接地のマンション建築を知っていたとして、売主に対しては契約締結の準備段階における日照・通風・観望等に関する信義則上の調査義務、告

知義務違反に基づく契約責任としての損害賠償および不法行為に基づく損害賠償等を請求した事案である。原告は日照・通風・「観望」について主張しているが、裁判所の判断理由の中では主に日照・通風を中心に言及されている。「相手方の意思決定に対する原因となるような事実について、信義則および公正な取引の要請上、調査解明、告知説明する義務を負うものとされるとき、当該事項につき有責の黙秘をなした場合には責任を負わなければなら」ず、当該事項は近時「マンション等の高層住宅建物の購入者にとって、買受の意思決定をなす一つの要因となりうる」と考えられるが、本件建物敷地隣接地は第三者の所有物であり、この利用は所有者の意思に委ねられ、「被告らが支配権を及ぼすことができない」ものであるとして、売主側が本件建物の売買に際し、将来当該第三者が築造し得る建物及びその影響などを調査し、その結果を買主側に「誤りなく告知説明しなければならない信義則上の義務が一般的に課せられているものとは解されない」として売主の責任を否定した。

⑫は、環境権に基づき隣接地建物による日照・眺望阻害、プライバシー侵害排除を求めるための仮処分申請事案である。日照権・プライバシー権・電波侵害につき侵害行為が受忍限度を超え、六階部分一戸の工事禁止等が認められたが、「眺望は、快適な生活環境を保持するうえで好ましい自然的資源」だが、「人の生活に欠くことのできないものとは言えないから、ほかに、特段の事情の認められない本件においては、直ちにこれを右受忍限度認定の資料に加えることができない」として生活上必要な日照・プライバシー・電波と生活に不可欠ではない眺望を明確に区別した。更に「生活に不可欠」ではない眺望阻害は、何らかの「特段の事情」が存在しない限り、受忍限度の判断要素としなかった。

⑬⑭も仮処分申請事案である。⑬では眺望利益が生活に必要不可欠な利益ではないとして、申請者等の法的保護の必要性が否定された。⑭では、生活利益であり「たまたまその場所の独占的占有者のみが事実上これを享受しうることの結果としてその者に独占的に帰属するに過ぎ」ない眺望利益が「社会観念上からも独自の利益とし

て承認せられるべき利益を有するものと認められる場合に」、法的に保護される利益として侵害排除・被害回復等の法的保護を受けるためには、侵害「行為の性質・態様、行為の必要性と相当性、行為者の意図・目的、加害を回避しうる他の方法の有無等の要素を考慮し、他方において被害利益の価値ないしは重要性、被害の程度・範囲、右侵害が被害者において当初から予測しうべきものであつたかどうか等の事情を比較考量して決定」するが、その際に眺望利益が日照等程に生活に切実なものではないことから、評価は特に厳密であることを要するが、本件ではそのような保護を受けるに値しないとされた。

⑮は、マンションではなく、眺望を阻害する個人住宅建築につき、主位的に民法九二条による慣習上の環境権に基づき、人格権としての眺望権に基づく妨害排除請求、または権利濫用による収去請求をし、予備的に民法七二三条による謝罪広告ならびに民法七〇九条による損害賠償を請求した事案である（横須賀野比海岸事件）。本件では、所有権行使につき権利濫用があり、被告は原告等の受忍限度を超えて被告建物を建築したというべきだが、「眺望利益の侵害は、日照、通風の侵害、騒音、空気汚染等のように住民の心身の健康を直接に脅かすものではなく、心理的充足感、愉悦観を阻害するにすぎないものであるから、建物収去によつて被告の蒙る損失と金銭賠償による原告の損害回復との利益衡量」によるべきであり、本件では阻害部分の収去は再築に匹敵する程の損失を被告に生ぜしめる一方、原告等は損害賠償により他に眺望可能の土地を取得して移転もしくは精神的損害の回復も可能であるとして、地価に関する損害額の証明がないため、慰謝料のみ原告等（夫婦）に各自一〇〇万円が認められた（他の請求は全て棄却）。[9]

⑯は、別荘からの眺望がリゾート・マンション建築により阻害されるとして、主位的に隣地マンション建設のための日照阻害・眺望阻害による当該建物の建築差止を、予備的に四階以上の建築禁止の仮処分を求めた事案である。原審（名古屋地判半田支部決昭和六一年一月一三日判時一二〇二号五九頁）が却下されたことによる抗告事件

だが、抗告審でも却下された。以下の理由は、抗告審で原決定の理由を引用した部分である。偶然の利益享受が認められる眺望利益は、一般に権利性は否定され、本件でも土地利用方法に格別の不当性はないとして、差止は認められなかった。

⑰は、リゾート・マンション建築により日照・通風・採光・眺望等が阻害されるとして、主位的に当該建物建築差止を、予備的に九階以上の当該建物の建築禁止の仮処分を求めた事案である。「眺望が一部阻害される可能性」はあるものの、「他の方向に対する眺望には影響を及ぼさず」、阻害される一部の「眺望も生活の重要な利益であったといえるかについては疎明が十分でない」として、本件の眺望侵害が受忍限度内のものと判断した。

⑱は、マンションからの眺望享受についてのマンション売主の保証特約違反、契約締結準備段階の信義則上の義務違反、隣接マンションについての説明義務違反などに基づく損害賠償が請求された事例である。パンフレットの記載及び各被告会社の従業員等の原告等に対する対応等をもって、被告等が享受していた、日照・通風・眺望を保証する旨の契約成立を認めることはできないとして、保証特約違反に基づく原告等の損害賠償請求は否定された。「本件売買契約の売主は、信義則上、本件西側の空き地に本件マンションの日照・眺望・通風に影響を与えるおそれのある高層マンションが建設されることを知っていた場合、あるいは、簡単な調査により右のような高層マンションが建設されることを容易に知り得た場合（すなわち、明らかな認識可能性がある場合）には、これを調査・説明する本件各売買契約上の付随的義務があり、右義務を怠ったことによって、買主に対して損害を生じさせたときは、その損害を賠償する債務不履行の責任を負うと解するのが相当である。」しかし、被告らに認識可能性があったにもかかわらず本件各居室を原告らに売り渡したとは認められず、信義則違反による債務不履行に基づく損害賠償請求も、不法行為に基づく損害賠償請求も理由がないとして認められなかった。

⑲は、リゾート・マンションからの眺望阻害につき、主位的にマンション売買契約における錯誤無効、詐欺取

消、瑕疵担保責任に基づく売買代金返還を、予備的に売買契約の付随的注意義務又は信義則違反が不法行為にあたるとして損害賠償を求めた事案である。可変性のある日照・眺望を排他的に享受可能な利益として法的保護の対象とすることは不可能であり、土地建物売買の際に、日照・眺望を享受し得る利益が経済的価値を有する場合には、代金額に反映されているはずだが、この経済的価値は、通常周辺の客観的状況の変化により変容・制約を受けることを前提とした価値としてその限りで代金額に反映されるのであり、特段の事情のない限り、「このような変化を排除し得る権能」があることを前提とした評価及び代金額への反映はないとして、一定水準の日照・眺望が確保されることにつき動機の錯誤の存在は認定されたが、その動機が表示されていないとして錯誤無効は認められなかった。また、欺罔の意思も性状保証も否定され、故意がないこと、日照・眺望という変容する不安定な利益と本件不動産の交換価値下落分という損害との間に因果関係が認められないとして、売主の不法行為責任も否定された。

⑳は、リゾート・マンションからの眺望を阻害する隣地保養所建設禁止の仮処分申請事案である。本件マンションを分譲するにあたり、売主（債務者）が「分譲当時の眺望を確保することを売買契約上約束していたと言うことはできず」、「本件保養所は、建物の高さなどについて厳しい規制のある国立公園第二種特別地域において適法に建築されたものであり、本件保養所の建築による眺望の阻害は、債権者らの享受している眺望全体からみると重大なものということはできず、また、債務者らにおいて債権者らの眺望の阻害を減ずる努力をしたことを考え、かつ、眺望は、騒音や日照、採光等と比べると、これらほどには社会生活上切実な利益ではないことに照らすと」、売主（債務者）が本件マンション分譲に際しその優れた眺望を宣伝していたことなどを斟酌しても、本件保養所建築による買主（債権者）らの眺望阻害は、受忍限度を超えないとして、訴えが認められなかった。

㉑は、別荘からの眺望を阻害したリゾート・マンション建設により減少した資産価値の不法行為に基づく損害

賠償が請求された事案である（木曽駒高原眺望権訴訟）。眺望利益の享受が社会観念上独自の利益としての重要性をもつ場合には保護法益となるところ、本件原告の土地周辺は、別荘地であり、眺望の点で格別の価値を有し、近隣の住民も景観につき配慮してきた場所であり、原告は、原告の建物を木曽駒高原の環境、眺望の享受を重要な目的として建築したも推認され、原告の土地・建物からの眺望による利益は、法的保護に値すると認めた。そして、眺望利益の侵害が違法性をもつのは、侵害行為が「他の利益との関係で、一般的に是認しうる程度を越える場合に限られ」、本件では、被告建物の建築に際し、原告がそれまで享受していた眺望に対し配慮せず、事前説明もせず、従来なかった高層建物を建築した結果、原告建物からの眺望を著しく阻害したものであり、その程度は、一般的に是認しうる程度を越え不当であるなどとして、被告の不法行為責任を認めた。環境条件に基づく減価については、被告建物建築による原告建物の別荘としての価値下落は認められるものの、原告建物の周辺地域への利便性が価額に相当程度反映していると考えられ、直線距離で七〇ないし一〇〇メートル離れている被告建物による心理的圧迫感もさほど著しくはない等から、「眺望、景観及び展望性という環境条件に基づく第一土地の減価を二五％とするのを相当」とし、そのうち二〇％は原告が容認すべき環境変化によるとして、土地価格の二〇％が減価損害と認められた。(10)

㉒は、リゾート・マンションからの眺望が阻害されたことにつき、主位的に売主の保証特約違反、契約締結過程における信義則上の告知義務違反による契約解除・代金返還等を、予備的に詐欺取消又は錯誤無効に基づく売買代金等返還が請求された事案である。本件売買契約に関する契約書等に原告主張の特約の記載はなく、被告も、本件マンションからの眺望を特段宣伝しておらず、リゾート・マンションとしての価値は多様なものであり、眺望は不変ではないとして、眺望保証特約の存在が認められなかった。また、本件不動産のように現に相当な眺望を有する物件を売却する場合に、近々にこれが阻害されるような事情が存するときは、これを知っている、又は、

悪意と同視すべき重過失によりこれを知り得なかった売主は、売買契約締結に際し、買主に対し、右事情を告知すべき信義則上の義務を有し、この義務に違反した売主は買主に対し債務不履行責任を負うと解されるが、被告が、本件売買契約締結当時、本件隣接マンションの建築計画を知っていたと推認するのは困難であり、被告に右計画の不知につき悪意と同視すべき重過失もないとして、告知義務違反による債務不履行責任を否定し、詐欺・錯誤による請求も全て斥けられた。

㉓は、原告が購入したマンションからの眺望を阻害する隣接地を、売主が他の建設業者に売却したことが不法行為に該当するとして、眺望阻害により減少したマンションの財産的価値等の損害賠償を請求した事案である。売主は「本件マンションからの眺望をセールスポイントの中心に置き、本件南側土地には本件マンションの眺望を阻害する建物が建築される可能性がないと説明しており、本件マンションを購入した原告らは、右説明によって、本件南側土地に本件マンションの眺望を阻害する建物が建築される可能性がないと信じて、本件マンションからの眺望の良さを第一の動機として本件マンションの購入を決意した」こと等を鑑みると、この信頼は法的に保護されるべきもので、被告には、原告らに対し本件隣接地に「眺望を阻害する建物を建築しないという信義則上の義務」(11)があると認められた。そして、隣接地売買契約書に建築制限条項を定め、当該制限を超えて隣接地に建物を建築する場合には、隣接地買主がその損害賠償責任を負う旨を定めていたことから、当該隣接地への眺望阻害建物の建築は予測可能であり、原告買主らが隣接地取得者に対しマンション建築差止の仮処分を求めた際に、原告買主らに協力せず、眺望阻害建物建築を容認して隣接地を売却したことは、売主自身による眺望阻害建物建築と同視しうるものであり、原告らに対する違法な行為であるとして財産的損害が認められた(慰謝料については否定)。購入額の二〇%相当の請求額に対し、六〇万円から二五〇万円が財産的損害と認められた。

㉔は、池の一部埋立、コンクリート製貯水タンク(配水池)建設工事に対して、環境権・眺望権の侵害、振

動・強風等による宅地崩壊のおそれ、騒音被害、工事手続の不公正などの理由から、周辺住民らが配水池建設工事差止請求の仮処分を申請した事案である。環境権につき私法上の権利性が否定され、「眺望権」についても❶本件配水池の建設の公共性、❷本件場所が債務者の市有地であること、❸本件配水池が建設されても、債権者らの全ての眺望は阻害されないこと、❹付近の宅地分譲の宣伝に債務者市が関与していないこと、❺一般に、住宅地における眺望は、別荘地や観光地などの眺望ほど格別の価値を見出しがたいこと（眺望阻害による土地・建物価格下落に関する疎明なし）、❻債務者市が本件配水池の圧迫感軽減のために配慮をしていることなどから、本件配水池の建設による債権者らの眺望の阻害は、受忍限度を超えないとして差止が認められなかった。

㉕は、別荘からの眺望を阻害した隣接別荘所有者に対し不法行為に基づく損害賠償を請求した事案である。原告の本件土地は別荘地であり、その眺望は社会的にも重要視されるべきであり、本件眺望利益は法的に保護されるべき利益であるが、「被告の別荘建築は、本件土地の賃借権に基づく利用としての権利行使であるから、その社会的相当性の逸脱については両者の利益の調和を考慮することが必要」であり、本件土地は「自然環境が別荘地として眼目であり、眺望が第一の価値」とするものではないこと、眺望侵害による権利侵害程度等から、「被告の別荘建築行為が社会的相当性を逸脱している」とはいえない。補足説明によると、被告が原告別荘からの眺望に配慮しなかった被告の態度は必ずしも相当とは言えないが、建築位置に関しては予算等故にその変更は容易ではないと考えられるから、被告の別荘建築を違法とはいえないとして、被告の不法行為責任が否定された。

㉖は、眺望及び日照を売りにして原告買主らにマンションを分譲した被告売主が、分譲後まもなく第三者から隣接地を買い受け、眺望及び日照を阻害する別のマンションを建築しようとしたことから、この隣接地マンション建築工事禁止等の仮処分を申請した事案である。「本件各専有部分の眺望及び日照の良さについての債権者Aらからの信頼形成についての債務者甲の関与の程度、債権者Aらの信頼形成の合理性、当該信頼が売買契約締結に

至った債権者Aらの動機に占める度合、売買契約締結時から債務者甲による本件建物建築時までの期間の長短、本件建物による本件各専有部分の眺望及び日照阻害についての債務者甲の回避可能性、本件建物建築についての債権者Aらと債務者甲の協議における債務者甲の誠実性の程度、本件建物によって債権者Aらが被る損害の程度等右に述べた各事実にかんがみれば、債務者甲には、債権者Aらに対し、本件土地上に本件各専有部分の眺望及び日照を阻害する建物を建築しないという信義則上の義務があるというべきであって、債務者甲による本件各専有部分の眺望及び日照を阻害する本件建物の建築は、自ら形成した債権者Aらの信頼を害し、右信義則上の義務に反するもので、しかも、その背信性は著しいといわざるを得ず、債権者Aらは、一定の範囲で本件建物の建築の差止めを求め得るといわなければならない。」既に「七階までの躯体工事及びコンクリート打設を終了し、八階部分の工事に着手」ているが、八階部分の建築が中止されれば、眺望及び日照がかなり改善されるとして、本件建物八階部分の建築差止が認められた。

㉗は、眺望を阻害する隣接マンションの建築計画の存在を説明せず、リゾート・マンションからの眺望阻害のため減少した財産的価値等につき、主位的に本件マンション売買契約締結により、予備的に原告買主の部屋からの眺望などを阻害してはならないという信義則に違反して阻害マンションを建築した等により、売主Y_1及び売主Y_1の販売代理人Y_2に対し共同不法行為ないし債務不履行に基づく損害賠償を請求した事案である。被告らが原告に対し、本件マンション一室を販売する際、「同室からの眺望の良好さを大きなセールスポイントとし」、本件マンション各室の価格設定も眺望の良好さを要素とし、「原告は、本件マンションのパンフレット類及び販売担当者の説明等」から、本件隣接地へ建物建築の可能性がないことを信頼して本件売買契約を締結しており、このような「原告の信頼は、法的に保護されるべきものであり」、被告Y_1は、原告に対し、本件部屋の眺望を阻害する建物を建築しない信義則上の義務を負うというべきであり、被告Y_2も、眺望阻害建物完成前から眺望阻害建物の

分譲業務を行うなど、被告Y_2による眺望阻害建物建築に加担する行為を行わない信義則上の義務を負うというべきである。被告らは、眺望阻害建物建築による原告部屋の眺望阻害可能性を予想し、又は容易に予想可能であり、被告Y_1が眺望阻害建物を建築すること、及び被告Y_2が眺望阻害建物建築前にその各室を分譲するなど、被告Y_1による眺望阻害建物建築への加担は、信義則上の義務に反する違法な行為に当たり、被告らには故意又は過失があるから、被告らの各行為は共同不法行為を構成するとしてY_1・Y_2の責任を認めた。眺望阻害建物建築による財産的損害は、最上階である原告部屋が一階部分よりその専有単価が約二六％高いとされるもののうちの二〇％分が相当であるとして、六九四万八〇〇〇円が損害と認められた(12)。

㉘は、購入したマンションの隣接地における建物建築計画を知っていた売主が、これを秘匿して原告らに区分所有建物を販売し、日照阻害等の損害を与えたとして、債務不履行ないし不法行為による損害賠償請求権に基づき、慰謝料を請求した事案である。「新築マンションの内部の区分所有建物を分譲販売する業者は、宅地建物取引業法三五条、四五条等の趣旨や信義則等に照らし」、売買契約の付随債務として、区分所有建物購入希望者相手方に対し「購入の意思決定に重要な意義をもつ事項について、事実を知っていながら、故意にこれを秘匿して告げない行為をしてはならないとの義務」を負い、本件隣接地に将来建物が建築されるか否かは、その区分所有建物購入者にとって、「売買契約締結の意思決定に重要な意義を有する事項」であるところ、「被告は、原告らに対し、本件区分所有建物の売買契約に際し重要事項を告知すべき義務を怠ったものというべきであり、売買契約に付随する債務の不履行」により生じた損害の賠償責任がある。「原告らは、被告の前記告知義務違反により、少なくとも当分の間、隣接地が緑地であり続けるであろうとの期待を裏切られ、日照、通風、観望等を享受することができる利益を失い、相当の精神的苦痛を被ったことが認められ」、隣接地上に将来合法建物が建築されることに異議を申し立てない旨の重要事項説明書上の記載から将来隣接地に建物が建築され得ることを承諾してい

たこと、隣接地に建築計画はあったものの、その具体的着工時期等は不明であったことなどから、その慰謝料額は、本件区分所有建物の各購入価格の二%とされた。

㉙は、道路を挟んだ隣接地上に建物が建築されたことにより、個人住宅からの眺望を害されたとして、主位的に、眺望権（所有権又は人格権）に基づき当該建物の一部撤去を、予備的に、不法行為に基づき損害賠償を請求した事案である。被告建物の建築による大幅な眺望阻害のため、「原告らが相当の心理的打撃を受けたことを察することはでき」、被告らも、被告建物の建築に際し、原告らが眺望を重視して本件地域に居住していることや、被告建物の建築により原告らが享受してきた眺望が害され得ることを認識可能であったこと、被告自らは眺望を重視し、将来にわたり被告建物からの眺望を確保するために被告建物を三階建てにしておきながら、近隣者の眺望に対する配慮が必ずしも十分であったか疑問が残る被告らの身勝手と評価されかねない態度等を考慮しても、原告らの眺望利益の侵害が受忍限度を超えたとはいえないとして、原告買主の請求は認められなかった。

㉚・㉛は、部屋から二条城が望めるとの売主の説明に従いマンション完成前に売買契約を締結したが、完成後の当該部屋から二条城への視界が大きく妨げられていたことから、買主は、二条城が眺望できることは本件売買契約の最も重要な要素であること、本件マンションが高い静粛性を売り物にしながら隣ビルの機械音のため本件居室は居住用マンションとして通常有すべき品質を下回っていること等を理由として本件売買契約を解除したが、売主Y_1が手付金を返還しなかったため、売主Y_1及び売主の販売代理人Y_2に対し、保証違反・情報提供義務懈怠により不法行為に基づく手付金の返還及び損害賠償並びに違約金条項に基づく違約金の支払を請求した事案である。㉚では、不正確な応答をした販売代理人の軽率さを指摘しながらも、「原告が、西側窓から二條城が眺望できなければ本件売買を行わない意思であることを認識できた」とは認められず、原告が売買契約解除後に第三者が同額で購入したこと等から、市場価値低下はなく眺望阻害があれば契約解除をする旨の特約の存在も、交渉過程に

おける信義則上の解除事由もないとして、債務不履行による契約解除が認められなかった（隣接ビル機械騒音についても否定）。これを受けて買主が控訴した㉛は、未完成のマンション販売では、購入者は現物を見ることができないから、売主は購入希望者に対し、その売買予定物の状況を「現物を見聞できたのと同程度にまで説明する義務」があり、売主の説明が完成後の状況と一致しなければ買主は売買契約を解除することもでき、売主は「買主が契約が有効であると信頼したことによる損害」を賠償すべきである。本件では、買主がY_2に対し何度も視界を遮るものがないかにつき質問をし、Y_2は買主が二条城への眺望を重視し、本件居室購入の動機と認識し得たのであるから、Y_2には未完成建物販売者として遮蔽物に関する調査及び買主に対し正確な情報を提供すべき義務があり、買主は本件居室からの眺望につき正確な説明又は可能性の告知説明を受けていれば、本件居室を購入しなかったと認められる。マンションの居室の売買で「眺望は重視される一つの要素」であり、本件パンフレットでも強調されているうえ、「自ら使用する物の売買契約においては、購入者にとって目的物が購入者の主観的な好み、必要などに応じているかが極めて重要な点である」ことから、買主は本件売買契約を解除でき、Y_1は受領した手付金を返還しなければならず、また、民法七〇九条・七一五条に基づき、Y_1・Y_2は誤信により生じた損害を賠償する責任がある。なお、Y_2の説明が「本件居室を二条城の眺望が広がるような高い位置に作る債務を負担した」とはいえないとして、Y_1・Y_2の債務不履行及び本件売買契約の違約金条項は認められなかった。

㉜[13]は、買主のマンション購入後、同じ売主がマンション隣接地の土地を取得し、別マンションを建設したことにより眺望が阻害されたとして、マンション買主が売主に対し損害賠償を請求した事案である。『法的に保護される眺望権の侵害についての判断は、当該侵害行為の性質態様、行為の必要性と相当性、行為者の意図目的、加害回避の有無等と、他方被害利益の価値ないし重要性、被害の程度範囲、侵害の予測可能性等を勘案して決定するべきである。』本件地域の土地高度利用の必要性、眺望が宣伝材料でなかったこと、重要事項で周辺環境変化

が予定されていたことから、分譲時に眺望維持の保証はなく、また、当該建物が本件マンションから約三三メートル離れ、適法に建設された建物であること等から、眺望悪化が社会通念上一般の受忍限度を超える不当な利益侵害とはいえないとして、原告買主の請求が認められなかった。

㉝は、複数の不動産業者が大規模開発を行っている地域において、販売担当者から眺望の良さが長期間継続するとの勧誘によりマンションの一四階建の三階部分の部屋を購入したところ、その後間もなく南側隣地に別のマンションが建設されて眺望の良さを失い、精神的損害を被ったとして、売主らに対し契約交渉段階における信義則上の説明義務違反に基づき慰謝料を請求した事案である。「客観的に見ても、本件居室が事実上享受していた眺望利益はさほど大きくなかったし」、本件建物の販売時のセールストークに先立ち、「南側の眺望について何らかの利益を長期間享受しうべきごとき外観を予め作出していたとはいえない。」また、このセールストークも、隣地の「建設計画を全く知らず、容易に知り得べき立場にもなかった者としては、当時認識可能であった客観的な状況を前提にして、当時としては妥当な推論に基づいたものであったというべきであって、通常の不動産取引における駆け引きを超えたものであるとは到底認められない」として、被告売主（一社を除く）及び売主代理人が、原告に対し信義則上の説明義務に違反したとはいえないとされた。本件土地所有者の系列会社であった被告売主の一社についても、「原告が本件居室を購入した時点においては他の被告らと同様の立場にあったというべきであって、本件居室の売買契約締結段階において、同被告が信義則上の説明に違反したとはいえない」とした。

㉞は、自宅を観望可能な隣家窓からの観望を回避するため、自宅の隣接地に最高高さ約五・五メートル、全長約一六メートルの金属製フェンスが設置されたため、採光、通風、眺望等を阻害されているとして、隣接地所有者らに対し、所有権、占有権又は人格権に基づく妨害排除請求として、本件フェンスの撤去を求めるとともに、不法行為に基づく慰謝料を請求した事案である。「被控訴人らの受けている採光阻害、通風阻害、心理的圧迫感

及び恐怖感等の顕著な被害は、本件フェンスの設置場所が本件境界線ぎりぎりの地点であるのに、その高さが通常の高さを激しく超過していることにその原因があると認められるところ、民法二二五条二項は、各所有者を異にする二棟の建物の間に空地がある場合において当事者の協議が調わないときにその境界に設ける囲障の高さが二メートルであることを要すると規定しているから」、「本件フェンスのうち、控訴人ら土地の地表面から高さ二メートルを超える部分」について、被控訴人らの人格権及び建物所有権に基づき撤去が認められた。そして、「本件フェンスの高さ二メートルを超える部分が撤去されることにより、被控訴人らの被害がその受忍限度内のものとなる」等を考慮し、精神的損害に対する慰謝料として、各戸三〇万円（夫婦の場合には合計三〇万円）が認められた。

㉟は、購入したマンションの隣地に同じ売主が別のマンションを建築したことにより、眺望等が阻害されたことが信義則に違反するなどとして不法行為ないし債務不履行に基づき、損害賠償を請求した事案である。都心の利便性を追求しつつ、高層階からの眺望の良さをセールス・ポイントとしていた本件マンションは、高層階ほど高額の価格設定がなされており、「この価格差は、⑴日照について高層階の方が将来にわたって影響を受けにくいこと、⑵防犯上の利点も高いこと、⑶通行する自動車、通行人の騒音、排気ガス等の影響を受けにくいこと、⑷通風がよいこと、以上とともに、⑸眺望が良いことも重要な要素と考えられる。さらに、こうした居住面での機能性から価格差が生じ、これによりマンション販売業者が高層階ほど価格を高くする傾向から、高層階を購入した者はそれだけの資金力があることを意味し、⑹高層階の方が「ステイタス」があるという購入者の一般的な心理も理由として認められる」。特に、一一階以上は遠望可能であり、「一三階以上の階層の一階下との価格差は大きく、この差額中には眺望の要素が大きく反映していると認められる。」しかし、売主が対外的に本件新マンション建設を明らかにできる状態になったのは原告らの購入後で、被告売主が原告買主らの眺望への関心を知っ

ていたことをもっても、本件新マンション建築につき原告買主らに説明すべき信義則上の義務を負っていたとはいえない。原告らにとって眺望も購入の重要な動機だったことを被告らも了解していたはずであり、被告建築業者は、本件マンション建築に際し、被告売主とともに「販売を進めた者として、原告らに対し、信義則上その眺望を害しないよう配慮する義務がある」ところ、斯様な配慮はしなかったとして、建築主は、上記義務違反による損害賠償責任を負うべきとした（なお、阻害建物建築への関与が不明であるとして、被告売主の責任は否定された）。鑑定による減価評価を否定し、「眺望の障害の有無により上記時価の差額が発生することは容易に予測できる」が、「眺望は主観的なとらえ方にも影響され得る事項であるから、本件の証拠からその客観的時価の差額を正確に算出することは困難である」ため、このような経済的損失は、慰謝料で斟酌するのが相当として、財産的損害とは評価されなかった。「本件マンション高層階は、眺望とともに、本件マンションの立地条件である利便性の要素も当然に含まれていて、これが価格の要素に入っていることは否定できないこと、さらに、上下層の価格差には、眺望ばかりか、防犯、住環境等といったその他の要素も含まれていて、これは本件新マンションの建築により阻害されてはいないこと」等から、「『一一階との価格差』欄の価格差の半分程度の慰謝料」が認められた。

㊱は、完成前に購入したマンションからの眺望を阻害する電柱と送電線に関し、売買契約締結時に事実と異なる説明をした等として、消費者契約に基づく取消、債務不履行に基づく契約解除及び損害賠償、不法行為に基づく損害賠償を請求した事案である。「建築前にマンションを販売する場合においては、購入希望者は現物を見ることができないのであるから、売主は、購入希望者に対し、販売物件に関する重要な事項について可能な限り正確な情報を提供して説明する義務があり、とりわけ、居室からの眺望をセールスポイントとしているマンションにおいては、眺望に関係する情報は重要な事項ということができるから、可能な限り正確な情報を提供して説明する義務があるというべきである。そして、この説明義務が履行されなかった場合に、説明義務が履行されてい

れば買主において契約を締結しなかったであろうと認められるときには、買主は売主の説明義務違反（債務不履行）を理由に当該売買契約を解除することができると解すべきである」。電柱及び送電線による眺望阻害は小さくないことから、原告売主は、本件電柱及び送電線が買主居室の「眺望に影響を与えることを具体的に説明すべき義務」があり、この説明義務懈怠は売主の債務不履行に該当し、売主により上記説明があれば別室を購入していたとして、売買契約の解除を認め、買主の手付金一〇〇万円の返還請求、さらに契約解除によりオプション工事分九六万三六九〇円が損害として認められた。猶、消費者契約法による取消については、買主が購入した部屋と、購入しなかった別な部屋との「眺望が同一かどうかということは、主観的な評価を含むもの」であり、消費者契約法四条二項一号にいう「事実」に該当せず、また、同四条二項の「故意」も存在しないとして、消費者契約法による取消は否定された（慰謝料請求・違約金請求については否定）。

㊲は、隅田川の花火大会が見えるマンションを購入した買主の近隣に、売主が別なマンションを建築し、買主宅から花火が見えなくなったことにつき、不法行為に基づく損害賠償、慰謝料を請求した事案である。被告は、原告らが当該部屋からの「花火大会の花火の観望という価値を重視し、これを取引先の接待にも使えると考えて同室を購入し、被告においてもこれを知っていたこと」、室内からの花火の鑑賞・それを利用した取引先の接待は少なからぬ価値を有し、被告は、原告らに対し、「信義則上、原告居室からの花火の観望を妨げないよう配慮すべき義務を負っていたと解すべきであ」り、被告の阻害マンション建築は「信義則上の義務に違反し、被告売主は、これにより原告らに生じた損害を賠償しなければならない。しかし、「花火を見ることができる価値」の論拠が定かでないと原告提出の鑑定報告書を否定し、「花火を観覧できる」ことが価格設定の要素なのか、そうであったとしてもその程度が証明されていないとして、原告らの財産上の損害は認められなかった。原告買主らが本件居室からの花火の観望という価値を重視し、取引先との接待使用のため改造工事まで施しながら、その目

的でほとんど使用できなかった原告買主らが受けた「精神的苦痛は相当なもの」と認められ、原告以外の本件マンション購入者の多くが花火の観望価値を重視して本件マンションを購入した事実を知り、または知り得たにもかかわらず、これに十分配慮をした形跡はうかがえず、わずか一年も経ずにその観望を阻害するマンションの工事に着手し十分に誠意を尽くしたといえない対応は、「慰謝料算定の一事由として考慮すべきである」。しかし、都心に位置する本件マンション室内から花火を鑑賞する利益も、「本件のように売主自身がこれを妨げる行為をしたという特殊な事案を除き、いかなる場合にも法的に保護すべき利益とまではいえないし」、被告売主により建築された隣接マンションは、建築基準法上は適法な建築であり、被告が建築せずとも、同規模マンションが建築され得る点も慰謝料算定に際し考慮すべきとして、原告の妻に四二万円、同夫に一八万円の慰謝料が認められた。なお、原告らは本件部屋を引き渡された後、リフォームを行い、その工事代金は四九万三五〇〇円であった。慰謝料額がほぼこれと同額であることから、この工事代金相当額を慰謝料として認めたものと推測される。

㊳は、同じ建設・販売業者が近隣に建設した別のマンションにより眺望が阻害されたとして、マンション建設・販売業者に対し、共同不法行為に基づく損害賠償を請求した事案である。本件マンションで相模湾を一望できる限られた部屋は他の部屋に比べ販売価格が高額だったものの、高層の建物が多い地域性、隣接建物建設の適法性、眺望阻害の著しい部屋でも全ての眺望は失われていないこと、原告も隣接地へのマンション建築により「眺望が一定程度阻害される可能性があることを予見することができ」、更に「眺望利益は絶対のものではなく、常に変容の可能性を内包する権利である」ことも勘案すると、阻害マンション建築行為が、社会通念上受忍限度を超えて不当に眺望利益を侵害したとまではいえず、被告らによる阻害マンション建築行為に違法性があるとはいえないとされた。

㊴は、原告が購入した物件と同じ建築・販売業者が近隣に建設した別のマンションにより眺望等を阻害された

として、建築・販売業者に対し債務不履行又は不法行為に基づく損害賠償を請求した事案である。都市の中心部に居住し、「たまたま」原告の周辺に高層マンションがなかった結果として「良好な眺望を独占的に享受していた」としても、「その享受が社会通念上独自の利益として承認されるべき重要性を有し、法的保護に値するもの」とは認められず、また、本件マンション周辺に中高層建物が存在するため眺望を楽しむ状態にはないが、「上層階ほど高めの価格設定」であることから、売主が「眺望の良否を専ら又は主要な原因としていたとは考えられ」ず、上層階の価格設定が上層階住戸購入者に良好な眺望を保証し購入者を誤信させたとも考えられないだけでなく、被告売主は、本件近接地への中高層建物建築による眺望の可変性を十分に説明していたとして、売主の説明義務違反ないし虚偽説明を前提とする原告買主らの主張は斥けられた（プライバシー侵害についても否定）。資産価値の低下については、「もともと、本件敷地には中高層建物が建築される可能性があったのであり、その旨原告らは説明を受け、本件売買契約を締結したものである」から、眺望阻害建物の建築による、本件マンション住戸の資産価値低下は考えられず、仮にあったとしても、被告らの違法な行為と評価できないとした。

（4）⑤につき、「被害者側の眺望阻害にとどまらずに加害者建築物が景観の破壊というより広い侵害を行っている事案」ということができ、本件決定は「司法による計画および区域設定」の一事例と評価する見解もある（竹内保雄『公害・環境判例百選』別ジュリ一六一頁（有斐閣、一九九三年））。しかし、本決定に理由が付されていないため定かではないが、本事例は景観条例による美観地区として高さが一五メートル以下に制限され、それを超える場合には市長承認が、二〇メートルを超える場合には審議会諮問を要したにもかかわらず、それらを得ずに一五メートルを超え、一部は二〇メートルを超える建物を建築しようとしていたことから問題となったものである。申請人が差止を申請する際には、本件阻害建物の二階部分のコンクリート打設が終了していたのであり、三階を超える部分の建築禁止という本決定も前述の条例によったにすぎないものと考えられる。

（5）「不動産適正取引推進機構　紛争事例データベース」URL：http://www.retio.jp/cgi-bin/example_display.cgi?number

=105（二〇〇九年七月二六日最終確認）

（6）判決文を入手していないため、詳細は不明である。

（7）「第一法規 D1-Law 判例体系」判例ＩＤ：二八〇九一四六五

（8）「第一法規 D1-Law 判例体系」判例ＩＤ：二八一四一七六六

（9）眺望利益が法的保護を受け得る要件として本判決が挙げるもののうち、一般通念上美的満足を得られる眺望価値ある景観の存在つき、美的満足という極めて主観的なものを一般通念という括りが可能であるのかということ自体に疑問を呈し、⑭や㉑のように社会観念上独自の利益として認められるということで十分だとする見解がある（新美育文・前掲注（4）『公害・環境判例百選』一六五頁）。

（10）三一、六〇〇円（平成四年五月三一日時点価格）×四二七（面積）×〇・八八（時点修正率）×〇・二五（減価率）＝二九六万八五〇〇円（百円未満切捨）。なお、原告土地の減価額のうち、原告が容認すべき環境変化による二〇％分の損害額は二三七万四八〇〇円（二九六万八五〇〇円×〇・八）となる。

（11）㉓では、相手方に信頼を生じさせた場合には、その信頼を裏切る行為をしてはならない信義則上の義務を負い、当該義務違反があれば契約終了後も契約責任が認められるという「契約の余後効」をも肯定し得る判決として評価する見解がある（本田純一『消費者取引判例百選』別ジュリ六一頁（有斐閣、一九九五年）。同「不動産取引と環境瑕疵―契約責任という視点から」ジュリ九七二号一二九頁（有斐閣、一九九一年））では、⑳をその問題として捉えるべきとする。余後効かどうかはともかく、契約責任としての構成も可能であったかもしれないが、本件において原告は不法行為責任しか追及していない。

（12）｛三八六〇万円（分譲価格）×（一―〇・一）（経過年数などによる下落率）｝×〇・二（価格下落率）＝六九八万八〇〇〇円（価格下落相当額）

（13）「不動産適正取引推進機構　紛争事例データベース」URL：http://www.retio.jp/cgi-bin/example_display.cgi?number=105　記載から判断できる範囲で記述する。当該データベースからの引用には、他の判決文からの引用と区別するため、二重鉤括弧（『　』）を用いる。

三　検　討

この眺望阻害により生じうる価値の損失を損害として評価し得るのかを示すことが本稿の課題であるが、それを論じるために私生活上の眺望阻害事例につき眺望阻害が生じた場合の「あり得べき」救済手段の側面からアプローチを試みる。

1　阻害眺望の物理的回復

まず、眺望を阻害された場合に、阻害された眺望を回復することは可能であろうか。

阻害された眺望を阻害されていない状態に戻すこと（又は阻害されうる状態を阻害されない状態にすること）が理想的な解決である。一度阻害状態が生じれば、対象が不動産であるため「阻害」状態は継続することになる。眺望に価値を見いだしている当事者にとって、阻害された状態が半永久的に持続することは意図するところではないから、眺望阻害だけの理想的な解決としては、眺望阻害建物を除去する以外にないということになる。

しかし、判例がいう「眺望利益」とは、「特定の場所の所有又は占有者が、偶然にその場所（空間）に遮蔽物がないこと等の結果としてその者に独占的に帰属するに過ぎないもの」である。あくまでも他人の土地上の空間を偶然の事情（たまたま遮るものが何もなかった）ことにより享受できるものであるから、本来排他的権能を有する物権の所有者がその土地をどのように利用し、遮蔽物を築造しようと、それに異議を唱えられるはずはない。

従って、眺望を阻害しないように建物建築を制限すること、すなわち土地・建物の利用を制限することと、偶然の賜物である眺望利益の阻害状態を比較し、後者の方が法的保護の要請が強いという評価は、原則としてなされない。法令等により建築制限がある場合を除き、物権の排他性から、他人の土地・建物の利用――多くは物権であり、所有権に基づくものである――を制限することはできないからである。しかし、法令違反や権利濫用等の「特段の事情」があった場合に、法的に保護されるべき利益として認定された眺望利益を「保護」するため、例外的に眺望阻害建物の除去が認められる。

眺望阻害が懸念される建物が未完成の場合に工事差止等により眺望阻害を未然に防ぐこと及び眺望阻害建築物が完成済みの場合にそれを撤去することは、物理的には可能である。

だが、被侵害利益たる眺望と、「建てられない（部分的な差止の場合には高さが低くなる）」不利益を比較衡量し、前者の方が大きい場合は少ないだろう。⑫・⑰・㉖では未完成建物工事の一部差止が認められているが、⑫は眺望阻害について否定され、⑰・㉖は眺望だけではなく、日照・通風等の侵害があった場合である。

更に眺望阻害建築物が完成済みである場合に、眺望と建築済み建物が壊される利益を比較し、前者の方が大きいということはまずあるまい。これを認めた判例もない。差止事例ではないが、㉞で人格権及び建物所有権に基づく妨害排除請求権としてフェンスの二メートルを超える部分につき撤去が認められたのは、侵害された利益が眺望だけではなかったことと、設置済みであったとはいえ、撤去の対象がフェンスだったためであろう。

前述のように、阻害された（阻害されることが予測される）眺望を「阻害されていない（阻害されない）」状態にするためには、阻害物を物理的に除去する以外にはあり得ないが、「特段の事情」ある場合を除き、阻害物の物理的除去は現実的な解決ではない。

差止等の方法により眺望阻害を物理的になかった状態にすることには現実的な困難が存在し、また、他人の所有建物（阻害建築物）を無権限に除去することはできないため、金銭賠償の方法によっても眺望阻害をなかった状態にすることはできないことから、物理的な除去費用を損害として認めることにも意味はない。

2　眺望利益享受前の状態への回復と眺望利益享受状態の不発生

契約解除は、阻害されていない状態よりも更に以前の状態への原状回復という救済手段であるため、不動産売買契約を解除しても、阻害されていない状態の眺望を享受することはできない。もっとも、眺望が阻害された状態が継続したまま居住するよりは、買主保護に資するかもしれないが、何をもって売買契約の解除が認められるかは大きな問題である。

例えば、瑕疵担保責任を追及する場合に、民法五七〇条が同五六六条一項前段を準用することにより、契約目的を達成できなくなることが解除要件となる。

この場合に、眺望阻害が瑕疵にあたるとしても、眺望阻害による売買契約目的達成の可否が問題となる。これは、通常の場合、住居形態の不動産売買における第一義が「居住」にあると解されているためであり(14)、眺望阻害という瑕疵により「居住」という第一義の契約目的が達成可能であれば、眺望阻害により契約解除が認められることは稀であろう。

㊱は、説明義務懈怠が債務不履行に該当するとして契約解除による手付金返還とオプション工事費用相当分の損害賠償が認められたものであり、本稿で扱った判例の中で売買契約解除が認められたのはこの一件だけである。本件におけるオプション工事費用相当分の損害賠償は、契約締結以前の状態への原状回復である。

この他、民法九五条による錯誤無効という方策も考えられるが、契約解除を認める場合と同じ意味で、錯誤による意思表示が無効となっても、契約自体が当初より存在を否定されることになる結果、阻害されていない眺望を享受する利益すらなかったことになる。

⑲では一定水準の日照・眺望が確保されることにつき動機の錯誤があったことは認定されたが、その動機が表示されていないとして錯誤無効は認められなかかった(15)。

3 損害賠償

責任原因を問わず、何らかの義務を認定する判例が多いことから、以下では義務及び義務違反を中心に問題を検証する。

(1) 義務違反と債務の本旨

㊱のように、説明義務等何らかの義務を認定した判例は多いが（⑪・⑱・㉒・㉓・㉖・㉗・㉘・㉛・㉝・㉟・㊱・㊲）、義務違反を責任原因とする構成が明らかでない場合もあり、義務の根拠すら不明な場合もある。

本稿で扱った判例のうち、⑪・㉒・㉓・㉖・㉗・㉝・㉟・㊲は義務の根拠を信義則にとし、⑱・㉘（信義則にも根拠を求めている）は売買契約の付随義務とする。このうち⑪・⑱・㉒・㉘・㉝は信義則上の説明義務（告知義務・情報提供義務等）を、㉓・㉖・㉗は、眺望阻害建物を建築しない信義則上の義務を、㉟・㊲は眺望を阻害しないようにする信義則上の配慮義務を認めている。原告側の主張に従い、当該告知・説明義務違反を債務不履行で構成したと構成するか、不法行為と構成するか、両方を主張するかなどに分かれるが、責任の認否を債務不履行で構成した⑱・㉘・㊲のうち⑱・㉘は隣接地に眺望阻害建物が建築されることの認識可能性の有無を、㊲は売買契約の付随義務として重要事項を告知したか否かを判断している。(16)

ところで、説明義務等を信義則上の付随義務であり、その義務違反が債務不履行になるという構成は成り立つのであろうか。これを肯定するには、「付随義務」が民法四一五条前段の「本旨」に当たる必要があるが、いくら本来の債務と付随義務との関係の密接性・一体性を説いたとしても、付随義務といわれるものを本来の債務の中に取り込まない限り、等しく「債務の本旨」とはならないのではないか。

㉛・㊱は不動産完成前に販売するいわゆる青田売り事案であり、現実に見ることができないことから、売主には「現物を見聞できたのと同程度にまで説明する義務」（㉛）・「可能な限り正確な情報を提供して説明する義務」

㊱）があるとする（いずれも義務の根拠は不明である）。責任の有無の判断を㉛は不法行為として構成しているため、債務不履行として構成している㊱を見ると、「建築前にマンションを販売する場合においては、購入希望者は現物を見ることができないのであるから、売主は、購入希望者に対し、販売物件に関する重要な事項について可能な限り正確な情報を提供して説明する義務があり、とりわけ、居室からの眺望をセールスポイントとしているマンションにおいては、眺望に関係する情報は重要な事項ということができるから、可能な限り正確な情報を提供して説明する義務があるというべきである。そして、この説明義務が履行されなかった場合に、説明義務が履行されていれば買主において契約を締結しなかったであろうと認められるときには、買主は売主の説明義務違反（債務不履行）を理由に当該売買契約を解除することができる」としている。これを❶売主の付随義務を認めたものとするか、特約などのように❷売主の「債務の本旨」に取り込まれたものとするか、保証「契約」のように❸それ自体「債務の本旨」であることを認めたものとするかなどの解釈があり得よう。

❶❷は理論上はともかく、実質は変わらぬ結果となるだろう。すなわち、❶では付随義務が「債務の本旨」に当たるという解釈が必要であり、❷では明確な特約のない限り、「債務の本旨」に「それ」（❶で付随義務とされたもの）が含まれるという解釈が必要になる。ただ、前述のように付随義務が「債務の本旨」に当たるといい得るかについては疑問があり、また不動産売買は、単に目的物を引き渡せばよいという形態の売買ではないことから、明確な特約のない限り当事者の主張等に拠るところは大きいが、❷のように「債務の本旨」を広く捉え得ると解する。

㊱を❷と解した場合には、引渡までは民法四一五条前段の債務不履行責任を、引渡後は同五七〇条の瑕疵担保責任を追及することができよう。

また、信義則上の眺望阻害建物を建築しない義務（㉓・㉖・㉗）・眺望を阻害しないようにする配慮義務（㉟・

㊲）事案のうち、㉟を除き責任の有無を不法行為で構成する。

これらを「眺望を阻害しない」という契約を売買契約とは別に締結していたと仮定すると、この場合には「眺望を阻害しない」という不作為債務の履行が不可能となることから、民法四一五条後段・同五四三条本文により、債務不履行に基づく解除権行使が可能であろう。しかし、この場合にもそもそものような「眺望を阻害しない」という契約が締結されること自体がまずないであろうし、眺望を不変のものではなく将来可変の環境要素として捉えている裁判所が、通常の不動産売買契約において、そのような「眺望を阻害しない」旨の合意を認定することもないであろう。

隣接地が売主の所有又はそれと同視すべき場合について、売主が眺望阻害建物を建築しない義務や配慮義務は永続性があるのだろうか。

義務を認め、ある建物を買主に販売した売主は、隣地所有者であっても特約により当然に将来にわたって永続的に眺望を阻害する建物を建てられないとするならば、自由な経済活動を妨げることになりかねない。逆に、経済活動の自由を図り、眺望阻害建物を建築しない義務を破る自由があるとするならば、それはもはや義務ではない。

自己の経済活動の自由が制限されることも踏まえてそのような契約締結を合意したのであれば、眺望阻害建物を建築しない義務や配慮義務は将来に続くと考えるべきであろう。(17) 但し、売主側がこれらの義務に違反し眺望阻害建物を建築する場合には、全体工事の差止は認められない可能性が高く、それにより損害が生じたならば損害賠償による解決が図られ、事実上金銭で義務違反を購入できる結果になりかねない。

⑵　阻害建物建築の認識可能性

信義則上の義務違反を不法行為と構成する㉓・㉖・㉗・㉛（義務の根拠が不明）・㉟・㊲のうち、㉓・㉖・

㉗・㉛は、保護法益性の判断に買主の「信頼」を容れている。

また、受忍限度判定が用いられた⑮・⑰・⑳・㉑（「是認限度」とする）・㉔・㉕・㉙・㉜・㉞・㊳では、眺望利益の法的保護性、眺望利益侵害の程度、眺望阻害以外の生活利益侵害の有無・程度、眺望阻害建物建設地の状態（更地か否か）、都市計画法上の地域区分、建築基準法上の日影規制の有無・容積率・建坪率、適法な建築物か否か（土地利用の不当性の有無）、眺望利益の強調度（セールス・ポイントとしているか否か等）、眺望阻害建物が建築されることの認識可能性、眺望阻害建物建築につき阻害回避措置の有無、眺望の可変性説明の有無などを判定要素としている。[18]

そもそも、債務不履行・不法行為を問わず、説明義務については眺望阻害建物建築につき認識可能性があることを前提とし、受忍限度判定においても要素とされるが、どの程度の認識可能性があればよいのか。

⑪は、契約交渉前の準備段階における信義則上の調査解明・告知説明義務の存在を肯定しながらも、第三者が所有する土地につき、将来の築造物やそれによる買主のマンションへの影響等を買主に告知説明すべき信義則上の義務が「一般的に」課せられているとはいえないとして、売主の責任を否定した。

第三者が土地を所有するからといって、当該土地上の将来の建築計画につき必ずしも「一般的に」調査義務があるとはいえない――具体的建築計画が知りうる状況であれば、調査義務は肯定されるべきである――が、「どんな場合にも調査義務を負うものではない」という意味であれば、この判断を否定するつもりはない。

㉘は、隣接地への将来の建物建築可能性が、買主の購入意思決定に重要な事項であると認めた。眺望阻害建物（社宅）建築計画を文書で被告（被阻害建物の売主）に告知の上、購入者に説明するよう隣地所有者が被告売主に告げているのであるから、この事案では、建築計画の段階で被告売主は原告買主に説明すべきであった。

隣接地が第三者の所有物である場合に、当該土地に自己の眺望を阻害する建物が建築されるかどうか、その建築計画等の認識可能性については、各事例で個別に判断するしかあるまい。ただ、第三者の所有する土地が更地である場合には、将来自己の眺望を阻害する建物が建築されることは予測可能であるから、売買契約時に説明する必要はあるだろう。

(3)　損害賠償額の算定

前述のように、金銭賠償によって現実に眺望阻害物を除去することは望めない。眺望が阻害されたまま居住し契約を継続する場合に、阻害されない状態と比べ全く同じ状態であるとは限らない。阻害による減価その他の損害評価について以下考察する。

(a)　財産的損害

慰謝料以外に財産的損害が認められたのは㉑・㉓・㉗・㊱である。

上述のように、契約が解除された㊱事例における損害賠償は、眺望阻害が生ずるよりも前の状態への原状回復としての意味を持つと考えられるため、価値下落分の財産的評価とは全く異なるものである。

それでは、眺望阻害による経済的価値の下落をどのように評価すべきか。

「不動産鑑定評価基準[19]」によれば、不動産価格の形成要因は、「不動産の効用及び相対的稀少性並びに不動産に対する有効需要」に影響を与える要因をいい、不動産価格は、「多数の要因の相互作用の結果として形成される」が、要因自体も常に変動傾向にあるため、「価格形成要因を市場参加者の観点から明確に把握し、かつその推移及び動向並びに諸要因間の相互関係を十分に分析」する必要があるという。

価格形成要因は、一般的要因（自然的要因、社会的要因、経済的要因、行政的要因）、地域要因、個別的要因に大別され、「眺望、環境等の自然的環境の良否」は地域要因とされるほか、「土地利用に関する計画及び規制の状態」・「不動産の取引に関する規制の状態」は行政的要因、「隣接不動産等周囲の状態」・「建物とその環境との適合の状態」・「公法上及び私法上の規制、制約等」は個別的要因とされている。[20]

㉑は、眺望阻害による財産的価値低下を認めた最初の事案であり、[21]「眺望、景観・展望性という環境条件」による土地減価を二五％と評価した。この算定には、別荘地であること、利便性のある土地であること、眺望阻害建物と七〇から一〇〇メートル離れ心理的圧迫感も少ないことも考慮に入れられている。本件では眺望阻害建築による土地減価を四五％（眺望・景観・展望二五％、周辺環境一〇％、自然環境一〇％）、本件別荘・土地全体に対する観察原価法[22]により一〇％という鑑定評価が原告側から提出された。しかし、裁判所が指摘しているとおり、環境条件変化による土地減価率をあまりに過大に評価している点も大きいが、更にマイナス要因として地域要因及び個別的要因をどのように評価しているかが不明であるため、「環境のマイナス要因の二重評価」と判断されてしまったのではないだろうか。

その上で、「土地減価分」のうち二〇％は原告が容認すべきと判断されたため、その結果土地減価分として認められた損害は、「土地価格」の二〇％となる。

㉓は、一人当たり六〇万円から二五〇万円が財産的損害と認められた。これは、眺望阻害が認められた各個人毎に算出されているため、一戸当たりでは一五〇万円から二五〇万円となる。その算定根拠は明らかでなく、算定の数式も示されていないため、㉑・㉗のように時点修正[23]されているのかも不明だが、単純に認容された財産的損害が原告等の購入代金に占める割合は、一戸あたり四・九％から八・五％となる。

㉗では、一階部分よりも最上階（八階）部分の専有単価が約二六％高いことをもって、そのうちの二〇％が眺望景観阻害による下落分だと評価された。これは、一般に上層階ほど多様な理由により価格が高く設定され、それを評価すべく階層別効用比[24]をもとに眺望阻害による価値下落分を算定したものであろうか。

三　検　討

(b) 慰謝料

精神的損害賠償としての慰謝料には、単に精神的痛手に対する金銭による塡補としての意味とともに、裁判官が裁量により柔軟に判断できる調整機能としての意味もある。

慰謝料が認められた⑮・㉘・㉞・㉟・㊲事案は、被告側が原告の眺望に配慮しなかったことも考慮されたように思われる。

しかしそれだけではなく、そもそも眺望阻害による損害を財産的損害として主張・立証すること自体が困難であることも慰謝料が認められる大きな要因であろう。これは、未だ眺望阻害による金銭的損失を客観的に評価する術が確立されていないことによる。

⑮では、原告請求額に根拠がないとして、財産的損害は認められず、地価下落分を慰謝料算定の一事由とした(25)。その結果、地価下落分を斟酌した慰謝料として一〇〇万円が認められた。賠償金で新天地に引っ越せばよいとする、独特な判断をしている。

㉘は殆どの原告に購入金額の二%分の慰謝料を認めた。本件は、原告が財産的損害を請求せずに不法行為または債務不履行に基づく慰謝料を請求し、裁判所が義務違反を債務不履行として構成したため、結果的に債務不履行に基づく慰謝料請求が認められたという結論になったものである。

㉘は「隣接地が緑地であり続けるであろうとの期待が裏切られ」、眺望だけでなく日照・通風等を享受する利益が失われたことについての精神的苦痛に対する慰謝でもある。ここで慰謝料額算定の結果認められた購入金額の二%は、将来の隣地建物建築に異議申立をしない旨の記載が重要事項説明書にあったこと、及び買主が購入した建物の売買契約締結時に、隣接地眺望阻害建物建築計画はあったものの、着工時期等が具体的に定まっていなかったことなどを斟酌したものである。眺望阻害建物の具体的着工時期が不明であったことまで慰謝料の斟酌事

由――おそらく減額事由とされたと思われる――としたのは、建築計画が明らかであったこの事案では不適切であろう。

㉟では、不動産評価における価格形成要因となり得る項目を列挙しながら、「眺望は主観的なとらえ方にも影響され得る事項であるから、本件の証拠からその客観的時価の差額を正確に算出することは困難である。したがって、こうした経済的損失は、次の慰謝料で斟酌するのが相当である」と顕著に述べている。

㊲は、リフォーム代金相当額が財産的損害ではなく慰謝料として算定されたのは、原告が当該マンションの下落分を五％とする「査定報告書」の根拠を裁判所が疑問視したためである。

(14) 隣地に二階以上の建物が建たないという説明を受け、マンション共用部の一部を専用庭として温室を設置し、園芸をすることを目的としてマンションを購入したところ、隣地に四階建建物が建築され、温室の日照が阻害された事案において、日照阻害要因が隠れた瑕疵であることは認められたが、「原告らは、第一義的には居住用マンションを購入したものであり、本件温室への日照が阻害されてもそれだけでは本件マンションを購入した本件契約の目的を達することが出来なくなつたものではないといわねばならない」として、瑕疵担保責任に基づく契約解除による売買代金返還請求を否定した（予備的請求により瑕疵担保責任に基づく損害賠償として四〇〇万円が認められた）（大阪地裁昭和六一年一二月一二日判タ六六八号一七八頁）。

(15) ⑲につき、四階以上の建物が建てられなくなる旨を説明し、説明書もある場合には、それが契約として明示されておらずとも、売主の説明義務違反は免れないとする見解がある（本田・前掲注(11)「不動産取引と環境瑕疵」一三一頁）。なぜならば、「隣地に公的規制があるということは、隣地所有者が変わっても規制の効力が及ぶので、購入者に対して将来の環境保持について大きな信頼を抱かせることになる」ことから、⑲では「周囲の現在および将来の環境条件につき重大な不実告知があった（環境条件を積極的に宣伝しておきながら内容的に誤りであった）」と評価しているのである。

(16) 眺望が重要か否かは最終的には個人の嗜好の問題に辿り着くことになるが、眺望が法的に保護されるべき利益をなり得ることは殆どの判例が否定していない。眺望が経済的価値を有するものとして客観的に評価される場合には、眺望が重要な要素であることは疑いもなく、宅建業法三五条の重要事項に当たるということができよう。なお、「周辺環境に関する説明」として、隣地建築計画がある場合、建築後の具体的眺望、電柱等の設置につきできるだけ具体的に説明する必要があるとする（財団法人不動産適正取引推進機構「望ましい重要事項説明のポイント・三訂版」一四八頁（住宅新報社、二〇〇七年）。

(17)　この場合に、契約の余後効を認める見解がある（本田・前掲注(11)「不動産取引と環境瑕疵」一三一頁、長谷川義仁「マンション購入者の日照・眺望等の利益と売主の責任」広島法学三〇巻二号六一頁（二〇〇六年）。

(18)　㉘では、これが慰謝料算定における（おそらく減額の）斟酌事由とされ、㉛・㊳では、重要事項への記載だけではなく、重要事項説明時に近隣環境変化について説明をし、それについて質問もなかったことが、売主側の責任有無の判断の一要素とされた。しかし、二時間をかけて重要事項説明書を読むだけで当然に免責されると考えるべきではない。素人買主は読み上げられただけで文面を理解できるとは限らず、わからないために質問のしようもない場合があり得るからである。

(19)　国土交通省「不動産鑑定評価基準」平成一四年七月三日全部改正。

(20)　前掲注(19)参照。

(21)　加藤屋健治「平成五年主要民事判例解説」判タ八五二号一一四頁。

(22)　不動産評価方法は、原価法、比較法（取引事例比較法）、収益還元法に大別され、必要に応じて併用される。

(23)　不動産評価においては、売買契約締結時等取引があった時点と価格時点において価格水準に変動がある場合には、価格時点の価格に修正しなければならない。価格時点は鑑定評価を行った年月日を基準として、現在時点・過去時点・将来時点に分けられる（前掲注(19)参照)。

(24)　階層別効用比とは、上層階がもつ効用（日照時間が長いなど）を基準階と比較するものである。

(25)　「眺望価値は、それ自体一つの人格的利益」であり、「交換価値の中に表現されやすいとしても、それだけで眺望価値を非人格的利益と認定することは速断」として、旅館営業における眺望阻害についても人格的利益の享受として把握することを認める見解もある（篠塚昭次「眺望阻害と権利濫用―三浦海岸事件を契機として」判タ三八五号三五頁。丸山英気「一〇階建リゾートマンション建築が不法行為を構成するとされた事例―別荘地と眺望権」（㉑判例の評釈）法教一五四号一四頁も同様に、経済的利益に限定せず、人格的利益を容れる余地について肯定している）。本稿で扱う判例からは、眺望価値が交換価値の中で表されているとは言い難い。眺望価値を人格的利益として把握する可能性を否定する意図はないが、立証困難性から人格的利益に救済の活路を見い出さざるを得ない状況を把握すべきである。

四　おわりに

これまで眺望阻害に関する判例を概観してきた。

眺望利益の財産的価値について現状の限られた判例から得られることは、眺望阻害による財産的損害として認められ得るのは購入代金の二〇％までということである。

国土が狭く土地高度利用の要請が高い我が国において、都市部への人口集中に伴い、近時は商業地における眺望阻害事例が増加している（⑭・㉟・㊲・㊳・㊴）。商業地では建坪率・容積率ともに大きく緩和されているため、中高層建物が建築されやすく、それにより眺望が阻害されやすいが、それ故に眺望の可変性も予測しやすいともいい得るため、眺望阻害による責任追及が困難になる恐れもある。

しかし、例え眺望阻害建物が建築されるまでの一時的なものとはいえ、眺望利益が存在するのであれば、その経済的価値を把握する必要があろう。「阻害」されることにより享受が一時的になるものは眺望だけに限らず、日照・通風・採光等も阻害建物が建築されるまでは享受する利益がある。そして、それらの生活利益として眺望よりも法的保護の要請が高い利益を享受し得ることは、それが例え阻害建物が建築されるまでの一時的なものであっても、不動産価格に反映されているはずである。そうだとすれば、一時的な眺望利益も不動産価格に反映されていると考えられ、一時的であっても眺望阻害分の減価を損害として評価し得る場合があろう。

仮に、眺望阻害による減価を財産的損害として購入代金の二〇％までを上限とするということの範囲での損害算定が一般化するとしても、その他の不動産評価手法を取り入れるとしても、どの要素がどれほどの減価として評価されるかについては、今後より積極的に、具体的評価方法を構築することが必要である。それなくしては、今後も財産的損害としての損害賠償自体が認められないか、慰謝料によりお茶を濁すか、どんぶり勘定で財産的減価を認めることになる。

眺望利益が一定の経済的価値を持つものである以上、評価算定の困難さから損害賠償が認められないという事態を解消しなくてはならない。

現在までのところ、客観的に眺望阻害による損害発生を数値化するような方法は、裁判所が用いる方法として確立してはいない。

しかし、建物が人に与える圧迫感については、その数値化が試みられている。

例えば、建物の圧迫感計測に関する先駆者である武井正昭教授は、「形態率」という「建築物の外形の水平面立体角投射率」を用い、建築物に対峙したときの圧迫感を表している。(26)

この形態率を用いて、「受忍限度値」も算出されている。(27)

ただ、武井教授らは、一連の実験で、圧迫している対象建築物を基本的に一棟の建物として、当該建物に対峙した人の感覚を調査対象としていること、それ故に、周囲の環境をあまり考慮に入れていないこと、また、圧迫している対象建築物までの距離を考慮するに際し、水平距離のみを対象としていること等の批判が存する。(28)

しかし、武井教授らも全ての場面で形態率が有用であると考えているわけではなく(29)、「一棟独立の状態における物理尺度としては、形態率を用いる方が良い」としており(30)、このことは、他の研究によっても検証されている(31)。このような方法が、圧迫感を一定の場合に客観的に表すためには有用であるとしても、これらは設計用の尺度等として、建物建築時に留意すべき事柄を物理量として数値化することを試みたものである。従って、直接眺望に関する数値——眺望阻害の程度等——を表す指標として用いることができるかについては、検討が必要である。それでも、建築後の眺望阻害建物がどれだけ圧迫感を与えているかを測ることにより、どれほど眺望が阻害されているかの指標の一つとはなり得るであろう(32)。

もちろん、そうであったとしても、これにより表されるのは、眺望が「阻害」された（又はその一因であることを示す）数値であり、それにより直接損害発生の程度を示すものではない(33)。

従って、（眺望阻害建物周辺の）既存住民の権利・利益の保護、（眺望阻害建物を建築しようとする）土地所有者（利用権者を含む）の権利保護、建築関係法令による制限との関係に留意しつつ、一定の経済的価値があると考えられる眺望利益が阻害されることによる「損害」につき、上述の方法を用いること等により、客観的な損害評価を可能にする手法を構築することが必要である(34)。

（26）　武井正昭＝大原昌樹「圧迫感の計測に関する研究・1（圧迫感の意味と実験装置）」日本建築学会論文報告集二六一号一〇五～一〇六頁（日本建築学会、昭和五二年一一月）。

それによると、そもそも、「建物の見かけの二三〇度正面全円範囲に対する立体角の比率」である「立体角率」（「眼球運動、大きさ把握などの生理的根拠のある光学的物理尺度」）を用いる予定であったが、「孤立して目立っているような状況にある一棟の中高層建築物による圧迫感を対象とする場合では、壁面の縦横のプロポーションによって大きさの感覚量は変化するという調査結果を汲み入れ」、「形態率」を用いることにしたとされる。

この他、「建築物などの密集状態をあらわす尺度」である「天空率」を『残された天空の中に進入してくる建築物の割合』という意味で、形態率を天空率で除した値を求め、これを物理尺度として、圧迫感と対応させ」ると、『残された天空に進入してくる建築物の割合』が同量であるとしたとき、周辺状況が低層の住宅地域であるものの方が圧迫感を大きく感じ、一方、周辺状況が高層化されているものの方が圧迫感を小さく感じていることになる」とする（同「圧迫感の計測に関する研究・2（物理尺度との対応について）」日本建築学会論文報告集二六二号一〇八～一一〇頁（日本建築学会、昭和五二年一二月）。

(27) 池一郎＝武井正昭「住宅地に建つ大規模高層建築物が及ぼす圧迫感の影響評価と受忍限度値　―総合設計制度基準への提案―」日本建築学会大会学術講演梗概集一九九一年九月号一〇七～一〇八頁（日本建築学会）。これによれば、「設計時の良心的限界値であり、被害住民側受忍限度値」を「総合設計基準限界値」、「総合的、都市行政的にも全く好ましくない状態であり、住居系地域では、これを超える大きさの建築は、罰則規定付きの行政的許容限界値となるべきもの」を「非当事者受忍限度値」という二つのレベルに分けられ、前者の形態率の受忍限度値は六％、後者のそれが一三％であるとされる。

また、「一般的な低層住宅地に隣接して中高層建築が建つ場合」の形態率の許容限度は八％であり、「校庭、公園などのように特別な配慮を要する公共施設に隣接」して建物が建つ場合の形態率の許容限度は四％であるとする（武井正昭「都市の圧迫感を測る」建築とまちづくり三三四号七頁（新建築家技術者集団、二〇〇五年七月））。

(28) 例えば、黄泰然＝吉沢望＝宗方淳＝平手小太郎「都市空間における一棟及び多棟建物から受ける圧迫感に関する研究―物理指標の対応について―」日本建築学会環境系論文集六一六号二五頁（日本建築学会、二〇〇七年六月）は、建物の縦横比率であるアスペクト比を考慮すべきとする。また、「空間を構成する最小の構成要素」を「空間素」として、「空間素は、それ自体人間の存在から離れて空間量を先天的に所持しているわけではなく、人間がそれに対して持つ意味の多寡として後天的に付加している。従って、空間における任意の空間素に与えられる空間量は、人の立つ位置や視点からの距離によって変化する」ことから、その空間量を用いて人から建物までの絶対的距離を考慮して圧迫度を計ろうとするものもある（佐藤智史＝川瀬功一郎＝金子英樹＝高橋正樹＝宮田紀元「外部空間における建物の圧迫感の定量化に関する研究」日本建築学会大会学術講演梗概集二〇〇二年八月号八一二～八一三頁（日本建築学会））。

(29)　前掲注(26)「圧迫感の計測に関する研究・2（物理尺度との対応について）」日本建築学会論文報告集二六二号一〇五頁、一〇六～一〇七頁。

(30)　前掲注(26)「圧迫感の計測に関する研究・2（物理尺度との対応について）」日本建築学会論文報告集二六二号一〇六頁。

(31)　前掲注(28)「都市空間における一棟及び多棟建物から受ける圧迫感に関する研究―物理指標の対応について―」日本建築学会環境系論文集六一六号三〇頁。

なお、武井教授らも全くこれらを考慮していないわけではない。例えば、周辺建物の状況を低層・中層・高層に分け、特定街区制度に基づく大規模建築物を調査した上で、高層建築物の許容限界値を示したものもある（日吉聡一郎＝武井正昭「周辺建築物の影響を考慮した大規模建築物から受ける圧迫感と許容限界値に関する研究」日本建築学会大会学術講演梗概集一九九〇年一〇月号二三～二四頁（日本建築学会））。

(32)　景観に関するものだが、「圧迫感を与える建設は景観破壊の重要な一局面である」とするものもある。中林浩「高層マンションによる圧迫感を考える」建築とまちづくり三三四号八頁（新建築家技術者集団、二〇〇五年七月）。

(33)　名古屋地判昭和五八年八月二九日判時一一〇一号九一頁では、「圧迫感が人の心理的要因によって大きく影響されるものであり、原告が本件建物について、建築前から相当悪感情または被害者意識を有していたことは容易に推認しうるが、そうであったとしても本件建物に対する原告建物からの形態率の大きさに照らして、原告以外の者であってもその圧迫感は耐え難い程度のものと認められる」として、形態率を圧迫感の受忍限度認定の一要素として判断された。しかし、この判決では、生活利益侵害による財産的損害は認められず、慰謝料が認められただけである。

(34)　原告側が形態率を主張するものが散見されるが、その中の東京地決平成一七年一一月二八日判時一九二六号七三頁では、建築関係法規等の法令要件を満たしているとして社会的相当性に欠くところはなく、形態率が四％

又は八%を超え、原告らが不快感・圧迫感を感じていることは認められたが、受忍限度は超えていないとして、原告主張の差止請求・損害賠償請求が認められなかった。

11 裁判所による損害賠償額の認定

円谷　峻

一　はじめに
二　ドイツ民事訴訟法二八七条（損害の調査、債権額）
三　民訴法二四八条に関する裁判例
四　おわりに

一　はじめに

1　民事訴訟の原則

民事訴訟の原則に従えば、原告は債務不履行と損害の因果関係、損害賠償額を主張、立証しなければならない。この場合に、損害が発生していることは明らかに証明できるのだが、損害額を証明することができないということも考えられる。この点で、石油製品の最終消費者が、独禁法三条所定の「不当な取引制限」に該当する石油元売業者の違法な価格協定の実施により損害を被ったとして石油業者一二社に対しその賠償を求めることができるかが争われた鶴岡灯油上告審判決（最判平成一年一二月八日民集四九巻一一号一二五九頁）が興味深い。同判決は、

①価格協定に基づく石油製品の元売仕切価格の引上げが、その卸売価格への転嫁を経て、最終の消費段階における現実の小売価格の上昇をもたらしたという因果関係の存在、②当該価格協定が実施されなかったとすれば、現実の現実購入価格よりも安い小売価格が形成されていたといえること（現実の現実購入価格から安い小売価格の差額が損害）を被害者である最終消費者が主張・立証しなければならないとし、②の証明がされていないとして、消費者の訴えを棄却した。

このように、原告に厳密な損害賠償額を主張、立証させることが妥当ではない場合も考えられる。わが民法にはこの場合に原告の負担を軽減する規定は存在しないのだから、民法以外での措置が必要であった。民事訴訟法二四八条は、この社会的要請に基づいて、平成八年に民事訴訟法に導入された。以来、下級審裁判例によって、同条は活用されている。また、最高裁は、最近、採石権に関する損害賠償請求訴訟において、損害額の立証が極めて困難であったとしても、民訴法二四八条により、口頭弁論の全趣旨及び証拠調べの結果に基づいて、相当な損害額が認定されなければならず、それを原審が行わず、損害額が立証されていないとして訴えを棄却したのは違法だと解した（最判平成二〇年六月一〇日裁判所時報一四六一号一五頁）。従って、これによれば、裁判所は、損害額の立証が極めて困難である場合には、訴えを斥けるのではなく、民訴法二四八条によってその額を決定すべき任務があることになる。これは、損害賠償法理論にとって極めて重要なことである。そこで、本稿では、民訴法二四八条の果たすべき役割について検討することにしよう。

2　民訴法二四八条の導入と立法趣旨

(1)　民訴法二四八条の規定内容

平成八年、民訴法二四八条（損害額の認定）が導入された。同条は、次のとおりである。「損害が生じたことが認められる場合において、損害の性質上その額を立証することが極めて困難であるときは、裁判所は、口頭弁論の全趣旨及び証拠調べの結果に基づき、相当な損害額を認定することができる。」。

本条では、①損害が生じたことが認められる場合であること、②損害の性質上その額を立証することが極めて困難であることを前提とし、口頭弁論の全趣旨および証拠調べの結果に基づいて相当な損害額を認定することができるのである。

(2) 民訴法二四八条の立法趣旨

民訴法二四八条は、「口頭弁論の全趣旨及び証拠調べの結果に基づき、相当な損害額を認定することができる」ことを述べている。同条の立法趣旨については、同条が裁判官に損害賠償額認定のための裁量的評価の権限を与えたものと解する説（裁量的評価説）、証明度の軽減を図ったものと解する説（証明度軽減説）、折衷的見解を採る説（折衷説）が対立している。[1] このような見解の相違は、同条の立法担当者の説明に混乱があったことに大きな理由があると思われる。[2] なお、導入された二四八条についての解説では、証明度軽減説に基づいた説明がされているが、裁量的評価に基づいた慰謝料に関する判例も指摘されており、同条導入後の解説からも、必ずしも明確ではない。[3]

そのために、民訴法二四八条の立法趣旨から、同条の役割あるいは機能を明らかにすることは難しい。そこで、同条導入にあたり参考にされたとされるドイツ民事訴訟法二八七条（損害の調査、債権額）と民訴法二四八条の異同を眺めてみよう。

（1） 裁量的評価説による立場として、たとえば、春日偉知郎「『相当な損害額』の認定」ジュリスト一〇九八号七三頁、三木浩一「民事訴訟法二四八条の意義と機能」『井上治典先生追悼論文集　民事紛争と手続理論の現在』（法律文化社、二〇〇八年）四一二頁など。また、証明度軽減説によるものとして、たとえば、山本克己「自由心証主義と損害額の認定」竹下守夫編集代表『講座新民事訴訟法Ⅱ』（弘文堂、一九九九年）三〇一頁、松本博之＝上野泰男『民事訴訟法〔第四版補正版〕』（弘文堂、二〇〇六年）三六九頁［松本博之］、中野貞一郎ほか『新民事訴訟法講義〔第二版補訂版〕』（有斐閣、二〇〇六年）三五五頁［青山善充］など。折衷説として、伊藤眞「損害賠償の認定――民事訴訟法二四八条の意義――」原井龍一郎先生古稀祝賀『改革期の民事手続法』（法律文化社、二〇〇〇年）五二頁（以下伊藤・前掲として引用）、同『民事訴訟法〔第三版三訂版〕』（有斐閣、二〇〇八年）三二二頁。伊藤説は、「自由裁量説は、損害額の認定が裁量的評価であることを前提としながらも、評価の方法が確立している損害については、それによることとし、確立されていない損害についても裁量的評価を認めたところに二四八条の意義があるとする。しかし、条文の文言との関係からいえば、このような解釈が成り立ちうるかどうか疑問であり、自由裁量説が抱える問題点といえよう。」という（伊藤・前掲五五頁）。

（2）　この点の混乱については、たとえば、山本・前掲三〇二頁―三〇四頁など。

（3）　法務省民事局参事官室編『一問一答　新民事訴訟法』（商事法務研究会、平成八年）は、「Q一五四　第二四八条において、損害額を立証することが極めて困難な場合には、裁判所が相当な損害額を認定することができる旨の規定が設けられたのは、なぜですか。」という問いに対して、「第二四八条では、損害が発生したことが認められる場合において、損害の性質上その額を立証することが極めて困難であるときは、裁判所が相当な損害額を認定することができる旨を定め、もって証明度の軽減を規定しています。」と解説し、証明度の軽減という観点からの説明をしている（二八七頁）。これに対して、「Q一五五　裁判所が相当な損害額を認定することができる『損害の性質上その額を立証することが極めて困難であるとき』とは、具体的には、どのような場合ですか。」という問いに対しては、解説は、従来の慰謝料の算定や幼児の将来得べかりし利益の算定について言及し、「このように、実務上も、損害の性質上その額を立証することが極めて困難である場合に適正な損害額を認定することを可能にする考え方が採用されていますし、学説もこれを支持しています。」「第二四八条は、このような実務上の考え方を明文化し、原告にとって不当に不利益な事態が生じないようにすることとしているものです。」と説明する（二八六頁）。いささか揚げ足取りのようではあるが、慰謝料算定は証明度の軽減という観点からではなく、裁判官の裁量的評価という観点から理解されるべきである。たとえば、最判昭和五六年一〇月八日判決は、交通事故により死亡した八歳の女児の逸失利益の算定に当り、賃金センサスによるパートタイム労働者を除く女子全労働者・産業計・学歴計の表による各年齢階級の平均給与額を基準として収入額を算定したこと、および右平均給与額の五割相当の生活費を控除したことは不合理なものとはいえないと解した判決であるが、判決理由中で、「慰藉料の額は、裁判所の裁量により公平の観念に従い諸般の事情を総合的に斟酌して定めるべきものであることは当裁判所の判例とするところであり（最高裁昭和五一年(オ)第九五二号同五二年三月一五日第三小法廷判決・民集三一巻二号二八九頁）、原審の適法に確定した事実関係のもとにおいて原審の算定した慰藉料の額が著しく不当なものということはできない。論旨は、違憲をいうが、その実質は原審の裁量に属する慰藉料の算定を非難するものにすぎず、採用することができない。」と述べている。これは慰謝料算定における裁判官の裁量を論じているのであり、証明度軽減を述べているわけではない。

二　ドイツ民事訴訟法二八七条（損害の調査、債権額）

1　ドイツ民事訴訟法の構成

(1)　原則としてのドイツ民事訴訟法二八六条（自由心証主義）

ドイツ民事訴訟法二八六条（自由心証主義）は、いわゆる自由心証主義を定める規定である。自由心証主義とは、「裁判所が判決の基礎となる事実を認定するにあたって、口頭弁論の全趣旨および証拠調べの結果を自由な心証にしたがって評価することを認める原則」のことである。[4] わが民事訴訟法は、二四七条（自由心証主義）において、「裁判所は、判決をするに当たり、口頭弁論の全趣旨及び証拠調べの結果をしん酌して、自由な心証により、事実についての主張を真実と認めるべきか否かを判断する。」と定める。

ドイツ民事訴訟法（以下ZPO）二八六条（自由心証主義）は、次のとおりである。「⑴裁判所は、口頭弁論および、場合によっては、実施される証拠調べの結果による全部の内容を考慮して、自由な心証に従って主張された事実が真実とみなされるか否かを決定しなければならない。その判断にあたっては、裁判官の心証形成のために主要となった理由が示されなければならない。⑵裁判所は、本法に掲げられた諸場合にのみ法に定められた証明原則に拘束される。」。ZPO二八六条が適用される場合、裁判官は、提出された事実が証明されたとするためには、それについて十分に納得しなければならない。

⑵　例外としてのZPO二八七条（損害の調査、債権額）

(i)　ZPO二八七条（損害の調査、債権額）の内容

一般に、ZPO二八七条（損害の調査、債権額）は、わが民訴法二四八条（損害額の認定）の導入に際して参考にされた規定だと評されている。以下、ZPO二八七条（損害の調査、債権額）を概観する。[5] 同条は、次のとおりである。「⑴損害発生の存否、損害額または賠償されるべき利益額について当事者が争うとき、裁判所は、すべての事情の評価のもとに、自由な心証に従ってこれを決定する。申し立てられた証拠調べまたは職権に基づいて鑑定人に鑑定を命ずるべきか否か、そしてそれはどの範囲においてかは、裁判官の裁量に委ねられる。裁判所は、損害または利益について証明する者を尋問することができる、四五二条二項ないし四項は準用される。⑵前項一文および二文は、財産上の争いの際には、当事者が債権額を争い、このために決定的となるすべての諸事情の説明が、債権額について争われている部分の意味に関係のない困難に結びついているその他の場合にも準用される。」。

ZPO二八七条（損害の調査、債権額）は、自由心証主義を定めるZPO二八六条（自由心証主義）と密接な関係を有する規定であるが、ZPO二八七条（損害の調査、債権額）では、「裁判所は、すべての事情の評価のもと

に、自由な心証に従ってこれを決定」すればよい。付言するならば、ＺＰＯ二八六条（自由心証主義）では、裁判官は心証形成について十分に納得しなければならないが、ＺＰＯ二八七条（損害の調査、債権額）は証明度の軽減と裁判官の裁量的評価の双方を認める規定だと解されている。以下両規定の相違を明確にしておこう。

(ii)　ＺＰＯ二八七条（損害の調査、債権額）の役割

ＺＰＯ二八六条（自由心証主義）とＺＰＯ二八七条（損害の調査、債権額）との重要な相違点として、まず第一に、ＺＰＯ二八七条（損害の調査、債権額）は、立証活動という観点について原告の負担を軽減するだけではなく、主張責任（Darlegungslast）の点でも原告の負担を軽減する。第二の両者の相違点として、ＺＰＯ二八七条（損害の調査、債権額）では、裁判官は証拠調べをしないことも許される。すなわち、同条のもとでは、裁判所は、裁判官の十分な納得を得るには不十分だとしても、当事者によって申し出られた証拠調べを拒否することができるし、裁判官の裁量に従って、「当事者申立てへの拘束」を定めるＺＰＯ三〇八条（当事者申立てへの拘束）の枠内で[6]、損害額または債権額を証拠調べなくして決定することができる。さらに、ＺＰＯ二八七条のもとでは、裁判所は、鑑定人による証明を採用するか否かについて、裁量的権限を有する。なお、ＺＰＯ一四四条（検証、鑑定人）一項一文により裁判所は鑑定を指定する権限を有するが[7]、その裁量で鑑定を無視する権限は、ＺＰＯ二八七条（損害の調査、債権額）のもとで広く認められている。

また、すでに指摘したことではあるが、ＺＰＯ二八七条（損害の調査、債権額）のもとで、証明度の引き下げが認められている[8]。なお、損害賠償額や債権額の確定の場合には、裁判官の裁量を論じることができるが、とくに因果関係の判断にあたっては、たとえ裁判官にとって十分な納得が得られなくても、明らかに有力で確実な基礎に基づいた蓋然性（eine deutlich überwiegend, auf gesicherter Grundlage beruhende Wahrscheinlichkeit）でよいとされている[9]。

⑶　ZPO二八七条（損害の調査、債権額）の制定経緯

ZPO二八七条（損害の調査、債権額）の制定の経緯については、すでに詳しい紹介がされているので[10]、本稿では必要ある限度で論じることにする。同法は、本来的には裁判官の裁量的評価を認める規定として設けられたと説明されている。

すなわち、ZPO二八七条（損害の調査、債権額）の前身は、一八七七年の Civilprozeßordnung（CPO）二六〇条である[11]。同条は、それまで認められていた評価宣誓という原告が負う損害額の立証負担を軽減する方法を廃止した。すなわち、ドイツ普通法上の損害賠償請求訴訟では、原告は主張した損害を正確に計算し、証明しなければならなかった。しかし、原告が蒙った損害額を正確には証明することができない場合において、この厳格な負担を原告から取り除く必要性があった。それが評価宣誓という制度であった。すなわち、ドイツ普通法においては、加害行為について加害者に故意または重過失が認められる場合、原告は、特定の損害賠償請求訴訟において、評価宣誓をし、裁判所を拘束することができた。これが宣誓評価の制度である。

ドイツの法学者シュトルは、次のようにいう。（宣誓評価制度を廃止したCPO二六〇条のもとで）、「裁判所は、すべての事情を考慮して、自由な裁量によって、損害が発生しているのか、損害はどれだけの額になるのかについて決定しなければならなかった。しかし、法律は、さしあたっては、それでもまだ、裁判所を拘束する評価宣誓をすることを裁判所は証明者に免れさせることができるということに固執した。これは、すべての損害賠償請求訴訟で可能だとされ、評価宣誓の特別な要件は無視された。一九三三年一〇月二七日付けの訴訟法改正法が当事者宣誓（以前のZPO四六三条）への裁判官の拘束を排除した後、はじめて、裁判官による評価裁量（Bewertungser-messen）が最終的かつ完全に原告の評価裁量に代わって現れた。このような民訴法二八七条（損害の調査、債権額）の前史は、民事訴訟法二八七条が裁判官の納得のために必要な証明度に関係しているよりは、

むしろ、第一には、責任原因が確定された場合にやむを得ない場合には損害を衡平と良心に従って（ex aequo et bono）算定する権限のあることを明瞭に示している。すなわち、裁判官は、もしもこれが認められなければ、原則的には正当である請求権が認められなくなってしまうであろう限りで、裁判官が納得していないときにも、まさに、認められた金額が正確には損害に相応しないときにも、諸事情によって評価算定された金額を認めることができるし、認めなければならない。」[12]。しかし、CPO二六〇条の制定に至るまでの間に、損害額の判断だけではなく、損害の発生についても裁判官の自由な裁量に委ねられることになった[13]。

2　ZPO二八七条（損害の調査、債権額）の適用対象

(1)　ZPO二八七条（損害の調査、債権額）一項

(i)　具体的責任原因

損害賠償請求では、まず、具体的な責任原因が調査されなければならない。具体的な責任原因とは、ある者の損害賠償義務が導き出される事実（とくに、法や契約に違反した行為または不作為、賠償義務あるとされる者の故意・過失）である。この証明については、民事訴訟の原則が適用される。従って、ここでは、ZPO二八六条（自由心証主義）が適用されるのであり、ZPO二八七条（損害の調査、債権額）は適用されない。

(ii)　損害発生

ZPO二八七条（損害の調査、債権額）一項一文は、「損害発生の存否、損害額または賠償されるべき利益額について当事者が争うとき、裁判所は、すべての事情の評価のもとに、自由な心証に従ってこれを決定する。」という。従って、「損害発生の存否」に関する争いには、すべて本条が適用されるかのようである。しかし、損害発生の存否、すなわち、損害が発生しているのか否かは、実体法的な観点からも判断され得るので、ZPO二八

七条（損害の調査、債権額）が適用される場合とはどのような場合かは、解りにくい。その意味で、同条一項の文言は不正確だと指摘されている。[14]「一般に賠償されるべき損害が存在するのか、いかなる範囲で損害が存在するのか、そして、どのような原則によってそれは算定されるのかは、実体法によって判断される」と指摘されている。[15]

この例として、一九八四年七月一〇日付け連邦通常裁判所判決（魚雷艇模型事件判決：BGHZ 92, 85=NJW 1984, 2282）がある。事案は次のとおりである。Xは、ドイツ海軍の魚雷艇の模型を二〇分の一の縮尺で作成した（全長約二メートル、重量約四五キロ）。この模型は水面を遠隔操縦で動かすことできるし、無線による種々の機能を有していた。Xは、同種模型の国内外のコンテストにも参加していた。X方を訪問したYが、この模型を取り上げたが、床に落としてしまい、この模型はバラバラに壊れてしまった。Xは、Yに損害賠償を訴求した。本件で重要な点は、この模型がXの手作りによるものであるため、不代替的特定物であり、他に類似のものはなく、市場での価格も形成されていないということである。連邦通常裁判所は、本件では、原状回復ではなく金銭賠償が認められると解した。これは、実体法的な観点からの判断の帰結である。

これに対して、損害を発生させる事実については、従って、たとえば、利益が逸失したかどうか（民法二五二条［逸失利益］）、[16]損害賠償請求権の取得者に不利益が存するのか（民法八四二条［人の侵害の場合における賠償義務の範囲］）、[17]非財産的でない損害が発生したのか（民法二五三条［非財産的損害］）という問題については、[18]民訴法二八七条（損害の調査、債権額）が適用される、と解されている（ライポルト・七五四頁）。

なお、魚雷艇模型事件判決では、連邦通常裁判所は、具体的な損害賠償額の判断については、これを差戻し審に委ねた。同判決は、この点について、次のように述べている。「本判決で金額を決定することは本民事部には可能ではない。Xによってさらに追加で求められた総額四九、〇〇〇マルクの損害賠償額が正当化されるのかは、新たな評価の如何による。」事実に対するさらなる説明および裁判官に課せられ、命じられた民訴法二八七条（損害の調査、債権額）による

(iii)　因果関係

連邦通常裁判所は、初期の一九五一年五月一一日付け判決（BGHZ 2, 138）では、今日の判例、学説が認める因果関係の区分（後述する責任根拠因果関係、責任充足因果関係）を考えず、包括的に被告の故意・過失と発生した損害との因果関係を論じた。[19]

しかし、連邦通常裁判所は、一九五一年一二月一三日付け判決（BGHZ 4, 192）で、初めて、因果関係を責任根拠因果関係（Haftungsbegründe Kausalität）と責任充足因果関係（Haftungsausfüllende Kausalität）に分けて、前者にはＺＰＯ二八六条（自由心証主義）が適用され、後者には同二八七条（損害の調査、債権額）が適用される、と解した。なお、責任根拠因果関係とは、ある出来事（事件）と被害者が侵害されたこととの因果関係のことである。また、責任充足因果関係とは、損害賠償を義務づける行為者の態様と発生した損害との間の因果関係を指し、これにはＺＰＯ二八七条（損害の調査、債権額）が適用されると解されている。

(iv)　損害額の確定

損害額は、ＺＰＯ二八七条（損害の調査、債権額）一項によって確定される。すなわち、滅失または損傷した目的物の金銭的評価、逸失した利得額またはその他の相当な補償額は、ＺＰＯ二八七条一項による。[20] ここでは、非財産的損害（慰謝料）の場合における適切な補償額や適切なライセンス料の算定なども同条による。なお、わが国では、判例により慰謝料額については、裁判官による裁量的評価に基づいて算定されるべきだと解されている。[21] わが国では、ＺＰＯ二八七条（損害の調査、債権額）のような規定なしに判例法により裁判官の裁量的評価が是認されていることに注意しなければならない。

⑵　ZPO二八七条（損害の調査、債権額）二項

一九二四年の民事訴訟法改正法において、同法二八七条の規律は、債権額の確定という点に拡大された。同条二項が適用されるためには、債権の額が裁量的評価によって始めて確定する場合でなければならない。すなわち、民法典に債権額または請求額が公平な額で決定されなければならない等の定めがある場合、ZPO二八七条（損害の調査、債権額）二項が重要になる。そのような場合として、たとえば、民法三一五条（一方当事者による給付の取り決め）は、次のように定める。「⑴契約当事者の一方により給付が取り決められる場合において、疑わしいときには、その取り決めは、公正な裁量によって行われることが推定される。⑵取り決めは、相手方に対する意思表示でされる。⑶公正な裁量による取り決めがされるべき場合、その取り決めが公正であるときにのみ、相手方に拘束力を有する。その取り決めが公正さに応じていないとき、判決による取り決めがされる：取り決めが遅延されるとき、また同じである。」。

また、ドイツ民法三四三条（違約罰の減額）一項は、「科せられた違約罰が不相当に高額であるとき、違約罰は債務者の申し立てに基づいて判決によって相当な金額に減額される。相当性の判断にあたっては、財産的利益だけではなく、債権者のすべての正当な利益が考慮される。違約罰が支払われた後には、減額は排除される。」と定める。これらの場合において、争いがあれば、裁判官の裁量的評価によって具体的な金額が決定されることになる。[22]また、不当利得返還請求権、扶養請求権、後見人の報酬請求権（ドイツ民法一八三六条参照）などがここでの対象となる。

3　ドイツ判例法

(1)　一九五一年一二月一三日付け連邦通常裁判所判決（BGHZ 4, 192）における責任根拠因果関係と責任充足因果関係の区分

(i)　事実の概要

一九五一年一二月一三日付け連邦通常裁判所判決の事実の概要は、次のとおりである。Xは、一九四二年、倒壊の危険があるとの警察要請で空中戦の結果、破壊された住居から退去しなければならなかった。Xは、Yによってガラス工場に設けられた家具貯蔵倉庫に運び入れていた。Xは、木箱などに包装した多くの物が返されなかったとして、損害賠償を訴求した。Xは、一九四五年七月末までは、Xの家財は損傷なく倉庫に保管されていた、Yの従業員がXの家具の一部をXの同意なく横領した、Yは貯蔵倉庫に保管されていた家財を空襲による被害者に賃貸する際に必要な監視と正しい記録を怠った、と主張した。これに対し、Yは、一九四四年から一九四五年の冬に略奪され、また数多くの盗難が生じたのであり、当時の社会的な混乱のもとでは、同倉庫を安全に確保しておくことは、Yには不可能だったと主張した。第一審は、Xの訴えを棄却した。原審は、Xの請求を原則的に正当とみなした。Yの上告は棄却された。なお、Yは、上告理由中で原審が民事訴訟法一三九条（実体的訴訟指揮）、二八六条（自由心証主義）に違反した判断をした違法があると主張した。すなわち、Yは、原審はYの申し立てを部分的に考慮せず、証拠の提示を無視し、証言を十分には評価せず、経験則に違反し、その判決にあたって時間的関係を十分に考慮しなかったことによって旧ドイツ民法二八二条（客観的不能の場合の立証責任）の証明原則を踏み越えたという。(23)

(ii)　判決要旨

「具体的な責任原因を形成する出来事の経過における因果関係は、民事訴訟法二八六条（自由心証主義）に従っ

て証明されなければならない。損害の原因であるとされる特定の出来事によってある者が事実上侵害されたかどうかという問題は、具体的な責任原因の範囲内における因果関係に関係する。民事訴訟法二八七条（損害の調査、債権額）によっては、具体的な責任原因と損害との間の因果関係についてのみ決定される。」

(iii)　解　説

本判決は、判決要旨が述べるように、具体的な責任原因を形成する出来事の経過における因果関係、すなわち、責任根拠因果関係についてはＺＰＯ二八六条（自由心証主義）が適用され、具体的な責任原因と損害との間の因果関係についてはＺＰＯ二八七条（損害の調査、債権額）が適用されると解した。本判決の重要な点はこのような因果関係の区分とＺＰＯ二八六条（自由心証主義）、同二八七条（損害の調査、債権額）の適用の振り分けを明らかにした点にある。

本判決の判決理由は、次のようにいう。「損害賠償義務は、実際、賠償請求者を侵害した特定の出来事、すなわち、損害の原因となる出来事が損害を発生させたということの如何による。そのような出来事が賠償請求者を侵害したのか否かは、ＺＰＯ二八六条（自由心証主義）によって証明されなければならない。この出来事が損害を生じさせたこと、すなわち、損害の原因となる出来事と損害の間の因果関係は、確定した判例によれば、ＺＰＯ二八七条（損害の調査、債権額）によって確定されなければならない。損害原因となる特定の歴史的出来事は、多かれ少なかれ、最終的に損害を現実のものとする数多くのさまざまな意思決定、行為および出来事から成り立っている。これらの個々の意思決定、行為および出来事は、全体として、そして法的にみて、具体的な責任原因を形成する。そして、損害賠償義務が成立するためには、具体的な責任原因を形成する意思決定、行為と出来事との間に法的な意味での因果関係が存在しなければならず、さらに、具体的な責任原因それ自体と損害との間での因果関係が存しなければならない。損害賠償の理論では、因果関係は、まずは、具体的な責任原理について意味を有している。すなわち、因果関係は、具体的な責任原因に属する個別的な事実としてのさまざまな諸要素の結びつきである。そして、さらに、因果関係は、具体的な責任原因と損害との結びつきでもある。後者の因果関係が問題となる限りでのみ、それにはZPO二八七条（損害の調査、債権額）が適用される。これに対して、具体的な責任原因となる出来事、すなわち、本件では、家財を返還することができないという事実に最終点が見出される一連の出来事の経緯という因果関係は、ZPO二八六条（自由心証主義）によって、本件においては、民法二八二条（客観的不能の場合の立証責任）（注　本判決時の旧規定）に基づいて被告によって証明されなければならない。この証明がされると、次に、同様に確定された損害がそれによって惹起されたのかどうかは、ZPO二八七条（損害の調査、債権額）によって確定される。ある者が損害を被ったことが確定すると、次に、同人は損害原因となる出来事によって侵害されたものでなければならない。ある者がある出来事または別の出来事によって侵害された可能性があるならば、これらの出来事のうちいずれによって同人が侵害されたのかは、ZPO二八七条（損害の調査、債権額）によって評価はされない。その証明は、ZPO二八六条（自由心証主義）によらなければならない。すなわち、どのような出来事が被害者を侵害したのかという問題は、ZPO二八六条（自由心証主義）によって調査されなければならない具体的な責任原因の確認に属する事柄である。」。

なお、本判決で、連邦通常裁判所は、原審が本件で責任根拠因果関係に関する問題（すなわち、具体的な責任原因の確定に関する問題［考慮される種々の出来事のうちのいずれが原告を事実として侵害したのか］）をZPO二八六条（自由心証主義）によって適切に決定したとして、Yの上告を棄却した。

⑵　一九七二年一月一一日付け連邦通常裁判所判決（BGHZ 58, 48）

(i)　事実の概要

因果関係を責任根拠因果関係と責任充足因果関係に区分し、ZPO二八六条（自由心証主義）と同二八七条

（損害の調査、債権額）を振り分けて適用するという立場は、その後の判例によって維持されている。本判決の事実の概要は、次のとおりである。X_1は、自動車を運転中に事故を起こしたが、それについては全面的にYに責任があった。X_1の妻X_2は、事項当時、X_1の運転する自動車に同乗していたが、事故により意識を失い、病院で意識を取り戻した。事故当時、X_2は、妊娠六ヶ月であった。一九六四年九月一六日、X_2は、X_3を出産した。その後、X_3がけいれん性麻痺になっていることが判明した。X_3は、Yに対して損害賠償を訴求した。X_3の障害が母親の事故に起因しているかが争点となった。第一審は、X_3の請求を認めた。原審は、医師団の鑑定意見により、Yの控訴を斥けた。Yは上告したが、上告は棄却された。なお、本件では、X_1、X_2のYに対する損害賠償について判例集では割愛されているので、以下では、X_3の損害賠償についてのみ論じる。

(ii)　判決要旨

「1（妊婦を侵害することで）胎児を侵害する者は、健康被害をもって生まれた子どもに不法行為に基づく損害を賠償する責任を負う。2 胎児として侵害された者が同人の健康損害と母親の侵害との間の因果関係をＺＰＯ二八六条（自由心証主義）によって証明すべきか、ＺＰＯ二八七条（損害の調査、債権額）によって証明すべきかとの問題については、後者によって証明されるべきである。」

(iii)　解　説

判決要旨1については本稿で解説する必要はあるまい。判決要旨2についてのみ、解説することにしよう。本判決は、判決理由の中で次のように述べている。「原審が本件でＺＰＯ二八七条（損害の調査、債権額）の立証軽減によらずに、（上告理由によればこれが正当だと主張するような）ＺＰＯ二八六条（自由心証主義）による十分な立証を求めないことについて、原審には違法はない。もちろん、被害者は、責任を根拠づける事実が確定するときに、はじめてＺＰＯ二八七条（損害の調査、債権額）に依拠することができる。『具体的な責任原因』が争われているとき、この責任原因はまずは原告によってZPO二八六条（自由心証主義）に従って証明されなければならない。争いが、原告がその賠償を求める結果損害もこの責任原因に起因するかどうかが問題となるかぎりでのみ、原告にはZPO二八七条（損害の調査、債権額）の立証軽減が役立つ。」。なお、本件では、具体的な責任原因とは、原告である当該子どもの「健康」侵害である。具体的な責任原因については、ZPO二八六条（自由心証主義）によって健康損害を伴って生まれた子どもが母親の事故の際に胎児として巻き添えにされたと証明されなければならない。

(3)　二〇〇三年一一月四日付け連邦通常裁判所判決（NJW 2004, 777）

(i)　事実の概要

学説では、被害者の救済という観点から、責任根拠因果関係についてもZPO二八七条が適用されるべきだとの主張もされていたが、二〇〇三年一一月四日付け連邦通常裁判所判決は、これらの見解の立場を明確に否定した。

事実の概要は、次のとおりである。Xは、健康上の損害に基づいて財産的損害および非財産的損害賠償をYに請求した。この損害は、Xの主張によれば、一九九七年一二月初めの交通事故によって生じたのである。Yに事故について全責任があることについて争いはない。Xは、事故に遭った自動車に同乗者として乗っていた。事故後にはXはさしあたって何らの健康上の異常は感じなかった。Xは、その後、Xは、左手にむずがゆさを感じたが、それはだんだんと激しいものになった。一九九八年一月末、Xは医師を訪れたが、同医師はXは労働不可と診断した。左手の痛みはますます強まった。そして、機能障害の病相が現れた。Xの病気は悪化し、左手が硬直し指は開かなくなった。その改善の見込みはない。Xは、事故の際に左手でダッシュボードに手をついて支え、Yの運転していた自動車との衝突の際に左手を激しく衝いた。この経緯で機能障害が生じた。

第一審は、医療専門家の鑑定により訴えを棄却した。原審は、補充的に尋問し、控訴を棄却した。Xの上告は棄却された。

(ii) 判決要旨

「ZPO二八七条（損害の調査、債権額）一項は、責任根拠因果関係の確定にあたっては、交通事故により侵害された者が事故の後になって現れた疾病が事故に起因するとの証明を疾病（本件では機能障害）の種類によりZPO二八六条（自由心証主義）の規準に従って行うことができないときにも、適用されない。」。

(iii) 解　説

本判決は、判決理由中で次のようにいう。「本民事部の確立した判例によれば[24]、責任原因（責任根拠因果関係）の証明は、ZPO二八六条（自由心証主義）の厳格な要請に服するが、事実審の裁判官は、責任原因と発生した損害との間の因果関係（責任充足因果関係）の調査の場合にのみZPO二八七条（損害の調査：債権額）の規準による。」「それから相違するなんらの理由もない。証明度について相違づける理由は、直接的には、ZPO二八七条（損害の調査、債権額）という法律上の例外規定から、そして、法律上の責任原因（本件では民法八二三条一項または道路交通法七条一項）の諸要件、とくに加害者の行為と第一次的な侵害結果との間の因果関係が確定するときにのみ、加害者の責任が考慮されるということからも明らかとなる。確定された法益侵害（本件では身体侵害）のない加害者の行為それ自体は、責任原因とはならない。」「学説で主張された見解、すなわち、たとえば、加害者により被害者の法益が危険にさらされたこと、そして、結局は加害者に原因のある立証の困難性を考慮して、ZPO二八七条（損害の調査、債権額）を責任根拠因果関係の領域でも適用しようという見解では[25]、ただ加害者によって惹き起こされた可能性があるというに過ぎない法益侵害について加害者の責任が認められ、その結果、同人の責任は法律上の基礎なくして余りにも拡大する。加害者によって惹きおこされた第一次侵害が確定するときに、はじめて、裁判官に対し蓋然性による考慮に基づいて損害結果を確定することを裁判官に割り当てることが正当化される。」。

なお、引用部分における最後の一文については、補足的な説明が必要であろう。判例は、加害者の行為と第一次的侵害の関連はＺＰＯ二八六条（自由心証主義）によって立証されなければならないが、その後の問題はＺＰＯ二八七条（損害の調査、債権額）の問題だと解している。たとえば、母親が交通事故による被害を受けた際に胎児であって、その後に生まれた子どもにけいれん性麻痺が生じているとして、当該子どもの疾病と交通事故での母親の侵害の因果関係は、ＺＰＯ二八六条（自由心証主義）によって証明されなければならず、ひとたびそれが確定すれば、その責任原因と発生した財産損害または結果損害の間の因果関係は、責任充足因果関係の問題として、ＺＰＯ二八七条（損害の調査、債権額）によって確定されることになる（BGHZ 58, 48）。また、追突事故とむち打ち症という身体侵害との間の因果関係はＺＰＯ二八六条（自由心証主義）によって確定されなければならない（BGH NZV 2003, 282）。

4　小　括

ＺＰＯ二八七条（損害の調査、債権額）によれば、裁判所は、損害額の算定だけではなく損害発生の存否をも、すべての事情の評価のもとに、自由な心証に従って、これを決定する。我々に判りにくいのは、損害発生の存否である。判例は、損害発生の存否にかかわる責任原因についてＺＰＯ二八六条（自由心証主義）によると解する。また、因果関係は、責任根拠因果関係と責任充足因果関係に区別される。責任根拠因果関係は、責任原因の一部を構成するものとして、ＺＰＯ二八六条（自由心証主義）によって確定される。この区別は、我々から見ると必ずしも明らかではなく、ドイツの学説でも判例の立場に対し異論がないわけではない（注(25)参照）。

ＺＰＯ二八七条（損害の調査、債権額）は、損害の存否についても適用されると定められているから、責任原因やいわゆる責任根拠因果関係をＺＰＯ二八六条（自由心証主義）の適用領域に追いやったとしても、ＺＰＯ二八七条（損害の調査、債権額）には因果関係の証明に関する適用の余地が残されており、そのために、同条が裁判官の裁量的評価権限の付与のほかに証明度軽減を図った規定と理解することが妥当だと解されているのであろう。

責任根拠因果関係と責任充足因果関係の区別は、必ずしも明瞭ではなく判りにくい。後者を責任原因に基づく損害賠償範囲の問題と言い切れるか微妙であるが、少なくとも、責任原因に基づく損害賠償範囲の問題は責任充足因果関係の問題領域に含まれることになる。

なお、責任根拠因果関係はＺＰＯ二八六条（自由心証主義）によって証明されなければならないが、これについて種々の法技術によって原告の立証上の負担が軽減されている。この点について、たとえば、連邦通常裁判所の一九七〇年二月一七日判決（アナスタシア事件判決）で[26]、出来事の経緯に関して絶対的な確実さを得ることは通常できないのだから、ＺＰＯ二八六条（自由心証主義）によって、実際の生活で用いられる確実さの程度、すなわち、生活関係を明らかに概観する合理的な人間にとって疑いを差し挟まない程度の高度の蓋然性で足りると解されている[27]。

（4）　伊藤眞『民事訴訟法〔第三版三訂版〕』（有斐閣、二〇〇八年）三三二頁。

（5）　ＺＰＯ二八七条の概要を紹介するものとして、坂本恵三「ドイツ民事訴訟法二八七条について――民事訴訟法改正議論と関連して――」『木川統一郎博士古稀祝賀　民事裁判の充実と促進　下巻』（判例タイムズ社、一九九四年）一二六頁。

（6）　ＺＰＯ三〇八条（当事者申立てへの拘束）：「⑴裁判所は申し立てられていないことを当事者に言い渡す権限

を有しない。このことは、とくに果実、利息および従たる請求権に当てはまる。裁判所は、訴訟費用を負担すべき義務についても申し立てなく認めることはできない。」。

（7）ＺＰＯ一四四条一項は、「裁判所は、検証ならびに鑑定人による鑑定意見を命じることができる。」と定める。

（8）Leipold, in : Stein/Jonas, Kommentar zur Zivilprozessordnung, 22. Aufl. Band 4, S. 762.

（9）Leipold, S. 762.

（10）宮里節子「損害賠償訴訟における立証軽減――ＺＰＯ二八七条の意義について――」琉大法学二八号四四九頁。

（11）なお、ＣＰＯ二六〇条は、宮里・前掲四五八頁に紹介されている。重要なことは、ＣＰＯ二六〇条二項で、評価宣誓に関する規定が廃止される、と明示的に定められたことである。

（12）Hans Stoll, Haftungsverlagerung durch beweisrechtliche Mittel, AcP 176, S. 145, S. 183-S. 184.

（13）損害の存否に関する立証について、詳しくは、宮里・前掲四五五頁―二五八頁。

（14）Prütting, in : Münchener Kommentar zur Zivilprozessordnung, 3. Aufl. Band 1. S. 1683.

（15）Leipold, S. 754.

（16）二五二条（逸失利益）：「賠償されるべき損害は、逸失利益を含む。事物の通常の経過、または、特別な事情により、とくに関係する用意または準備により蓋然性をもって期待された利益は、逸失したものとみなされる。」。

（17）八四二条（人の侵害の場合における賠償義務の範囲）：「人に対して向けられた不法行為に基づく損害賠償義務は、被害者の所得または生計についてその行為が惹き起こす不利益にも及ぶ。」。

（18）二五三条（非財産的損害）：「⑴財産的損害でない損害に基づいた金銭による補償は、法律によって定められた諸場合にのみ請求される。⑵身体、健康、自由または性的な自己決定の侵害に基づいて損害賠償がされなければならないとき、財産的損害でない損害に基づいても、金銭による適切な補償がされなければならない。」。

（19）これを指摘するものとして、Peter Arens, Dogmatik und Praxis der Schadensschätzung, ZZP, 88, S. 1, S. 7. 一九五一年五月一一日付け判決の事件の概要は、次のとおりである。訴訟当事者Ｘ、Ｙの船舶が衝突した。Ｘ、Ｙは、それぞれ相手方の乗組員の故意・過失によると主張する。XYは、自らに発生した損害の賠償請求または反訴請求をした。第一審は、Xの請求を認め、Yの反訴請求を棄却した。原審は、賠償請求および反訴請求を各半分において正当とみなした。両者は上告した。上告により原判決は破棄され、本件は原審に差し戻された。

(20)　たとえば、一九八六年一月二二日付け連邦通常裁判所判決（BGHZ 97, 37）では、ビデオカセットの販売による音楽著作権の侵害の場合における相当なライセンス料額が争われた。連邦通常裁判所は、ZPO二八七条（損害の調査、債権額）によって金額が決定されるべきであるとして算定する。

(21)　最判昭和五二年三月一五日民集三一巻二号二九八頁は、「原審の適法に確定した事実関係のもとにおいて、所論の点に関する原審の認定判断は、正当として是認しえないものではなく、原判決に所論の違法はない。論旨は、ひっきよう、原審の裁量に属する精神上の損害額の量定を非難するものにすぎず、採用することができない。」として、慰謝料算定が裁判官の裁量に属することを確認している。また、最判昭和五六年一〇月八日判時一〇二三号四七頁がある。これについては前掲注(3)を参照されたい。

(22)　本文で指摘した規定以外に、たとえば、民法六五五条（仲立報酬額の減額）、同六六〇条（多数当事者の協働）などがある。

(23)　ドイツ旧民法二八二条（客観的不能の場合の立証責任）:「給付の客観的不能が債務者により責めを負うべき事情の結果であるか否かが争われるとき、その立証責任は債務者にある。」。同条は、債務法の現代化により削除された。

(24)　本判決の判決理由は、確立した判例法として、一九八六年六月二四日付け連邦通常裁判所判決（VersR 1986, 1121）、一九八六年一〇月二一日付け連邦通常裁判所判決（VersR 1998, 1153）、二〇〇三年一月二八日付け連邦通常裁判所判決（VersR 2003, 474）を指摘している。

(25)　本判決理由は、その学説として、Hanau（Die Kausalität der Pflichtwidrigkeit, 1971), Gottwald (Schadenszurechnung und Schadensschätzung, 1979), Rosenberg/Schwab/Gottwald（Zivilprozeßrecht, 15. Aufl.）を指摘する。

(26)　BGHZ 53, 256. アナスタシア事件とは、ニコライ二世の家族はロシア革命後に全員処刑されたとされているが、アナ・アンダーソンという女性が自分はアナスタシア（ニコライ二世の第四皇女）であるとして、ロシア皇室の唯一の相続人Yに対してロシア皇室の遺産について権利があると訴えた事件である。

（27） BGHZ 53, 245.

三　民訴法二四八条に関する裁判例

1 裁判例

(1) 下級審裁判例

平成八年による民事訴訟法改正以降、多種多様な事案について民訴法二四八条が活用されており、裁判例により「損害の性質上その額を立証することが極めて困難であるとき」が積み上げられてきている。下級審裁判例としては、およそ以下のようなものがある。

［1］ 建設業者から節税目的の等価交換方式によるマンション建設を勧誘されマンションを建設した者が、業者による説明が誤っていたために租税特別措置法による減税措置を受けられずに損害を被った場合は、特例措置がとられた場合に比較して損害を具体的に算定することは極めて困難であり、損害の性質上その額を立証することが極めて困難であるときに当たるとされた事例（東京高判平成一〇年四月二二日判時一六四六号七一頁）。

［2］ 税理士に相続税の申告を依頼した者が、借入金債務を税理士が失念していたため有利な遺産分割案があるとの助言が受けられずに損害を被ったが、損害を具体的に算定することは極めて困難であり、損害の性質上その額を立証することが極めて困難であるときに当たるとされた事例（東京地判平成一〇年九月一八日判タ一〇〇二号二〇二頁）。

［3］　建築基準法等に違反して建築された建物に隣接する建物の日照その他の生活環境が劣化したことによる建物の財産的価値の低下については、本来、不動産鑑定士による鑑定を要する問題であるが、被告ら建物の違法建築の有無及び程度について、鑑定等に既に多額の費用を出捐している原告に対し、さらに鑑定の申出を慫慂することは、その費用及び予想される財産的価値の下落額を考えると、相当性に乏しいので、民訴法二四八条の趣旨にも照らし、損害額が認定された事例（東京地判平成一〇年一〇月一六日判タ一〇一六号二四一頁）。

［4］　上水道工事の指名競争入札において業者の入札談合が行われたことにより県が適正価格で工事の発注ができないという被害を負い想定落札価格に相当する損害が生じたことが認められるが、損害の性質上その額を立証することが極めて困難であるときに当たるとされた事例（奈良地判平成一一年一〇月二〇日判タ一〇四一号一八二頁）。

［5］　漁業協同組合の貸付業務担当職員が准組合員に対し貸付限度額を超える等の不正貸付をしていたが、組合の理事・監事がこれを見逃していた場合において、十分な貸金回収ができなかったとき、組合が損害を被ったことは確かだが、理事・監事が負うべき損害賠償額を確定することは困難な状況にあるとして、民訴法二四八条が適用された事例（札幌地裁浦河支判平成一一年八月二七日判タ一〇三九号二四三頁）。

［6］　業務用冷凍庫を原因とする火災により家財道具等の動産が焼失または水浸しとなったという損害が生じたことが認められるが、損害の性質上その額を立証することが極めて困難であるときに当たるとされた事例（三洋電機冷凍庫発火事故製造物責任訴訟判決（東京地判平成一一年八月三一日判時一六八七号三九頁）(28)）。

［7］　現に走行する機能を有し、かつ、営業車として収益活動に寄与し又は自家用車として日常生活の利用に供されている、いわば営業資産又は生活資産として見ることができる車両の損傷に係る損害額を算定するに当たって、中古車市場価格を参考とするのが相当とはいえないような特段の合理的な事情がある場合には、別の算

定方法（例えば、当該車両の今後の実動可能期間と実動に伴う収支等から算定する方法等）を検討し、それでもなおその金額を算定する合理的な方法を見出し難い場合には、民訴法二四八条に基づき、裁判所は、相当な損害額を認定することができると解された事例（東京地判平成一一年一月一四日交民集三二巻一号三一頁）。

［8］　建売住宅の建築・販売に反対する住民が住宅販売後も反対意見を表明する看板類を設置していたことにより販売業者が販売価格を値下げしなければ売れないという被害を被った場合には、損害が生じたことは認められるが、損害の性質上その額を立証することが極めて困難であるときに当たるとされた事例（横浜地判平成一二年九月六日判時一七三七号一〇一頁）。

［9］　ごみ焼却場建設の請負契約を締結する際に談合及び違法な価格上乗せがあったため、市が適正価格で工事の発注ができず、高い価格で落札しなければならなかった場合には、想定落札価格に相当する損害が生じたことが認められるが、損害の性質上その額を立証することが極めて困難であるときに当たるとされた事例（名古屋地判平成一二年七月一四日判例地方自治二〇七号二九頁）。

［10］　レストランで発生したボツリヌス菌による食中毒について、瓶詰オリーブから検出されたB型ボツリヌス菌及びその毒素は瓶の開封前から存在していたと推認するのが相当であり、レストランが輸入瓶詰オリーブのボツリヌス菌により食中毒を発生させ、営業停止を命じられるなどした場合には信用損害が生じたことが認められるが、損害の性質上その額を立証することが極めて困難であるときに当たるとされた事例（東京地判平成一三年二月二八日判タ一〇六八号一八一頁）。

［11］　高層リゾートマンションの建築確認申請に必要な構造認定申込書を特定行政庁の担当者が上級官庁に違法に進達せず、その結果計画した建築物が建築できなくなった場合には、公務員の不法行為により損害が生じたことが認められるが、損害の性質上その額を立証することが極めて困難であるときに当たるとされた事例（東京

高判平成一三年七月一六日判タ一〇八七号八一頁）。

［12］　パーティーを内容とするサービス契約（消費者契約）の中途解約に伴い事業者に生ずべき平均的な損害額は、損害の性質上その額を立証することが極めて困難であるとされ、民訴法二四八条の趣旨に従って平均的な損害額が算定された事例（東京地判平成一四年三月二五日判タ一一一七号二八九頁）。

［13］　他人のデータベースが複製・盗用され、盗用者により作成されたシステムに組み込まれて販売された場合は、盗用者のシステムがなければ本来被盗用者が販売することのできたシステムの数量に相応する利益が損害であると認められるが、損害の性質上その額を立証することが極めて困難であるときに当たるとされた事例（東京地判平成一四年三月二八日判時一七九三号一三三頁）。

［14］　不動産競売手続により土地建物の所有権を取得した不動産業者が建物について引渡命令の申立てを行うことなく残置されていた家具等の動産類を廃棄した場合に物的損害が生じたと認められるが、損害の性質上、その額を立証することが極めて困難であるとして、民訴法二四八条に基づき相当な損害額が認定された事例（東京地判平成一四年四月二二日判時一八〇一号九七頁）。

［15］　公共工事における入札談合により地方公共団体が損害を受けたとして損害賠償を求める住民訴訟では、現実の落札価格と想定落札価格の差額が損害となるところ、損害の性質上その額を立証することが極めて困難であるときに当たるとされた事例（横浜地判平成一四年四月二四日判例地方自治二三八号二九頁）。

［16］　交通事故による車両の損害につき被告車の損害額として九五万五五〇〇円と記載された部品及び工賃明細書の金額は不当に高額であるおそれが大きく、その作成者も不明であって、その信用性は低いとされ、民訴法二四八条に従い、被告車の損害額を八五万円と認定された事例（神戸地判平成一四年七月一八日交通民集三五巻四号一〇〇八頁）。

［17］　町長が指名競争入札において特定の業者の指名を保留したことに裁量権の範囲を逸脱し、又はこれを濫用した違法がある場合において、原告会社が本件各入札のうち、具体的にどの入札につき落札することができたか、あるいは、いくらで落札することができたか、その工事の利益率がどの程度であるか等の点については、入札制度の仕組みからしてその立証が極めて困難であり、本件においても、原告会社に損害が生じたことは認められるが、損害の性質上その額を立証することが極めて困難であるとし、民訴法二四八条の規定により、本件証拠調べの結果及び弁論の全趣旨に基づき、原告会社の損害額（得べかりし利益の喪失分）が認定された事例（津地判平成一四年七月二五日判タ一一四五号一三三頁）。

［18］　談合行為によって発注者が被った損害とは、談合行為がなければ指名業者間の公正な競争を経て入札された場合に形成されたであろう契約金額又は想定落札価格と現実の契約金額又は落札価格との差額相当額となるが、損害の性質上その額を立証することが極めて困難であるときに当たるとされた事例（前橋地判平成一五年六月一三日判タ一一六三号一八八頁）。

［19］　タンクローリー車の爆発事故の爆風により飲食店が什器備品及び食材在庫の滅失した場合は、損害が生じたことは認められるが、その性質上その額を立証することが極めて困難であるときに当たるとされた事例（東京地判平成一五年七月一日判タ一一五七号一九五頁）。

［20］　火災により商品、什器備品の焼失という被害を負った場合は、損害が生じたことは認められるが、その額を立証することが極めて困難であるときに当たるとされた事例（大阪地判平成一五年一〇月三日判タ一一五三号二五四頁）。

［21］　特許権者が侵害差止めの仮処分命令を得てこれを執行した後に特許が取り消された場合において、本件不法行為により原告に売上高減少による損害が生じたことは認められるが、損害の性質上、その額を立証するこ

とは極めて困難であるといえるとし、民訴法二四八条に基づいて売上高減少に係る損害額が認定された事例（大阪高判平成一七年三月二九日判時一九二二号一一五頁）。

［22］ 大学入試合格者が入学金・授業料を納付した後、入学辞退申出期限内に入学辞退をしたときには授業料のみ返還する旨の特約がある場合において、大学が返還しないとする入学金は消費者が支払う損害賠償の額を予定するものであり、その額が大学の被る「平均的な損害の額」を超えているときは、超える部分の特約は消費者契約法上無効となるが、辞退者が立証すべき「平均的な損害の額」である入学事務手続費用相当額は、損害の性質上その額を立証することが極めて困難であるときに当たり、入学事務手続費用相当額の算定につき民訴法二四八条を類推適用することができるとされた事例（横浜地判平成一七年四月二八日判時一九〇三号一一一頁）[29]。

［23］ 公共工事の制限付き一般競争入札における入札談合により地方公共団体が被った損害は、現実の落札価格と談合がなく自由競争が行われた場合に想定される価格との差額となるが、損害の性質上、その額を立証することが極めて困難であるときに当たるとされた事例（金沢地判平成一七年八月八日判タ一二二二号一八一頁）。

［24］ 医師がC型肝炎患者に対し肝細胞がんの早期発見のために実施すべき検査を怠った過失により患者が死亡した場合において、損害の額を算定する上で重要な要素をなす患者の余命について不確定な点が多く、また、それは、もともと被告および被告医院において定期的な検査がされていないことが大きな原因となっていることなどを総合的に考慮し、損害の性質上その額を立証することが極めて困難であるとき（民訴法二四八条）に該当するものというべきであり、肝細胞癌に対する各種治療法及びその療法の予後等並びに弁論の全趣旨及び証拠調べの結果に基づいて、同患者の死亡により喪失した逸失利益相当額の損害額が認定された事例（東京地判平成一七年一一月三〇日判タ一二四四号二九八頁）。

［25］ 公共工事の指名競争入札での談合により地方公共団体が被ったと損害とは、談合がなければ指名業者間

の公正な競争を経て入札され形成されたであろう契約金額（又は想定落札価格）と現実の契約金額（又は落札価格）との差額相当額であると推認するのが合理的であるが、指名競争入札における落札価格を形成する要因は多種多様であることに鑑みると、入札談合を不法行為とする損害は、その性質上その額を立証することが極めて困難であるというべきであるから、民訴法二四八条を適用して当該地方公共団体が被った損害額を認定するのが相当であるとされた事例（仙台地判平成一八年二月二一日判例地方自治二八四号一五頁）。

［26］　製造委託契約の競業禁止条項に違反して受託者が類似品を製造販売したことを理由に委託者が契約を解除した場合において、委託者が請求する契約終了による製品の販売機会の喪失及び受託者による類似品販売に係る利益の逸失が生じたことは認められるが、損害の性質上その額を立証することが極めて困難であるとされ、民訴法二四八条により、原告の損害額が認定された事例（大阪地判平成一八年四月二七日判時一九五八号一五五頁）。

［27］　地方公共団体の一部事務組合が発注したごみ焼却施設の建設工事の指名競争入札で談合がされた場合には、当該競争が行われていた場合に形成されたであろう想定落札価格に基づいて締結された請負契約に係る契約金額と被告会社が本件組合との間で締結した本件談合に基づく落札価格に基づいて締結された実際の請負契約に係る契約金額との差額分が損害であるが、想定落札価格は実在しない価格であり、また、健全な競争入札における落札価格は、当該具体的な工事の種類・規模・場所・内容、入札当時の経済情勢及び各社の財務状況、当該工事以外の工事の数・請負金額、当該工事に係る入札への参加者数、地域性等の多種多様な要因が複雑に絡み合って形成されるものであり、本件入札における想定落札価格を証拠に基づき具体的に認定することは困難であるものといわざるを得ないから、損害の性質上その額を立証することが極めて困難であり、民訴法二四八条により口頭弁論の全趣旨及び証拠調べの結果に基づき相当な損害額を認定すべきものであるとされた事例（東京地判平成一八年四月二八日判時一九四四号八六頁）。

［28］　公立学校の校長が行った違法な学校施設使用不許可の処分により教職員組合が施設を使用できずに他の場所で学習会を開催せざるを得なかった場合、教職員組合が被った有形無形の損害は、その性質上その額を立証することが極めて困難であるとされた事例（東京地判平成一八年八月二五日判タ一二三九号一六九頁）。

［29］　マンション居室の火災にあった者が、売主から専有部分内に設置された防火戸の電源スイッチが切られて作動しない状態で同居室を引き渡され、宅地建物取引業者から防火戸の操作方法等につき説明を受けなかったため、防火戸を作動させることができず損害が拡大した場合は、具体的な範囲及び程度等を確定することができず、損害を確定することが困難であり、損害の性質上その額を立証することが極めて困難であるときに当たるとされた事例（東京高判平成一八年八月三〇日金判一二五一号一三頁）(30)。

［30］　地方公共団体が発注したごみ焼却施設の建設工事の指名競争入札において談合により地方公共団体が被った損害は、現実の落札価格と談合がなく自由競争が行われた場合に想定される価格との差額となるが、損害の性質上その額を立証することが極めて困難であるときに当たるとされた事例（大阪高判平成一八年九月一四日判タ一二二六号一〇七頁）。

［31］　ごみ処理施設増設工事の入札談合により最低入札金額を提示したプラントメーカーとの随意契約の締結を余儀なくされた地方公共団体が被った損害は、現実の契約金額と談合がない公正競争によれば形成されたであろう想定落札価格との差額となるが、損害の性質上その額を立証することが極めて困難であるときに当たるとされた事例（新潟地判平成一八年九月二八日判タ一二四二号一七一頁）。

［32］　航空自衛隊の練習機が墜落して高圧電線を切断したことによる停電のため廃棄物処理施設の機械設備に損傷が生じた場合において、被害者が立証すべき機械設備の被害時の時価は、損害の性質上その額を立証することが極めて困難であるとされた事例（東京地判平成一八年一〇月三一日判時一九六二号一二五頁）。

[33]　火災事故により家財道具の焼失という被害を被った場合には、損害の性質上その額を立証することが極めて困難であるときに当たるとされた事例（東京地判平成一八年一一月一七日判タ一二四九号一四五頁）。

[34]　執行官が茶葉に対して動産執行を行う際に、計量器を持参せず、茶葉の袋を両手でもちあげてその重量の検討をつけ、茶葉の品質も十分に確認しないなどの執行官の違法による執行を受けた茶葉の所有者の損害について、民訴法二四八条に基づいて損害額が認定された事例（福岡高判平成二〇年五月二九日判時二〇二五号四八頁）。

(2)　最高裁判例

[35]　特許権を目的とする質権の設定を受け、その登録申請をしてこれが受け付けられた者が、特許庁の担当職員の過失により後から申請された登録が先にされたため、質権を取得することができず損害が発生した場合は、損害の性質上その額を立証することが極めて困難であるときに当たるとされた事例（最判平成一八年一月二四日判時一九二六号六五頁）。

[36]　採石権侵害の不法行為を理由とする損害賠償請求において、損害の発生を前提としながら民訴法二四八条の適用について考慮することなく、損害の額を算定することができないとして請求を棄却した原審の判断に違法があるとされた事例（採石権事件判決・最判平成二〇年六月一〇日裁判所時報一四六一号一五頁）。

2　裁判例の分析

(1)　民法理論との整合性

裁判例の分析をする前に、民訴法二四八条が民法における損害賠償法とどのように接合、整合するかについて言及しておこう。民法四一六条（損害賠償の範囲）は、「債務の不履行に対する損害賠償の請求は、これによって通常生ずべき損害の賠償をさせることをその目的とする。2　特別の事情によって生じた損害であっても、当事者がその事情を予見し、又は予見することができたときは、債権者は、その賠償を請求することができる。」と定める。判例、通説は、損害賠償範囲を確定する同条を相当因果関係論が定められた規定と解している。学説では、判例理論が採用する相当因果関係論は、①事実的因果関係、②損害の保護範囲の確定（事実的因果関係のうち、民法四一六条によって確定された範囲の損害について賠償責任を負う）、③損害の金銭的評価に区分されるという説（平井説）が有力に唱えられている。(31)

しかし、保護されるべき損害が確定した場合、次にはそれを金銭的に評価しなければならないという点では、判例理論による場合でも、平井説と同様である。平井説は、これを明確に指摘した点に意義がある。民訴法二四八条は、①損害が生じたことが認められる場合において、②損害の性質上その額を立証することが極めて困難であるとき、裁判所は、③口頭弁論の全趣旨及び証拠調べの結果に基づき、④相当な損害額を認定することができると定める。同条がわが国の自由心証主義を定める民訴法二四七条の次に置かれていること、同条には③の文言があることから、証明度軽減規定と解する見解も有力だが、これまで概観した裁判例からは、むしろ裁判官に損害の金銭的評価について裁量的権限を付与した規定と解することが素直なように読み取れる。

このように考えると、民訴法二四八条を損害額の認定について裁量的評価権限を付与した規定と解するのが、民法の損害賠償論と整合すると思われる。裁判官が損害賠償額の認定について裁量的評価を行う前提として、証明度を軽減した評価を行うことも十分に考えられよう。しかし、それは裁量的評価の前提として許容される範囲内で行われることになり、ことさら同条に証明度軽減が認められたと解する必要はないのではあるまいか。(32)

ＺＰＯ二八七条（損害の調査、債権額）を考えると、同規定の歴史は古く、自由心証主義を定めたＺＰＯ二八六条と並び民事訴訟における原則と例外という役割を担ってドイツ民事訴訟法を規律する二つの重要な規定として用いられてきた。このために、ＺＰＯ二八七条（損害の調査、債権額）の制定の経緯、制定後の運用を考えれば、同条に証明度軽減と損害額に対する裁量的評価権限という二つの側面があることを認めることが適切である。わが民訴法二四八条は、ZPO二八七条(損害の調査、債権額)と類似の規定であるとされているが、その役割は相当に異なる。民訴法二四八条は、損害額の立証が損害の性質上極めて困難な場合に相当な損害額を認定することができることのみを定めるのであり、ZPO二八七条(損害の調査、債権額)のように「損害の発生」は対象にはなっていない。また、平成八年における民訴法二四八条の導入以前においても、また、その後も、因果関係の証明については、判例法によって、一応の推定、間接証明、間接反証などの訴訟上の法技術を活用すること、あるいは、判例法によって承認された高度の蓋然性論、相当程度の可能性論のもとで因果関係を確定が図られており、民訴法二四八条にZPO二八七条(損害の調査、債権額)のような大きな役割をいまさら与える必要もあるまい。

(2) 総論的考察

これまでの裁判例を概観すると、損害の性質上その額を立証することが極めて困難であるときに民訴法二四八条によって損害額が認定されているが、その場合の類型はさまざまである[33]。被告の説明義務違反が問題となった事例([1][2])、談合事例および違法入札事例([4][9][15][17][18][23][25][27][30][31])、火災事例および爆発事故事例([6][19][20][29][33])のほか、消費者契約法における平均的損害額に関する事例([12][22])、不正競争・知的財産侵害事例([13][21][26])などがある。また、食中毒による信用損害([10])、C型肝炎患者に対する肝細胞がんの早期発見のための検査を医師が怠った過失により患者が死亡した場合における患者の逸失利益([24])なども注目される。以下では、とくに重要と思われるケースについて言及する。

(3)　個別的考察

(i)　因果関係論と損害算定論

これらの裁判例では、損害額算定の基礎になる歴史的事実の欠如により、損害額の認定のために民訴法二四八条が活用され、裁判官による裁量的判断がされている。この観点から、[6]の三洋電機冷凍庫発火事故製造物責任訴訟判決（東京地判平成一一年八月三一日判時一六八七号三九頁）が参考になる。この事件では、本件店舗兼住居の火災原因が店舗に置かれていた冷凍冷蔵庫であったかどうかが問題となった。東京地裁は、いわゆるルンバール事件判決（最判昭和五〇年一〇月二四日民集二九巻九号一四一七頁）に従いつつ[34]、「民事訴訟における立証は、経験則に照らして全証拠を総合考慮して行う歴史的証明であって、一点の疑義も許されない自然科学的証明ではない。そして、歴史的証明は、裁判官が要証事実について高度の蓋然性の認識を形成し、通常人が疑いを差し挟まない程度に真実性の確信を持ち得ることで足りる」との前提の下に、種々の間接事実を認定したうえで、「本件冷凍庫は、火災当時、通常有すべき安全性を欠いていたというべきであり、特段の事情の認められない限り、製造物が流通に置かれた時点において、欠陥が存在していたものと推認することが相当である。」と判断した。そのうえで、「安全性確保義務の性質上、本件冷凍庫について流通に置かれた時点において欠陥が認められる以上、製造者たる被告が本件冷凍庫を流通過程に置くに際して、安全性確保義務の過失があったものと推定することができ、右推定を覆すに足りる特段の事情は認められない。」として、被告の過失が推認された（本件損害賠償請求は民法七〇九条に基づいている）。

東京地裁は、動産が火災により滅失したことによる損害額について、「動産の滅失による損害額は、購入時の代金額から経年を考慮して減額した価値ないし代替物の購入費用等をもって算定することが本来であるが、事柄の性質上、本件において、このような立証を要求することは相当でない。そうすると、本件は、動産の滅失という損害発生は認められるが、損害の性質上、その額の立証が極めて困難な場合（民訴法二四八条）に当たるというべきである。」として、裁判官の裁量的評価により損害額を算定した。

(ii)　逸失利益の認定

逸失利益の認定が極めて困難であるとして、民訴法二四八条の適用が認められた裁判例として、[17]がある。本件で、津地裁は、「Xは、長年にわたり、Yの工事指名業者として配水管布設工事の入札に指名され参加してきており、平成九年度のc町の配水管布設工事の入札二〇件（落札金額合計二億二三一九万八〇〇〇円で）中三件（落札金額合計四五八四万円）を落札したのであるから、本件指名保留がなければ、Xは、本件各入札（合計二四件）のうちの何件かについて落札、受注することができ、これにより利益を上げることができたものと推認される。そして、証拠（甲17）及び弁論の全趣旨によれば、Xは上記平成九年度の落札分の工事について落札価額の一五・六一％の利益を上げていたこと、そのうちm工事についてはその利益率が四・九四％であり、n工事についてはその利益率が三四・三六％であったことが認められる」と解しつつ、「Xが本件各入札のうち、具体的にどの入札につき落札することができたか、あるいは、いくらで落札することができたか、その工事の利益率がどの程度であるか等の点については、入札制度の仕組みからしてその立証が極めて困難である」として、Xに損害が生じたことは認められるが、損害の性質上その額を立証することが極めて困難であるということができると解した。

また、[24]では、逸失利益の賠償額について民訴法二四八条の適用が認められている。ここでの事案は、およそ次のとおりである。X_1、X_2の被相続人Aは、平成四年二月ころ、Y_1の経営するY_2医院に通院し、C型肝炎と診断された。その後、Aは平成一三年末ころまでY_2へ通院したが、Y_2は肝細胞ガンの早期発見のためになすべき定期検査を適切な頻度で実施しなかった。これにより、Aの肝細胞ガンは発見されないままになり、平成一四年一月にB病院でAが診断を受けた時にはすでに末期ガンの状態であり、Aは同年6月に死亡した。Xらは、Yらに対し、債務不履行または不法行為に基づいて損害賠償を訴求した。東京地裁は、Y_1が肝細胞癌の早期発見のための検査を怠った過失とAの死亡との間には、因果関係が認められるとし、治療関係費、自宅療養関係費、交通費、葬儀費用、慰藉料について損害賠償額を認定したが、逸失利益については、次のように論じた。「本件においては、いずれにしても、損害の額を算定する上で重要な要素をなすAの余命について不確定な点が多く、また、それは、もともとY_1、Y_2において定期的な検査がされていないことが大きな原因となっているのである。こうしたことを総合的に考慮すると、本件は、損害の性質上その額を立証することが極めて困難であるとき（民訴法二四八条）に該当するものというべきである。」。

本件は、最高裁平成一一年二月二五日判決（肝癌検査事件判決・民集五三巻二号二三五頁）の事案に類似し、因果関係の認定についてはこの最高裁判決で明らかにされた相当程度の可能性論に依拠しつつ、逸失利益の賠償額について民訴法二四八条によってその額を確定したのである。[35] なお、本件で、慰謝料金額については、民訴法二四八条とは無関係に認定されている。ドイツZPO二八七条（損害の調査、債権額）では、慰謝料額も同条に基づいて認定されることになる。この点における日独の相違は、理論的なものというよりも、むしろ歴史的経緯の相違にあると思われる。すなわち、わが国では、現行民訴法二四八条が導入される以前から、慰謝料額に対する裁判官の裁量的評価は実際的必要性から行われてきており、すでに確立した判例法が形成されているからである。[36]

（28）　本判決については、円谷峻『不法行為法　不当利得・事務管理』（成文堂、二〇〇五年）一〇五頁―一〇六頁。

（29）　本判決は、損害賠償予定条項に定められた額が平均的な損害の額を超えることにつき（消費者契約法九条一号参照）、消費者が立証責任を負うというべきであるとし、「入学事務手続費用相当額は、合格者が学生としての地位を取得する前に入学を辞退した（契約を解除した）場合における平均的損害に当たる」ので、入学事務手続費用相当額が問題になるが、その性質上、原告がこの額を具体的に主張・立証することは困難であると考えられる。」と述べて、「このように、損害があることは認められるものの、その額の立証が困難であるという状況は、民訴法二四八条の想定する状況と同一ないしは相当程度類似しているといえるから、上記の入学事務手続費用相当額を認定するに当たっては、同条を適用又は類推適用することができる」という。

(30)　本判決は、最判平成一七年九月一六日判時一九一二号八頁の差戻し審である。最高裁は、この判決で、売主から委託を受けて、マンションの専有部分の販売に関する一切の事務を行っていた宅地建物取引業者に、専有部分内に設置された防火戸の操作方法等につき、買主に対して説明すべき信義則上の義務があると解し、本件を原審に差し戻した。

(31)　平井宜雄『損害賠償法の理論』（東京大学出版会、一九七一年）、とくに不法行為に基づく損害賠償については、三〇九頁以下。

(32)　伊藤・前掲五五頁は、同説が支持する折衷説として、「二四八条が証明度軽減と自由裁量の二つを認めた意義をもつとされる。すなわち、損害額の裁量的評価を通じて証明度の軽減が図られるとか、一方で損害額認定について原則的証明度が軽減され、他方で、どれだけの損害額が相当であるかは、裁判所の裁量的判断に委ねられるとする」見解であるという。

(33)　学説では、従来の裁判例について、種々の観点からの類型化が試みられている。たとえば、三木・前掲注(1)四一八頁以下は、慰謝料型、無形損害型、逸失利益型、将来予測型、滅失動産型、拡大適用型（応用型）という分類をする。また、樋口・前掲論文は、逸失利益型、積極的損害型（談合型、動産損害型、部分型、その他）、無形損害型、類推型に分類する。

(34)　ルンバール事件判決については、とりあえず、円谷・前掲注(28)九二頁。

(35)　肝癌検査事件判決については、とりあえず、円谷・前掲注(28)九四頁—九五頁。

(36)　慰謝料算定における裁判官の裁量については、五十部豊久「損害賠償額算定における訴訟上の特殊性——慰謝料算定における裁判所の自由裁量を中心として——」法学協会雑誌七九巻六号七二〇頁。

四　おわりに

今後、損害が生じたことが認められる場合において、損害の性質上その額を立証することが極めて困難であるとき、民訴法二四八条が適用される領域が、これまで以上に明確に形成されていくことであろう。同条がどのような場合に適用されるかについては今後の課題であり、法実務家が同条をどのように活用すべきかの態度決定による。

因果関係については伝統的な手法によりつつ、また、慰謝料額認定についてはこれまでの法形成を尊重しつつ、損害金額の認定に同条の役割を認めるならば、その役割は貴重である。たとえば、マンション建築請負契約において、耐震性を高めてより安全な建物にするために太い鉄骨を使用する特約が約定されたが、約定より細い鉄骨が使用されてしまった場合において、構造計算上、居住用建物としての本件建物の安全性に問題はなかったときなど（最判平成一五年一〇月一〇日判時一八四〇号一八頁参照）、民訴法二四八条によって認定することが望ましい。

さらに、例外的に、民訴法二四八条の考えを応用すべき場合もあろう。すなわち、損害賠償額の認定だけではなく、ＺＰＯ二八七条（損害の調査、債権額）二項におけるように債権額の認定においても民訴法二四八条の考え方が採用されるならば、妥当な結論が導かれる場合もある。たとえば、売買契約が解除された場合に、目的物の引渡を受けていた買主は、原状回復義務の内容として、解除までの間目的物を使用したことによる利益を売主に返還すべき義務を負うと解されているが（最判昭和五一年二月一三日民集三〇巻一号一頁）、この場合の使用利益相当額の認定なども、同条を類推した債権額の認定に委ねることが適切であろう。

いずれにせよ、民訴法二四八条の健全な法形成が期待される。

12

ヒトパピローマウィルス（ＨＰＶ）ワクチンをめぐる諸問題

――強制接種の可能性を中心に――

手嶋　豊

一　はじめに
二　ＨＰＶとそのワクチンについて
三　アメリカにおけるＨＰＶワクチンの強制接種をめぐる議論状況
四　日本の状況への示唆
五　おわりに

一　はじめに

本稿は、子宮頸がん予防のために有効としてその効果が期待される、ヒトパピローマウィルス（Human Papillomavirus, ヒト乳頭腫ウィルス、以下ＨＰＶ）ワクチン接種に関連して生じる諸問題について、アメリカの議論の一端を紹介し、わが国の今後の議論の参照の資料として提供しようとするものである。

近時、わが国でも、特に若年層の女性での増加が懸念されている子宮頸がんは、早期に発見・治療すれば、高い確率で治癒が期待できるが、進行した状態で発見された場合は、五年生存率が三割程度という予後不良な疾患である(1)。日本では子宮がん検診の受診率が一般に低く(2)、常に早期発見がなされているとは言いがたい。子宮頸がんは、その発生メカニズムの探求・解明が他の種類のがんよりも進んでいるとされ(3)、子宮頸がん予防のためにHPVの特定の型に対するワクチンが開発・製造されており、多くの諸外国において、性的活動が活発な年齢に達する前の年齢層に対して、HPVワクチンの接種が政府の関与のもとに実施されている。このワクチン接種の実施は、近い将来において、人々が子宮頸がんに罹患することを予防し、長期的にはこの疾患を撲滅することまで期待されている。

日本では、子宮頸がん予防のためにHPVワクチンに対してどのような対応をとっていくのか、ワクチンの承認そのものは本年二〇〇九年中であろうと予測されているが、その議論はまだ始まったばかりであり、本年四月に、厚生労働大臣と国会議員との間で検討が開始される予定であることが報道されている。

HPVワクチンは、子宮頸がんが引き起こすさまざまな悲劇に鑑みるとき、それが予防できることは人類にとって大きな朗報であり、人類初めての「がん予防ワクチン」として、その効果が期待されている。しかしながらこの朗報には、ワクチン接種による感染予防効果はどの程度の期間続くのか、ワクチン接種に伴う危険性はどの程度存在するかなど、それが開発からまだ長時間経過していないこともあって、そこにはなお未解明の部分も、少なからず存在する。HPVワクチンに関する事情が十分に一般に理解されないまま、ワクチン接種によって、がん検診等の必要性が軽視されるようになる危険が生じることは、長期的には疾患予防にとって望ましくない、との議論もありうる。

アメリカでも、HPVワクチンについては、当初こそ強制接種が支持されていたが、その後に揺れ戻しもあり、以下に示すように、現在の議論状況は、必ずしも斉一的ではない状況にある。以下では、HPVとそのワクチンに関する簡単な紹介を行い、それをめぐるアメリカの議論、主に強制的な接種を州政府が実施することの是非に関する点についての積極的見解と消極的見解を概観する。その上で、日本でのHPVワクチンに関するアプローチのあり方について、検討することとしたい。

（1）　高橋利忠・加藤知行監修、愛知県がんセンター中央病院編『あなたを守る最新がん治療全ガイド』（昭和堂、二〇〇七年）二七七頁によれば、一九九五年から二〇〇四年までの子宮頸がん進行期別治療成績は、第四期の五年生存率を二九・七％とする。

（2）　平均二〇％程度とされる。平成二一年五月三〇日読売新聞朝刊。

（3）　HPVと子宮頸がんの関係を指摘したドイツの研究者であるハラルド・ツア・ハウゼン氏には、二〇〇八年のノーベル医学生理学賞が贈られている。http://www.nationalgeographic.co.jp/news_article.php?file_id=67513117&exspand 参照。

二　HPVとそのワクチンについて[4]

HPVは、生殖器周辺に疣を形成する原因となるウィルスであり、一般に、性交渉で感染が起こるものである。HPVは一〇〇種類以上のものが知られており、仮に感染しても、顕著な症状がないことから、通常、その存在に気付くことはない。このことは、感染しているのが男性でも女性でも基本的には同様である。多くの場合、HPVは感染後ある程度の期間が経過すると消失してしまうが、感染者のうち、その一割程度が消失せずに異形成に進み、それらのうちの一割から三割程度ががんにまで進むとされる。[5]

子宮頸がんは、アメリカでは、毎年約一万二、〇〇〇人が罹患したと診断され、毎年約四、〇〇〇人が死亡していると推測されている。[6]日本の場合にも、毎年七、七七二人が罹患し、三、五七三人が死亡していると推定されており、[7]日米いずれにおいても極めて多くの女性の生命を脅かし、また奪っている、重大な疾患のひとつである。

人々がＨＰＶに感染している割合は高く、アメリカ人は、全体の半分以上の人々が、生涯のうち何らかの形で感染すると推定されており、二〇歳前の段階でも、十代後半になると、約四分の一が感染しているというデータもある。このように、広くまん延しているＨＰＶは、その中に子宮頸がんの原因となると考えられている種類がある。また、ＨＰＶは男性にとっても無害というわけではなく、ＨＰＶを原因とする陰茎がん・肛門がんが発生していると推測されている(8)。男性の生殖器周辺のがんも決して軽視されるべきではないが、女性の患者数の方が、男性よりもはるかに数が大きいため、その予防は、重大な課題となっている。

ＨＰＶワクチンは、二〇〇九年現在、二つの医薬品が製品化されているが、アメリカでの議論では、二〇〇六年六月八日に、食品医薬品局（Food and Drug Administration, FDA）が承認した、Merck（メルク）社の Gardasil（ガーダシル）が検討の対象となっている(9)。

ガーダシルの接種対象は女子のみで、その一般的な接種方法は、三回に分けて筋肉注射により投与する。まず一一歳～一二歳のときに第一回の接種、その二ヵ月後に第二回、第三回目を最初の接種から六ヵ月後に実施する。この年齢で接種を開始するのは、性行動が一般に活発化する前の時期に、ＨＰＶに曝露される前であることが、ワクチンの効果が発揮されることに必要だからである。

アメリカでは、ＣＤＣやアメリカがん協会（American Cancer Society）など、多くの専門機関がＨＰＶワクチンの接種を推奨している(10)。その内容は、一一歳・一二歳の少女に接種を実施することであるが、九歳から開始可能とする。また、例えば一三歳以上であっても、被接種者が一八歳以下であれば、問題となっている四タイプのＨＰＶについて感染していない場合には、接種の意義がなおあるとされる。

ＨＰＶワクチンの接種が推奨されるべきとの理由は、ＨＰＶは感染していても殆ど無症状であることから、感染者に検査受診や、感染予防のための自覚的な行動を促すインセンティブが欠けていること、ＨＰＶが広く拡散しているその感染率の高さに照らすと、性的に行動的な年齢に達して、活発な行動をするようになれば、その過程でＨＰＶに感染してしまうリスクは非常に高いことが予想されること、本人の性的行動が活発でなかったとしても、その配偶者・パートナーが活発であったり、かつて活発であった時期があってＨＰＶに感染していると、結果として配偶者・パートナーを通じてＨＰＶに感染してしまうリスクが否定できないこと、等である。被接種者が一九歳以上二六歳以下の場合、ガーダシルを推奨すべきかどうか、あるいはすべきでないか、についての情報は十分ではなく、過去に性交渉のあった相手が多いほどワクチンから得られる利益は減る可能性があるため、被接種者のインフォームド・コンセントを受けたうえで実施されるべきである。他方、二六歳以上の女性、あらゆる年齢層の男性については、ワクチン実施は推奨されないとされる。

ＨＰＶワクチンは、生ワクチンやＤＮＡを含むものではないため、その接種が原因で感染するということはない。ワクチンについて知られている副作用は、多くの場合は接種部位のはれやかゆみなどが主である。しかしごくまれに生じる重篤な副作用として、血栓、催奇形性や自己免疫疾患の誘発などがあり、また、予防接種には自閉症を発生させるのではないかという議論もアメリカではなお続けられているという問題がある。

現在提供されているＨＰＶワクチンは、ＨＰＶのうちタイプ16、18、6、11に対するものであり、その子宮頸がんの予防効果は、全体の七〇％程度にとどまる。また、ＨＰＶワクチンは、あくまでＨＰＶの感染予防に関するものであって、既にＨＰＶに感染してしまっている場合に治療する効果はなく、ＨＩＶなどの他の性感染症を予防する効果も基本的にはないものと考えられる。

ところで、ＨＰＶワクチンと他の多くの予防接種が認められている疾患への予防接種とは、それらを取り巻く背景事情に大きな違いがある。すなわち、ＨＰＶの感染後、子宮頸がんの発病まではかなりの時間がかかり、ＨＰＶに感染しても大半は排除され、その持続感染から子宮頸がんの発病に至るのはその一部にすぎないこと、

ＨＰＶに感染しても子宮頸がんに至るまでには検診等の対処の方法はあること、通常の社会的接触によってＨＰＶの感染は起こらず、個人の行動パターンの規律によってその予防は可能であること、性行動は機微に属し家庭・個人による差が極めて大きいこと、女性のみがその接種の対象とされていること、といった諸点である。

こうしたＨＰＶと、他の予防接種が実施されている疾患との性質上の違いは、特にＨＰＶワクチンを強制的に国民に実施すべきかどうかにおいて、アメリカでの議論を大きく分けることとなっている。

（4） 本章の記述は、Robert Sears, THE VACCINE BOOK, Making the Right Decision for Your Child, Little Brown, 2007, pp144-152 ; Julie Gendel, *Comment, Playing Games with Girls' Health : Why it is too soon to mandate the HPV vaccine for pre-teen girls as a prerequisite to school entry*, 39 Seton Hall L. Rev. 265 (2009)、寺田喜平編著『実践予防接種マニュアル改訂2版』(中外医学社、二〇〇八年) 二〇九頁以下［藤原恵一］による。

（5） 紀川純三・子宮頸癌、今日の治療指針二〇〇九、九三三頁。

（6） CDC : Center for Disease Control and prevention のホームページ http://www.cdc.gov/STD/hpv/STDFact-HPV-vaccine-hcp.htm より。

（7） Human Papillomavirus and Cervical Cancer, Summary Report, WHO 2007, iv (Executive Summary).

（8） Lane Wood, *A Young Vaccine for Young Girls : Should the Human Papillomavirus Vaccine be Mandatory for Public School Attendance*?, 2008 Health Lawyer, 30, 31.

（9） このほか、GlaxoSmithKline 社の Cervarix があるが、Cervarix が感染を防ぐのは二つの型のＨＰＶのみである。http://www.fda.gov/bbs/topics/NEWS/2006/NEW01385.html 参照。

（10） アメリカがん協会のホームページでは、ＨＰＶワクチンを推奨している。http://www.cancer.org/ を参照。

（11） Sean Coletti, *Taking Account of Partial Exemptors in Vaccination Law, Policy, and Practice*, 36 Conn. L. Rev. 1341, 1346 (2004).

三　アメリカにおけるＨＰＶワクチンの強制接種をめぐる議論状況

1　概　説

予防接種の問題が議論される際にしばしば引用される Jacobson v. Massachusetts, 197 U. S. 11 (1905) は、天然痘の強制接種を拒否した者に対する罰金を正当とし州の強制接種の権限を認めたものであり、さらに、Zucht v. King, 260 U. S. 174 (1922) は、学校入学に際して、ワクチン接種を要件とする州の権限を認めた事業である。これらの事件以降、州政府が公衆衛生に関して有する権限は確立されたと解されており[11]、アメリカでは予防接種は、州の権限として実施されている[12]。

ガーダシルの承認後、多くの州においてＨＰＶワクチンの強制実施に関する州法の制定の可否が議論されるようになってきている。ＨＰＶワクチンが接種済みであることを就学時に要求するべきかどうかについては、州によって立場が異なる。バージニア州[13]、ワシントンＤＣ（コロンビア特別区）[14]では、就学に際して、ＨＰＶワクチン接種が求められており、例外は認めるものの、実質上強制接種となっている。テキサス州は一時期、強制接種としたが、後にそれを撤回した[15]。強制接種という方法を採用しない州も少なからずあり、医療保険による接種に補助金を出す州、啓発情報に力を入れるという州、さらに、医学的・宗教的理由により接種の例外を認める州などがある[16]。

2　ＨＰＶワクチンを強制接種として実施すべきとの議論

ＨＰＶワクチンに子宮頸がんの発生を予防する効果が期待できることから、その恩恵を広く一般に及ぼすためには、ワクチン接種を就学の要件とする強制接種を推奨する立場が、アメリカでは有力である。ガーダシルは、接種対象が一〇歳前後の学齢期の女児であることから、ワクチン接種を就学の要件とすれば、事実上の接種の強制となる。

著名な医事法学者であるニューヨーク大学教授の Sylvia Law は、HPVワクチン実施のあり方として考えられる方策としては、①接種は強制としつつ、個人や家庭に対して、医学的な理由・宗教的な理由・良心的な理由を基礎とする、強制を免除される理由をある程度認める方法、②接種は任意にとどめるという方法、③接種を強制とし、医学的な理由を除くほかは免除を認めない方法、がありうるが、国民皆保険という医療制度をもたないアメリカにおいては、学校への出席の条件としてHPVワクチンの強制接種を実施することが有用とし、その場合広くこの義務を免除される理由を認めることをセカンド・チョイスとする。男子に対する予防接種が有効であることがわかれば、それも考慮すべきであるとして、強制による接種方法を支持している。[17] それをより詳しく書き抜きすれば、以下のようなものになる。

まず、専門的知見に関わる前提情報として、ガーシダルはAMA（全米医師会）を含む専門家集団に推奨されていること、検診により子宮頸がんを早期発見できるとはいえ、子宮頸がんはなお致死的な場合も多いこと、Pap検査で異常がわかれば、より高価な検査、処置が必要で、その身体的・経済的負担は小さくないこと、ワクチンはこうした結果を避けることができる点で他のワクチンよりも優れていること、確かに臨床試験は五年の期間しかないが、ワクチン副作用報告によれば、三件の死亡例を含む三七一件の重大な副作用が発生しているものの、その頻度は、プラシーボを用いた場合と同じ程度である一万分の一にすぎないこと、強制接種の実施先延ばしは、それだけ疾病予防の機会を失う女性を増やすことになること、効果があることを「見て待つ」というアプローチは基本的には合理性があり傾聴に値するが、その使用の結果が出るまでには、非常に長い時間が必要であること、メルク社の行動は、アメリカの製薬会社の活動としては想定の範囲内であり、熱心な市場形成努力が当該ワクチンの価値を下げることになるわけではないこと、をその根拠として掲げる。

こうした前提情報を基礎として、Law は、アメリカの置かれた状況を指摘する。すなわち、アメリカの過去の経験では、予防接種による疾病の抑止効果を期待できるには、強制方法によることが望ましい。アメリカではヨーロッパと異なり、医療を受ける機会を十分に持ち得ない層が大きく、そのため、学校での接種機会の提供が最も有効である。それをしなければ、今後二〇年から三〇年後には、多くの女性が子宮頸がんで命を落とすことになることが高い確率で予想されるが、それは現在のワクチン接種で回避することが期待できる悲劇である。HPVは性交渉で感染するウィルス・疾患である以上、本人の自覚によって回避できるから強制は不要という主張は、十代の性行動の実際を理解していない。性交渉はすべて「本人の同意」があって行なわれるという場合ばかりではない。ワクチンは性交渉前でなければ効果がないという医学的事実があり、このため学齢期の生徒に実施する意味がある。有色人種などのマイノリティをターゲットとして差別的に実施されるという主張は、そうした人々は医療保険の加入が難しいという現在の経済状態が反映している現実を見落としている。現時点で強制接種を実施すれば、二〇年後には子宮頸がんの数が激減することが期待でき、低収入・少数民族の人々に対して特に大きな影響がありうる、等である。

法的問題としても、強制接種は憲法違反にはならない。強制接種は親が子の身体に対して有する自己決定権を害するという批判があるが、これは、過去の判例に照らして該当しない。その感染原因の多くが性交渉であるB型肝炎ワクチンも、アメリカでは強制的に実施されている。予防接種では、本人の利益の問題のみが考えられているわけではなく、風疹などは本人よりも周囲にいる妊婦の保護ということも考えられており、同様の趣旨で、致死的な疾患から人々を守りたいというパターナリスティックな希望は、強制接種を支持する根拠となる。ワクチンが強制されるのは女性のみに負担を負わせるものであり、人口の半分しか予防されないのであれば、疾患をなくすという目的は達成される期待が殆どない、という主張に対しては、疾患発生のリスクを負うのもほぼ女性のみだから、という反論ができる。製薬会社も女性に対する疾患予防目的しか承認を求めていない。今後、男性に対する予防効果も確かめられれば、その面での強制もありうるかも知れないが、現時点はそうではないことが、男女差を設けている大きな理由である。免除理由については、家庭の問題に政府が踏み込まないのは、アメリカでは多様な価値観の人々が存在することにあり、このスタンスは基本的に尊重されているが、子の生命を脅かす状況の場合は別扱いとなっており、子宮頸がんに罹患することを回避するための方策の提供は、子の生命を救うための一場面と見るべきであって、その場合には親は実施を拒否できないと考えられる。子が独自に同意できる場合には、その同意を優先すべきであることも、これを補強しうる。なお、憲法上の議論としては、強制接種の際に宗教的な理由を免除理由としないことも認められるが、多くの州では実際には免除理由を定めている。しかしこの免除理由は、ワクチンを欲しない人々にとって、今日のインターネット社会では、免除理由を発見し備えることは困難なことではない。HPVワクチンで免除が認められるようになると、他のより感染力の強い疾患についての免除要求が強まる可能性があり、この点からも望ましくない。

こうしたLawが指摘する議論のほかにも、ガーダシルにはFDAの積極的評価があること[18]、親の権限を制限する事態そのものはHPVワクチンに限らずアメリカの歴史では存在し、実際にワクチン接種に反対する親権者は多くないこと、親が最も心配するのは子の健康であって感染経路ではないこと、強制接種を実施しても免除条項が存在すれば、反対者は免除されるので大きな問題は生じないこと、親権者は子の性行動について十分な情報を有しておらず、誤った認識の下にワクチン接種の必要性を過小評価する可能性があるが、その誤りは致死的な結果を子にもたらす可能性があること[19]、ワクチンは強制されなければ人々は実施するものではなく、CDCによれば、二歳の子供は、推奨されているワクチンの四割が接種されていないが五歳になった学齢期前の子供は、推奨されているワクチンの九五％が接種されていること、ＨＰＶは感染しやすく、いわゆる安全な性交渉（safe-sex）でも感染を起こすなど感染予防は困難であること、ＨＰＶワクチンの接種はティーンエージャーに性的活動についてゴーサインを与えるというメッセージを送らないかという懸念もあるが、ワクチン接種と性的活動の活発さに関係はないという調査があり、ＨＰＶワクチンの主たる目的は子宮頸がんの予防であって、性に関する話題を親子間に強制するものではないこと、[20]親権者の多くが、自分の子はワクチンを打たなくても周囲の者がワクチンを打たれればそれで疾病を回避することができることを期待しているが、「集団免疫」のためには、全ての関係者にワクチンを接種することが必要であるといった議論が、[21]強制接種を肯定する論者の理由づけとして挙げられている。

3　ＨＰＶワクチンは任意接種にとどめるべきであるとの議論

さきに概観した、ＨＰＶワクチンの強制接種を推奨する立場は、非常に説得力を有するものであるが、しかしこれに対しては否定的な評価も少なくなく、あくまで任意での接種にとどめるべきであるとの見解も、近時は多くなっている。その論拠も多岐にわたるが、上述した強制接種を実施すべきとの見解との対立軸を示す形で整理すれば、以下のようになろう。

専門的知見に対する評価について、検診によって子宮頸がんに進展する前に発見・治療することは可能である点で、こうした有効な対処法が存在しない強制的接種を実施している疾患群との違いがある点を指摘するものがある。[22]Papテストを励行すれば、ＨＰＶワクチンで新たに抑止される子宮頸がんの数はそれほど劇的なものではないこと、天然痘等は空気感染するため、感染者は呼吸するだけで社会を危機にさらすものであるが、ＨＰＶ

は性交渉をもたなければ感染しないため、感染者本人によりコントロールすることは可能であること、ガーダシルが感染を予防するＨＰＶは、子宮頸がんの原因の一部に過ぎず、天然痘ワクチンのようにその全てを排除するわけではないこと、[23] ガーダシルの長期的な効能と安全性は、まだ十分に解明されておらず、現段階ではまだ一般に強制すべきという状況にないと考えられること、[24] 効果がどの程度続くか、費用・利用可能性といった問題があることに加え、まだ短期間のフォローアップしかなされていないこと、ワクチン接種により女子が受ける健康被害の可能性についても、ガーダシルを早急に市場に流通させることに目が行きがちであり、危険性を過小評価していないかとの懸念、[25] などが示されている。このように、ガーダシルの長期的安全性を懸念する見解は少なくなく、これが最も強い反対の論拠であると考えられる。なお、ＨＰＶワクチンを強制接種することは、国家の国民の行動への過剰な干渉になるのではないかという主張や、性交渉がなければ感染しない疾患について、感染を回避する手段を州政府が強制することが適切であるかどうかについても、懸念が示されている。[26]

他方、これまでの強制接種の議論と異なり、ＨＰＶは直ちに危険を他人に及ぼすものではない点でＨＰＶワクチンには直接当てはまるものではなく、ＨＰＶの問題は、コミュニティーのリスクではなく個人のリスクの問題である、との指摘がある。この場合、直ちに危険を他人に及ぼすものではなくても強制接種を実施するというものとするということについてコンセンサスが形成されることが不可欠であり、性急に強制接種に進むことは望ましいことではなく、女子にだけワクチン接種を強制することについて、男女両者に対してワクチンを接種すれば、女子のみに対してワクチン接種を強制するよりも大衆をより保護することになる可能性があるのに、強制接種を女子のみに限る理由について政府は説明する義務があるとの主張、[27] さらに、強制接種はインフォームド・コンセントの例外ととらえ、ＨＰＶワクチンには開発から間がないということで、その効果と危険性に関する情報が十分に存在しておらず、それが被接種者あるいはその親権者に対して与えられていない点や代替となる治療法や検

査方法を必要以上に過小評価している点なども指摘されている。(28)

ＨＰＶワクチンが九歳～一二歳の学齢期の子供に対する接種という点から、その強制接種は、親権者の子に対する医療の決定権への干渉であるという批判は、多くの論者が指摘している。その理由は、繰り返しになるが、ＨＰＶには緊急性がなく、安全性や効果について長期的なデータが存在しないこと、また、現行の検査によって子宮頸がんは治癒をめざす治療が可能であるという事情に照らせば、がん予防という目的があっても親権者の権利を超えることはできず、親権者が有する子の健康に関する決定権を侵害する可能性を否定できない、というものである。

4　要　約

これまで見てきたように、アメリカでは、ＨＰＶワクチンの強制接種の可否をめぐって、厳しい議論が交わされている状況であり、それはなお続いている。それらは、ＨＰＶワクチンの医学的な評価の違いをはじめとして、疾病予防のあり方・疾病に対する受け取り方の違いその他社会全体に関わる問題にも派生する議論にもつながっているが、近時は概して、強制接種には否定的な見解が多いように思われる。

こうした状況の中で、少なくとも何が必要かについて多くの論者が指摘するのは、国民一般に対する情報提供の重要性、及び、親権者に対する情報提供の重要性である。

(12)　アメリカの予防接種とその被害救済制度に関する紹介として、樋口範雄『続・医療と法を考える―終末期医療ガイドライン』（有斐閣、二〇〇八年）四〇頁以下。
(13)　Va. Code Ann. 32. 1-46 (2008).
(14)　D. C. Code Ann. 7-1651. 04 (2009).

(15) Tex. Educ. Code. Ann. 38. 001 (2007).

(16) Gendel, *supra* note(4), at 270-272. なお参照、Margaret Kochuba, *Public Health vs. Patient Rights : Reconciling Informed Consent with HPV Vaccine*, 58 Emory L. J. 761, 784 (2009).

(17) Sylvia Law, *Human Papillomavirus Vaccination, Private Choice, and Public Health*, 2008 U. C. Davis L. Rev. 1731 (2008).

(18) Carrie Roll, *The Human Papillomavirus Vaccine : Should it be Mandatory or Voluntary?*, 2007 J. Health Care Law and Policy 421,426 (2007).

(19) Rachel Meisterman, *The Aftermath of the Introduction of the Human Papillomavirus Vaccination*, 2007 J. Health and Bio. Law 313, 334 (2007).

(20) Pauline Self, *The HPV Vaccination : Necessary or evil?*, 2008 Hastings Women, s L. J. 149, 160 (2008).

(21) Self, ibid, at 157.

(22) Meisterman, *supra* note(19), at 332.

(23) Kochuba, *supra* note(16), at 767.

(24) Gail Javitt, Deena Berkowitz, Lawrence O. Gostin, *Assessing Mandatory HPV Vaccination : Who Should Call the Shots?*, 2008 J. Law, Med. & Ethics, 384, 387 (2008).

(25) Self, *supra* note(20), at 158.

(26) Heather Harrell, *Column, Currents in Contemporary Ethics HPV Vaccines, Privacy, and Public Health*, 37 J. L. Med. & Ethics 134, 137 (2009) ; Javitt et. al., *supra* note(24), at 384 ; Renee Gerber, *Mandatory Cervical Cancer Vaccinations*, 2007 J. Law, Med. & Ethics 495, 496 (2007).

(27) Javitt et. al., *supra* note(24), at 385; Kochuba, *supra* note(16), at 774.

(28) Kochuba, *supra* note(16), at 774 ; Tracy Dowling, *Mandating a Human Papillomavirus Vaccine : An Investigation into whether such Legislation is Constitutional and Prudent*, 34 Am. J. L. & Med. 65, 83 (2008).

四　日本の状況への示唆

1　問題点の整理

アメリカの議論を参照すると、日米の取り巻く状況の類似性、例えば、親が子供の生活状況をよく把握できていないこと、親は子供の生活状況を希望が混じった観点から議論しがちであることは、日本でも同様に当てはまる面があると思われる。しかし他方で大きな違いもあり、国民全体を包摂する医療保険がないアメリカの事情は、経済的弱者がそのまま社会的弱者として医療の恩恵を受けられない可能性があること、そうした問題を回避するために強制的契機の必要性が生じさせられていることなどがある。また、家族の価値観・絆といった点が前面に出てくるのも、日本の状況と比較すると興味深い。

予防接種に強制接種の方法を選択する場合には、①広い範囲で抗体形成が可能となり、目標達成の期待が大きくなること、②安定的な需要を創設でき、ワクチンの製造業者に有利なこと、③社会防衛・公衆衛生の意識が強化されること、といった積極的な利益が想定できよう。その反面、強制による不利益をも考慮する必要がある。強制という形で予防接種が実施されれば、禁忌者を選別する必要性が生じるが、それが理想的な形で実行されても、重大な副反応の発生がある程度不可避ではないか、ということがある。ワクチンの品質に疑問があった場合、その被害はより広い範囲に発生するおそれもあり、実は安全でなかった接種が強制して行なわれていたとすれば、国民的規模の反発が起こる可能性もないとはいえない。さらに、強制接種は、アメリカで指摘されているように、患者・親権者の自己決定権の軽視という色彩は否定できない。勧奨接種にすると、それによる利益・不利益は、強制接種と反対の結果になることが当然予想できる。そこでは、自己決定権の重視・尊重という利益が存する反面、被接種者数によっては、予防接種の実施自体の意義を失わせる可能性が生じ、そうした可能性を減らすためには、予防接種の効能について、十分な説明とアナウンスメントをすることが極めて重要となってこよう。

日本におけるこれまでの予防接種に関わる議論は、予防接種の積極的実施、特に強制接種により生じた被害に関して、その賠償・補償をどのように考えるとするかが中心であった(29)。予防接種による副反応は、発生率は低くても、強制とすれば、被接種者によっては重度の障害を生涯にわたって負うことを余儀なくされたり、死亡することがある。このため、ワクチン接種に際して医師は、被接種者あるいはその親権者に対して、被接種者の健康状態についての情報を獲得すべく、適切な問診を実施することが不可欠であり、それを怠った結果、禁忌者を識別できなかった場合、医師には過失があるとされる問題(30)、さらに補償の問題等が議論されてきた(31)。

2　日本への示唆(32)

これまで述べてきたところから、HPVワクチンに対して、日本で採るべき対応としては、いかなるものが考えられるであろうか。

HPVワクチンが子宮頸がんや生殖器周辺のがんの予防にとってどの程度有効であるかどうかの評価については、専ら医学的問題であるが、ワクチンの利用について消極的評価につながりうる情報、すなわち、ワクチンが有効であるのは子宮頸がん発生原因の一部（七割程度）であること、開発から今日までの時間は長く経過しておらず効能の継続期間や追加接種の必要性がどの程度であるのか等の情報と、積極的評価につながる情報、たとえば専門医をはじめとする医療関係者がこぞって賛成していることやノーベル医学生理学賞の授賞の事実等の両者を総合的に評価して、その意義を判断せざるを得ない。それでも、諸外国の多くでHPVワクチンが強制接種を含めて実施されていることは、その有効性を肯定的に評価する可能性が大きいと思われる。感染症である疾病やその原因の抑制は、日本だけの問題ではない。国際結婚はいまや一般的であり、人の高速移動・活発な性活動といった観点からも、諸外国と歩調を合わせる必要性がある。そこで、その有効性を認めることを前提として以下の問題を検討する。

ＨＰＶワクチンの提供方法であるが、問題を強制接種に限定すると、その方法により導入すべき必要性は、ＨＰＶの性質を考慮に入れると、小さいように思われる。すなわち、ＨＰＶが基本的に性行為によってのみ感染するものであることに照らせば、全ての人々に対して早急にワクチンを提供しなければ公衆衛生が危機に曝されるということは、当面のところ大きくないと考えられるのである。アメリカの場合は、医療を受けることすらできない可能性のある人々が少なからず存在し、強制的な契機を用いなければその利益を享受できない人々が大量に発生する恐れがあり、そしてその状態が矯正される可能性も必ずしも近い未来に実現するとは限らない。しかし日本では、そうした危険が発生する可能性は現在のところ危惧される段階ではないと思われる。

ＨＰＶの性質が上記のような状況であるのに、そのワクチンを強制接種とすることは、アメリカの議論でも指摘されているように、インフォームドコンセント違反とされる可能性もある。予防接種においてもインフォームドコンセント取得の必要性があることをわが国で最初に指摘されたのは新美教授であると思われるが[33]、ＨＰＶワクチンの実施でもこれは問題になり、その効能や安全性、代替手段の利用可能性等の情報が提供される必要があるように考えられる。ＨＰＶワクチン以外の予防接種では、集団免疫が社会的に必要なことから、代替手段の利用可能性の情報については必ずしも提供しなくてもよいとされる余地はある。しかしながら、ＨＰＶワクチンでは、日常の接触において感染するものでないため、集団免疫に配慮する必要性は低く、ＨＰＶワクチンを受けていなくても、頻回に検診を受け[34]、細胞の異形成が生じてもその際に適切な医療処置を受けることで子宮頸がんまで至ることを回避する代替手段があることがアメリカで議論されていることに照らせば、ここではまさに、被接種者の親権者からのインフォームドコンセントが必要な状況である。ＨＰＶワクチンを受けることが十代前半〜中ごろの年代が望ましいということであれば、インフォームドコンセントの問題として情報を提供されるべきは、親権者が主ということになる。親権者が決定をなすについては、子の利益が第一に考慮されるべきであるが、その際には、当該ワクチンがいかなる趣旨のものであるのかについて、十分に情報を提供されることが必要である。ここにおいても、アメリカと同様に、ワクチン実施の決定をめぐって、各家庭の倫理観・教育方針に対する干渉という議論が生じる可能性はないわけではないが、ワクチン接種を勧奨としている限り、安全性や効果に疑問があることによる拒絶以外に、強い拒絶はそれほどは生じないであろう。むしろ、勧奨を維持する限り、これにかかる費用負担による実施率の低迷の方が問題を生じさせうると思われ、公的な面での補助が強く望まれる。特に、先進諸国ではその大半が公的な補助が行なわれていることは、参考になる。(35) なお、接種の対象が女子のみであることの問題性もアメリカでは指摘されているが、男子については女子以上に評価のためのデータが欠けていること、ＨＰＶによって危機に曝されるのは男子に比して女子の方がはるかに多いこと、を考慮すれば、女子のみを対象とする接種が違憲であるとは評価できないように思われる。

(29)　成田頼明「予防接種事故の法的責任とその被害者救済」ジュリ四〇六号（一九六八年）、唄孝一「予防接種にもとづく障害の補償」法時四三巻七号一二九頁（一九七一年）、野田寛「医師の問診義務」判タ三四四号三八頁（一九七七年）、滝沢正「予防接種と損害の填補」判タ五三〇号九頁（一九八四年）、塩野宏「賠償と補償の谷間」法学教室四七号二七頁（一九八四年）、阿部泰隆「予防接種禍をめぐる国の補償責任」判タ六〇四号七頁以下（一九八六年）、今村成和「予防接種事故と国家補償」ジュリ八五五号七〇頁（一九八六年）、藤倉皓一郎＝塩野宏＝淡路剛久「予防接種と補償をめぐって」判タ六〇五号七頁以下（一九八六年）、植木哲「予防接種事故訴訟と被害論」ジュリ八九八号一七頁（一九八七年）、西埜章「予防接種事故」ジュリ九〇〇号一八四頁（一九八八年）、折登美紀「予防接種化補償の憲法的基礎」ジュリ九七七号五九頁（一九九一年）、西埜章『予防接種と法』（一粒社、一九九五年）など、事件の多さを反映して、多くの先行業績が存在する。最近のものとして、竹中勲「予防接種強制制度の合憲性と予防接種健康被害に対する憲法上の救済権」同志社法学六〇巻五号一頁以下などがある。

(30)　最判昭和五一年九月三〇日民集三〇巻八号八一六頁。

(31)　なお、予防接種の副反応が発生し、被接種者に損害が発生した場合には、予防接種法における救済は、強制接種により生じた場合に限定されているが、副反応の結果であることが認定されれば、法に基づいて金銭給付がなされる。勧奨接種において健康被害が生じた場合の救済については、医薬品被害救済基金による救済が準備されている。

(32)　ワクチン投与が日本で実施が困難であるという問題についても、今後検討の対象とすべきと思われる。予防接種をめぐるわが国の展開の歴史は、予防接種の被害が中心となっており、新しい予防接種が開発されても、日本の臨床現場で実際に利用可能になるためには、かなり長時間を必要とするのが通常である。この問題は、これまで概観したアメリカの議論の検討からは出てこない内容であり、日本では「外国では予防できるものが日本では予防できず」、日本の予防接種は諸外国よりも数十年遅れていると批判されることがある。これまでも、医療の内外格差の類似事例は少なくなく（乳房温存手術、加熱血液製剤、がんの化学療法薬剤、ハンセン病への対応、色覚異常への過剰反応など）、予防接種の内外格差問題もそれらと類似の状況にあると分類することは可能である。予防接種が提供されないことの不利益の救済、すなわち、外国で使用できるのに日本では利用できないことの問題については、日本人と外国人とは人種的に違いがあり外国製を直ちに使うことはできないという医学的問題、予防接種を実施することにより被害が生じたという場合、拙速で危険な予防接種を実施すれば、責任を問われることになりかねないので、その責任を回避するために新規の予防接種導入に対しては後ろ向きである態度が出てくる可能性という社会的問題、の両面で困難を抱える。前掲注(29)で引用した先行業績も、予防接種を「実施した」ことによって生じた損害をどのような形で填補するかが中心問題である。しかし、予防接種により防ぐことのできた疾患に罹患してしまったため、重篤な結果が発生してしまった場合、「予防接種さえ実施されていれば、こうした結果は起きなかったのではないか」という悔いは残り、その予防接種による回避可能性が大きければ大きいほど、その無念さも深刻なものとなろう。しかしながら予防接種不実施を根拠として賠償責任を考えることは、いつの時点から義務づけが生じるかの問題、因果関係の問題など、多くの困難が存在する。未承認ワクチンも医師の個人輸入による手続きを進めることで、当該接種は日本でも実施可能であるが、それが可能なことは十分に周知されておらず、費用も高い点で広く一般の人々が利用できる性質のものではないように思われる。予防接種による被害を最小限にすることは必要なことであるが、予防接種により回避できる被害を最小限にすることも劣らず必要なことであり、予防接種の利益を享受するかどうかについて少なくとも選択の機会が与えられないことは、先進諸国の一つとして適切な状態なのか、疑問がある。この場合、例えば一つの基準として、WHOがワクチンについて勧奨している内容を参照する、という方法があるように思われる。すなわち、WHOの勧告内容を「世界に暮らす人々にとって望ましい医療水準」として捉えることはできないかということであり、国内問題の解決についてその基準を見出しえないとき、有用になる可能性があるかも知れない。

(33)　新美育文「予防接種事故と国・自治体の責任」判タ五四六号一〇頁以下（一九八五年）。
(34)　検診を受けること自体は、HPVワクチン接種を受けていても必要である。
(35)　寺田編著・前掲注(4)二一五頁は、オーストラリア、ドイツ、ノルウェー等でHPVワクチンの接種は全額公費負担であることを指摘している。

五　おわりに

アメリカにおいてHPVワクチンが、長期的に人類にもたらすであろうと期待されている恩恵は大きなものがある。HPVワクチンの利用によって回避できる可能性が高い疾患は、時に致死的となるものであるから、その恩恵を受けたい・受けさせたいと人々が考えるのは、自然なことであろう。わが国においてもHPVワクチン導入に対する期待が大きいのは、この文脈で理解できるものである。しかし反面において、そうした恩恵が、接種によって生じる危険を抑えてまで受けうるものかどうか、依拠できるほどのデータがあるかどうかも、劣らず重要な問題である。

ワクチン・予防接種は、その接種の対象が人体というかけがえのないものであるだけに、データの有無を含めて、判断のための材料が可能な限り明らかにされる必要があり、そのうえで選択する、ということが望ましい。今後、わが国においてもこの問題が議論されるにあたっては、積極・消極いずれについても、十分な情報提供が必要で、そのうえでの判断が必須であることは、日米において差はないことを、ここで改めて強調しておきたい。

13 環境法におけるリスク配慮論序説

松村弓彦

はじめに
一　環境法におけるリスク
二　環境負荷起因リスクと環境リスク
結　語

はじめに

環境法において事前配慮（Vorsorge）の事後配慮（Nachsorge）に対する優位性に疑問の余地はない。リスク管理は事前配慮の中核に位置づけられるが、我が国で公害法から環境法への脱皮が進行しつつある現段階で、従来どちらかといえば自然科学的概念としてとらえられてきた環境法におけるリスク概念を法的観点から整理し、環境負荷起因リスク・環境リスク管理に関する環境法制度上の問題点を概観する意義は小さくはあるまい。近年では、事業者側のビジネスリスク管理の側面でも環境保全関連のリスク管理は重要な要素の一つとなっているが、本稿では、環境法政策の視点に限定して、ＥＵの環境法制度とドイツ環境法上の判例・学説と対比しつつ、リスクとリスク管理に関する我が国の環境法における基礎的な問題点を述べる。

一 環境法におけるリスク

1 リスク概念とリスク評価の諸元

(1) 広義のリスクと狭義のリスク

環境法におけるリスク概念は多義的に用いられるが[1]、本稿が対象とする環境法政策上のリスク管理の局面では、①損害発生の蓋然性が高い状態（便宜上「第一類型のリスク」という）、②損害発生の蓋然性が高いというに到らない状態（「第二類型のリスク」という）、③社会的許容リスク（「第三類型のリスク」という）の三つを区別することが有益であろう。「損害」は現に被害が発生した状態で、環境法上は事後配慮（原状回復、損害賠償等）領域の事象であるに対して、リスクは損害発生前の事前配慮（発生抑制、低減、最小化等）領域の問題である。リスクは、広義には、この三類型を含み、この意味では自然科学的概念としてのリスクと一致する。例えば、リスク・コミュニケーションという場合のリスク概念は広義にとらえられる。これに対して、狭義には第二類型のリスクを指し、この場合のリスク概念は法的概念である。このリスク区分はドイツ法でいう危険（Gefahren）、狭義のリスク（Risiko）、残余リスク（Restrisiko）の三区分に相当する[2]。

(2) リスクの諸元

リスクの大きさを規定する要素として、しばしば損害発生の蓋然性と保護法益の重大性（リスク管理によって損害発生から保護される法益の重大性）が挙げられる。

前者（損害発生の蓋然性）は、科学的知見に基づいて一応の定量的評価が可能である。しかし、その定量的評価の基礎となる科学的知見は、程度の差はあれ、不確実性を内在する。例えば、大気汚染の領域で論じられるように、確定診断を基礎とする臨床疫学知見と確定診断を経ない有訴率調査知見、断面調査知見と縦走調査知見、標本数の多い調査知見と少数標本調査知見、交絡因子を標準化した疫学知見とそうでない知見等では、その調査結果から導かれた発生確率の科学的確実性の評価には差があると考えなければならない。(3) それ故、損害発生の蓋然性は、科学的知見に基づいて導かれた損害発生の確率（頻度）のほか、その知見の科学的確実性によっても規定される。(4) 公害・環境関連訴訟では因果関係の証明あるいは反証を目的とする科学的知見の信頼性が争われることがしばしばであるが、不可避的に不確実性を内在する科学的知見に対する訴訟上の信頼性評価基準はその科学的評価基準とは同一でないから、蓋然性の評価に際しては訴訟上の証拠の信頼性の評価とは別個に、科学的評価基準にしたがった不確実性を評価しなければならない。

これに対して、後者（保護法益の重大性）は、リスク管理上配慮すべき重要な要素の一つであることは疑いがないが、定量的評価が困難である。確かに、健康影響についての量・反応関係の評価に関しては、WHOの第一レベルないし第四レベルあるいは二酸化窒素の健康影響に関する中公審専門委員会の六段階区分等の試みはあるが、あくまで定性的区分の域をでないし、環境財に対する影響については量・反応関係の評価手法は未確立で、いわんや生命、健康、多様な環境（生物多様性、景観、推移域・土壌機能、文化財等々）等の保護法益を単一の指標またはその組み合わせによって統一的に定量化する方法論は、現時点では未開発の状況にある。尤も、損害の重大性を事後措置のコスト（例えば、損害賠償責任額あるいは原状回復・代償措置費用等）に置き換えて定量化する方法が考えられなくはない。この方法は、例えば、ビジネス・リスク、保険リスク等の領域でリスクを金銭評価する場合には一つの方法であるが、原状回復も代償措置も不可能な場合が存在する。

リスク管理における保護法益の重要性の位置づけについては、二つの考え方が可能であろう。第一は、これをリスクの構成要素とする考え方で、これによれば、損害発生の蓋然性と保護法益の重大性を斟酌してリスクの大きさを一元的にとらえることになる。第二は、保護法益の重大性をリスク管理上の準則と位置づける考え方で、これによればリスクを損害発生の蓋然性によってとらえたうえで、リスク管理措置決定に際して保護法益の重大性を斟酌することになろう。両者はリスク管理の結果に本質的な差はないと考えられるが、アジェンダ21における第一五原則の規定形式が保護法益の重大性・不可逆性を国家の意思決定上の斟酌要素と位置づけていること（この規定の反対解釈として損害が重大または不可逆的ではない場合には完全な科学的確実性を求められるとする趣旨とすることはできない）、ドイツにおいて保護法益の重大性は蓋然性の充分性の評価要素と位置づけられていること等の理由から、本稿では第二の立場を支持したい。この理解に立てば、保護法益の重要性は、リスクの第一類型と第二類型、第二類型と社会的許容リスクの区分に際して評価すべき要素の一つととらえることができる。

2　第一類型のリスクと第二類型のリスクの区分

(1)　区分の必要性

前記の如く、リスクの第一類型のリスクと第二類型はドイツ環境法における危険とリスクに相当し、ドイツではこの区分に二つの意味で実益があるが、我が国においてはこの区分が明確な形では認識されておらず、それ故、この区分の必要性については議論の余地がないわけではない。

即ち、ドイツ環境法の生成過程をみると、環境法生成前の段階から、行政庁は一般警察法上の違反責任（Störershaftung）を根拠とする違反責任者（行為責任者および状態責任者）に対する危険防御（Gefahrenabwehr）についての干渉権限を有していたが、この危険概念は公衆・近隣者に対する損害発生の充分な蓋然性とその緊迫性を前提とする点に限界があった(5)。環境法はこのような意味での危険防御領域における干渉権限を拡大し、伝統的保護法益（生命・健康、財産権）のほか環境をも保護法益とすること（環境配慮）、危険より損害発生の蓋然性が低いレベルでの管理を目指すこと（リスク配慮）、および次世代を含めた人々の危険・リスクおよび環境リスクに配慮すること（将来配慮）によって、法領域としての独自性を確立してきた。この意味で、ドイツ環境法におけるリスク配慮は、環境法独自の拡大された権限領域としての意義があり、二〇〇九年環境法典草案[6]（二〇〇八年五月）はこのリスク配慮の領域を予防原則の射程範囲とする（一編一条二項二号。予防原則を環境配慮、将来配慮を含めて広義に理解する立場にたてば、リスク配慮を狭義の予防原則の領域ととらえることも可能である）。第二に、この点は環境法に限らないが、Fristenlösung 事件に関する連邦憲法裁判所の先例（BVerfGE 39, 1）以降、環境法の領域でも Kalkar 原発事件（BVerfGE 49, 89）をはじめとする判例および Isensee[7]、Murswiek[8] らを嚆矢とする学説によって発展・確立された基本権保護義務論によって、現在では、立法・行政上の意思決定に際して、危険防御領域における裁量権限行使はより拘束性の高い性格のものと理解されている。この二つの意味で、危険とリスクの区分はドイツ環境法上重要な意味をもち、学説には危険防御原則（ないし保護原則）と予防原則を区別する考え方もみられる。

これに対して我が国では、一般警察法の考え方が希薄で、行政庁は立法による授権がなければ生命・健康上の損害あるいは生活環境上の支障の防止に対処する権限を有しなかったために、ドイツ法にいう危険とリスクが峻別されてきたとはいえない。環境法生成過程をみても、行政庁に対する公害防止上の干渉権限の付与、拡大に焦点が当てられた反面で、損害発生の蓋然性が高い場合にも、事後配慮領域と異なり事前配慮の領域では、基本的人権保護のための立法権限行使義務あるいは行政庁に対する羈束的授権規定、裁量的権限の行使義務というような拘束性の高い性格の環境法形成には、立法上も解釈論上も重点が置かれてきたとはいえない（現に、基本的人権保護義務論についても消極説が多い）。しかし、損害発生のおそれが高い場合とそうでない場合のリスク管理には、環境法政策上本質的な差があると考えなければならず、現に、環境諸法の規定を概観しても、右二つの場合における環境管理措置に差を認めることができる。例えば、ばい煙発生施設設置者に対する改善命令等の措置命令発動基準（大気汚染防止法（以下「大防法」という）一四条）、地下水質浄化に係る措置命令発動基準（水質汚濁防止法（以下「水濁法」という）一四条の三）、土壌汚染調査命令発動基準（土壌汚染対策法（以下「土対法」という）四条一項）、土壌汚染除去等措置命令発動基準（同法七条一項）、廃棄物不法処分の場合の措置命令発動基準（廃棄物の処理及び清掃に関する法律（以下「廃棄物処理法」という）一九条の四ないし七）等は、第一類型のリスクの管理を目的とするに対して、「維持されることが望ましい」行政上の努力目標として性格づけられる環境基準（環境基本法（以下「環基法」という）一六条）等は、健康保護・生活環境保全の領域ではあるが、第二類型に相当する環境管理を視野にいれ、両者間に環境管理上の法制度に差を認めることができる。概していえば、第一類型のリスクは公害法の領域で健康・生活環境上の損害の発生ないしそのおそれの防止を目的として、強度の法政策措置が準備されているのに対して、第二類型のリスクは予防原則の射程範囲に属し、損害発生の蓋然性が高い領域に限らず、社会的許容リスクの限界までリスクを小さくすること（リスク配慮）を求めるが、そのための法政策措置は必ずしも強度とはいえない。それ故、リスク管理との関係を考えると、我が国でも二つのリスク区別は認識されていると考えることができるし、またその実益もある。

⑵　区別の基準

ドイツ法上、危険とリスクの限界は充分な蓋然性（hinreichende Wahrscheinlichkeit）基準によって画され、充分性の基準は Faust の公式（俗称）、即ち、保護法益が重大である程、充分性を充足する蓋然性の程度は低くて足るとする公式にしたがう。

これに対して我が国の環境法では、前記の如く一般警察法上の危険防御の考え方がないためにドイツ法でいう右の意味での「充分な蓋然性」の概念も定着しておらず、リスクの第一類型と第二類型を区別する一般的基準が法令上または解釈論上確立しているとはいえないし、危険とリスクの概念区分も明確とはいえない。とはいえ、損害発生につき一定の蓋然性が存在する場合のリスク管理と蓋然性がより低度の場合のリスク管理を、管理措置を含めて、区別するとみることができる。即ち、前記各権限発動基準に関する規定を概観すると、概ね、規制違反を発動基準とする例（水濁法一三条。このほか、判断の基準となるべき事項違反の場合もこの類型である。例えば、自動車から排出される窒素酸化物及び粒子状物質の特定地域における総量の削減等に関する特別措置法（以下「ＮＯｘ・ＰＭ法」という）三五条三項）以外に、これと併せて一定の被害関連のリスク管理基準を定める例があり、後者の場合のリスク管理基準としては、概していえば、「被害を生ずるおそれがあるとき」が採用される例が多いとみてよいのではないかと考える（例えば、大防法一四条。「被害を生ずると認めるとき」（例えば、水濁法一四条の三）という規定形式も、文言上は「被害を生ずるおそれがあるとき」より裁量性が大きいともとれるが、科学的不確定性を内在する点では実質的な差があるとは考え難い）。尤も、「被害を生ずるおそれがあるとき」がどのような状態を指すかについての解釈論も充分確立しているとはいえない。例えば、地下水質浄化に係る措置命令発動基準（水濁法一四条の三）における「被害を生ずると認めるとき」は、行政解釈を参考とする限り、損害発生の蓋然性が高い場合が想定されており、前記第一類型のリスクの管理を射程としている。これに対して、土壌汚染除去等措置命令発動基準（土対法七条一項。ここでは被害を生ずるおそれに関する証明上の紛争を回避するために「被害を生ずるおそれがあるものとして政令で定める基準に該当する……と認めるとき」という客観化された規定形式が採用されている）は、同じく「被害を生ずるおそれがある」という規定形式でありながら、ここでのリスク管理水準は水濁法一四条の三とは異なるものであり、損害発生の蓋然性がより低度の水準でのリスク管理を射程とする。両者はともに科学的不確定性の領域ではあるが、両者を区別する蓋然性の程度は、ドイツ法上の充分な蓋然性と同じく、そして判例・通説が損害賠償責任の要件事実としての因果関係の証明基準とする高度の蓋然性基準とは異なり、Faust の公式にしたがうべきものである。この違いは高度の蓋然性基準が損害発生後の帰責領域で機能するに対して、リスク管理は事前配慮領域で機能する点に求められる。例えば、ばい煙発生施設設置者に対する措置命令発動基準（大防法一四条）の例でいえば、健康に係る被害の場合と生活環境に係る被害の場合とでは蓋然性の程度が同一であるべき必然性はないし、同種健康損害を対象とする場合でも、予測される損害発生の頻度が高ければ蓋然性の程度はより低度で足る。このように理解すれば、我が国環境法における第一類型のリスクに対する配慮はドイツ法における危険防御の考え方と本質的には異なるものではなく、ドイツ法の危険配慮が一般警察法上の違反責任に対する干渉権限に基づいて一般的に導かれるに対して、我が国では法令の規定によって初めて個別的に授権される点に差があるにとどまると考える。

(3)　区分の実益

(a)　リスク管理上の拘束性と裁量性

損害発生防止のための管理措置は原因者の基本的人権（営業の自由、所有権保障等）に対する干渉の方法によって行われるのが通例であるから（尤も、環境が加害者になる場合には例外である）、リスク配慮を高度化することは、裏返せば、リスクを伴う活動に対する制限を強化することに等しいから、その干渉は比例原則（特に、過剰禁止律）に服し、その範囲で技術的可能性、経済的受容性に対する配慮が求められる。その意味でリスク管理水準決定には公共、原因者、被保護者三者間の多様な利害調整を要する。それ故、損害発生の蓋然性が高いほど、そしてその損害が重大であるほど、リスク管理上の措置は、原因者に対する拘束性および国・地方自治体に対する羈束性が高いものであることが求められ、かつ、技術的可能性、経済的受容性に対する配慮は後退し、技術水準を適用してもその損害が防止できないおそれがある場合には、その原因行為の禁止を含む厳格な措置が求められる。

逆に、予防原則にしたがって蓋然性がより低度のレベルでより高い質の環境を目標とするリスク管理領域では、社会的受容リスクを超える枠内で、技術的可能性、経済的受容性に配慮し、管理水準が高いほど拘束力が緩やかな形でその維持・達成が管理される。この場合には、国・地方自治体に対する関係でも多様な利害との調整に裁量性が広く容認されるから、拘束性、羈束性を後退させることによって、その時点の技術水準では達成が困難な、より高い水準の戦略的環境質管理目標を設定し、将来の技術革新と革新技術の導入によってその達成を追求することが可能となる。このように、リスクの第一類型と第二類型の区分を明確に認識することによって、公害法型と環境法型のリスク管理の使いわけを可能とする。

(b) 法的救済

(i) 環境法上のリスク管理が事業者だけの責務ではなく、国、地方自治体、市民等々のすべての行動主体が各々の役割を分担するのでなければ不可能であることは一般的に認知されている（例えば、環基法六条ないし九条）。各行動主体が各々の役割を履行せずあるいは履行される措置が不充分であるおそれがある場合には、損害発生の蓋然性が高いほど、そしてその損害が重大であるほど、その充分な履行を求める法的手段を確保すべき要請が高まる。この要請は国あるいは地方自治体が分担すべき役割が履行されず、または不充分な場合にも例外ではない。例えば、沿道汚染のように、自動車単体あるいは燃料に対する規制、さらには運輸関連事業者に対する規制等による事業活動主体の役割分担のみによる解決には限界があり、交通システム・物・人流システム、国土計画等に関する政策側の役割分担を含めた統合的な政策手法の組み合わせが不可欠である場合に、国・地方自治体が分担すべき役割の履行が不充分であれば、リスク管理目標が達成できない。(9) 原因者との関係では、行政法上の権限発動によってその履行を求め、あるいは刑事法上、行政法上、私法上の制裁によってその履行が誘導されるが、重大な損害が発生する蓋然性が高い場合には、国・地方自治体との関係でも法的救済の途が開かれなければばならない。

(ii)　これをドイツ法上の大気質管理の例でみると、危険領域を想定したリスク管理基準（限界値基準）とリスク領域を想定した基準（目標値・長期目標）が併存し（いずれもEU指令を国内法化した基準）、前者は、後記の如く、基準値自体が行政機関に対して拘束力を有する性格のものと位置づけられ、したがってこれを維持・達成するための法的措置も拘束性、羈束性を与えられる傾向にあり、解釈論上も国家機関に対する拘束力を導く努力が蓄積されている。

学説・判例をみると、憲法異議、規範統制訴訟等の訴訟制度あるいは一般警察法上の危険防御論等に我が国とは異なる事情はあるが、前記基本権保護義務論は、原因者による基本権侵害のおそれがある場合における立法機関、行政機関等の公的機関の基本権保護義務を認める[10]（基本権保護については、要保護基本権被侵害者側から国家による基本権保護の過少が争われる形式のほか、被侵害者側の基本権保護のために採用される原因者の基本権に対する国家干渉の過剰が争われる形式もみられるが[11]、本稿では前者が重要である）。

基本権保護義務論は基本権保護が公的機関の広範な裁量に属する領域で基本権侵害に対する公的機関の事前配慮義務を認めるものであるが、連邦行政裁判所とEU裁判所は、EUの旧大気質枠組指令（96/92/EG）[12]を国内法化するために連邦イミッシオン防止法四八条aに基づいて同法第二二施行令四条で定められたPM_{10}にかかわる大気質限界値（Immisshionsgrenzwert）に関する事案で、行政レベルでの基本権保護に対する配慮が羈束的規定形式で授権され、行政機関が履行すべき措置を充分な形で履行していない場合に、健康保護の範囲、かつ、一定の条件のもとで、損害を受けるおそれがある者に必要な措置の履行の請求を認める。EU法上、大気質基準として限界値のほか、目標値、人口集団に対する短期暴露による健康リスクを保護法益とする警報値、感受性が高い人口集団に対する短期暴露の健康リスクを保護法益とする情報値、評価判定条件値、健康・環境保護のための長期目標値、ヒトではなく、樹木等の植物、エコシステム等の受容体に対する悪影響に焦点を当てる臨界水準等の多様な形式で定められるが、健康保護を目的とする本件PM_{10}にかかる限界値（日平均等値）が原則として拘束力を有することについては、ドイツ環境法学説上異論がない。(13) このため、ドイツ法上、右限界値に適合する大気環境質を達成・維持するために、管轄庁の遵守確保措置義務を課し（四五条）、具体的には、第一段階として、環境濃度限界値超過の場合における大気清浄化計画策定義務（四七条一項）および環境濃度限界値超過の危険がある場合における行動計画策定義務（同法四七条二項）を規定し、第二段階として、これらの計画上の措置を実施するための管轄庁の命令・決定権限（同条六項）、ケースバイケースでの命令権限規定（同法二四条一文）、交通管轄庁の自動車交通の制限・禁止権限（同法四〇条）、その他必要な措置を講ずる権限（同法四五条一項）等が規定されている。本事案では沿道住民が右限度値超過による健康被害のおそれがある主張し、原告居住地区にかかわる大気清浄化行動計画の策定と濃度限界値達成のための交通規制等の措置の実施を求めた。このような場合に、政策側の充分な義務履行を促す方法として、学説では、①計画策定済のときの計画上の措置の履行請求、②計画未策定のときの計画策定請求、③計画未策定のときの計画外の措置の実施請求等の当否が論じられてきたが、(14) 本事案では大気清浄化計画は策定されたが行動計画は未策定で、右論点のうち②と③が争点とされている。前者について、一審判決（NVwZ 2006, 1219）は請求を棄却し、二審判決（NVwZ 2007, 233）は請求を認容し、関係住民に行動計画策定を求める法的権利を認めたが、連邦行政裁判所（BVerwGE 128, 278）はドイツ法上は消極に解したうえで（この点は BVerwGE 129, 296 も同旨）、ＥＵ裁判所にＥＵ法上の解釈を付託し、ＥＵ裁判所はこれを積極に解した（EuGH-C-237/07）。右連邦行政裁判所の判断については積極、(15) 消極の両説が見られる。(16) 連邦行政裁判所とＥＵ裁判所の判断の違いは保護規範論（Schutznormtheorie）(17) に対する温度差に起因するが（ドイツ法上の保護規範論によれば、市民の請求権が許されるのは、法令の規定が一般的公的利害にかかわるだけでは足りず、個々の市民の利害にかかわるものであることを要する)、いずれにせよ、両裁判所の解釈の違いはドイツ側で調整されることになる。一方、計画外の措置の実施請求権については、一審判決(NVwZ 2006, 1215)、二審判決(NVwZ 2007, 230 = UPR 2007, 111)ともに請求棄却の後、連邦行政裁判所は、「PM_{10}環境濃度限界値(健康項目)超過にかかわりを有する第三者は計画外の措置の実施を請求する方法で、健康侵害防止の目的を達成することができる」と述べ、さらに、「右第三者は、健康侵害防止請求権を、計画とかかわりがない措置の実施を求める方法で行使することができる。自動車の市街地通過禁止は右計画とかかわりがない措置に当たる」と判断した(但し、原告居住地における限界値超過のおそれ(約九〇〇メートル離れた測定局測定値の代表性)に関する事実審理につき差戻。BVerwGE 129, 296)。この判断については、市民の清浄な大気に対する権利を認めたものとする評価があるが[18]、本判決以前から大気質限界値超過によって健康侵害を受けるおそれがある者に限っては市民の権利が積極に解されるとともに、それ以外の一般市民の請求権(民衆訴訟)については消極に解されていたから[19]、その意味では、本件判決は従来の学説に沿ったものといえよう。基本権ドイツ保護義務論に関する連邦裁判所の先例は基本権保護の領域、環境法との関連でいえば環境負荷起因の健康に対する危険領域を、また、大気質限界値に関する連邦行政裁判所の先例は健康に対する危険領域を射程とするにとどまり、環境リスク、特に、後記第一類型の環境損害に係るリスク領域は射程外に置かれているが、ともに、環境保全上政策側が自らの役割を履行せず、またはその履行が充分でない場合について、市民の側から環境質管理基準の維持・達成にかかわる事前配慮領域で政策側の充分な役割履行を求める法的手段を広げた点で我が国でも参考に値する。

(iii)　これに対して、我が国では、大気質を例にとれば、緊急時の措置基準(例えば、大防法二三条)、都道府県公安委員会に対する措置要請基準(例えば、大防法二一条一項)その他の特殊事例の場合を除けば、環境質の恒常的管理目標が概ね環境基準に一元化される。環境基準は第二類型のリスク(ドイツ法上の狭義のリスク)までを視野にいれた管理基準と位置づけられ、その法的性格は政策上の達成目標ないし指針（下級審の例として、東京高判昭和六二年一二月二四日行集三八巻一二号一八〇七頁等）、換言すれば、行政上の努力目標であり（通説）、基準自体は羈束性を持たないが点でEUおよびドイツにおける限界値とは異なるが、これを維持・達成するための法的措置には事業者に対する拘束力を有する制度（例えば、排出基準、総量規制基準等）が組み込まれている点で進歩的な側面をもつ反面で、問題点も含む。第一に、環境基準は羈束性を持たないにもかかわらず、維持・達成に向けた法的措置に事業者に対する拘束力があることから、環境基準値設定に際して実現可能性に配慮し、基準値が控えめに設定されるおそれがある。第二に、第一類型のリスク管理措置が第二類型のリスク管理の考え方で一元化されるおそれがある。例えば、損害が発生するおそれがある場合の干渉権限も裁量的形式で規定される例が多く、現に健康被害が発生した場合の干渉権限ですら裁量的に位置づける例すらみられるが（例えば、水濁法一四条の三）、このような裁量的規定形式のもとでは、国・地方自治体が環境保全のために分担すべき役割を履行せず、またはその履行が充分でない場合に他の行動主体側が法的救済を求めるには、義務不履行の違法ではなく、権限不行使の違法を問う形式で争わざるをえない。法政策の視点にたてば、第一類型のリスクを最早懸念しなくてよい状況にあるのであればともかく、そうでない状況のもとでは、第一類型と第二類型各々に焦点を当てた多元的管理方式も検討に値しよう。

3　第二類型のリスクと第三類型のリスクの区分

⑴　学　説

予防原則によればリスクは可能な限り低いレベルで管理することが求められるが、特に、先端技術の開発・利用を追求する社会構造のもとでは、それに伴うリスクは不可避であるし、自然起因リスクも存在するから、リスク管理水準を決定することによって、その範囲のリスクは、事前配慮の段階では、原則として社会的に許容されると考えることになる（事後配慮の領域でどのような条件のもとで救済を準備するか、あるいは受忍限度論にしたがって受忍すべきものとするかは別個の問題である）。その意味でリスクの第二類型と第三類型の境界設定は予防原則に基づくリスク管理権限の限界を画し、一義的には、多様な利害関係の調整を踏まえた立法裁量に属する。一方、行政機関は法律の留保の原則に服し、立法上規定されたリスク管理基準にしたがうが、リスク管理基準設定が立法によって行政に授権される場合、あるいは不確定概念（例えば、科学水準、技術水準等）によって定められるために、その具体的内容の確定が行政上の裁量に委ねられる場合もありうる。

環境立法上のリスク管理の限界、即ち、第二類型のリスク（狭義のリスク）と第三類型のリスク（社会的許容リスク）の限界については、ドイツ環境法上は比例原則説、技術的限界説、現実の認識限界説、換言すれば科学的知識経験の限界とする説、蓋然性説等の多様な見解が主張されている。しかし、技術的限界説、現実の認識限界説には問題がある。何故ならば、第一に、その時点における技術限界、現実の認識限界は各々比例原則の当てはめ上の重要な要素の一つと考えることができる。第二に、行政レベルの意思決定に際しての予防原則は法律の留保の原則にしたがうから、ドイツ原子力法における科学・技術水準規定あるいは我が国のエネルギーの使用の合理化に関する法律五条二項、七八条二項等にみられる技術水準規定のもとでは、認識限界説、技術限界説は正当性を主張し得るが、立法レベルの意思決定に際しては、このことは妥当しない。それ故、立法レベルの準則としては、理論的には比例原則によりながら、比例性の具体的な判定条件として蓋然性の程度により、この場合にもFaustの公式にしたがうべきものと考えられ、また、このように考えれば、リスクの三類型を統一的に理解することができる。ホルモン牛輸入禁止事件（ＷＴＯ）において輸出国側から主張されたＣＯＤＥＸにおける基準決定手続は蓋然性説の考え方であり、我が国では、ベンゼンにかかる大気汚染環境基準設定に際して斟酌された発がんリスク水準もこれに類する。

⑵　蓋然性説の問題点

蓋然性説にも問題点がないわけではない。第一に、Breuer は、蓋然性説を、立法者による水準決定のクライテリアとなるべき蓋然性の具体的準則は明文上存在しないし、理論的にこれを導くこともできないと批判する。[20] その批判自体はそのとおりであるが、社会的許容性は理論的に導かれるべきものというよりは、社会的コンセンサスを背景として政策的に決定されるべきものと考えられるから、右の理由で蓋然性説を非とするには当たるまい。最大の問題点は、損害発生の蓋然性を定量的に、あるいは定性的にすらも、認識できないリスク（所謂「未知のリスク」）を完全に排除することができない点にある。リスクの未知の原因については幾つかの要素が考えられようが、環境法政策の観点からは科学的知見の欠欽に起因する未知のリスク、特に、先端科学、先端技術の利用に伴うそれが重要である。後日の知見の進歩によって損害発生の蓋然性が充分に大きかったというケースもしばしばあり得るから、この意味での未知のリスクを完全に予防原則の射程外とすることは妥当とはいえない。しかし、未知のリスクを過大評価して技術革新と革新技術の利用を否定する方向も社会的コンセンサスを得ることができまい。それ故、損害発生の蓋然性を認識できる場合のリスク配慮がリスクの発生抑制ないし低減を主たる内容とするに対して、未知のリスクに対する配慮はリスクの解明、モニタリング、情報伝達等の局面に焦点が当てられなければならない。第二に、Reich は科学的知見の欠欽に起因する未知のほかに将来の事象経過の未知を区別し（Reich は前者を Unwissenheit、後者を Ungewißheit というが、この用語区分が一般的に認知されているとはいえない）、後者について、「事故が起こる否か、いつ、どこで起こるかに関する具体的事項は、常に不確実なので、蓋然性の評価ができない」という。[21] この区分は Reich のリスク論では事故のリスクと施設の正常操業起因リスクが区分されることに由来するのではないかと考えられるが、未知のリスクを事象経過の未知によって説明すると思われる説は Reich 以外にも存在する。[22] 確かにこの種の未知の存在は否定できないが、ある種の事故が発生した場合にどのような損害が発生するかは認識が可能であるから、個人リスク（Individualrisiko）は未知であるにせよ、集団リスク（Kollektivrisiko）を基準とする蓋然性の算定は可能と考えられる。したがって、環境リスク管理上、この場合の未知を第一の未知と同列に論ずべきことにはなるまい。このほかに、第三の未知として、価値基準ないし管理基準の不存在ないし不確実性に伴って将来発生すべきリスクの未知が考えられる。例えば、土壌汚染物質が存在する土地取引に伴う売主の瑕疵担保責任に関する東京高判平成二〇年九月二五日（金融・商事判例一三〇五号三六頁）は、売買契約時点では当該物質の有害性に関する社会的認識がなかったが、後日条例に基づく措置義務が規定された事例で、瑕疵担保責任としての損害賠償責任を積極に解した。この判断については、瑕疵性は契約時点の社会的認識によるべき点で疑問があるが、仮にこのような解釈に立てば、売主は契約後の社会的認識を基礎とする瑕疵について、契約時点では未知のリスクを負担することとなる。類似の問題は、例えば、無規制の時点で輸入された外来生物種に起因する生態系等の被害についての防除措置につき原因者負担原則に基づく負担義務（特定外来生物による生態系等の被害の防止に関する法律一六条）を負担しなければならない例にも生じ得る。しかし、これらの例は、リスクの帰責の視点でみれば確かに未知といえようが、リスク管理の視点からみればリスク管理水準が明確でないことに起因するリスクと考えられ、契約時点で土壌中の当該物質の有害性について科学的認識を欠いていた場合には第一類型の未知であり、科学的認識は存在したが積極的または消極的に管理基準が設定されなかった場合には、立法上の社会的許容リスク水準決定上の蓋然性の未知とはいえない。

(3)　司法審査

社会的許容リスクの限界決定が、一義的には、立法上あるいは立法によって授権された行政上の裁量に属することは、その決定が司法審査に服することと矛盾しない。しかし、この場合の司法審査には利点と短所が併存する。例えば、ホルモン牛輸入禁止事件（ＷＴＯ）におけるＣＯＤＥＸに関する輸出国側の主張にならって、反応関係について発がんを指標とする政策上の意思決定と量・リスク関係を$10^{-\alpha}$で評価する政策上の意思決定にしたがって、科学的知見に基づいて導かれた暴露量に安全性を斟酌して決定された許容リスク基準値を例にとると、基準決定の基礎とされた二つの意思決定、科学的知見に基づいて導かれた暴露量および安全率の決定が総合的に司法審査の対象とされることになろう。確かに、社会的許容リスクが過大である場合には保護法益に対する侵襲も大きいし、社会的許容リスクが過少である場合には被干渉保護法益に対する侵襲も大きいから、このような場合に保護法益に対する過少禁止律あるいは被干渉保護法益に対する過剰禁止律の観点から司法審査に服することが必要である。しかし、反面で、社会的許容リスクの境界設定は国のリスク管理戦略・政策の根幹を構成するために、現存する限られた科学的知見を基礎とする多様な利害関係の総合的な調整が不可欠であるが、弁論主義の枠内での司法審査の結果に合理性が担保され得るか、さらには司法審査の結果について裁判所が国民に対して責任を負い得るかに疑問もある。この点について、基本権保護義務に関するドイツ連邦憲法裁判所は立法・行政サイドの裁量権限を尊重し、司法による基本権保護義務違反に関する司法審査について、「基本法上の保護義務関連の請求権は、立法者および執行権力の裁量権を考えると、公的権力が基本権保護のため全く不適切かまたは完全に不十分な防止措置を行う場合に限られる」（化学兵器保管事件に関するBVerfGE 77, 170 = NJW 1988, 1651）あるいは「国家は対象となる保護法益に配慮して相当かつ効果的な防止措置を講じる義務を負うが（過少禁止。BVerfGE 88, 203（254）参照）、立法者は保護義務の履行に際して広範な裁量権を与えられており、輻輳する公的・私的利害に配慮することも認められる。連邦憲法裁判所が義務違反を確定できるのは、国家機関が全く行動しないかまたは行った措置が明らかに不充分な場合に限る」（低層オゾンを理由とする自動車通行禁止請求事件に関するBVerfG NJW 1996, 651）とし、基本権保護義務の履行を一義的には立法裁量に委ね、司法審査の基準を明確性基準

(Evidenzkontrolle) あるいは過少禁止律 (Untermaßverbot) によっている。[23] この考え方は我が国でも妥当すると考えるが、社会的許容基準に相当する蓋然性の水準を理論的に導くことができないために、社会的コンセンサスにその根拠を求める場合には、決定手続が市民参加を保障する等の形で社会的コンセンサスというに値するものであるかが、司法審査に際して重要な要素の一つとなるというべきであろう（行政サイドにおける社会的許容リスク決定が司法審査によって覆ることを回避するために国会に対する報告・了承の手続を模索する例もある）。[24]

(1) ドイツ法におけるリスク概念の多義性につき、拙著『環境協定の研究』八六頁以下（成文堂、二〇〇七年）参照。
(2) 拙稿「環境法における国家の基本権保護と環境配慮」⑴季刊環境研究一五〇号一三九頁、⑵同一五一号九三頁、⑶一五二号一六〇頁（二〇〇八―九年）参照（特に、⑶一六七頁以下）。
(3) 例えば、環境庁大気保全局「二酸化窒素に係わる判定条件等専門委員会の検討経過と主な内容」参照。
(4) 拙著・前掲八九頁以下参照。
(5) 危険概念については、フランク・ツイーシャン（高山佳奈子訳）「危険概念」日独法学二三／二四／二五号一頁以下（二〇〇四／二〇〇五／二〇〇六年）、違反責任については拙著『ドイツ土壌保全法の研究』二七頁以下（成文堂、二〇〇一年）参照。
(6) BMU Projektgruppe UGB, Umweltgesetzbuch (UGB) Erstes Buch (I)-Entwurf des Allgemeine Vorschriften und vorhabenbezogenes Umweltrecht (20. 05. 2008 : UGB-2009). 但し、後に二〇〇八年一二月草案では予防原則の明示規定が削除され、更に、二〇〇九年二月には法典化事業自体が再度挫折している。
(7) Isensee, J., Das Grundrecht auf Sicherheit (1983).
(8) Murswiek, D., Die Staatliche Verantwortung für die Risiken der Technik (1985).
(9) 類例として、ＥＵにおける自動車関連のCO_2排出量低減に関する規制案審議の過程で、当初規制導入前の段階で、中間目標一六五―一七〇g（二〇〇三年）、二〇〇八／九年目標一四〇g、遅くとも二〇一〇年一二〇gを達成するために予定された三本柱の統合的政策手法（ＥＵ委員会と欧州・日韓自動車工業会との間の環境協定、購買者に対する情報提供、自動車税変革等の財政支援）のうち政策側が果たすべき役割が充分な形で履行されていない旨の指摘（ENV 133/ENT 48/CODEC 278（29. 02. 2008））あるいは政策側の責務不履行の影響を他の行動主体にしわ寄せすることは妥当でない旨の指摘（SEC（2007）1723, 98 f.; Wissmann, M., Individualle Mobilität nachhaltig sichern-Straßenfahrzeugverkehr im Spanungsfeld der CO_2-Reglementierung, EurUP 2008, 78 f）がみられた。

（10）ドイツにおける基本権保護義務論については、拙稿・前掲⑴⑵参照。

（11）原子力発電所の排煙規制の過剰が争われたOVG Berlin, DVBl. 1979, 159、受働喫煙からの保護を目的とする一定空間における喫煙制限規制につき喫煙者の権利、規制対象小規模営業者の営業の自由に対する規制の過剰が争われたBVerfGE 121, 317およびBVerfG, 1 BvR 3198/07（6. 8. 2008）はこの類型の事件である。

（12）Council Directive 96/62/EC of 27 September 1996 on ambient air quality assessment and management（OJ. L. 1996/296, 55）. この指令は二〇〇八年施行の新指令2008/50/EC（OJ. L. 152, 1）によって廃止が予定されている。ＥＵの大気質管理関連法については、Mayer, C., Entwicklungslinien im Luftreinhaltungsrecht der Europäischen Gemeinschaft, EurUP 2008, 227 参照。

（13）Rehbinder, E., Rechtsgutachten über die Umsetzung der 22. Verordnung zur Durchführung des Bundes-Immissionsschutzgesetzes, 11（2004）; Engelhardt, H./Schlicht, J., Bundes-Immissionsschutzgesetz, 4. Aufl., 173（1997）.

（14）Scheidler, A., Gibt es einen Anspruch auf behördliche Maßnahmen gegen Belastungen durch Feinstaub?, BayVBl., 2006, 657 f.; Wöckel, H., Der Feinstabschleider lichtet sich-rechtlich II, NuR 2008, 33.

（15）Jarass, H. D., BImSchG-Kommentar, 6. Aufl., 711（2005）.

（16）Winkler, D., Anmerkung（zu BVerwGE 128, 278）, ZUR 2007, 364 ff.; Streppel, T. P., Subjektive Recht im Luftqualitätsrecht, ZUR 2008, 25.

（17）Streppel, T. P., Rechtsschutzmöglichkeiten des Einzelnen im Luftquatitätsrecht, EurUP 2006, 191 f.; Winkler, D., Der europäisch initiierte Anspruch auf Erlass eines Aktionsplans, EurUP 2006, 198 ff. 参照。

(18) BMU-Press Nr. 260/07 ; Streppel, *op. cit.* (Fn. 16), 23.
(19) 例えば、Jarass, *op. cit.*, 746.
(20) Breuer, R., Gefahrenabwehr und Risikovorsorge im Atomrecht, DVBl. 1978, 837 ; ders., Anlagensicherheit und Ströfälle Vergleichende Risikobewertung im Atom-und Immissionsschutzrecht, NVwZ 1990, 214.
(21) Reich, A., Gefahr-Risiko-Restrisiko, 82 (1989).
(22) Marburger, S., Das Technische Risiko als Rechtsproblem,Bitburger Gespräche Jahrbuch-1981, 39 ; Murswiek, *op. cit.*, 81 ; Breuer, *op. cit.* (NVwZ 1990), 213.
(23) 連邦憲法裁判所の先例については、拙稿・前掲(1)一四〇頁以下参照。
(24) VROM, National Environmental Policy Plan-4, 165.

二　環境負荷起因リスクと環境リスク

1　環境リスク

環境法において、リスクは伝統的保護法益に対する環境負荷起因リスク（健康リスク等）と環境財に対するリスク（環境リスク）を含む。我が国では、一九七〇年代以降環境汚染起因の生命・健康あるいは生活環境上の損害の防止に目が向けられてきたが、環境基本法施行以降、環境法への脱皮の途上にある。欧州の先進諸国の環境法あるいは国際環境条約はすでに一九七〇年代から併せて環境リスクに対する配慮を求めているし、環境損害に対する原因者の法的責任を明文化する法制度（例えば、ＥＵ環境損害責任指令）あるいは国際合意（例えば、南極条約環境保護議定書の環境損害に関する付属書）の例もある。欧州における近年の環境法の動向をみると、リスク管理の統合化と早期化によってリスクの発生抑制と最小化を目指す傾向が特に顕著である。

統合的リスク管理方式は、環境法政策の観点からも費用対効果の観点からも、個別管理の組み合わせ方式より優れる。尤も、統合的環境管理の考え方は多様である。例えば、第一に、環境関連リスク管理は環境法領域に限定されるわけではなく、国土計画、経済、農林水産等々のあらゆる政策部門で統合的に配慮されなければならないことは、環境法政策においても国際競争力の強化等々の我が国の国家政策目標に配慮しなければならないことと等しい（外部統合・政策間統合）。第二に、環境法政策上の政策手法の観点からは多様な政策手法の統合が不可避である（手法統合：Policy-mix）。特に、高い水準のリスク管理目標を設定し、技術開発を同時進行させることによって達成しようとする場合には、規制的手法の限界を、経済的インセンティヴあるいは情報開示、刑事責任、私法上の責任等を背景とする誘導的手法、政府と経済界団体との間の合意を基礎とする自主的政策手法（環境協定等）を含めた多様な手法を組み合わせることによって克服する手法が不可欠であることについては、現在では共通認識が成立している(25)。第三に、リスク管理対象を、例えば、施設起因リスクの管理を施設の建設、操業中にかぎらず、操業停止後を含めて統合的に管理し（時間的統合）あるいは物質、製品、廃棄物等のフロー全体を視野にいれて管理する（ライフサイクル統合）形で統合することは、効率性の観点でも有効性が高い（EUの統合的環境管理指令あるいは統合的製品政策はこの方向を目指す例である）。二〇〇九年ドイツ環境法典草案における施設単位でなく事業単位、計画単位のリスク管理方式も同じである。このことは環境負荷起因のリスクである限り、健康等に対するリスクと環境財に対するリスクに共通するが、環境リスクとの関連では、特に、環境負荷起因リスクと環境リスクの統合的管理が重要である。欧州の施設起因のリスク管理が右のリスク双方を対象とし、かつ、環境媒体間リスク移転を含む環境総体（Umwelt insgesamt）に対するリスクの統合的管理を目指し（例えば、EU統合的環境管理指令）、廃棄物起因リスク管理は環境適合型処理を目指す（例えば、ドイツ循環型経済・廃棄物法五条六項等）のはこの例である。

二　環境負荷起因リスクと環境リスク

一方、リスク管理の時点を早期化する利点については、戦略アセス制度の検討、導入過程で既に認識されているので多言を要しまい。それ故、ここでは、実体法と手続法との相互作用の重要性を強調するにとどめる。この方向はドイツ二〇〇九年環境法典草案に一つのモデルを見ることができる。即ち、現行の連邦イミッシオン防止法における施設起因リスク管理は、前記の如く、設置の設置操業認可時点で生命・健康・財産権と環境を含めたリスク管理を設置者の一般的義務として制度化し、ここでの環境は総体としての環境を意味するが（同法五条一項）、右環境法典草案は、このような意味でのリスク管理を施設単位から事業単位、計画単位に拡大し、さらに事業アセス、計画アセスと結びつけることによって、リスク管理時点の早期化を目指す。

これに対して、我が国の場合、例えば、施設起因のリスク管理は環境媒体ごとの管理の組み合わせ方式で（例えば、大防法上のばい煙発生施設規制、水濁法上の特定施設規制、騒音規制法上の特定施設規制等々）、環境媒体間のリスク移転に配慮せず、かつ、環境を保護法益としないために（例えば、大防法一条、一四条）、例えば、自然環境保全地域における保護対象はばい煙発生施設から排出されるばい煙起因のリスクからは、それが排出基準不遵守の違法がある場合にも保護されないといった問題点を含んでおり（同法一四条、自然環境保全法三〇条、一八条）、欧州の環境法におけるリスク管理方式と比較すると、なお進化が求められる状態にある。

2　環境リスク管理上の問題点

(1)　環境リスクの不確定性

環境リスクは環境財に対するリスクをいい、環境損害発生の蓋然性によって評価され、環境リスク管理は環境リスクの発生抑制と低減を目的とするが、概念および評価基準の不確定性に伴う問題点も多い。

第一に、「環境」、「環境財」はともに環境法における不確定概念の一つであるために、環境リスク概念も不確定性を含む。ドイツ二〇〇九年環境法典草案は初めて環境と環境財の定義規定として、「環境とは、動物、植物、生物多様性、土壌、水域、大気、気候および景観ならびに文化財その他の財（環境財）をいい、これらの環境財の交互作用を含む」を予定するが（一編四条一号）、定義の合意によって概念の不確定性を狭めることができる。

第二に、環境損害概念の不確定性も環境リスク概念の不確定性を増幅する。例えば、ＥＵ環境責任指令（2004/35/CE）[26]は保護種と自然の生息域、水域、土壌関連の一定の損害を対象とするが、環境リスク管理の対象としての環境損害はこれに限らない。ドイツ環境法における学説を参考とすると、環境損害（広義）は権利の客体でない環境財（狭義の環境損害）と権利の客体としての環境財に対する持続的かつ著しい損害をいい（以下、前者を「第一類型の環境損害」、後者を「第二類型の環境損害」という）、環境負荷起因以外の損害（例えば、狩猟による野生動物の減少、野生動物による自然破壊等）を含むものと理解することができるであろう。[27]特に、第二類型の環境損害の場合には、権利の客体としての財の価値（取引価値）とこれに付帯する公共財としての環境価値を明確に分離することが困難であるないために、権利者の基本的人権保障との調整が不可欠であり、一義的には環境価値を付帯する財産の権利者の価値基準を尊重せざるを得ない。しかし、反面で、Medicus[28]が「環境は売却可能か」と論ずるように、権利者がその環境価値を損傷し、あるいは第三者による損傷に際して原状回復に代えて金銭賠償の合意をする場合等では法政策上の管理基準を適用する可能性を留保しなければならない。

第三に、環境の評価基準、したがって環境損害の評価基準自体が大きな不確定性を内蔵する。ドイツ二〇〇九年環境法典草案が予定するような環境に含まれる多様な内容の価値を、どのような指標によって、可能な限り、客観的かつ定量的に総合評価するか、どの水準の環境質を管理基準あるいは管理目標とするかに関する、環境リスク管理上最も本質的と考えられる方法論は、なお未開発の状況にあるといわざるを得ない。環境総体としてのリスク評価基準、持続的発展概念を構成する三本柱（環境保護、経済的発展、社会的公正）の調整基準についても類似の問題がある。現実には無傷の環境などあり得ないし、環境法も無傷の環境を保障するわけでも[29]、自然の成り行きにしたがったあるがままの環境の保護を目標とするわけでもない。環境リスクを環境損害の蓋然性によってとらえる場合、環境財に対する侵襲がどの程度に達した場合に「持続的かつ著しい」と評価し、環境損害ととらえるかについて客観的評価基準が存在しない以上、また、社会あるいは市民にとって環境が唯一絶対の価値では無論ないために、他の価値との総合的な調整によって政策判断に基づいて決定するほかない。環境損害の発生の蓋然性がどの程度に達した場合に第一類型のリスクと位置づけ、社会的許容リスクをどの水準で決定するかも類似の問題点を内在する。さらに言えば、市民の権利ないし利益が環境価値と抵触関係に立つ場合がある。ドイツ連邦私法裁判所で争われたバイエルン蛙事件（BGHZ 120, 239）はこの典型例であるが、我が国でも野生動物による人身被害あるいは農作物被害の事例は多い。極論すれば、ＷＨＯの一定の病原体の撲滅を目的とする努力における生物多様性の保護との価値調整も類似の例である。これらの事例では、環境リスクの評価は環境中心的に決せられるのではなく、人間中心的（Anthropozentrik）価値判断を基準として決せられるのが現実である[30]。環境と環境、自然と自然との価値調整についても同様である。尾瀬の湿地性植物と野生動物との価値調整あるいは外来生物種と固有の生態系の価値調整はこの一例であるが、そこではあるがままの自然を基準とする考え方ではなく、社会の価値判断を基準とする管理基準が採用されざるをえない意味で人間中心的である。

⑵　環境リスクの管理基準

環境リスクに内在するこのような多様な不確定性を踏まえると、事後措置としての原状回復も代償措置も不可能といった事態を回避するためにも、環境価値についての政策判断と環境リスクの管理基準（例えば、禁止、制限等）を、市民あるいは事業者が信頼するに足る形で、可能な限り早い段階で決定することが重要である。自然再生、外来生物種の防除等々の先例は、それが初期に提示されないことに起因する事後配慮の社会的不効率の大きさを示している。

（25） de Bruijn, T. et., Evaluatie Milieuconvenanten, 56 ff.（2003）.

（26） Directive 2004/35/CE of the European Parliament and of the Council of 21 April 2004 on environmental liability with regard to the prevention and remedying of environmental damage（O. J. L. 143, 56）＝大塚直ほか訳「環境損害の未然防止及び修復についての環境責任に関する二〇〇四年四月二一日の欧州議会及び理事会の指令」季刊環境研究一三九号一四一頁（二〇〇五年）。このほか、大久保則子「ドイツの環境損害法と団体訴訟」阪大法学五八巻一号一頁（二〇〇八年）および同論文記載の文献参照。

（27） 拙稿「ドイツ環境損害（責任）法案と環境損害」季刊環境研究一三九号一五三頁以下（二〇〇五年）。我が国における環境損害の理解に関する学説については、藤村和夫「製品起因損害に対する責任——環境関連に限定して」環境管理四三巻三号四七頁（二〇〇七年）参照。

（28） Medicus, D., Zivilrecht und Umweltschutz, UPR 1990, 19.

（29） Hager, J., § 823, in : J. von Staudingers Kommentar zum Bürgerlichen Gesetzbuch mit Einführungsgesetz und Nebengesetzen, §§ 2823-825. 13 Bearb, 169（1999）.

（30） ドイツ環境法における多数説（Weber, J., Rechtsstaat und Rechte der Natur, IUR 1991, 83 ; Kloepfer, M., Anthropozentrik versus Ökozentrik als Verfassungsproblem, in : ders./Vierhaus, H-P.（Hrsg.）, Anthropozentrik, Freiheit und Umweltschutz in rechtlicher Sicht, 16（1995）ほか）。

結　語

環境法におけるリスク概念の類型化と各類型のリスクの管理に関する基礎的な問題点を述べた。

これらの問題点に対する具体的な解決策は今後の研究に委ねざるを得ないが、リスク概念は損害発生の蓋然性の程度によってリスクの三類型を区別することが有益であろう。また、リスク管理の局面では、環境負荷起因リスク、環境リスクともに、損害発生の蓋然性が高い程、そしてリスク管理によって保護しようとする保護法益が重大である程、リスク管理に関する法的措置は、原因者に対する関係でも、公的機関に対する関係でも、ともに拘束性・羈束性が高いものであることが求められる。それ故、環境質管理基準についても第一類型と第二類型各々に焦点を当てた多元的管理方式も検討に値すると考える。ドイツ二〇〇九年環境法典草案にこのモデルの一つをみることができる。

方法論の問題としては、我が国の環境法の現状では、統合的リスク管理に対する多様な配慮、特に、環境負荷起因リスクと総体としての環境リスクに対する配慮を統合するとともに、施設起因・事業活動起因リスクの管理時点を早期化することによって、実体法とアセス法を結びつける方向が不可欠と考える。

リスク管理水準を高度化するほど、技術的可能性のほかに経済的受容性との調和が求められる。環境法の領域では、より高度の水準の環境質の維持・達成を目標として、将来の技術革新と確信技術の利用を先取りするリスク管理が指向されている一方で、欧州の環境保全戦略には域内ないし国家経済の国際競争力強化を目的の一つと標榜する例が少なくない。例えば、ＲＥＡＣＨ規則によるＥＵの化学物質管理戦略、あるいは同規則制定過程におけるドイツ政府・化学工業会の共同歩調[(31)]もこの一例であるし、ドイツの環境法典化事業もドイツ経済の競争力強化[(32)]と技術革新の推進を目的の一つとする[(33)]。高い水準の戦略・政策目標に向けた技術の開発・導入が同時に国際競争力強化機能を持つことは理想であるが、リスク管理目標と管理手続に関する環境法・政策の世界的規模での一律化を目指す方向は、この二つの要請を両立させる筋道のひとつであろう[(34)]。

(31)　Gemeinsame Position der Bundesregierung, des Verbandes der Chemischen Industrie e. V. (VCI) und der Indus-

triegewerkschaft Bergbau, Chemie, Energie（IGBCE））（12. 03. 2002）.
（32） 例えば、Kloepfer, M., Das kommende Umweltgesetzbuch, 154（2007）に総括された Strauch, G. のコメント。
（33） 例えば、BMU, 10 gute Gründe für ein Umweltgesetzbuch, 7（Stand : November 2007）.
（34） 既に、物質の分類・表示・梱包、自動車排ガス規制等の分野で国連等を中心とする試みが進行しつつある。

新美育文教授のご還暦を祝すとともに、永年、教授から賜った公私にわたるご教示、ご指導に深く感謝し、また、教授とご家族の皆様の今後益々のご活躍とご健康を祈念しつつ、筆を終える。

新美育文先生　略歴・主要著作目録

略　歴

一九四八年九月二九日　愛知県に生まれる
一九七三年　名古屋大学大学院法学研究科修士課程修了
一九七三年　名古屋大学法学部助手
一九七六年　名城大学専任講師
一九七八年　名城大学助教授
一九七九年　筑波大学助教授
一九八三年　横浜国立大学助教授
一九八六年　明治大学法学部助教授
一九八八年　明治大学法学部教授

内閣府情報公開・個人情報保護審査会委員、総務省情報通信審議会委員等の各種委員会委員

Ⅰ　著書・編著

一九八二年
民法⑴——分析と展開　総則・物権（共著）　弘文堂

一九八四年
契約法（共著）　学陽書房

一九八五年
医療関係判例集＜第二期版＞（共編）　第一法規出版

一九八六年
民法⑵——分析と展開　債権（共著）　弘文堂
脳死・臓器移植と人権（人権ライブラリー2）（共著）　有斐閣

一九八八年
裁判にみる金額算定事例集（共著）　第一法規出版
医療事故と患者の権利（共編）　エイデル研究所
一九八九年
土地信託契約の研究――土地有効利用促進方策に関する
調査研究報告(1)（共著）　日本住宅総合センター
民法(2)――分析と展開　債権〈第二版〉（共著）　弘文堂
一九九一年
米国統一商事法典リース規定――仮訳と逐条解説（共編）
UCCリース規定研究会
一九九二年
民法(1)――分析と展開　総則・物権〈補正版〉（共著）　弘文堂
財産法新判例（共編）　有斐閣
医療事故と患者の権利（共編）〈第二版〉
エイデル研究所
一九九七年
財産法新判例〈第二版〉（共編）　有斐閣
民法(1)――分析と展開　総則・物権〈第二版〉（共著）　弘文堂
一九九八年
民法(2)――分析と展開　債権〈第三版〉（共著）　弘文堂

二〇〇〇年
民法(1)――分析と展開　総則・物権〈第二版増補版〉
（共著）　弘文堂
二〇〇二年
ロースクールを考える――二一世紀の法曹養成と法学
教育（共著）　成文堂
二〇〇三年
民法(2)――分析と展開　債権〈第四版〉（共著）　弘文堂
二〇〇四年
民法(1)――分析と展開　総則・物権〈第三版〉（共著）　弘文堂
二〇〇五年
民法(2)――分析と展開　債権〈第五版〉（共著）　弘文堂
二〇〇七年
解説関連でみる民法(1)――応用がもっときくようになる
（共編）　日本評論社
解説関連でみる民法(2)――応用がもっときくようになる
（共編）　日本評論社
二〇〇八年
民法改正を考える（共編）　日本評論社

Ⅱ　論文・論稿など

一九七五年

医師と患者の関係(1)～(3)：説明と同意の法的側面　名古屋大学法政論集六四号～六六号

一九七八年

中国環境代表団をかこんで　ジュリスト六八〇号

一九七九年

法制——行政の内部的基準（環境影響評価に係る司法上の諸問題〈特集〉）　環境法研究一二号

一九八〇年

スモン訴訟と損害　判例時報九五〇号

公害・環境条例の生成と展開過程——終戦より昭和四五、四六年ごろまで（共筆）　環境法研究一三号

一九八一年

公害防止計画による環境保全行政　環境法研究一四号

医療過誤と民事立法学——アメリカの医療過誤立法を素材に　法律時報五三巻一四号

一九八二年

クロム職業病判決の因果関係論と時効論　ジュリスト七五八号

民間住宅ローン金融機関の現状　法と政策一一号

民間住宅金融制度の変遷　ジュリスト七六九号

民間住宅金融（住宅ローンと不動産担保）『港湾行政、住宅ローンと不動産担保〔土地問題双書17〕』　有斐閣

人的担保の機能とあゆみ(上)——保証を中心として　Law School 四九号

損害担保契約（特集　類似制度とその異同）　手形研究二六巻一四号

医療事故訴訟と弁護士の役割『現代の弁護士〔司法編〕〔法学セミナー増刊　総合特集　シリーズ21〕』　日本評論社

マレーシアの経済発展に伴う環境問題と環境法（共筆）　環境法研究一五号

一九八三年

不法行為損害賠償請求権の期間制限(1)(2)　法律時報五五巻四号・五号

「死を選ぶ権利」をめぐって——アメリカにおける最近の判例の動向　自由と正義三四巻七号

地熱エネルギー開発と環境問題　環境法研究一六号

一九八四年

差押と民法九四条二項類推適用——物上代位（民法）　受験新報三四巻一一号

外観上占有状態に変動のない占有移転と民法一九二条（論点整理ノート・民法5）　受験新報三四巻一三号

占有を欠く短期賃借と民法三九五条
（論点整理ノート・民法6）　受験新報三四巻一三号
公害健康被害補償制度の給付水準　ジュリスト八二一号
『安全配慮義務』の存在意義　ジュリスト八二三号
医師と患者の関係　『医療と人権』有斐閣
医療事故と民事責任（共筆）　『医療と人権』有斐閣

一九八五年
医療過誤――その現状的論点　ジュリスト八二八号
医師の説明義務と患者の同意　ジュリスト増刊『民法の争点〔2〕』
第三者による債権侵害　『民法講座〔4〕――債権総論』有斐閣

一九八六年
判例法にみるリース業者の物件引渡義務(上)(下)　旬刊金融法務事情一一二三・一一二四号
医師・患者の関係　『医事法学叢書〔1〕――医師・患者の関係』日本評論社
医師＝患者関係に対して法の果たす役割　『医事法学叢書〔1〕――医師・患者の関係』日本評論社
疫学的手法による因果関係の証明(上)(下)　ジュリスト八六六・八七一号
医療過誤裁判　『日本の医療――これから』ジュリスト増刊総合特集44

一九八七年
実務家のための医学最先端の法理論――医師の注意義務を中心として　『弁護士研修講座――昭和六一年度講義録』東京弁護士会
リース契約の法的性質論(4)――「リースと信託」序論的考察　『リース取引法講座(上)』金融財政事情研究会
判例法にみるリース業者の物件引渡義務　『リース取引法講座(上)』金融財政事情研究会
ローン提携取引についての一考察(上)(下)　ジュリスト八九三号・八九七号
抵当権の侵害と損害賠償責任　手形研究三一巻一四号

一九八八年
リース会社の瑕疵担保責任　『リース取引――その理論と実務』金融・商事判例七八二号
「安全配慮義務の存在意義」再論　法律論叢六〇巻四・五号
動機不法と公序良俗　『法律行為論の現代的課題』〔山本進一教授還暦記念〕第一法規出版
複数被害者と民事責任　法律時報六〇巻五号
商品の安全化と事故予防――英国一九八七年消費者保護法にみるヨーロッパの新たな動向　法律時報六〇巻八号

債権の目的とはどういうものか　法学セミナー四〇三号
相手方が約束どおりにしなかったときは
法学セミナー四〇三号

一九八九年

救急医療　判例タイムズ六八六号
人権思想としての患者の自己決定権
法と民主主義二三六号
インド・ボパールのガス漏出事故と被害者救済
ジュリスト九三六号
末期状態患者への「病名告知」をめぐる法理と裁判例
ジュリスト九四五号
売った物、した仕事に欠陥があると――瑕疵担保（特集
契約法の基礎）　法学セミナー四二〇号
売買法でとりあげる法律上の問題は――売買（特集　契
約法の基礎）　法学セミナー四二〇号
インフォームド・コンセントにおける同意能力
千葉医学雑誌六五巻五号

一九九〇年

保証法理の物上保証人等への適用可能性(1)～(5)（共筆）
旬刊金融法務事情一二六三・一二六四・
一二六六～一二六八号
不法行為ってなんのこと?〈対談〉（特集　民法学習の
基礎――不法行為・不当利得の基礎12講）
法学セミナー四二六号
要件――過失責任――故意とか過失ってなに?（特集　民
法学習の基礎――不法行為・不当利得の基礎12講）
法学セミナー四二六号
無過失責任――過失がなくても責任を負う場合はあ
るか?（特集民法学習の基礎――不法行為・不当
利得の基礎12講）　法学セミナー四二六号

一九九一年

安全配慮義務(1)(2)　法学教室一二四・一二五号
企業財産の承継と環境責任（甲論乙論）
月刊債権管理四〇号
製造物責任法の争点は何か――法制化の行方を探るた
めに　労働法学研究会報四二巻三二号
診療契約論では、どのような点が未解決か
『講座　現代契約と現代債権の展望(6)――
新種および特殊の契約』日本評論社
「患者の権利法」制定の運動の意義　法律時報六三巻八号
Informed consent の概念――法と生命倫理の立場から――
外科診療六四号

一九九二年

国・県の責任（特集　水俣病訴訟をめぐって）
判例タイムズ七八二号

一九九三年
イギリスにおける公序良俗論　法律時報六五巻六号
ECの譲渡担保（共筆）　法律時報六五巻九号
消費者契約における不公正条項に関するEC指令の概要と課題　ジュリスト一〇三四号
一九九四年
インフォームド・コンセントの法理　教育と医学四二巻九号
大気汚染と健康被害　判例タイムズ八五〇号
一九九五年
損害論（特集　製造物責任法）　判例タイムズ八六二号
家族または第三者のダイヤルQ2利用と加入電話契約者の責任(上)(中)(下)　NBL五六二・五六三・五六六号
日本学術会議・死と医療特別委員会報告「尊厳死について」の問題点　ジュリスト一〇六一号
求償権の範囲に関する特約と弁済による代位の範囲　『代位弁済──その実務と理論』銀行法務21　別冊1
消滅時効における求償権と事前求償権の関係　『代位弁済──その実務と理論』銀行法務21　別冊1
意思決定の代行制度の整備にむけて　法律時報六七巻一〇号
イギリスにおける意思決定の代行（特集　意思決定の代行）　法律時報六七巻一〇号
不法行為基礎理論の素描──「法と経済学」理論　『不法行為法の現代的課題と展開──森島昭夫教授還暦記念論文集』日本評論社
西淀川公害（第二次ないし第四次）訴訟第一審判決にみる因果関係論　ジュリスト一〇八一号
がん告知が抱える法的な問題点　日本医師会雑誌一一三巻七号
一九九六年
医療事故事例における「期待権」の侵害について　自由と正義四七巻五号
電話勧誘販売の適正化に向けた訪問販売法の改正と残された課題(上)(下)　NBL五九八・五九九号
アメリカにおけるHIV事件の論点と対策(上)　ジュリスト一〇九七号
イギリス法における親子関係の確定とDNA鑑定　ジュリスト一〇九九号
いじめと自殺　法学教室一九三号
脳死と臓器移植、尊厳死──「死」をめぐる法的判断と社会的な合意（法の最前線。七つの現場から）『法律学がわかる。［AERA Mook　16］』
発信電話番号通知サービスと消費者　ジュリスト一一〇〇号
癌告知と法律　日本医師会雑誌一一五巻七号

一九九七年
安全配慮義務
『新・現代損害賠償法講座⑴──総論』日本評論社
癌の告知をめぐる医師の責任とその限界
『民法における「責任」の横断的考察──伊藤進教授還暦記念論文集』第一法規出版
電話勧誘販売の問題点とその規制
『変革期のメディア』ジュリスト増刊　新世紀の展望1
パソコン通信での名誉毀損　法学教室二〇五号
一九九九年
医師の過失──医療水準論を中心に　法律論叢七一巻四・五号
団体の取引
『現代取引法の基礎的課題──椿寿夫教授古稀記念』有斐閣
消費者の自己責任と民事ルールの確立　月刊国民生活二九巻五号
二〇〇〇年
自動車排ガスによる大気汚染と民事責任の主体　判例タイムズ一〇三七号
個人情報保護基本法制大綱──アメリカ・EUとの対比　ジュリスト一一九〇号
医療情報　世界六七七号
法人保証をめぐる実態と法理　金融法研究〔資料編〕一六号
二〇〇一年
イギリスのペット法事情　法律時報七三巻四号
民間の個人情報保護　法学教室二五〇号
二〇〇二年
消費者契約法と医療　からだの科学二二四号
違法情報と名誉毀損（七〇九条・七二二条）　法学教室二六二号
二〇〇三年
個人情報保護法成立の意義と課題　法律のひろば五六巻九号
個人情報保護法のもたらす変化　ジュリスト一二五三号
どういう目的・趣旨の企画か──関連でみる民法・連続特集（共筆）　法学セミナー五七七号
消滅時効と除斥期間　法学セミナー五七七号
はじめに（特集　関連でみる民法⑵物権）　法学セミナー五七九号
《物》とはなにか　法学セミナー五七九号
はじめに（特集　関連でみる民法⑷債権各論）　法学セミナー五八六号
瑕疵概念の比較　法学セミナー五八六号
二〇〇五年
イギリス法における法人保証　『法人保証の研究』有斐閣

企業法務の力量試される個人情報保護　NBL八〇〇号
ODA＝法整備支援の一斑(1)〜(30)――ベトナムとカンボジアでの経験（未完）
時の法令一七二九・一七三一・一七三三・一七三六・一七三八・一七四〇・一七五〇・一七五四・一七五六・一七六二・一七六六・一七六八・一七七〇・一七七四・一七七六・一七七八・一七八〇・一七八二・一七八四・一七八六・一七九二・一七九六・一八〇〇・一八〇二・一八〇六・一八一二・一八一六・一八一八・一八二二・一八二六号

二〇〇七年
製造物責任　民法の争点　新・法律学の争点シリーズ　ジュリスト増刊

Ⅲ　判例研究・判例評釈

一九七五年
自動車の無償貸与者は借主の家族ドライブのために運行される当該自動車に同乗していた借主の子供に対して運行供用者たる地位に立つか（最判昭和四八年一月三〇日）　ジュリスト五八一号

一九七六年
承諾なき乳腺摘出手術　医事判例百選

一九七七年
一　インフルエンザ予防接種の実施と医師の問診　二　予防接種実施規則（昭和四五年厚生省令第四四号による改正前の昭和三三年厚生省令第二七号）四条の禁忌者を識別するための適切な問診を尽くさなかったためその識別を誤って実施されたインフルエンザ予防接種により接種対象者が死亡又は罹病した場合と結果の予見可能性の推定（最判昭和五一年九月三〇日）　民商法雑誌七六巻五号

一九七九年
多摩川水害訴訟判決の意義について　ジュリスト六八八号

一九八二年
クロム労災訴訟判決について　判例タイムズ四五八号
開頭手術に際し医師がなすべき説明義務の程度（昭和五六年六月一九日最高二小判）　民商法雑誌八六巻二号
ロボトミーと民事責任（昭和五六年三月六日名古屋地判）　ジュリスト七六七号
傷害を受けた者に開頭手術を行う医師の説明義務の範囲（昭和五六年六月一九日最高二小判）　昭和五六年度民事主要判例解説

一九八三年
民事責任　専門的職業人の責任　判例タイムズ四八四号

癌患者の死亡と医師の責任――「期待権侵害」理論の検討――（昭和五六年一〇月二七日東京地判）　ジュリスト七八七号

集合動産譲渡担保における目的物の特定性とその公示方法、ならびに集合動産譲渡担保と動産売買先取特権との関係　判例タイムズ四九三号

振込指定の効力　判例タイムズ四九九号

安全配慮義務違反による損害賠償請求権の消滅時効起算点（昭和五八年二月二四日東京高判）　法律時報五五巻九号

一九八四年

損害額の算定とインフレ算入【1】昭和五八年二月一八日最高二小判　【2】昭和五八年一月三一日東京高判）　判例タイムズ五一四号

特別代理人と利益相反行為（昭和五七年一一月一八日最高一小判、昭和五七年一一月二六日最高二小判）　法学セミナー三五一号

多奈川公害訴訟判決（昭和五九年二月二九日大阪地判）　判例タイムズ五二九号

多奈川公害訴訟判決の意義と問題点　ジュリスト八一六号

国税滞納処分としての差押と民法九四条二項の類推適用（昭和五八年一〇月三一日東京高判）　法律時報五六巻九号

一九八五年

輸血梅毒事件（昭和三六年二月一六日最高一小判）　『不法行為法〔法学セミナー増刊〕』日本評論社

インフルエンザ予防接種事件（昭和五一年九月三〇日最高一小判）　『不法行為法〔法学セミナー増刊〕』日本評論社

未熟児網膜症事件（昭和五四年一一月一三日最高三小判）『不法行為法〔法学セミナー増刊〕』日本評論社

雲右衛門事件（大正三年七月四日大審刑三判）　『不法行為法〔法学セミナー増刊〕』日本評論社

信玄公旗掛松事件（大正八年三月三日大審民二判）　『不法行為法〔法学セミナー増刊〕』日本評論社

大学湯事件（大正一四年一一月二八日大審民三判）　『不法行為法〔法学セミナー増刊〕』日本評論社

民法九一五条一項の熟慮期間の起算点（昭和五九年四月二七日最高二小判）　法学セミナー三六三号

離婚に伴う財産分与と詐害行為（昭和五八年一二月一九日最高二小判）　法学セミナー三六三号

予防接種事故と国・自治体の責任　判例タイムズ五四六号

宿直勤務における安全配慮義務（昭和五九年四月一〇日最高三小判）　昭和五九年度重要判例解説

一九八六年

不法占拠者に対する譲渡担保権者の明渡請求および損

害賠償請求（昭和五九年一〇月一六日大阪高判）　判例タイムズ五八一号
設定後の敷地賃借権に対する建物抵当権の効力（昭和六〇年一月二五日東京高判）　判例タイムズ五八一号
幼児引渡請求と養育費等の不当利得返還請求との同時履行関係（昭和五九年九月二八日最高二小判）　法学セミナー三七五号
得べかりし普通恩給の受給利益の喪失による不法行為損害賠償債権と相続（昭和五九年一〇月九日最高三小判）　法学セミナー三七五号
共同不法行為の要件――コンビナート全体から排出される煤煙が付近住民に被害を与えた場合コンビナート構成員たる各企業は、自社の排出する煤煙のみでは被害が発生しなかったとしても、右被害に対する責任を負う（昭和四七年七月二四日津地四日市支判）　『民法の基本判例』有斐閣

一九八七年

未熟児網膜症検査結果の告知説明義務（昭和六一年五月三〇日最高二小判）　『判例セレクト'86』月刊法学教室七七別冊付録
仮登記担保法第五条の通知を怠ったことの効果（昭和六一年四月一一日最高二小判）　判例タイムズ六二八号
水俣病認定基準をめぐって（昭和六二年三月三〇日熊本地判）（特集　熊本水俣病第三次訴訟）　ジュリスト八八九号
赤信号無視の車両に対する注意義務（昭和五二年二月一八日最高二小判）　新交通事故判例百選

一九八八年

宿直勤務における安全配慮義務（昭和五九年四月一〇日最高三小判）〈判例研究〉　『安全配慮義務法理の形成と展開』日本評論社
譲渡担保権消滅後の譲渡担保権者による目的不動産の処分と民法一七七条（昭和六二年一一月一二日最高一小判）（民法判例レビュー21　担保）　判例タイムズ六六七号

一九八九年

被害者の心因的要因の寄与と民法七二二条二項の類推適用（昭和六三年四月二一日最高一小判）　昭和六三年度重要判例解説
頭蓋骨陥没骨折開頭手術と説明義務（昭和五六年六月一九日最高二小判）（共筆）　医療過誤判例百選
悪性過高熱と麻酔医の問診義務（昭和五三年七月一一日大阪高判）　医療過誤判例百選
仮換地の一部の時効取得（昭和五六年六月四日最高一小判）　街づくり・国づくり判例百選
因果関係の立証（昭和五〇年一〇月二四日最高二小判）

民法判例百選〔2〕〈第三版〉

土呂久公害訴訟高裁判決における損害論（特集　土呂久訴訟高裁判決）　ジュリスト九二四号

一九九〇年

併用賃借権に基づく後順位短期賃貸借者に対する明渡請求の可否（平成元年六月五日最高二小判）　判例タイムズ七二二号

県立高校生徒のクラブ活動中の事故と安全配慮義務およびその履行補助者（平成元年二月二七日福岡高判）　私法判例リマークス一号

一九九一年

委託を受けた物上保証人の事前求償権（平成二年二月二八日大阪高判）　私法判例リマークス二号

西淀川公害第一審判決にみる因果関係論（特集　西淀川大気汚染訴訟判決）　ジュリスト九八一号

一九九二年

自働債権の債務者が第三者に対して有する債権を受働債権とする相殺予約の効力（平成三年一月三一日大阪高判）　判例タイムズ七七一号

水俣病に関する東京地裁・新潟地裁判決の検討㊤（特集水俣病判決）　ジュリスト一〇〇一号

痘そうの予防接種による後遺傷害の発生と予防接種実施規則（改正前）の禁忌者に該当したことの推定（平成三年四月一九日最高二小判）　私法判例リマークス五号

一九九四年

横須賀野比海岸事件――眺望利益の保護要件（昭和五四年二月二六日横浜地横須賀支判）公害・環境判例百選

倉敷公害判決における因果関係論の問題点　判例タイムズ八四五号

ジョンソンカビキラー健康被害控訴審判決における因果関係論　ＮＢＬ五五六号

一九九五年

人格権にもとづく原発運転差止の許否（平成五年一二月二四日大阪地判）　私法判例リマークス一〇号

じん肺防止の安全配慮義務不履行による損害賠償請求権の消滅時効の起算点（平成六年二月二二日最高三小判）　私法判例リマークス一一号

ダイヤルQ_2の利用料金支払義務（平成六年八月一〇日大阪高判）　消費者取引判例百選

一九九六年

因果関係の立証（昭和五〇年一〇月二四日最高二小判）　民法判例百選〔2〕〈第四版〉

転貸料債権に対する物上代位（平成七年三月一七日東京高決、平成七年五月二九日大阪高決、平成七年六月二〇日大阪高決）　判例タイムズ九〇一号

建築請負業者の敷地についての商事留置権（平成六年二月七日東京高決、平成六年一二月一九日東京高決）　判例タイムズ九〇一号

診療債務の内容特定のための「医療水準」（平成七年六月九日最高二小判）　平成七年度重要判例解説

胆のう癌の疑いと医師の告知義務および裁量権（平成七年四月二五日最高三小判）　私法判例リマークス一三号

Sindell v. Abbott Laboratories ――因果関係の証明と市場占有率による責任　英米判例百選〈第三版〉

頭蓋骨陥没骨折開頭手術と説明義務（昭和五六年六月一九日最高二小判）　医療過誤判例百選〈第二版〉

一九九九年

共同不法行為の要件（平成七年七月五日大阪地判）『民法の基本判例〈第二版〉』有斐閣

交通事故と医療事故の競合と各共同不法行為者の責任範囲（平成一〇年四月二八日東京高判）　私法判例リマークス一九号

破産手続における商事留置権の留置的効力【1】平成一〇年四月一四日最高三小判、【2】平成一〇年一一月二七日東京高決）　判例タイムズ一〇〇二号

交差点を青信号に従って直進した運転者の注意義務（平成三年一一月一九日最高三小判）　交通事故判例百選〈第四版〉

二〇〇〇年

肝細胞がん早期発見のための検査不実施と肝硬変患者死亡との間の因果関係（平成一一年二月二五日最高一小判）　平成一一年度重要判例解説

脳神経減圧手術後の脳内出血による死亡と手術との関連性（平成一一年三月二三日最高三小判）　私法判例リマークス二一号

二〇〇一年

《「エホバの証人」輸血拒否事件》生命か信仰か――患者の自己決定権の意義とその限界（平成一二年二月二九日最高三小判）　法学教室二四八号

因果関係の立証（平成一一年二月二五日最高一小判）　民法判例百選〔2〕〈第五版〉

二〇〇二年

医療過誤による生存可能性の侵害と医師の損害賠償責任（平成一二年九月二二日最高二小判）　私法判例リマークス二四号

未成年の子が親に無断で利用したダイヤルQ_2の通話料（平成一三年三月二七日最高三小判）　平成一三年度重要判例解説

二〇〇三年

乳癌の療法として未確立の乳房温存手術に関する医師

の説明義務（平成一三年一一月二七日最高三小判）　私法判例リマークス二六号

未確立の療法についての医師の説明義務（平成一三年一一月二七日最高三小判）　判例セレクト2002〔法学教室二七〇号別冊付録〕

民法七二四条にいう被害者が損害を知った時の意義（平成一四年一月二九日最高三小判）　平成一四年度重要判例解説

二〇〇四年

家族へのガン告知検討義務（平成一四年九月二四日最高三小判）　私法判例リマークス二八号

西淀川事件第二次～第四次訴訟――道路公害と因果関係（平成七年七月五日大阪地判）　環境法判例百選

テレビ報道番組の内容が人の社会的評価を低下させるか否かについての判断基準等（平成一五年一〇月一六日最高一小判）　平成一五年度重要判例解説

二〇〇五年

因果関係の立証（平成一一年二月二五日最高一小判）　民法判例百選〔2〕〈第五版　新法対応補正版〉

医師の転送義務違反と不法行為（平成一五年一一月一一日最高三小判）　私法判例リマークス三一号

二〇〇六年

逸失利益算定における中間利息控除の利率（平成一七年六月一四日最高三小判）　私法判例リマークス三三号

医師の不作為と患者の死亡との間の因果関係――死亡時点における生存の可能性――　医事法判例百選

二〇〇七年

薬害C型肝炎訴訟東京地裁判決の意義と残された課題（平成一九年三月二三日東京地判）　判例時報一九七五号

国税の法定納期限等以前に将来発生すべき債権を含む集合債権譲渡担保契約が締結され、第三者に対する対抗要件が具備されていた場合における国税徴収法二四条六項の適用（平成一九年二月一五日最高一小判）　判例タイムズ一二四九号

Ⅳ　翻訳

一九八〇年

マサチューセッツ州消費者保護課――アメリカの州政府の消費者保護活動に関する一つのケース・スタディ　アメリカ法一九七九年二号

一九八七年

米国統一商事法典――仮訳と解説⒀～⒂――第一―二〇一条（共訳）　NBL三七六・三八二・四一一号

一九九三年
一九九〇年イギリス環境保護法(1)(2)〈訳〉（共訳）
季刊環境研究九二・九三号

Ⅴ　学会報告など

一九七七年
医師＝患者関係に対して法の果たす役割
法律時報四九巻一〇号
一九七八年
医師の説明義務と患者の同意
私法四〇号
東京地方裁判所判決例の分析
交通法研究七号
一九八五年
損害賠償とインフレ加算
交通法研究一三号
一九九六年
医療における説明責任――イギリス　年報医事法学一一号
一九九九年
コモンロー諸国（イギリスを中心に）（英米法・大陸法合同部会ミニ・シンポジウム　債権の効力としての履行請求権）
比較法研究六〇号
二〇〇一年
「法整備支援」における法概念――民法を中心として
比較法研究六二号

イギリス法における法人保証
金融法研究一七号
インフォームド・コンセントに関する裁判例の変遷
年報医事法学一六号

Ⅵ　座談会・シンポジウム

一九七八年
交通事故損害賠償額算定基準はいかにあるべきか〈シンポジウム〉
交通法研究七号
一九八二年
クロム労災判決の問題点〈座談会〉　ジュリスト七五八号
一九八三年
福島・大腿四頭筋短縮症訴訟第一審判決をめぐって〈研究会〉
判例タイムズ五〇七号
一九八四年
大東水害訴訟最高裁判決をめぐって〈座談会〉
判例タイムズ五二六号
一九九一年
〃タテ割り行政〃の壁にぶつかる法制化の動き（製造物責任立法の行方　上）〈座談会〉
週刊法律新聞一〇〇〇号
実効性ある立法へ　国民レベルでの環境づくりを（製造物責任立法の行方　下）〈座談会〉

一九九六年
生殖技術の展開と生命倫理　週刊法律新聞一〇〇一号
生命倫理六巻一号
一九九七年
消費者信用取引と債権管理上の諸問題〈座談会〉　旬刊金融法務事情一四七七号
医療情報と患者の人権　年報医事法学一二号
一九九八年
環境影響評価制度の展開　『新しい環境アセスメント法――その理論と課題〔環境法政策学会誌1〕』商事法務研究会
二〇〇〇年
金融ビッグバンと消費者金融サービス　消費者金融サービス研究学会年報一号
二〇〇一年
環境リスクに対する新たな方策を求めて（シンポジウム）　『化学物質・土壌汚染と法政策――環境リスク評価とコミュニケーション〔環境法政策学会誌4〕』商事法務研究会
二〇〇三年
個人情報保護法案を考える〈特集　座談会〉　ほうむ〔損害保険ジャパン〕四九号

二〇〇五年
環境訴訟の新展開〈パネルディスカッション〉　『環境訴訟の新展開――その課題と展望〔環境法政策学会誌8〕』商事法務研究会
二〇〇六年
高齢者医療における代諾手続について　年報医事法学二一号
二〇〇七年
産業廃棄物処理とコンプライアンス　いんだすと二二巻七号

Ⅶ　対談・講演

一九九五年
自然の権利裁判――法論争より環境教育／人間と「共生」明確に（討論）　朝日新聞一九九五年九月五日朝刊
一九九六年
インフォームド・コンセントの概念と時代的推移（対談）　日本医師会雑誌一一五巻三号
一九九七年
患者の自己決定権〈対談〉　自由と正義四八巻二号
二〇〇一年
個人情報保護の重要性とその意味（対談）

二〇〇三年
医療水準論――再度の混迷を回避するために〈講演〉　季刊訪問販売七四号
司法研修所論集一一〇号

Ⅷ　学界回顧など

一九七七年
交通法（学界回顧）　法律時報四九巻一四号
一九七八年
交通法（学界回顧）　法律時報五〇巻一二号
一九七九年
交通法（学界回顧）　法律時報五一巻一三号
一九八〇年
医事法（学界回顧）　法律時報五二巻一二号
一九八一年
医事法（学界回顧）　法律時報五三巻一二号
一九八二年
医事法（学界回顧）　法律時報五四巻一二号
一九八四年
民法〔判例の概観〕親族・相続　法学セミナー三五一号
一九八五年
民法〔判例の概観〕親族・相続　法学セミナー三六三号
一九八六年
担保――裁判例の概観　判例タイムズ五八一号
民法〔判例の概観〕親族・相続　法学セミナー三七五号
一九八七年
担保――裁判例の概観　判例タイムズ六二八号
担保――裁判例の概観　判例タイムズ六三五号
一九九二年
今期の主な裁判例（民法判例レビュー35　担保）　判例タイムズ七七一号
一九九四年
今期の主な裁判例（民法判例レビュー46　担保）　判例タイムズ八五五号
一九九六年
今期の主な裁判例（民法判例レビュー52　担保）　判例タイムズ九〇一号
一九九七年
今期の主な裁判例（民法判例レビュー58　担保）　判例タイムズ九四九号
一九九九年
今期の主な裁判例（民法判例レビュー65　担保）　判例タイムズ一〇〇二号
二〇〇七年
今期の主な裁判例（民法判例レビュー98　担保）

判例タイムズ一二四九号

IX 書評

一九八三年
野田寛著「医療事故と法」〈書評〉　季刊実務民事法二号
学校事故紛争の現状に鋭いメスを――伊藤進著「学校事故の法律問題」〈書評〉　季刊教育法五三号
一九八七年
町野朔著　患者の自己決定権と法〈文献紹介〉　年報医事法学二号
一九九〇年
メイソン＝マッコール・スミス著／塚本泰司訳　法と医の倫理〈文献紹介〉　年報医事法学五号
二〇〇六年
伊藤文夫・押田茂實編『医療事故紛争の予防・対応の実務――リスク管理から補償システムまで』〈文献紹介〉　年報医事法学二一号

現代民事法の課題

新美育文先生還暦記念

2009(平成21)年 8 月29日　第 1 版第 1 刷発行

編　者　平野裕之・長坂純・有賀恵美子
発行者　今井　貴・渡辺左近
発行所　株式会社　信　山　社
〒113-0033　東京都文京区本郷6-2-9-102
Tel 03-3818-1019　Fax 03-3818-0344
info@shinzansha.co.jp
出版契約 No.2009-8566-01010　Printed in Japan

印刷・製本／松澤印刷・渋谷文泉閣
ISBN978-4-7972-8566-6 C3332 分類324.025-d001 民法学全般・論文集
8566-01010：p496：b650：P12000

民法研究

広中俊雄責任編集

第一号

民法と民法典を考える—「思想としての民法」のために／大村敦志
日本民法典編纂史とその資料—旧民法公布以後についての概観／広中俊雄

二、五〇〇円（税別）

第二号

法律行為論の課題（上）—当事者意思の視点から／磯村　保
「民法中修正案」（後二編を定める分）について
—政府提出の冊子、条文の変遷／広中俊雄
箕作麟祥民法修正関係文書一覧／広中俊雄

三、〇〇〇円（税別）

第三号

第一二回帝国議会における民法修正案（後二編）の審議／広中俊雄
民法修正原案の「単独起草合議定案」の事例研究—梅文書・穂積文書所収稿（所有権ノ取得／共有）及び書き込みの解読を通して／中村哲也
田部芳民法修正関係文書一覧

三、〇〇〇円（税別）

信山社